대지도론으로 닦는
보살의 6바라밀

용수보살 지음
구마라집 한역
제안용하 편저

용수보살

구마라집 스님

목차

왜 『대지도론』을 공부해야 하는가? ································· 12
용수보살전(龍樹菩薩傳) ··· 16
『고승전』이 전하는 구마라집 전기 ································· 23
대지석론서(大智釋論序) ··· 41
대지론초서(大智論抄序) ··· 45
용수보살 화엄경(華嚴經) 약찬게 ··································· 52
『대지도론』 용수보살 게송(偈頌) ··································· 58
대지도론(大智度論) ·· 60

제1부 부처님을 이야기하다 ······································ 60
부처님이 반야바라밀을 설하신 인연 ····························· 60
부처님의 몸은 헤아릴 수 없다 ······································ 62
부처님의 생로병사는 중생을 위한 방편이다 ················· 64
유마거사가 아난존자를 막은 뜻 ···································· 66
무량한 중생만큼 무량한 부처님 ···································· 68
부처님을 만나뵙는 방법 ··· 70
오지 않은 것이 아니라 보지 않은 것이다 ···················· 72
부처님 뵙는 공덕이 중요한 이유 ··································· 74
일체지를 갖춘 분이란 어떤 사람인가? ························· 76
한 사람이 모든 법을 알 수 있는가? ····························· 79
부처님 말씀은 제일의실단(第一義悉檀)이다 ·················· 82
결코 논파할 수 없는 이론 ··· 91
모든 진실한 말씀은 부처님의 법과 통한다 ··················· 95

"이와같이 내가 들었다[如是我聞]"의 뜻 ·················· 97
부처님 말씀은 어떻게 경전으로 만들어지게 되었나? ·················· 99
부처님과 아난의 인연 ·················· 112
왕사성(王舍城)의 유래 ·················· 118
기사굴산(영취산)의 유래 ·················· 122
마하가섭이 기사굴산에서 미륵부처님을 기다리신 인연 ·················· 124
부처님께서 결가부좌 하시는 이유 ·················· 127
부처님이 미소 지으신 이유 ·················· 129
부처님이 쉰 음식을 받고 혀를 내미신 까닭 ·················· 131
지혜제일 사리불 ·················· 135
사리불이란 이름을 얻은 인연 ·················· 140
무쟁삼매제일 수보리 ·················· 144
사리불과 비둘기 ·················· 146
습기가 남지 않은 이를 부처님이라 한다 ·················· 148
사리불에게 남은 습기 ·················· 149
필릉가바차가 사과하면서도 꾸짖다 ·················· 152
소를 기르듯 선한 법을 기른다 ·················· 153
필요하기에 말하고, 필요하지 않기에 말하지 않는다 ·················· 157
청하지 않으면 얻을 수 없다 ·················· 160
공덕이 부족했던 수발타가 열반을 이루다 ·················· 162
애욕은 모든 번뇌의 왕이다 ·················· 166
영혼 또한 생멸이다 ·················· 167
도는 눈이 아니라 지혜로 얻는 것이다 ·················· 168
부처님의 세 가지 비밀함 ·················· 169
병을 얻는 인연 ·················· 171
부처님이 항상한 몸(常身)을 나타내신 이유 ·················· 174

부처님의 명호 ··· 176
부처님 명호에 대한 게송 ······································ 184

제2부 보살마하살을 이야기하다 ···························· 188
보살은 누구인가? ··· 188
보살은 물러남이 없다 ··· 190
보살이 물러나지 않는다는 것은 어떤 모습인가? ········· 192
보살의 불가사의한 중생심 ······································ 193
보살은 반드시 서원(誓願)을 세운다 ·························· 198
보살은 부처님 세계를 생각한다 ······························· 199
서원이라는 마부가 복덕의 소를 인도한다 ················· 200
보살은 온화하고 친절하다 ······································ 202
보살은 거짓이 없기에 믿음을 얻는다 ······················· 203
보살은 게으름이 없다 ··· 204
보살은 이양과 명예를 떠났다 ·································· 205
보살은 법보시를 즐긴다 ··· 207
보살은 인연의 법을 말한다 ····································· 209
보살은 법을 설하되 바라는 바가 없다 ······················· 211
보살은 법을 설하되 두려움이 없다(四無所畏) ·············· 213
공덕과 지혜로 두려움을 물리친다 ···························· 214
보살은 깊은 법인을 건넜다 ····································· 216
보살은 모든 마사(魔事)를 초월했다 ·························· 218
보살은 일체의 업장(業障)에서 해탈했다 ···················· 221
보살은 뜻에 걸림이 없다 ······································· 224
보살은 얽매임이 없다 ··· 225
보살은 중생을 여실하게 제도한다 ···························· 227

지혜롭지 못했던 지혜보살 문수사리 ················· 228
보살의 세 가지 공덕 ······························· 233
다라니란 무엇인가? ······························· 234
다라니의 종류 ····································· 236
삼매란 무엇인가? ································· 239
염불삼매 - 부처님을 생각하여 삼매에 들다 ········ 242
보살은 등(等)과 인(忍)을 얻는다 ·················· 244
보살은 대인(大忍)을 성취했다 ····················· 247
보살은 5통(通)을 얻는다 ·························· 249
보현보살을 만난 인연 ······························ 252
지극한 마음으로 공경하고 삼가라 ·················· 254
보살이 부처님께 공양하는 이유 ···················· 256

제3부 6바라밀을 이야기하다 ························ 258
1. 보시바라밀 ································· 258
시비왕의 보시바라밀 ····························· 258
보시의 공덕 ····································· 264
종자를 심기도 전에 싹을 틔우다 ················· 267
위마라 보살이 자신에게 시주하게 된 이유 ········ 269
몸을 등심지로 보시하여 법을 얻다 ··············· 276
법보시란 무엇인가 ······························· 278
법보시로 입에서 향기가 나다 ···················· 280
사리불이 보시바라밀을 이루지 못했던 이유 ······· 284
마(魔)의 보시, 부처의 보시 ····················· 285
보시바라밀을 원만히 한다는 것 ·················· 287
세 가지 보시 ···································· 291

보시는 보시 자체를 버리는 것 ································· 293
　　재물·베푸는 자·받는 자가 모두 없다 ······················ 294
　　시체와 몸이 바뀌어도 나라 할 수 있는가? ················ 296
　　보시가 보시바라밀을 낳는다 ·································· 298
　　보시가 지계바라밀을 낳는다 ·································· 300
　　보시가 인욕바라밀을 낳는다 ·································· 302
　　보시가 정진바라밀을 낳는다 ·································· 303
　　보시가 선정바라밀을 낳는다 ·································· 309
　　보시가 반야바라밀을 낳는다 ·································· 312

2. 지계바라밀 ·· 315
　　지계바라밀이란 좋은 행의 길로 나아가는 것 ············ 315
　　수타수마왕의 지계바라밀 ······································ 317
　　교만으로 복덕의 병을 깨뜨리다 ······························ 320
　　생명을 소중히 하라[不殺生] ··································· 321
　　훔치지 말라[不偸盜] ·· 326
　　삿된 음행을 하지 말라[不邪婬] ······························ 329
　　거짓말을 하지 말라[不妄語] ··································· 332
　　술을 마시지 말라[不飮酒] ······································ 339
　　1일 지계의 공덕과 즐거움 ····································· 341
　　독룡의 지계 ·· 344
　　지계가 6바라밀을 낳는다 ······································ 346

3. 인욕바라밀 ·· 352
　　인욕바라밀이란 무엇인가 ······································ 352
　　제바달다가 인욕하지 못한 과보 ······························ 354
　　내가 아닌 공덕에 대한 공양 ·································· 357
　　욕망에 대한 인욕 ·· 359

찬제 선인의 인욕 ································· 362
　　보살의 생인(生忍) ······························· 364
　　겁쟁이란 비난보다 참지않는 죄가 더 크다 ············· 368
　　법인(法忍)이란 법을 잘 감당하는 것 ················· 371
　　환경에 대한 인욕(外法忍) ························· 373
　　번뇌에 대한 인욕(內法忍) ························· 376
　　보살은 번뇌를 인욕하되 번뇌를 끊지 않는다 ············ 378
　　번뇌도 삿되지 않고 공덕도 묘하지 않다 ··············· 380
　　세상의 끝을 알기 전에 독화살부터 뽑아라 ············· 383
　　반야바라밀에 머물러 인욕바라밀을 구족한다 ············ 386

4. 정진바라밀 ····································· 391
　　정진 바라밀 ···································· 391
　　게으름은 모든 공덕을 태우는 큰불이다 ··············· 393
　　모든 도와 공덕이 정진으로 얻어진다 ················· 396
　　욕망에서 정진으로, 정진에서 불방일로 ················ 399
　　스스로 정진하여 과보를 얻는다 ····················· 400
　　정진의 다섯 가지 모습 ···························· 402
　　정진에서 정진바라밀로 나아가라 ····················· 403
　　정진바라밀이 6바라밀을 낳는다 ····················· 405
　　몸의 정진, 마음의 정진 ··························· 407
　　사슴왕의 몸 정진 ································ 409
　　꿩의 몸 정진 ··································· 412
　　대시보살의 정진바라밀 ···························· 413

5. 선정바라밀 ····································· 426
　　선정바라밀을 닦는 이유 ··························· 426
　　상사리 선인의 선바라밀 ··························· 428

선정바라밀을 얻는 방편 ··· 429
　　　색을 물리침 ··· 431
　　　소리를 물리침 ·· 432
　　　냄새를 물리침 ·· 433
　　　맛을 물리침 ··· 435
　　　닿음(접촉)을 물리침 ·· 437
　　　다섯 가지 가림[5蓋]을 제거하라 ····································· 445
　　　다섯 가지 지지[支]를 성취하라 ······································ 452
　　　선정에 집착하여 삶이 된 선인(仙人) ······························· 454
　　　삼매로 유희자재하다 ··· 455
　　　선바라밀은 어지럽지 않고 맛 들이지 않는 것 ··················· 457
　　　선정의 게송 ··· 458

6. 반야바라밀 ·· 461
　　　반야바라밀이란 무엇인가 ··· 461
　　　보살은 반야바라밀의 행을 실천한다 ······························· 463
　　　보살이 반야바라밀을 행하는 이유 ·································· 465
　　　머무르지 않는 법으로 반야바라밀에 머문다 ····················· 467
　　　공(空)에 대한 열 가지 비유 ··· 468
　　　　　(1) 환의 비유 ··· 468
　　　　　(2) 아지랑이의 비유 ··· 471
　　　　　(3) 물속 달의 비유 ·· 471
　　　　　(4) 허공의 비유 ·· 472
　　　　　(5) 메아리의 비유 ··· 474
　　　　　(6) 건달바성의 비유 ··· 475
　　　　　(7) 꿈의 비유 ··· 477
　　　　　(8) 그림자의 비유 ··· 478

(9) 거울의 비유 ··· 479
　　(10) 변화(化)의 비유 ·· 481
반야바라밀은 모든 지혜를 포섭한다 ································ 483
매 순간이 반야바라밀 ··· 486
6바라밀은 반야바라밀과 한 법이다 ································ 489
반야바라밀의 게송 ··· 491

왜 『대지도론』을 공부해야 하는가?

　　인도의 고승 용수보살은 일생동안 대승불교에 대한 수많은 저술을 편찬하였기에 "천부논주(天部論主)"라고 불린다. 그의 많은 논서 중 『대지도론』은 가장 중요한 논서라고 할 만하다. 구마라집이 무위(武威)에서 17년간 영어의 생활을 마치고 장안(長安)에 온 후, 소요원(逍遙園)에서 이 경을 역출하였다(402-405). 『대지도론』은 본래 『마하반야바라밀경』에 대한 주해를 목적으로 쓰여진 논서이다.1) 불교사에 있어 『대지도론』은 용수보살이 저술한 『백론』, 『중론』, 『십이문론』과 함께 "4론"으로 꼽히며, 그의 사상의 핵심인 중관학을 이해하기 위한 필수 논서이다. 구마라집은 먼저 『대지도론』을 한역한 후, 이어서 다시 『대품반야경』, 즉 『마하반야바라밀경』을 번역하였는데, 『대품반야경』을 번역할 때, 『대지도론』을 먼저 읽어야 비로소 『대품반야경』의 깊은 뜻을 이해할 수 있기 때문이다.

　　『대지도론』은 범어본과 티베트본이 모두 이미 존재하지 않는다. 오직 구마라집 한역본만이 전해지며, 이외에는 서하(西夏)문 역본이 부분적으로 남아있을 뿐이다. 그밖에 돈황과 중앙아시아 등지에서 발굴된 『마하반야바라밀우바제사(摩訶般若波羅蜜優婆提舍)』라는 제목의 필사본 역시 『대지도론』에 해당한다. 현재 『대지도론』은 여러 장경에 수록되어 있는데, 우리 고려대장경 목각판 제36-37책에도 수록되어 있어, 고대 한국에서도 영향력이 컸음을 가늠할 수 있다.

　　승예(僧叡)는 『대지도론서(大智度論序)』에서 이 논서가 원래는 10만 게송이며, 각 게송은 32자로 구성되어, 총 320만자 였다고 기술하고 있다. 이에 근거한다면 현재 전하는 한역본은 전체의 3분지 1에 지나지 않은 셈이다. 『대지도론』의 초품 32권은 『대품반야경』의 제1품을 해석한 것에 지나지 않으며, 제2품 이하에 대해서는 구마라집이 요약하여 번역한 것이

---

1) 그래서 『대지도론』을 『마하반야발라밀경석론』, 『마하반야바라석론』, 『대혜도경집요』, 『대지도경론』 등으로 부르기도 하며, 약칭으로 『지도론』, 『대론』, 『지론』, 『석론』 등으로 부르기도 한다.

다. 『대지도론』은 일찍부터 중국 뿐 아니라, 한국과 일본 등 동아시아 불교문화권에서 널리 유행하였으며, 현대에 이르러서는 유럽에서도 학계에서 영어, 프랑스어, 독일어 등으로 번역하여 중요한 연구 대상으로 삼고 있는데, 그 이유는 이 논서가 대승의 요체인 반야에 대해서 상세하고도 명쾌하게 해설하고 있으며, 그밖에도 초기불교에 관한 중요한 정보들을 담고 있기 때문이다.

이런 연유로 『대지도론』이 구마라집에 의해 역출되자마자 승단의 주의를 끌었으며, 승조, 혜원, 도안, 천태 지의, 영유, 지거, 길장, 혜사, 법늠, 승간, 담영, 영견 등 종파를 막론한 역대 고승대덕들이 모두 주석서를 내어 『대지도론』이 동아시아 불교에 미친 영향이 얼마나 지대했는지를 방증하고 있다. 안타깝게도 그 중 현재에 온전히 전하는 것은 혜영(慧影)의 『대지도론소』 7권본 뿐이다.

『대지도론』에서 강설하는 주요 내용은 중도실상(中道實相)에 관한 것이다. 즉, 세간과 출세간, 또는 속제와 진제의 2제(諦)로 실상의 이치를 해석하는 것이며, 이것은 반야의 지혜를 통해서만이 요달할 수 있다는 것이다. 그리고 이러한 반야공(般若空)의 지혜는 대승보살도에 입각한 육바라밀을 실천함으로써 비로소 체득됨을 강설하고 있다. 이것은 용수보살 이전에 인도불교에서 불교의 주체, 사상, 교단 등 모든 방면에서 봉착했던 한계를 단박에 넘어서는 새로운 장이 열리기 시작하였음을 의미하는 것이다.

『대지도론』이 다루는 내용은 매우 광범위하여, 불교의 여러 학설, 사상, 설화, 역사, 지리, 승가제도 등 다방면에서 고루 심도있는 논의를 하고 있다. 인용한 경전과 논서를 봐도, 원시불교경전 및 각종 부파불교의 저술에서부터 반야경전을 비롯한 화엄, 법화, 정토, 보적 등의 다양한 대승 경전을 두루 포섭하고 있다. 심지어 당시에 민간에 전하던 본생담, 설화, 전설 등을 모두 반야공의 사상으로 회통시켜 대승불교 및 고대인도문화를 연구하는 데 있어서 중요한 자료이기도 하다. 이런 이유로 『대지도론』은 "불교의 백과사전"이자 "논장의 왕"이라 칭송받고 있다.

『대지도론』에 의하면 출가한 스님들이 삼보인 이유는 중생으로부터 떠나 오직 "깨달음만을 추구"하기 때문이 아니라, "중생을 깨달음으로 이끄는 존재"이기 때문이다. 너무나도 잘 알려진 『반야심경』의 "색즉시공 공즉시색, 색불이공 공불이색"이라는 문구는 『대지도론』의 종지를 단적으로 드러내는 경문으로, 이에 근거한다면 세간의 법과 출세간의 진리가 둘이 아님을 깨닫는 것이 바로 대지도(大智度)의 길이다. 그렇다면 깨달음의 장소는 이른바 "속세"라는 공간을 떠난 그 어딘가가 아닌 바로 현실의 생활 속에 있는 것이며, 대지도의 길을 걷는 주체 역시 세속의 현장에서 일상을 영위하는 중생인 것이다.

그러나 『대지도론』은 세속의 중생이 부처님의 "일체지(一切智)"와 합치되기 위해선 "보살"로 거듭나야 함을 강조한다. 그리고 보살로서 살아가는 방법론으로 제시되는 것이 바로 보시, 지계, 인욕, 정진, 선정, 반야 등 6바라밀의 실천이다. 용수는 이 6바라밀을 실천할 것을 단지 기계적으로 주창하는 것이 아니라, 왜 6바라밀을 실천해야 하는지, 각각의 덕목이 갖는 의미가 무엇인지를 상세하면서도 논리적으로 설명하고 있다. 예를 들어 『대지도론』에서는 6바라밀 가운데 특히 보시의 덕목을 설명하는 데 상당한 분량을 할애하고 있는데, 보시란 "남"을 위하는 것이 아닌 "나"를 위한 것이며, 보시를 통해 궁극적으로 나와 너라는 아상(我相)을 버리게 됨으로써 반야의 눈을 뜨게될 수 있음을 강설한다.

용수보살은 또한 결국 피안으로 이르는 이 여섯 가지 덕목이 각자 개별적인 것이 아님을 밝힌다. 보시를 닦음으로써 나머지 다섯 가지 덕목이 공고해지고, 지계를 닦음으로써 나머지 다섯 가지 덕목이 공고해진다. 반야바라밀은 6바라밀의 궁극적 목적이기도 하지만, 또한 나머지 다섯 바라밀의 실천 속에서 매 순간 습응되며, 역으로 다섯 바라밀의 실천을 돕는다. 6바라밀은 여섯이지만, 동시에 하나인 것이다.

6바라밀의 뜻은 무량하게 크고 깊지만, 그 실천은 결코 어려운 것이 아니다. 『대지도론』에서 밝히는 이치를 따라가다 보면, 어느덧 부처님의 도를 향해가며 느끼는 즐거움을 만끽할 수 있게 되며, 진정한 삶의 가치를 깨닫게 될 것이다. 아무쪼록 많은 불자들이 『대지도론』을 통하여 6바라밀을 삶 속에 잘 녹이고, 구경(究竟)에 부처님이 말씀하신 상락아정(常樂我

淨)의 일미(一味)를 맛보시기를 기원한다.

　※ 『대지도론』은 100권의 분량이다. 이것은 『마하반야바라밀경』이라는 방대한 경전의 경문을 따라 해설을 이어가기 때문인데, 그래서 내용이 체계적으로 분류화되지 않았다. 이런 이유로 『대지도론』을 처음 접할 때, 좀처럼 뒷장을 이어갈 엄두를 내지 못하고, 갈피를 잡지 못하게 된다. 본서는 이런 문제점을 보완하여 대중들이 더욱 쉽게 그 정수를 맛볼 수 있도록, 『대지도론』의 내용을 추리고 갈래를 잡았다.

　본서의 제작을 위해 『대지도론』 한역본과 동국역경원에서 편찬한 한글본을 저본으로 하였으며, 본서의 취지에 따라 편집, 수정, 윤문, 주석 등의 작업을 더하였다. 역경은 또 하나의 경전제작이라 할만큼 중요함을 통감하기에, 특별히 동국역경원이 성취하고 또 지금도 진행중인 역경불사의 대장정에 두손 모아 감사의 마음을 전한다.

　본문에서 말머리에 "【經】"으로 표기한 것은 『마하반야바라밀경』의 경문 내용이다. "【문】"이라 표기한 것은 용수보살에게 던지는 성문(聲問), 즉 소승의 질문이며, 또한 대승을 잘 모르는 일반 대중들을 궁금증을 대변하는 질문이기도 하다. 이에 대해 "【답】"이라 표기한 부분이 곧 반야의 지혜로서 답하는 용수보살의 견해이다. 별도의 표기가 없는 부분은 모두 용수보살의 강설이다.

2024년 법화(法華)가 만개한 봄날에
포천 남청산 정변지사 란야에서
제안 용하(龍河)

용수보살전(龍樹菩薩傳)

구마라집(鳩摩羅什) 한역

　용수보살은 남천축의 범지(梵志: 지금의 브라만) 종족 출신이다. 태어날 때부터 뛰어나게 총명하여 어떤 일이든 다시 알려 주지 않아도 되었다. 젖먹이일 때 범지들이 4베다 경전을 외우는 것을 들었는데, 경전마다 4만 게송이 되는 것을 다 외우고 그 뜻을 모두 깨달았다고 한다. 약관(弱冠)의 나이에도 여러 나라에 이름을 드날릴 만큼 독보적인 인물이었다. 뿐만 아니라 그는 천문·지리·도위(圖緯)·비참(祕讖) 및 온갖 도술에 이르기까지 못하는 것이 없었으니, 오늘로 치자면 여러 과학 지식에도 해박한 사람이었다.
　젊은 시절 뜻이 맞는 세 사람과 서로 어울려 지냈는데, 이 세 친구도 한 시대를 풍미할만한 뛰어난 인물들이었다. 어느날 이들이 서로 의논하여 말했다.
　"천하의 신명(神明)을 열고 그윽한 뜻을 깨달을 만한 이치와 뜻을 우리들은 이미 다 얻었다. 다시 또 무엇으로 스스로를 즐겁게 하겠는가. 욕정대로 하고 싶은 것을 끝까지 하는 것만이 일생의 가장 큰 즐거움일 것이다. 그러나 왕공(王公)이 아닌데 모든 범지와 도사의 세력으로 어찌 그것을 얻을 수 있겠는가. 몸을 숨기는 술법만이 이 즐거움을 이룰 수 있을 것이다."
　네 사람이 서로 바라보고 마음에 거슬리는 것이 없었으므로 함께 술사(術士)를 찾아가 은신술(隱身術)을 배우기로 했다.
　술사는 생각했다.
　'이 네 사람은 세상에 이름을 드날리면서 뭇 중생들을 초개(草芥)와 같이 여기고 있다. 지금은 술법 때문에 굴욕을 무릅쓰고 나를 찾아왔지만, 이 범지들은 재주와 총명함이 세상에 비길 바 없을 정도로 뛰어나다. 알지 못하는 것이 있다면 오직 내가 갖고 있는 이 술법뿐인데, 내가 이들에게 이 법을 전수해 주고 이 법을 얻게 되면 반드시 나를 버릴 것이며, 다시는 나에게 굴복하지도 않을 것이다. 우선 그 약을 주어 사용하게 하되 약의 제조법은 알지 못하게 하고 약이 다하면 다시 찾아오게 해서 영원토록 나를 스승으로 섬기도록 해야겠다.'
 술사는 그들에게 각각 푸른색 알약 한 알씩을 주면서 말했다.
 "그대들이 조용한 곳에서 이 알약을 물로 갈아서 눈꺼풀에 바르면 그대들의 몸은 반드시 보이지 않고 다른 사람이 보지도 못할 것이다."
 용수는 이 약을 갈 때 기미를 냄새 맡고 그것을 모두 알았는데, 성분의 많고 적음이 저울눈처럼 빠뜨린 것이 없었다. 약 짓는 이에게 조금 전에 얻은 약이 70종의 성분으로 되어 있다고 알렸는데 많고 적은 것이 그 처방과 똑같았다.
 약 짓는 이가 물었다.
 "그대는 어떻게 이것을 알아냈는가?"
 용수가 대답했다.
 "약에는 고유의 기미가 있는데 어찌 그것을 모르겠는가?"
 약 짓는 이는 이내 탄복했다.
 "이 같은 사람은 말로 들어보기도 어려운데 하물며 직접 만났으니 내 천한 술법을 어찌 아끼겠는가."
 그는 곧바로 비법을 용수에게 다 전수했다.
 네 사람은 술법을 얻어 마음대로 왕궁에 드나들게 되었는데, 궁중 미인들이 죄다 능욕을 당했다. 백여 일이 지나자, 궁중 여인들 중에 임신한 이가 생겼는데, 그녀는 두려워한 나머지 왕에게 아뢰고 죄와 허물을 면해 주도록 청했다.
 왕은 크게 노하며 말했다.
 "이 무슨 상서롭지 못하고 기괴(奇怪)한 일인가?"
 지혜로운 신하들을 모두 부르고 이 일에 대해 의논했는데, 연륜과 학식이 높은 신하가 입을 열었다.
 "무릇 이 같은 일이 일어나는 원인은 두 가지가 있는데, 도깨비가 아니면 방술(方術)에 의한 것입니다. 가늘고 고운 흙을 문 안에 뿌리고 나서 유사(有司)에게 그것을 지키게 하고 사람들이 드나들지 않도록 하십시오. 방술을 하는 이라면 그 자취가 저절로 드러나 무기로 제거할 수 있을 것이며, 도깨비가 들어왔다면 자취가 없을 것이니 방술로써 없애야 합니다."

곧바로 문지기에게 칙명을 내려 지시대로 갖추어 시행하게 하였더니, 네 사람의 자취가 드러나 급히 왕에게 보고했다. 왕은 힘센 장수 수백 명을 거느리고 궁에 들어가 문을 모두 잠그고 역사(力士)들로 하여금 칼을 허공에 대고 휘두르게 했다. 그러자 세 사람이 바로 그 자리에서 죽고 용수 혼자만 남아 몸을 움츠리고 숨을 죽인 채 왕 옆에 바짝 붙어 있었는데 왕의 주변 일곱 자 안에는 칼이 이르지 못하는 곳이었다.

용수는 그제서야 욕심이 괴로움의 근본이며 모든 재앙의 뿌리로서 덕을 무너뜨리고 몸을 위태롭게 하며, 모든 것이 이 때문에 일어난다는 것을 깨달았다. 곧 스스로 맹세하며 말했다.

'내가 만약 이곳을 빠져나간다면 사문에게 나아가 출가법(出家法)을 받으리라.'

가까스로 빠져나오자 용수는 곧바로 산속의 한 사찰을 찾아가 출가하여 계를 받았다. 계를 받은지 90일 만에 3장(藏)을 다 암송하고 다시 다른 경을 구했으나, 아무것도 얻을 곳이 없자 마침내 설산에 들어갔다. 그 산에 탑이 있었는데, 탑에 있는 노승이 대승경전을 그에게 주었다. 용수는 그것을 즐거이 암송하고 대략의 뜻은 알았으나 아직 깊은 뜻에 도달하지 못했으므로 다시 여러 나라를 돌아다니면서 다른 경전을 구했다. 이렇게 온 염부제를 돌아다녔지만 마땅한 대승경전을 구할 수가 없었다.

그 와중에 외도의 논사와 사문의 의종(義宗)을 모두 다 논파하였는데, 어느 한 외도의 제자가 그에게 말했다.

"대사께서는 일체지인(一切智人)이신데, 어찌 부처님 제자가 되려고 하십니까. 제자의 도(道)라는 것은 부족함을 알고 궁구하는 것이니 아직은 구족하지 않다는 뜻입니다. 구족하지 않았는데, 어찌 일체지(一切智)라 하겠습니까?"

그는 말이 막히고 굴욕감을 느껴 삿되고 교만한 마음이 일어나서 스스로 생각했다.

'세상의 법 가운데 도를 얻는 길이 될 만한 것은 매우 많다. 부처님 경전이 비록 오묘하기는 하나 이치로써 헤아린다면 짐짓 미진하다. 그러니 미진한 것 가운데서 유추하고 부연하여 그로써 따로 종을 세워 후학을 깨우친다면 이치에 어긋나지 않고 일에 잘못이 없을 것이니 여기에 무슨

허물이 있겠는가?'

 이 일을 생각하자마자 이내 이를 행하고자 스승을 세워 계율을 가르치고 다시 의복을 만들어 부처님 법에 부속시키려고 하였으나 부처님 법과 다름이 있었다.

 어느날 용수가 고요한 수정방(水精房)에 홀로 있었는데, 대룡(大龍)보살이 이 같은 모습을 보고 안타깝고 가엾게 여겨 곧바로 그를 맞아 바다로 들어가 궁전에 있는 칠보장(七寶藏)을 열고 칠보 화함(華函)을 꺼내 모든 방등(方等)의 심오한 경전과 한량없는 묘한 법을 그에게 주었다.

 용수가 이를 받아 읽은 지 90일 만에 통하여 이해함이 매우 많았으며, 그 마음속 깊이 보배로운 이익을 체득(體得)하게 되었다.

 용이 그 마음을 알고는 물었다.

 "경을 두루 보았습니까?"

 용수가 대답했다.

 "그대가 준 함에 들어 있는 경은 한량없어 다할 수 없이 많습니다. 내가 읽은 것만 해도 염부제의 열 배입니다."

 용이 말했다.

 "내 궁중에 있는 경전은 이곳에 있는 경전보다 많아 셀 수도 없습니다."

 용수는 이미 모든 경전의 여여한 모습을 증득하고 무생(無生)에 깊이 들어가 두 가지 인(忍)을 구족하였다. 이에 용이 다시 그를 남천축으로 돌아가게 하였으니, 이때부터 용수는 불법을 크게 홍포하고 외도를 꺾어 조복시켰으며, 대승을 널리 밝히는 우바제사(優波提舍) 10만 게(偈)를 지었다.

 또 『장엄불도론(莊嚴佛道論)』 5천 게와 『대자방편론(大慈方便論)』 5천 게, 『중론(中論)』 5백 게를 지어 대승의 가르침이 천축에 크게 행해지도록 했다. 또한 『무외론(無畏論)』 10만 게를 지었는데, 『중론』은 그 안에서 나온 것이다.

 이때 주술을 잘하는 바라문이 있었는데 자기 능력으로 용수와 승부를 겨룰 수 있다고 생각하고 천축국왕에게 말했다.

 "저는 이 비구를 항복받을 수 있습니다. 왕께서는 그것을 증험하소서."

 왕이 말했다.

"그대는 매우 어리석다. 이 보살은 환하게 밝아서 해와 달과 빛을 다투고, 지혜는 성인의 마음과 나란히 비춘다. 그대는 어찌 겸손하지 않으며, 으뜸으로 공경하지 않는가?"

바라문이 말했다.

"왕께서는 지혜로운 분이신데 어찌 이치로써 증험하지 않고 억누르려 하십니까?"

왕이 그 말이 지극하다고 보고 용수에게 맑은 아침에 정청전(政聽殿)에 함께 앉자고 청했다. 바라문이 뒤에 도착하여 바로 대궐 앞에서 주술로 큰 못을 만들었는데 못이 드넓고 길며 맑고 깨끗했다. 그 가운데에는 잎이 천 개 달린 연꽃이 있었는데, 그 위에 스스로 앉아서 용수에게 과시하고 있었다.

"그대는 땅 위에 앉아 있으니 축생(畜生)과 다르지 않다. 그런데도 청정한 연꽃 위에 앉아 있는 큰 덕을 지닌 지혜로운 사람[大德智人]인 나에 대항해, 말로 겨루고자 하는가?"

이때 용수도 주술을 부려 어금니가 여섯 개인 흰 코끼리를 만들고 연못의 물 위로 가서 그 연꽃자리에 나아가 코로 비틀어 뽑아낸 뒤에 높이 들어 올려 땅에 던져 버렸다. 바라문이 다친 허리를 부여잡고 머리를 조아리며 용수에게 지극한 정성으로 예를 올렸다.

"제가 제 자신을 헤아리지 못하고 대사님을 헐뜯고 욕했습니다. 불쌍히 여겨 거두어 주시고 저의 어리석음을 깨우쳐 주시기를 바랍니다."

또 이때 남천축왕이 여러 나라를 다 거느리고 삿된 도를 믿고 행하는 바람에 사문인 부처님 제자를 한 사람도 볼 수 없을 만큼 나라 사람들이 멀거나 가깝거나 다 왕의 삿된 도에 교화되었다.

용수는 생각했다.

'나무는 뿌리를 자르지 않으면 가지가 기울지 않고, 임금[人主]이 교화되지 않으면 도가 행해지지 않는다.'

그 나라에서 정치하는 법은 왕가에서 돈을 내 숙위(宿衛)를 고용했는데, 용수가 그 자리에 응모하여 장수가 되었다.

창을 메고 앞으로 내달리면서 항오(行伍)를 정리하고 마을을 다스리는데 위엄을 엄정히 하지 않아도 명령이 잘 시행되었으며, 법을 드러내지 않아도 사람들이 잘 따랐다.

왕이 이를 가상히 여겨 물었다.
"그대는 도대체 어떤 사람인가?"
시중을 드는 사람이 말했다.
"이 사람은 모집에 응하여 들어왔으나 전부터 봉록을 먹지 않고 돈도 취하지 않았습니다. 그러나 일에 있어서는 공경하고 삼가며 익힘이 이와 같아 무엇을 구하고 무엇을 원하는지 그의 뜻을 알 수가 없습니다."
왕이 그를 불러 물었다.
"그대는 누구인가?"
그가 대답했다.
"저는 일체지인(一切智人)입니다."
왕이 크게 놀라며 물었다.
"일체지인은 세상에 오직 한 사람이다. 그대가 스스로 이렇게 말하는데 무엇으로 이를 증명할 것인가?"
용수가 대답했다.
"지혜가 있는지 알고자 하신다면 왕께 말씀드려서 견문(見問)토록 하겠습니다."
왕이 이내 생각했다.
'나는 지혜로운 임금으로 대논의사(大論議師)들에게 질문하여 그들을 잘 굴복시켜도 오히려 명예롭게 여기지 않았는데, 하루아침에 이와 같이 못하게 된다면 큰일이다. 만일 그에게 질문하지 못한다면 이는 곧 굴복한 것이나 마찬가지다.'
주저하고 의심하며 한참 있다가 하는 수없이 그에게 물었다.
"천인[天]은 지금 무엇을 하고 있는가?"
용수가 말했다.
"천인은 지금 아수라(阿修羅)와 싸우고 있습니다."
왕은 이 말을 들은 뒤에 사람이 목이 메어 토하지도 못하고 삼키지도 못하는 것과 같은 꼴이 되었다. 그의 말이 틀렸다고 하려 해도 다시 증명할 길이 없고, 그의 말이 옳다고 하려 해도 그 일을 밝힐 수가 없었다. 말을 못하고 있는데 용수가 다시 말했다.
"이것은 헛된 말장난[戲論]으로 승리를 구하고자 하는 것이 아닙니다. 왕께서는 잠시 기다려 주십시오. 잠깐 기다리면 증험이 있을 것입니다."

말이 끝나자마자 공중에서 문득 창과 방패 등 병기(兵器)가 서로 잇달아 떨어졌다.

왕이 말했다.

"창과 방패가 비록 전투에 사용되는 무기이긴 하지만 그대는 이것이 천인과 아수라가 싸울 때 쓴 것인지 어떻게 알 수 있느냐?"

용수가 말했다.

"헛된 말을 꾸미는 것은 실제의 일로 바로잡는 것보다 못합니다."

말이 끝나자마자 아수라의 손·발·손가락과 귀·코가 허공에서 떨어졌다. 또 맑게 갠 허공에서 양 진영이 대치하고 있는 모습을 왕과 신하·백성·바라문 대중이 볼 수 있도록 했다.

왕이 바로 머리를 숙이고 그 법의 교화에 조복되니, 대궐에 있는 1만 바라문이 모두 묶은 머리를 버리고 계(戒)를 받아 갖추었다.

그때 한 소승(小乘) 법사가 있었는데, 항상 분하고 근심 가득한 마음을 품고 있었다.

용수가 이 세상을 버리고 떠나려 할 때 그에게 물었다.

"너는 내가 이 세상에 오래 머무는 것이 좋겠느냐?"

그가 대답했다.

"진실로 원치 않습니다."

용수는 그 자리에서 물러나 한적한 방에 들어간 뒤에 여러 날이 지나도록 나오지 않았으므로 제자가 문을 부수고 들여다보니 마침내 껍질을 버려두고 가 버렸다.

이 세상을 떠난 이래로 지금까지 백 년이 지났으나 남천축의 모든 나라가 그를 위해 사당을 세우고 부처님처럼 공경하고 받들었다.

용수보살은 그의 어머니가 나무 아래서 그를 낳았다 해서 자(字)를 아주타나(阿周陀那)라 했는데, 아주타나는 나무 이름이다. 용(龍)으로써 그 도를 완성했기 때문에 용자를 자(字)에 짝지어 이름을 용수(龍樹)라고 했다. 『부법장전(付法藏傳)』에 따르면, "곧 제13대 조사(祖師)이고 선약(仙藥)을 먹고 200여 년을 살면서 불법을 주지(住持)하였으며, 그에게 제도된 사람은 수를 헤아릴 수 없다"고 하였으니 『법장(法藏)』에서 말한 것과 같다.

『고승전』이 전하는 구마라집 전기

석혜교(釋慧皎) 지음

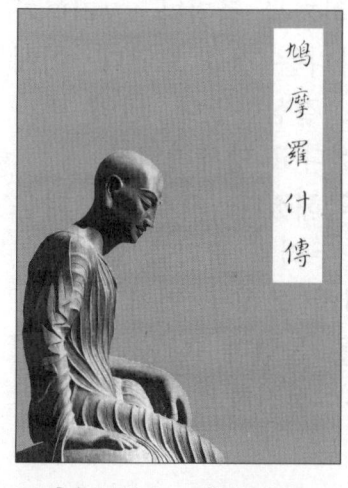

구마라집(鳩摩羅什)은 중국말로 동수(童壽)라 하며 천축국(天竺國) 사람이다. 집안 대대로 나라의 재상(宰相)을 지냈다. 조부(祖父) 구마달다(鳩摩達多)는 뜻이 크고 기개가 있어 남에게 구속받지 않았으며, 명성(名聲)이 드높았다. 아버지 구마염(鳩摩炎)은 총명하면서도 지조가 있었는데, 재상의 지위를 사양하고 출가하여 동쪽으로 파미르 고원을 넘었다. 구자국(龜玆國) 왕이 이 소문을 듣고 그를 매우 존경하고 흠모하여 몸소 교외(郊外)에 나가 영접하고, 청하여 그를 국사(國師)로 삼았다.

그때 구자국왕에게는 누이동생이 있었는데 나이는 갓 스무 살이었다. 사려 깊고 이치를 잘 알며 총명하고 민첩하였다. 눈을 거쳐 간 것은 능숙하게 하고, 한 번 들은 것은 듣자마자 곧 외웠다. 또 몸에 붉은 사마귀가 있었는데, 관상법에 의하면 슬기로운 자식을 낳을 것이라고 하였다. 여러 나라에서 그녀에게 장가를 들려고 했다. 그러나 그녀는 어느 곳이든 가기를 기꺼워하지 않았다. 그런데 구마염을 보자마자 마음에 들어 하였다. 구자국왕은 구마염을 핍박하여 그녀를 아내로 삼게 하였다.

얼마 후 구마라집을 잉태하였다. 구마라집이 뱃속에 있을 때의 일이다. 구마라집의 어머니는 신통한 깨달음과 빼어난 이해력이 평소의 배나 더하는 것을 자각(自覺)하였다. 어느날 그녀가 작리사(雀梨寺)에 가서 법문을 들었는데, 갑자기 저절로 천축어(天竺語)에 능통하게 되어 대답하기 어려운 질문에도 반드시 깊은 이치를 끝까지 다 궁구해 내니, 대중들이 모두 감탄하였다.

그곳에 달마구사라는 아라한이 있어 말하였다.

"이것은 필시 슬기로운 자식을 잉태했기 때문이다."

이어서 사리불(舍利佛)이 뱃속에 있을 때의 증험(證驗)을 설법하였다. 구마라집이 출생한 뒤에 그녀는 곧 예전의 천축어를 도로 잊어버렸다.

얼마 후 구마라집의 모친은 출가하기를 원했으나, 남편이 허락하지 않았다. 결국 다시 아들 하나를 더 낳게 되었는데 불사제바(弗沙提婆)라고 불렀다. 모친은 성(城)을 나가 돌아다니면서 구경하기를 즐겼다. 그러다가 무덤 사이에 마른 해골이 여기저기 흩어져 굴러다니는 것을 보았다. 이에 괴로움의 근본을 깊이 사유(思惟)하여 출가하기로 결심하였다. 만약 머리를 깎지 못한다면, 음식을 목구멍으로 넘기지 않겠다고 맹세하였다.

엿샛날 밤에 이르자 기력(氣力)이 실낱같이 쇠약해졌다. 자칫하면 다음 날 아침까지도 이르지 못할 듯했다. 이에 남편이 두려워 출가를 허락하였다. 그녀는 아직 삭발하지 않았다는 이유로 여전히 음식을 먹지 않았다. 즉시 사람을 시켜 삭발을 해 주니 그제야 음식을 들었다. 다음 날 아침 계(戒)를 받았다. 선법(禪法)을 좋아하여 애오라지 정진하고 나태하지 않아, 초과(初果)를 배워 터득했다.

이때 구마라집도 나이 일곱 살에 어머니와 함께 출가하여 스승에게 불경을 배웠다. 하루에 천 개의 게송을 암송하였는데, 한 개의 게송이 32자(字)이니, 모두 3만 2천 글자인 셈이다. 비담(毘曇: 아비달마·대법對法)을 암송한 뒤에, 스승이 그 뜻을 전수하였는데, 즉시 통달하여 그윽한 이치를 펴지 않음이 없었다.

당시 구자국 사람들은 구마라집의 어머니를 왕의 누이로서 대우하였다. 이 때문에 재물로서 공양하는 일이 매우 많았다. 모친은 이것을 원하지 않아 구마라집을 이끌고 떠났다.

구마라집의 나이 아홉 살에 어머니를 따라 신두하(辛頭河)를 건너 계빈국(罽賓國)에 이르렀다. 여기서 대덕(大德) 반두달다(槃頭達多)를 만나니, 바로 계빈왕(罽賓王)의 사촌 아우이다. 반두달다는 깊고 순수하여 큰 기량(器量)이 있었다. 재주가 있고 총명한데다 아는 것이 넓어 당시의 독보적인 존재였다. 삼장(三藏)과 구부(九部)를 해박하게 익히지 않음이 없었다. 아침부터 낮까지는 손수 천 개의 게송을 쓰고, 낮부터 밤까지는 천 개의 게송을 외웠다. 이름이 여러 나라에 퍼져서 멀거나 가깝거나 그를 스승으로 섬겼다.
　구마라집은 이런 그를 스승의 예로써 존숭하였다. 그에게서 『잡장(雜藏)』·『중아함경(中阿含經)』·『장아함경(長阿含經)』 4백만 자를 배웠다. 반두달다가 매양 구마라집의 신통함과 빼어남을 칭찬하자, 마침내 명성이 왕에게까지 전해졌다. 왕은 즉시 구마라집을 궁중으로 초청하여, 외도(外道)의 논사들로 하여금 그와 언쟁을 벌이게 하였다.
　논쟁이 처음 벌어질 때, 외도들은 구마라집의 나이가 어리다고 깔보아 말투가 자못 불손하였다. 구마라집이 틈을 타 기세를 꺾었다. 외도들이 기가 죽어 부끄러워 말을 못했다. 왕은 더욱 공경하고 특별히 대우하여, 날마다 말린 거위고기 한 쌍, 멥쌀과 밀가루 각각 세 말, 소(酥) 여섯 되를 주었다. 이것은 외국에서는 상등(上等) 공양에 해당한다.
　구마라집이 머물던 사찰의 주지(住持)도 이에 비구 다섯 명과 사미(沙彌) 열 명을 보냈다. 비로 쓸고 물 뿌리는 일을 맡겨, 구마라집의 제자같이 하게 하였다. 그를 존경하여 숭배함이 이와 같았다.

　나이 열두 살이 되어 어머니와 함께 구자국으로 돌아오자, 여러 나라에서 그를 모시기를 청했으나 구마라집은 전혀 돌아보지 않았다. 어느날 어머니가 그를 데리고 월지국(月氏國)의 북쪽 산에 이르렀을 때, 한 나한이 구마라집을 보고 어머니에게 말하였다.
"항상 이 사미를 지켜 보호해야만 한다. 나이 서른다섯 살이 될 때까지 계율을 깨뜨리지 않아야 한다. 그러면 불법(佛法)을 크게 일으키고 무수한 중생들을 제도하는 것이 우바굴다(優婆掘多)와 다름이 없을 것이다. 그러나 만일 계율을 온전히 지키지 못한다면 큰 일을 할 수 없을 것이다. 다만 재주가 밝고 슬기가 찌르는 법사(法師)가 될 뿐일 것이다."

　구마라집이 나아가 사륵국(沙勒國)에 이르러 부처님의 발우를 정수리로 모셨다[頂戴]. 마음속으로 '발우의 형태는 굉장히 큰데 어찌 이리도 가벼울까?'라는 생각을 하자마자 무거워졌다. 감당할 수가 없어 소리도 지르지 못하고 곧 발우를 내려놓고 말았다.
　어머니가 그 까닭을 물었다.
"어린 제 마음에 분별(分別)함이 있었습니다. 그때문에 발우에 가벼움과 무거움이 깃들었을 따름입니다."

구마라집은 사륵국에 일년 간 머물면서, 겨울에 아비담(阿毘曇)을 암송하였다. 「십문품(十門品)」과 「수지품(修智品)」 등 여러 품(品)에 대해 묻고 배운 것이 없었지만, 두루 그 절묘함을 통달하였다. 또 『육족론(六足論)』에 관한 모든 물음에 대해서도 막히거나 걸림이 없었다. 사륵국에 희견(喜見)이라는 삼장(三藏) 사문이 있었다. 그는 왕에게 말하였다.

"이 사미를 가벼이 여겨서는 안 됩니다. 왕께서는 이 사미를 청하여 최초로 설법의 문을 열도록 하셔야 합니다. 거기에는 두 가지 이익이 있습니다.

첫째, 온 나라 안의 사문들이 구마라집에게 미치지 못하는 것을 부끄러워하여 힘써 공부하는 것을 보실 것입니다.

둘째, 구자국왕은 필시 '구마라집이 우리나라 사람인데, 저들이 구마라집을 존경한다는 것은 곧 우리나라를 존경하는 것이다'라고 생각하고, 반드시 와서 우호(友好)를 교환할 것입니다."

왕은 곧 그것을 허락하고, 즉시 큰 모임을 베풀었다. 구마라집을 청하여 높은 자리에 올라 『전법륜경(轉法輪經)』을 강설하도록 하였다. 과연 구자국 왕은 지위가 높은 사신을 파견하여 두터운 우호를 표하였다.

구마라집은 설법하는 여가에 외도의 경전들을 탐색하였다. 『위타함다론(圍陀含多論, vedasastra)』을 잘 익혀서, 글을 짓고 묻고 답하는 따위의 일에 매우 밝았다. 또 사위타(四圍陀)의 전적들과 5명(明)의 여러 논서들을 널리 읽었다. 음양(陰陽)·성산(星算 : 天文曆數)까지 모두 다 극진히 연구하여 길흉(吉凶)에도 미묘하게 통달하였다. 그의 예언은 부절(符節)을 합한 것과 같이 딱 들어맞았다.

성품이 소탈하고 활달하여 자잘한 법식에 구애되지 않으니, 수행자들은 모두 이상하게 여겼다. 그러나 구마라집은 자연스런 마음으로 조금도 거리낌이 없었다.

당시 사거왕자(莎車王子)와 참군왕자(參軍王子), 두 형제가 나라를 버리고 사문이 되었다. 형은 자(字)를 수리야발타(須利耶跋陀)라 하고, 아우는 자를 수리야소마(須利耶蘇摩)라고 하였다.

수리야소마는 재주와 기량이 남보다 월등하게 뛰어났다. 오로지 대승(大乘)으로써 교화하였다. 그의 형과 여러 학자들이 모두 그를 스승으로 섬겼다. 구마라집도 역시 수리야소마를 존숭하고 받들었다. 가까이하여 좋아함이 더욱 지극하였다. 수리야소마는 뒤에 구마라집을 위하여 『아뇩달경(阿耨達經)』을 설해 주었다.

구마라집은 스승에게서 "음(陰)·계(界)·제입(諸入)은 모두 공(空)하고 무상(無相)하다"는 설법을 들었다. 괴이쩍게 여겨 질문하였다.

"이 경에는 다시 무슨 뜻이 있기에, 모든 현상을 있는 족족 모두 파괴해 버립니까?"

수리야소마는 답하였다.

"안(眼) 등의 모든 현상은 진실로 존재하는 것이 아니다."

구마라집은 이미 '안근(眼根)이 존재한다'고 집착하였다. 수리야소마는 '인과로써 이루어진 것일 뿐 실체는 없다'는 데에 의거하였다. 이 때문에 대승(大乘)과 소승(小乘)을 깊이 궁구하고 밝혀, 서로 주고받는 문답이 오랜 시일 동안 계속되었다.

구마라집이 비로소 이치의 돌아감을 알고는 마침내 오로지 대승 경전을 힘써 공부하였다. 이에 탄식하였다.

"내가 옛날에 소승을 배운 것은, 마치 어떤 사람이 황금을 알지 못한 채 놋쇠를 가지고 가장 훌륭한 것으로 여긴 것과 같구나."

그러고는 대승에서 중요한 것들을 널리 구하여, 『중론(中論)』·『백론(百論)』 두 논과 『십이문론(十二門論)』 등을 외웠다.

얼마 후 어머니를 따라 나아가 온숙국(溫宿國)에 이르렀다. 바로 구자국의 북쪽 경계였다. 당시 온숙국에는 한 도사(道士)가 있었다. 신묘한 말솜씨가 빼어나서 명성을 여러 나라에 떨쳤다.

그는 제 손으로 왕의 큰 북을 치면서 스스로 맹세하여 말하였다.

"논쟁으로 나를 이기는 자가 있으면 내 목을 잘라서 사죄하겠다."

구마라집이 이른 뒤에 둘이 서로 다른 논쟁을 벌여 따졌다. 도사는 헷갈리고 얼이 빠져 불교에 머리를 조아리고 귀의하였다. 이리하여 구마라집의 명성이 파미르 고원 동쪽에 가득하고. 황하[중국]에까지 이르렀다.

구자국왕은 몸소 온숙국까지 가서 구마라집을 맞이하여 구자국으로 돌아왔다. 널리 여러 경들을 강설하니, 사방의 먼 지방에서 존숭하고 우러러 아무도 그를 대항할 자가 없었다.

그 당시 한 왕녀(王女)가 비구니가 되었는데, 자(字)를 아갈야말제(阿竭耶末帝)라고 한다. 그 비구니는 많은 경전들을 널리 보았는데, 특히 선(禪)의 크나큰 요체를 깊이 알았으며, 이미 2과(果 : 사다함과)를 증득했다고 하였다. 그 비구니는 구마라집의 법문을 듣고 뛸 듯이 기뻐하였다. 이에 다시 큰 모임을 마련하고, 대승 경전의 심오한 이치를 열어줄 것을 청하였다.

구마라집은 이 법회에서 '모든 현상이 다 공하여 내가 없음[皆空無我]'을 미루어 변론하였다. 음(陰)이나 계(界)는 임시 빌려 쓴 이름이지 실제가 아님[假名非實]을 분별하였다. 당시 모인 청중들이 지나간 일을 돌이켜 생각하여 슬프게 느끼며, 깨달음이 뒤늦었음을 한탄해 마지않았다.

구라마집의 나이 스무 살에 이르자 왕궁에서 구족계(具足戒)를 받고, 비마라차(卑摩羅叉)에게 『십송률(十誦律)』을 배웠다.

얼마 후 구마라집의 어머니는 구자국을 하직하고 천축국(天竺國)으로 가며, 구자국왕 백순(白純)에게 말하였다.

"당신의 나라는 얼마 안 되어 쇠망할 것입니다. 나는 이곳을 떠납니다. 천축국에 가서 3과(果: 아나함과)를 증득하도록 해야겠습니다."

어머니는 이별에 임하여 구마라집에게 말하였다.

"대승 경전의 심오한 가르침을 중국에 널리 떨치도록 하여라. 그것을 동쪽 땅에 전하는 것은 오직 너의 힘에 달려 있을 뿐이다. 다만 너 자신에게만은 아무 이익이 없을 것이니, 어찌 하겠니?"

구마라집은 대답하였다.

"부처님의 도리는 중생의 이익을 위해 자신의 몸은 잊어버리는 것입니다. 만약 반드시 불법의 큰 교화를 널리 퍼뜨려 몽매한 세속을 깨닫게 할 수만 있다면, 아무리 끓는 가마솥에 들어가는 고통을 당한다 하더라도, 한이 없을 것입니다."

이에 구마라집은 구자국에 체류하여 신사(新寺)에 거주하였다. 후에 절 곁의 오래된 궁중에서 최초로 『방광경(放光經)』을 얻었다. 즉시 책장을 펼쳐서 읽으려고 할 때에, 마라(魔羅: 마왕)가 와서 경문(經文)을 가렸으므로 종이만 보일 뿐이었다. 구마라집은 이것이 마라의 소행인 줄 알고는, 서원하는 마음을 더욱 견고히 하자 마라가 사라지고 글자가 나타났다. 인하여 『방광경』을 익히고 암송하였다.

그때 공중에서 소리가 들렸다.

"그대는 지혜로운 사람이다. 어째서 이러한 것을 읽는 것인가?"

구마라집이 대답하였다.

"너는 바로 작은 마라이다. 속히 떠나라. 나의 마음은 대지와 같아 굴러가게 할 수 없다."

구마라집은 신사(新寺)에 머무른 2년 동안 널리 대승의 경론들을 외우며, 그 비밀스럽고 심오한 뜻을 꿰뚫었다.

구자왕은 구마라집을 위하여 금사자의 법좌를 만들었다. 중국의 비단으로 자리를 깔아, 구마라집으로 하여금 법좌에 올라 설법하도록 하였다. 구마라집이 말하였다.

"저의 스승님도 대승을 깨치지 못했습니다. 제가 직접 찾아가 스승님께 교화를 하고자 합니다. 이곳에 머무를 수가 없습니다."

그런데 갑자기 스승인 반두달다가 먼 길도 마다하지 않고 구자국에 이르렀다.

왕이 말하였다.

"대사께서는 어찌 이리도 먼 길을 방문하셨습니까?"

반두달다가 대답하였다.

"첫째는 제자 구마라집의 깨달음이 범상치 않다고 들었습니다. 둘째는 대왕께서 불도(佛道)를 널리 편다고 들었습니다. 이 때문에 고생과 위험을 무릅쓰고 멀리 신성의 나라로 달려온 것입니다."

구마라집은 스승의 방문으로 인해 그간의 회포를 풀게 되어 매우 기뻐하였다. 『덕녀문경(德女問經)』을 설법하여 모든 현상이 대부분 인연(因緣)·공(空)·가(假) 임을 밝혔다. 예전에 스승과 함께 모두 믿지 못하던 것이기 때문에 우선 그것을 강설한 것이다.

스승은 구마라집에게 말하였다.

"너는 대승에 대하여 무슨 특별한 현상을 보았기에 그렇게도 숭상하려고 하는가?"

구마라집이 대답하였다.

"대승은 심오하고도 맑아, 모든 존재하는 현상이 모두가 공(空)하다는 것을 밝힙니다. 그러나 소승은 한쪽으로 지나치게 치우쳐서 구분하여, 여러 가지 빠뜨려 잃어버린 것이 많습니다."

스승이 말하였다.

"네가 말한 '모든 것은 다 공하다[一切皆空]'는 것은 심히 두려워할 만하구나. 어떻게 유법(有法)을 버리고 공(空)을 좋아할 수 있단 말이냐. 꼭 그 옛날 미치광이와 같구나.

그 미치광이가 실을 잣는 이에게, 실을 잣되 최대한으로 가늘면서도 보기 좋게 해 달라고 하였다. 그래서 실 잣는 이가 정성을 기울여 먼지처럼 가늘게 실을 자았다. 미치광이는 그것도 오히려 굵다고 원망하였다.

실 잣는 이는 크게 노하여 허공을 가리키며 '이것이 바로 가는 실입니다.'라고 하니, 미치광이는 '그렇다면 왜 보이지 않는가?'라고 하였다. 실 잣는 이는 '이 실은 너무 가늘어 우리 중의 솜씨 좋은 장인(匠人)조차 볼 수 없습니다. 하물며 다른 사람들이야 볼 수 있겠습니까?'라고 하였다.

미치광이는 크게 기뻐하였다. 보이지 않는 그 실로 베를 짜 달라고 베 짜는 이에게 부탁하였다. 베 짜는 이도 역시 실 잣는 이를 그대로 흉내내었다. 그들은 모두 많은 상(賞)을 받았지만, 그러나 실상은 아무것도 없는 것이다. 너의 현상이 공하다는 것도 역시 이것과 같구나."

그러나 구마라집은 계속해서 비슷한 것끼리 연관지어[連類] 진술하였다. 서로 문답을 주고받은 지 한달 남짓 지나자, 스승이 마침내 믿고 받아들였다. 스승은 감탄하여 말하였다.

"'스승이 미처 도달하지 못한 것을 도리어 제자가 그 뜻을 열어 준다'고 하는 것을 바로 여기에서 증험하는구나."

이에 스승은 구마라집에게 스승의 예를 올리고 말하였다.

"화상(和上)은 바로 나의 대승의 스승이고, 나는 화상의 소승의 스승이오."

서역(西域)의 여러 나라들이 모두 구마라집의 신통함과 빼어남에 조복하였다. 매년 강설할 때에는 왕들이 법좌(法座) 옆에 꿇어 엎드렸다. 구마라집으로 하여금 그 위를 밟고 오르게 하니, 그를 소중히 대우함이 이와 같았다.

이미 구마라집의 도는 서역에 퍼지고, 그의 명성은 동쪽 황하에까지 미쳤다. 그 당시 부견(符堅)이 관중(關中)에서 외람되이 천자를 참칭했다. 외국의 전부왕(前部王)과 구자왕(龜玆王)의 동생이 모두 와서 부견에게 조회하였다. 부견이 두 왕을 알현하였다.

이 두 왕이 부견에게 진언하였다.

"서역에는 진기한 물건들이 많이 산출됩니다. 청컨대 군사를 이끌고 가 평정하여 속국이 되기를 요구하십시오."

건원(建元) 13년(378) 정월에 부견의 태사(太史)가 아뢰었다.

"어떤 별이 외국의 분야(分野)에 나타났습니다. 덕이 높은 슬기로운 사람이 우리나라로 들어와 보좌할 것입니다."

부견이 말하였다.

"짐이 들으니, 서역에는 구마라집이 있고, 양양(襄陽)에는 석도안(釋道安)이 있다고 한다. 아마도 이들이 아니겠는가?"

즉시 사신을 파견하여 그들을 찾았다.

17년 2월에, 선선왕(鄯善王)과 전부왕(前部王) 등이 또다시 부견에게 군사를 청하여 서역을 정벌하자고 달래었다.

건원 18년(382) 9월, 부견은 효기장군 여광(呂光)과 능강장군 강비(姜飛)를 파견하였다. 전부왕(前部王)과 거사왕(車師王) 등을 거느리고 군사 7만 명을 이끌고 서행하여 구자국과 언기국(焉耆國) 등 여러 나라를 정벌하였다.

출발에 임하여 부견은 여광을 건장궁에서 전별하면서 여광에게 말하였다.

"대저 제왕은 천명(天命)에 응하여 다스리고 창생(蒼生)을 자식처럼 사랑하는 것으로써 근본을 삼거늘, 어찌 그 땅을 탐하여 정벌하는 것이겠는가. 바로 도의를 품는 사람[懷道] 때문에 정벌하는 것이다.

짐은 들으니, 서역에는 구마라집이라는 이가 있어 불법을 깊이 이해하고 음양을 익숙히 잘 알아 후학들의 으뜸이 된다고 한다. 짐이 깊이 생각하건대 어질고 밝은 이들은 나라의 큰 보배이다. 만약 구자국을 정복하거든 곧바로 역말을 급히 달려 구마라집을 후송하라."

여광의 군대가 아직 이르지 않았을 때 구마라집은 구자왕 백순에게 진언했다.

"구자국의 국운은 쇠하였습니다. 반드시 강한 적이 나타날 것입니다. 해 뜨는 곳의 사람들이 동방으로부터 오면 삼가 공손히 받들어야 합니다. 그들의 칼날에 대항해서는 안 됩니다."
 그러나 백순은 구마라집의 진언에 따르지 않고 전쟁을 하였다. 마침내 여광이 구자국을 격파하여 백순을 죽이고, 백순의 동생 백진을 세워 왕으로 삼았다.

 여광은 구마라집을 사로잡은 뒤, 아직 그의 지혜와 국량을 측량하지 못했다. 다만 그의 나이가 어린 것만 보고 곧 가소롭게 여겼다. 그를 희롱하여 강제로 구자국의 왕녀를 아내 삼도록 하였다. 구마라집은 버티며 수락하지 않았으나, 사양하면 할수록 더욱더 괴롭혔다.
 여광이 말하였다.
 "도사의 지조라고 해봤자 그대 아버지보다 나을 것이 없지 않은가. 어찌 그리도 한사코 사양하는 것인가?"
 그리고는 구마라집에게 독한 술을 마시게 하고, 여자와 함께 밀실에 가둬 버렸다. 구마라집은 핍박을 당하는 것이 이미 지극하므로 마침내 그 절개를 무너뜨리고 말았다.
 여광은 또 구마라집을 소에 태우기도 하고, 사나운 말에 태워 떨어뜨리기도 하였다. 구마라집이 항상 인욕(忍辱)의 마음을 품어 일찍이 안색이 달라지는 일조차 없으니, 여광은 부끄러워 그만두었다.
 여광이 본국으로 귀환하는 도중에 군사를 산 밑에 주둔시켰다. 장졸들이 이미 휴식하자, 구마라집이 진언하였다.
 "이곳에 있으면 반드시 낭패를 당할 것입니다. 군사를 언덕 위로 이동시켜야 합니다."
 그러나 여광은 그의 의견을 받아들이지 않았다. 밤이 되자 과연 큰비가 내려 갑자기 홍수가 났다. 수심이 몇 길이나 되고, 죽은 사람이 수천 명이었다. 여광은 그제야 그를 비밀스럽고 남다르게 여겼다.

 구마라집은 여광에게 진언하였다.
 "이곳은 흉망(凶亡)한 땅이므로 모름지기 오래 머물러서는 안 됩니다. 돌아올 운수(運數)를 미루어 짐작하건대 마땅히 속히 돌아가야만 합니다.

중도에 반드시 머무를 만한 복된 땅이 있을 것입니다."
여광은 구마라집의 진언을 따랐다.
양주(凉州)에 이르러 부견이 요장(姚萇)에게 시해당했다는 소식을 들었다. 여광의 삼군(三軍)은 상복을 입고 양주성 남쪽에서 크게 곡하였다. 이리하여 여광은 관외(關外)에서 왕을 참칭(僭稱)하고, 연호를 태안(太安)이라 칭하였다.
태안(太安) 원년(385) 정월, 고장(姑臧)에 큰바람이 불었다.
구마라집이 말하였다.
"상서롭지 못한 바람입니다. 반드시 간특한 반란이 있을 것입니다. 그러나 애써 노력하지 않아도 저절로 평정될 것입니다."
갑자기 양겸(梁謙)과 팽황(彭晃)이 잇따라 반란을 일으켰으나, 얼마 안 있어 모두 죽어 사라졌다.
여광의 용비(龍飛) 2년(396)에, 장액(張掖) 임송(臨松)의 노수호(盧水湖)에서 저거남성(沮渠男成)과 사촌아우 저거몽손(沮渠蒙遜)이 모반하여, 건강태수(建康太守) 단업(段業)을 추대하여 왕으로 삼았다. 여광은 서자인 진주자사 태원공(太原公) 여찬(呂纂)을 파견하여 군사 5만 명을 이끌고 그들을 토벌하게 하였다.
당시 사람들은 이것을 논하였다.
"단업 등은 까마귀떼처럼 규율이 없고, 여찬에게는 위세와 명망이 있으므로, 형세로 보아 반드시 이길 것이다."
여광이 구마라집에게 상의하니, 구마라집이 말하였다.
"이번 출행을 관찰해보건대 아직 그 이로움을 발견하지 못하겠습니다."
그러는 사이에 이미 여찬은 합리(合梨)에서 크게 패하였다. 갑자기 또 곽형(郭馨)이 난리를 일으켰다. 여찬은 대군을 내버리고 몇몇 군사들만을 데리고 귀환하다가, 다시 곽형에게 패배 당하였다. 겨우 자신의 몸만 벗어날 수 있었다.
여광의 중서감(中書監) 장자(張資)는 문필(文筆)이 있고 온화하며 아담하였다. 여광은 그를 매우 소중히 여겼다. 장자가 병이 들자, 여광은 널리 병을 낫게 할 훌륭한 의사를 구하였다.
외국의 도인 라차(羅叉)가 말하였다.
"장자(張資)의 병을 낫게 할 수 있습니다."

여광은 기뻐하여 그에게 매우 많은 금품을 하사하였다.
구마라집은 라차가 사기꾼이라는 것을 알았다. 장자에게 고하여 말하였다.
"라차는 병을 다스릴 수 없습니다. 한갓 번거롭게 재물을 낭비할 뿐입니다. 사람이 죽고 사는 일은 알 수 없는 것이기는 하나, 시험해 볼 수 있습니다."
구마라집은 오색실로 새끼를 만들어 매듭을 짓고 태워서 잿가루를 물속에 던졌다.
"만약 재가 물에 떠올라도 도로 새끼 모양이라면 병은 나을 수 없습니다."
잠시 후 재가 모여 물 위에 떠올랐는데, 원래의 새끼 형태가 되었다. 이윽고 라차의 치료는 효험이 없이 며칠이 지나지 않아 장자는 세상을 떠났다. 얼마 후 여광도 죽었다.

여광의 아들 여소(呂紹)가 왕위를 이었다. 수일이 지나자 여광의 서자 여찬이 여소를 시해하고, 스스로 왕이 되어 연호를 함녕(咸寧)이라 일컬었다.
함녕 2년(400), 돼지가 머리 셋 달린 새끼를 낳았다. 용이 동쪽 곁채의 우물 속에서 나와 대전(大殿) 앞에 몸을 서렸으나, 다음 날 아침이 되자 모습이 보이지 않았다. 여찬은 이것을 아름다운 상서로 여겨 대전을 용상전(龍翔殿)이라 불렀다. 얼마 후 또 검은 용이 당양(當陽)의 구궁문(九宮門)에서 승천했다. 여찬은 이 구궁문을 용흥문(龍興門)이라 개칭하였다.
구마라집이 상주하여 아뢰었다.
"요즈음 잠룡(潛龍)이 출몰하고 돼지도 괴이한 일을 보입니다. 용은 음한 생물로서 드나드는 일정한 때가 있습니다. 그런데도 지금 자주 나타나는 것은 재앙이 있을 징조입니다. 반드시 아랫사람이 윗사람을 모반하는 변괴가 있을 것입니다. 마땅히 사욕을 극복하고 덕을 닦아, 하늘이 주는 타이름에 보답하도록 해야 합니다."
여찬은 구마라집의 진언을 받아들이지 않았다.
예전에 여찬이 구마라집과 바둑을 두었다. 여찬이 구마라집의 바둑돌을 희롱하며 죽이고 말하였다.

"오랑캐 놈[胡奴]의 머리를 벨 것이다."
구마라집은 말하였다.
"오랑캐 놈의 머리는 베지 못할 것입니다. 오랑캐 놈이야말로 사람의 머리를 벨 것입니다."
이 구마라집의 말에는 의미가 담겨 있으나, 여찬은 끝내 깨닫지 못하였다.
여광(呂光)의 아우 여보(呂保)에게는 여초(如超)라고 하는 아들이 있었다. 여초의 어렸을 적의 이름이 호노(胡奴)였다. 뒤에 과연 여찬의 목을 베고, 자기 형 여륭(呂隆)을 세워 왕으로 삼았다. 당시 사람들이 비로소 구마라집의 예언을 증험하였다.
구마라집이 양주(凉州)에 체류한 지 수 년이 되었다. 여광 부자가 도를 널리 펴지 않는 까닭에, 구마라집은 불교에 대한 깊은 이해를 쌓아 두고도 선양하고 교화할 방법이 없었다. 부견(苻堅)은 이미 세상을 떠나 구마라집과 끝내 서로 만날 수가 없었다.

그러던 중, 요장(姚萇)이 관중(關中) 지역을 찬탈했다. 그도 역시 구마라집의 높은 명성을 듣고, 마음을 비우고 구마라집을 보낼줄 것을 요청하였다. 그러나 여러 여씨들은 구마라집이 지혜로운 계책과 많은 지식을 가지고 요씨들을 위해 도모할까 두려워하여, 관중으로 들어가는 것을 허락하지 않았다.

요장이 죽고 아들 요흥(姚興)이 자리를 잇자, 다시 사신을 파견하여 정성을 다해 요청하였다. 홍시(弘始) 3년(401) 3월, 궁중의 뜰에 연리지(連理枝)가 나고, 소요원(逍遙園)의 파가 변하여 난초가 되었다. 이것을 아름다운 상서로 여겨 슬기로운 사람이 들어올 것이라고 하였다.
5월에 요흥이 농서공(隴西公) 요석덕(姚碩德)을 파견하여 서쪽으로 여륭(呂隆)을 정벌하게 하였다. 여륭의 군대를 크게 깨뜨리자, 9월에 여륭이 표문을 올리고 항복하니, 그제야 비로소 구마라집을 맞이하여 관중에 모실 수 있었다. 그 해 12월 20일에 장안(長安)에 도착하였다.
요흥이 국사(國師)의 예로써 대우하여 구마라집은 특별한 총애를 받았다. 마주하여 대화를 하게되면 하루 해가 지나는 줄도 몰랐다. 미묘한 것을 연구하여 극진한 데까지 나아가니, 한 해를 다 보내도록 싫증이 나지 않았다.

　불법이 동방에 전해진 것은 후한 명제(明帝) 때에 비롯되었다. 그로부터 위(魏)와 진(晋) 시대를 경과하면서 경론(經論)이 점점 많아졌다. 그러나 지겸(支謙)과 축법호(竺法護)가 번역해 낸 경론들은 대부분 문자에 막혀서, 뜻을 도가의 경전에서 빌려온 것이 대부분이었다. 요흥은 어려서부터 불법승 삼보(三寶)를 공경하여, 경론을 결집하리라 날카롭게 뜻을 세웠다.

　구마라집이 장안에 이른 뒤에 요흥은 그를 서명각(西明閣)과 소요원(逍遙園)에 청하여 여러 경전들을 번역해 냈다. 구마라집은 이미 경전들을 거의 다 암송하고, 경문의 뜻에 대해서도 연구하여 극진하지 않은 것이 없었다. 더욱이 중국말에도 빼어나 표현이 유려하였다.

　이전에 번역한 경전들을 살펴보니, 경문의 뜻이 지나치게 잘못된 곳이 많았다. 이전의 경전들이 바른 의미를 잃은 이유는 범본(梵本)과 대조하여 번역하지 않았기 때문이다.

　이리하여 요흥은 사문 승략(僧䂮)·승천(僧遷)·법흠(法欽)·도류(道流)·도항(道恒)·도표(道標)·승예(僧叡)·승조(僧肇) 등 8백여 명을 시켜, 구마라집에게 뜻을 묻고 배우게 하여 다시 『대품반야경(大品般若經)』을 번역하였다.

　구마라집은 범본(梵本)을 가지고, 요흥은 이전에 번역한 경전을 들고, 서로 대조하고 교정하였다. 옛 번역을 새로운 번역어로 바꿔 놓으니, 뜻이 모두 원만하게 소통하였다. 대중들이 모두 마음으로 흡족하여 기뻐 찬탄하지 않는 이가 없었다.

　요흥은 불도(佛道)가 깊고 오묘하며, 그 착함을 실천하여 삼계의 고통을 벗어나는 좋은 나루이자, 세상을 다스리는 큰 법칙이라고 믿었다. 그러므로 요흥은 뜻을 9경(經)에 의탁하고, 마음은 12부(部)에 노닐었다. 『통삼세론(通三世論)』을 지어 인과(因果)의 가르침을 밝혔다.

　왕공(王公) 이하 모두가 그의 풍모를 흠모하고 찬탄하였다. 대장군 상산공 요현(姚顯)과 좌군장군 안성후 요숭(姚嵩) 등은 모두 인연(因緣)과 업(業)을 독실하게 믿었다. 여러 번 구마라집을 장안대사(長安大寺)로 청하여 새로 번역한 경전을 강설하였다.

계속해서 『소품반야경(小品般若經)』·『금강반야경(金剛般若經)』·『십주경(十住經)』·『법화경(法華經)』·『유마힐경(維摩詰經)』·『사익경(思益經)』·『수능엄경(首楞嚴經)』·『지세경(持世經)』·『불장경(佛藏經)』·『보살장경(菩薩藏經)』·『유교경(遺敎經)』·『보리경(菩提經)』·『제법무행경(諸法無行經)』·『보살가색욕경(菩薩呵色欲經)』·『자재왕경(自在王經)』·『십이인연관경(十二因緣觀經)』·『무량수경(無量壽經)』·『신현겁경(新賢劫經)』·『선경(禪經)』·『선법요(禪法要)』·『선법요해(禪法要解)』·『미륵성불경(彌勒成佛經)』·『미륵하생경(彌勒下生經)』·『십송률(十誦律)』·『십송비구계본(十誦比丘戒本)』·『보살계본(菩薩戒本)』·『대지도론(大智度論)』·『성실론(成實論)』·『십주론(十住論)』·『중론(中論)』·『백론(百論)』·『십이문론(十二門論)』 등 3백여 권을 번역해 냈다. 어느 것이나 모두 신묘한 근원을 환하게 드러내고, 그윽한 이치를 발휘하였다. 당시 사방에서 교리를 공부하는 이[義學之士]들이 만 리를 마다 않고 모여들었다.

구마라집의 성대한 업적의 위대성은 오늘날까지도 모두 다 우러러보는 바이다.

용광사(龍光寺)의 석도생(釋道生)은 지혜로운 앎이 미묘한 경지에 들어가고, 현묘한 의미를 문자 밖까지 끌어낼 정도의 인물이다. 그러나 항상 자신의 언어가 본뜻을 어그러뜨릴까 염려하여, 관중(關中)에 들어가 구마라집에게 해결해 주기를 청하였다.

여산(廬山)의 석혜원(釋慧遠)은 많은 경전들에 정통했다. 석가 부처님께서 남기신 가르침을 펼치는 중요한 임무를 맡은 불교계의 동량과 같은 인물이었다. 그런데도 당시는 성인께서 가신 지가 아득히 멀고 오래되어, 의문스러운 내용을 해결할 방법이 없었다. 그래서 편지를 보내 구마라집에게 자문을 구한 내용이「혜원전(慧遠傳)」에 보인다.

과거에 사문 승예(僧叡)는 재능과 식견이 높고 밝았다. 항상 구마라집을 따라다니며 옮겨 베끼기를 담당하였다. 구마라집은 매양 승예를 위하여 서역의 언어를 강설하고, 범어와 한자(漢字)의 같고 다름을 살피고 분별하여 말하였다.

"천축국의 풍속은 문장의 체제를 대단히 중시한다. 오음(五音)의 운율이

현악기와 어울리듯이, 문체와 운율도 아름다워야 한다. 국왕을 알현할 때에는 국왕의 덕을 찬미하는 송(頌)이 있다. 부처님을 뵙는 의식은 부처님의 덕을 노래로 찬탄하는 것을 귀히 여긴다. 경전 속의 게송들은 모두 이러한 형식인 것이다.

그러므로 범문(梵文)을 중국어로 바꾸면 그 아름다운 문채(文彩)를 잃는 것이다. 아무리 큰 뜻을 터득하더라도 문장의 양식이 아주 동떨어지기 때문에 마치 밥을 씹어서 남에게 주는 것과 같다. 그러므로 다만 맛을 잃어버릴 뿐만이 아니라, 남으로 하여금 구역질이 나게 하는 것이다."

구마라집은 예전에 사문 법화(法和)에게 다음과 같은 게송을 지어준 적이 있었다.

　마음 산(山)에서 밝은 덕을 길러
　그 향내 일만 유연(由延)까지 퍼지고
　오동나무에 외로이 깃든 슬픈 난새
　청아한 울음소리 구천(九天)에 사무치네.

대승의 게송 10게를 지었는데, 그 글의 비유가 모두 이러했다.
구마라집은 평소 대승을 좋아하여, 대승을 널리 펴는 데에 뜻을 두었다. 항상 한탄하였다.
"내가 붓을 들어 대승아비담(大乘阿毘曇)을 짓는다면 가전연자(迦旃延子)에 비할 바가 아니겠지만, 지금 이 중국 땅에는 학식이 깊은 사람이 없어 여기에서 날개가 부러졌으니 무엇을 더 논하겠는가?"
이와 같이 한탄하면서 쓸쓸히 그만두었다. 오직 요흥(姚興)을 위하여 『실상론(實相論)』 두 권을 지었다. 아울러 『유마경(維摩經)』에 주를 내었다. 말을 내어 문장을 이룬 것[出言成章]은 다듬거나 고칠 것이 없었다. 문장의 비유는 완곡하고 간명(簡明)하면서도, 그윽하고 깊숙하지 않음이 없었다.

구마라집의 사람됨은 맑은 정신이 밝고 투철(透徹)하며, 남에게 굽히지 않는 성품이 남달랐다. 또한 임기응변하여 깨달아 아는 것은 무리 가운데

필적할 만한 사람이 없었다. 돈독한 성격으로 인자하고 후덕하였다. 차별 없이 사람들을 두루 사랑하였다. 자신을 비우고 사람들을 잘 가르치며 종일토록 게으름이 없었다.

진나라 임금 요흥이 항상 구마라집에게 말하였다.

"대사의 총명과 뛰어난 깨달음은 천하에 둘도 없습니다. 만일 하루아침에 세상을 떠나시어 법의 씨앗이 될 후사가 없어서야 어찌 되겠습니까?"

그리하여 기녀(妓女) 열 명을 억지로 받아들이게 하였다.

이 이후로는 승방(僧坊)에 머물지 않고 따로 관사를 짓고 살았다. 모든 것을 풍부함이 넘칠 정도로 공급받았다. 매양 강설할 때에는 먼저 스스로 설하였다.

"비유하면 더러운 진흙 속에서 연꽃이 피는 것과 같다. 오직 연꽃만을 취하고 더러운 진흙은 취하지 말라."

예전에 구마라집이 구자국에 있을 때, 비마라차(卑摩羅叉) 율사에게 계율을 배웠다. 뒤에 비마라차가 관중에 들어왔다. 구마라집은 그가 왔다는 것을 듣고 기쁘게 맞이하여 스승의 예로 극진히 하였다. 비마라차는 구마라집이 핍박당한 사실(파계한 사실)을 아직 몰랐다.

어느 날, 구마라집에게 물었다.

"그대는 중국 땅에 지중한 인연이 있네. 법을 전수받은 제자는 몇 명이나 되는가?"

구마라집은 대답하였다.

"중국 땅에는 아직 경장과 율장이 갖추어지지 않았습니다. 새로운 경과 여러 논(論)들은 대부분 제가 번역해 냈습니다. 3천 명의 학도들이 저에게 법을 배웁니다. 그렇지만 저는 업장(業障)에 깊이 얽매여 있어서 스승으로서의 존경은 받지 못합니다."

또 비구 배도(杯渡)가 팽성(彭城)에 있었다. 구마라집이 장안(長安)에 있다는 소문을 듣고 곧 탄식하였다.

"그대와 내가 장난처럼 이별한 지 어언 3백여 년이다. 그렇건만 이 생에서는 아득히 기약이 없구려. 더디지만 내생에서나 만날 수 있을 뿐이라오."

구마라집이 임종하기 전 어느 날, 약간 온몸이 상쾌하지 못함을 깨달았다. 이에 곧 입으로 세 번 신주(神呪)를 외웠다. 게다가 외국 제자들에게도 이 주문을 외우게 하여, 병을 치료하고자 했다. 그러나 주문의 효력이 미치지 않아, 한층 더 위독해졌음을 알았다.

이에 구마라집은 병을 참으면서 대중 승려들과 이별을 고하며 말하였다.

"불법을 인연으로 서로 만났거늘 아직 내 뜻을 다 펴지 못하였다. 이제 세상을 뒤로 하려니, 이 비통함을 무슨 말로 다하겠는가. 나는 어둡고 둔한 사람인데도 어쩌다 잘못 역경을 맡았다. 모두 3백여 권의 경과 논을 역출하였다.

오직 『십송률(十誦律)』한 부만은 미처 번잡한 것을 깎아내어 다듬지 못하였다. 『십송률』의 근본 뜻을 보존한다면 반드시 크게 어긋나는 곳은 없을 것이다. 아무쪼록 번역한 모든 경전들이 후세까지 흘러가서 다 같이 널리 퍼지기를 발원한다. 지금 대중 앞에서 성실하게 맹세한다. 만약 내가 번역하여 옮긴 것에 잘못이 없다면, 화장한 후에도 내 혀만은 불에 타지 않을 것이다."

홍시(弘始) 11년(409) 8월 20일 장안에서 돌아가셨다.
곧바로 소요원(逍遙園)에서 외국의 의식에 따라 화장하였다. 장작이 다 타고 몸을 다 태웠건만 오직 그의 혀만은 재가 되지 않았다. 후에 어떤 외국 사문이 와서 말하였다.

"구마라집이 암송한 것 중 열에 하나도 번역해 내지 못했다."

과거 구마라집은 일명 구마라기바(鳩摩羅耆婆)였다. 외국의 이름짓는 법은 대부분 부모의 이름을 근본으로 삼는다. 구마라집의 아버지는 구마염(鳩摩炎)이었고, 어머니의 자(字)는 기바(耆婆)였기 때문에 둘을 취하여 이름을 지은 것이다.

대지석론서(大智釋論序)

석승예(釋僧叡) 지음

모든 존재는 생(生)을 생(生)하게 하는 것에 근본을 두지만, 생을 생하게 하는 것은 생함이 없으며[無生], 변화는 사물의 시초에 조짐을 나타내지만, 시초를 시작하게 하는 것은 시작함이 없다. 그렇다면 생함이 없고[無生] 시작함이 없는 것[無始]이 사물의 본성이다.

생함과 시작함이 사물의 본성에서 움직이지 않는 데도 후회와 한탄[悔吝]이 안에서 일어나는 것은 오직 삿된 생각[邪思]뿐일 것이다. 정각(正覺)께서는 삿된 생각이 저절로 일어나는 것을 보았다. 그러므로 『아함경(阿含經)』을 지었다. 또 유(有)에 막히는 것이 미혹을 말미암아서임을 알았다. 그러므로 반야(般若)로 조감해 주었다.

그런데 비추어주는 것은 본래 보고 듣는 감각이 끊어져 있고[希夷], 피안으로 건너가는 나루의 물가는 크고 넓고, 이치는 문자 밖으로 초월해 있으며, 취지는 사려의 경계가 끊어져 있다. 따라서 언어로 구하면 깊은 종지와 어긋나고 지혜로 헤아리면 종지를 잃게 된다. 2승(乘)이 이 때문에 3장(藏)의 가르침에 발이 걸려 넘어지고 신학(新學)이 용문(龍門)에서 비늘을 드러내게 되는 것이다. 어찌 그렇지 않겠는가?

이 때문에 마명(馬鳴)보살이 정법시대(正法時代)의 말기에 일어나고 용수보살이 상법시대(像法時代)의 말기에 태어났다. 정법의 말기에는 홍포하기가 쉬웠다. 그러므로 유풍(遺風)을 곧바로 펼쳐서 중생의 집착을 털어내 주었다. 그렇지만 상법시대에는 많은 유파가 있었다. 그러므로 범부(凡夫)의 행적에 기탁해서 중생을 깨우치는 점차적인 방법을 제시하였고, 또 용궁에서 밝음을 빌려서 현묘한 지혜를 환하게 조사하였고, 그윽하고 신비한 가르침에 의탁해서 은미한 진리의 말씀[微言]을 끝까지 궁구하였다. 이에 지혜의 전적[智典]을 헌장(憲章)으로 삼아서 이 『석론(釋論)』을 지었다.

이 『석론(釋論)』은 평이한 길을 열어주어 대승(大乘)에 멍에를 채워 올바른 길을 따라서 피안에 곧장 들어가게 하였고, 실상(實相)을 논변하여 망견(妄見)에 미혹된 사람들이 멀리 벗어나지 않아서 스스로 돌아오도록 하였다. 그 논하는 방법은 처음에는 문자로 경문(經文)을 헤아려서 반드시 서로 다른 해석을 표시하여 끝까지 아름답게 하였고, 마침내 논을 정리하여 집착이 없는 것을 들어서 끝까지 훌륭하게 하였다. 해석이 끝까지 되지 않은 것은 논리를 세워서 밝혔고, 아직 논변하지 않은 것은 적당히 절충한 것에 기탁해서 바로잡았다. 이리하여 이 신령스러운 책(반야경)에서 해석하기 어려운 문장이 없도록 하고, 천 년 후에 작자의 뜻을 알게 한 것은 진실로 용수(龍樹)의 공덕이다.

구마라기바(究摩羅耆婆)법사가 있었다. 그는 어려서 총명하고 지혜롭다는 소문이 퍼졌고 장성해서는 기이하고 뛰어나다는 명예를 한 몸에 모았다. 재능을 나타내면 만리 먼 곳까지 나타났고 말을 하면 고금의 영고성쇠(榮枯盛衰)를 뛰어나게 논변하였다. 그는 항상 이 논을 의지해서 심오하게 거울처럼 비추어 보았고 높은 종치를 의탁해서 종지를 밝혔다.

진(秦)나라 홍시(弘始) 3년(401) 세성(歲星)이 성기(星紀)에 있던 해 12월 20일에 고장(姑臧)에서 장안(長安)에 이르러 왔다.

진왕(秦王)이 흉금을 비우고 그를 맞이하였는데, 이미 옛날에 보았다는 마음을 속에 깊이 쌓아 두고 있었으니 어찌 기쁘기만 하였겠는가. 마주보며 말하면서 상대하면 하루 종일 머물렀고 은미한 것을 연구해서 끝까지 나아가면 한 해가 다하도록 권태로움을 잊어버렸다. 또 마주보며 말하는 공덕은 비록 깊지만 홀로 얻은 마음이 넓게 퍼지지 않음을 안타깝게 여겼고, 요점에 끝까지 나아간 것은 현묘하지만 진량(津梁)의 기세가 보편하게 전달되지 못하는 것을 애석하게 여겼다.

마침내 서로 마주보면서 거스름이 없는 생각으로 서로를 함께 잊어버리는 은혜를 널리 홍포하고자 하였다. 이에 경사(京師)에 있는 의업(義業) 사문을 모으고, 공경(公卿)으로서 이 기회를 기쁘게 여기는 사람 5백여 명에게 명령을 내려 위수(渭水) 물가에 있는 소요원당(逍遙園堂)에 모이도록 하였다.

왕은 방울 달린 왕의 수레를 큰 물가에 멍에를 채워서 서 있게 하고, 금원(禁園)을 호위하는 경비(警備)는 숲속에서 휴식을 취하도록 하고서 몸소 현장(玄章)을 열람하고, 호본(胡本)에 비추어서 바르게 번역된 것[正名]을 상고하고, 법사(法師)에게 자문해서 이해하는 데 요점이 되는 것[津要]을 통달해서 후진(後進)을 위해서 협소하고 좁은 길을 평탄하게 해주었는데, 경본(經本)이 정해지자 이 『석론(釋論)』을 역출하였다.

논의 약본(略本)에 10만 게가 있는데 한 게에 32자(字)가 있어서 모두 3백 20만 언(言)이었다.

호어(胡語)와 중국말[夏]은 서로 다르고 또 번쇄(煩碎)하고 간략한 차이가 있기 때문에 3분(分)에서 2분(分)을 제외시켜 2백 권을 얻었다. 이에 대지(大旨)를 담고 있는 30만 언(言)의 현묘한 문장과 완곡한 종지를 밝게 알 수 있게 되었고, 돌아가는 길을 통달하게 되어 다시는 길에 미혹하는 의심이 없어졌고, 문장으로 도(道)를 구함에 간격이 없어지게 되었다.

이 때문에 『천축전(天竺傳)』에서 "상법(像法)과 정법(正法)의 말기에 마명(馬鳴)과 용수(龍樹)가 아니었다면 도를 배우는 문(門)이 모두 없어졌을 것이다"라고 한 것이다.

그 까닭은 무엇인가? 실로 이 두 사람이 미묘한 이치에 계합하지 않았다면 삿된 법이 성하게 되어 거짓된 언어와 진실한 가르침이 함께 일어나고, 험한 길과 평탄한 길이 바퀴 자국을 다투게 되며, 처음 도에 나아가는 사람이 여기에 동화되어 흩어지고 도를 향해 나아가는 사람이 이를 미혹해서 단계를 뛰어넘게 되기 때문이다. 저 두 사람의 종장(宗匠)이 아니라면 그 뉘라서 이 풍조를 바로잡을 수 있었겠는가.

이 때문에 천축(天竺)의 모든 나라에서는 그들을 위해 사당을 세우고 부처님처럼 높이 받들었다. 또 칭탄하고 기려서 말하기를 "부처님의 지혜의 태양이 나날이 쇠퇴하였는데 이 사람들이 다시 빛나게 하였고, 세상이 혼침한 것이 오래되었는데 이 사람들이 깨닫게 해 주었다"고 하였다. 만약 그렇다면 진실로 그들의 공적은 10지(地)에 이르렀고 그들의 도는 보처보살(補處菩薩)과 짝이 된다고 말할 수 있을 것이다. 전해서 칭찬하는 것이 또한 마땅하지 않겠는가.

다행스럽게도 이 변경(邊境) 지역에서 홀연히 이 논을 완전히 갖출 수 있게 되었다. 호문(胡文)이 찬찬하고 자상한 것은 모두「초품(初品)」과 같은데, 법사는 진(秦)나라 사람들이 간략한 것을 좋아하기 때문에 편집해서 간략하게 만든 것이다. 만약 그 문장을 빠짐없이 번역했다면 거의 천여 권에 가깝게 되었을 것이다.

법사는 진(秦)나라 말에 크게 통하였지만 오직 하나의 법만을 알 뿐이어서 방언(方言)이 서로 다른 점에 대해서는 오히려 막혀 있어서 아직 통하지 못한 점이 있었다. 만약 언어가 서로 통하지 않으면 마음을 비교해서 헤아릴 수 있는 연유가 없고, 마음을 비교해서 헤아릴 수 없으면 깨달은 회포를 문장에 의탁할 수가 없다. 말을 깨우치지 못하면 어떻게 서로 다른 길을 한곳으로 이르러 오게 할 수 있겠는가. 이치가 진실로 그러한 것이다. 나아가서 붓을 멈추고 시비를 다투려 하면 하루 종일 다투어서 교정해도 끝내 성취할 수가 없고, 물러나서 간략하게 하여 편리하게 하고자 하면 (큰 목수를 대신해서 나무를 깎다가) 손을 다치고 (혼돈의) 구멍을 뚫는다는 비방을 짊어지게 된다. 이 때문에 두 번 세 번 생각하여 번역된 것을 조사해서 기록하고 모두를 빠짐없이 수식하지는 않았다. 바라건대 밝게 깨달은 현자께서는 문장에 집착하지 마시고 현묘한 종지에 읍을 하시라.

대지론초서(大智論抄序)

석혜원(釋慧遠) 지음

　종극(宗極)이 무위(無爲)로써 지위를 시설함에 성인(聖人)이 그 공능(功能)을 이루고, 혼명(昏明)이 교대로 바뀌면서 시운(時運)을 열어줌에 성쇠(盛衰)가 그 변화에 합치한다. 그러므로 험난함과 쉬움이 서로 밀어주고, 이치에는 행장(行藏)이 있으며, 굽힘과 펼침[屈伸]이 서로 감응하고, 사수(事數)에는 왕복(往復)이 있음을 알 수 있다.

　이를 통해서 살펴보면, 명추(冥樞)가 은밀하게 감응하고 원경(圓景)이 무궁하다 해도 사계절 현상[四象]의 추이를 균등하게 해서 하나로 회통시킬 수는 없는 것이다. 더욱이 시기와 운명이 어지럽게 잘못되고, 세속의 정도(正道)가 서로 어둠 속에 빠지며, 뿌리가 깊지 않고 꼭지가 견고하지 않은 경우에 어떻게 극치를 기대할 수 있겠는가.

　만약 열림과 막힘에는 시운이 있는 법이고 시운이 도래하는 것은 우연을 말미암는 것이 아님을 통달한다면, 정각(正覺)의 도가 헛되게 사물 밖에서 응(凝)하지 않고 가르침을 홍포하는 실정도 점점 이루어지는 것임을 알 수 있으리라.

　대승의 위대한 대덕[高士]이 있었는데 이름을 용수(龍樹)라고 하였고, 천축(天竺)에서 태어났으며 바라문족 출신이었다. 그는 전생에 정성을 축적하였기 때문에 그 마음이 이 법에 계합하였는데, 부처님께서 열반하신 후 9백 년이 지났을 때를 만나서 그 가르침이 쇠퇴하고 척박해지는 것을 어루만지면서 세속이 망매(茫昧)함에 덮인 것을 불쌍하게 여기고 험한 길을 밟는 노력을 아끼지 않았다.

　이에 초라한 불문[衡門]을 고요하게 하고 적택(赤澤)을 돌아다니면서 문명(文明)이 아직 발달하지 못한 것을 개탄스럽게 여기고, 미혹이 날뛰어 지혜가 사용되지 못하는 것을 생각하고 깊이 한숨을 내쉬며 탄식하였다.

　"거듭된 밤의 어둠이 혼암 중에 있으니 반딧불 같은 등촉으로는 비출 수 없다. 그러나 밝은 태양의 빛은 잠기더라도 달의 밝은 비춤으로 계속할 수는 있다."

마침내 스스로 상투를 자르기[落簪]로 맹세하고 용모를 바꾸어 먹물 옷[玄服]으로 갈아입고, 숲속이나 못에 은거하면서 한정함을 지키고, 선정을 수행하여 사려를 고요하게 하고 은미하게 연마하여 생각이 절반을 통달해서 지나갔는데, 이윽고 깨치고는 말하였다.

"이전의 논(論)에서 듣기로 대방(大方)은 끝이 없다고 하였는데, 간혹 그 밖으로 벗어난 사람도 있구나."

곧바로 발걸음을 설산(雪山)으로 돌려 신명에게 아뢰어 그 뜻을 호소했다. 옛날 선인들이 노닐던 곳을 지나가다가 홀연히 바위 아래에서 사문을 만나 의심스러운 것을 청해서 질문하고 비로소 방등(方等)의 학(學)이 있음을 알았다.

용궁(龍宮)에 이르러서 요장(要藏)의 비전(祕傳)을 모두 관통해서 종합하고 막혔던 것을 뿌리 채 뽑아내니 이름[名]은 도위(道位) 중에서 으뜸가고 덕(德)은 3인(忍)을 갖추게 되었다.

그런 후에 중첩된 연못에 아홉 개의 나루를 열고 어족[鱗族]을 벗삼아 함께 노니니, 학도(學徒)들이 수풀처럼 되고 영웅과 뛰어난 사람들이 반드시 모였다. 이 때문에 외도(外道)들이 그 풍교를 높이 여겨 존중하고, 명사(名士)들이 복종하여 이르러 왔다. 대승(大乘)의 업(業)이 이에 다시 흥륭하게 되었다.

이 사람은 『반야경(般若經)』을 영부(靈符)와 묘문(妙門)에서 으뜸가고 제일가는 도로 여기고 3승(乘)·12부(部)의 가르침이 여기에서 유출되었다고 여겼기 때문에 더욱 존중하였다.

그러나 이 경은 그윽하고 심오하며 그 취지를 밝히기 어려워서 진실로 통달한 학자[達學]가 아니면 그 지귀(指歸)를 체득하기 어려웠다. 그러므로 통체(統體)를 서술하고 심오한 종치를 논변하였는데, 가령 의미가 언어 문자 밖에 있고 이치가 언사에 안으로 쌓여 있는 경우에는 곧바로 빈주(賓主)에 기탁하고 스스로 의문을 제기하는 형식[自疑]을 빌려 대답을 하였다. 그러므로 『문론(問論)』이라고 한다.

이 논의 요점은 차축[轂]을 중도의 가르침[中衢]에서 발동시켜 지혜의 문으로 미혹을 열어주고, 해당함이 없는 것[無當]으로 진실을 삼고, 비추어줌이 없는 것[無照]으로 종지를 삼는 것이다. 해당함이 없으면 취향해 가는 곳에 신묘하게 응축되고 비추어줌이 없으면 나아가는 곳에서 지혜가 고요하게 된다. 고요하게 지혜를 행하면 여러 가지 삿된 생각이 혁파되고 시비(是非)가 없어지며, 신묘하게 취향하는 곳에 응축되면 2제(諦)가 궤를 함께 하고 현묘한 궤철(軌轍)이 하나가 된다. 저 정각(正覺)께서 영묘함으로 법륜을 어루만져 다시 구르게 하지 않았다면 뉘라서 퇴락해가려 하는 대업(大業)을 진작시키고, 부처님께서 남기신 강기(綱紀: 法綱과 風紀)의 통서(統緖: 한 갈래로 이어온 계통)가 떨어지는 것을 붙들며, 진리의 은미한 언어가 끊어진 것을 다시 이어받게 하고, 현음(玄音)이 중단된 것을 다시 노래하게 할 수 있었겠는가.

나는 이와 같은 사람과 함께 같은 세대에 태어나 나루를 두드려서 도를 듣지는 못하였지만, 그 가르침을 연마하고 음미하는 때에 이르러서는 일찍이 한 문장을 세 번 반복하지 않은 적이 없으며, 이 가르침을 만난 것을 기쁘게 여겼다. 이 중도의 가르침은 어리석음을 열어서 밝게 비추어주고 만법을 물처럼 비추어줄 수 있지만, 진실로 범상한 지혜[常智]로는 논변할 수 있는 것이 아니다.

청컨대 간략하게 말해보자. 생사의 길[生塗]은 시작이 없는 경계에서 조짐을 나타내고 변화는 의복(倚伏)의 장(場)에서 일어나, 모두가 미유(未有)에서 생겨나서 있게 되고 기유(旣有)에서 소멸되어 없어지게 된다. 이를 극치까지 미루어 나가면, 유(有)·무(無)는 하나의 법에서 교대로 뒤바뀌는 것이어서 상대적으로 근원이 되는 것이 아님을 알 수 있고, 생(生)·멸(滅)은 하나의 변화에서 동시에 진행되는 것이어서[兩行] 허공이 비추는 것처럼 주체가 없음을 알 수 있다.

여기에서 곧바로 관(觀)의 작용을 성립시켜 돌이켜 비추어 보아서 근본[宗]을 구하는 것이니, 밝게 비추어 보면 진루(塵累)가 그치지 않아서 거동과 형상[儀像]을 볼 수 있고, 관찰이 깊어지면 투철하게 깨쳐서 은미함에 들어가 명(名)과 실(實)이 함께 현묘하게 된다. 그 요체를 찾으려면 반드시 이와 같이 (관찰해서 돌이켜 몸을) 우선해야 하는 것이니, 그런 후에 비로소 비유비무(非有非無)의 담론을 말할 수 있게 된다.

시험삼아 논변해 보자. 유(有)이면서 유(有)에 속해 있다면 유에 속해 있는 유이고, 무(無)이면서 무(無)에 속해 있다면 무에 속해 있는 무이다. 유에 의해서 유가 있다면 정말로 있는 것은 아니고[非有], 무에 의해서 무라면 정말로 없는 것은 아니다[非無].

어떻게 그러한 줄을 아는가? 자성이 없는 성품[無性之性]을 법성(法性)이라고 하기 때문이다. 법성은 자성이 없어서 인연에 의해 생기는 것이다. 인연에 의해 생기는 것은 자상(自相)이 없으므로 유(有)라 해도 항상 무(無)이고, 항상 무(無)라 해도 유(有)와 단절되어 있는 것은 아니다. 이것은 마치 불[火]이 전달되어서 꺼지지 않는 것과 같다.

그렇다면 법(法)에는 이취(異趣)가 없고 처음과 끝이 끊어져 텅 비어 있어서 필경에는 똑같이 청정한 것이어서 유(有)와 무(無)가 교대로 서로에게 돌아간다. 그러므로 그 가운데서 노니는 사람은 마음이 사려를 의지할 수 없고 지혜로 반연하는 대상이 없어서 상(相)을 소멸시키지 않아도 고요하고, 정(定)을 닦지 않아도 한가롭다. 이 통달한 경지를 신묘하게 만나지 않는다면 어떻게 공공(空空)의 현묘함을 알 수 있겠는가? 이 지극하고 지극함이여, 이 이상은 알 수가 없구나.

또 이 논의 체(體)는 지위가 무방(無方)에서 시작되므로 따져 물을 수가 없고 부딪치는 유(類)마다 변화가 많으므로 궁구할 수가 없다. 혹은 심원한 이치를 열어서 흥미를 일으키고, 혹은 비근한 상식[近習]을 이끌어서 심오한 곳으로 들어가도록 인도하고, 혹은 하나의 법에서 서로 다른 길을 열어주면서도 잡되지 않게 하고, 혹은 똑같은 상[同相]에서 분열되지 않게 한다.

이 논은 저 기와를 헤아리는 담론이 끊어져 있어서 천하(天下)에 나아갈 수 있는 사람이 없다. 또 여러 경전을 폭넓게 인용해서 문사를 풍부하게 하고 의미와 음[義音]을 환하게 일으켜서 그 아름다움과 홍포하고 있으니, 아름다움이 극진하면 지혜가 두루 보편하지 않음이 없고 문사(文辭)가 폭넓으면 광대해서 모든 것을 갖추게 된다. 이 때문에 물가에 이르러도 나루가 없고 물을 퍼내어도 고갈되지 않는다. 질펀해서 그 양을 헤아릴 수 없고 드넓어서 그 성대함을 견줄 수 없으니, 온갖 시냇물이 황하로 흘러드는 것에 비유해도 이것을 논별할 수 없고 바다를 건너서 근원을 찾는 것에 비유해도 그 그윽함을 다할 수가 없다.

만약 그렇다면 저 심오한 지식과 넓은 도량을 가진 사람이 아니라면 누가 이 은밀하게 비약하는 논에 참여할 수 있겠는가? 저 명수(名數)를 초월해서 돌이키지 않은 사람이라면 누가 이 논의 드넓고 막막함에 참여할 수 있겠는가? 저 그윽하게 통달하여 깨우쳐 들어가 계합하지 않은 사람이라면 누가 이 논의 충허담박(沖虛淡迫)함에 참여할 수 있겠는가?

고좌(高座)인 사문이 있었으니 자(字)를 동수(童壽)라고 하였다. 그는 굉장한 재주와 해박한 지견을 갖추고 있었고 지혜로 뭇 전적을 두루 열람하였는데, 이 논을 완미해서 숙독하고 몸에 지닌 지 오래되었다.

그렇지만 신묘한 깨달음이 마음속에서 일어났다 해도 반드시 인연이 부딪쳐 오는 것을 기다려서 감응하는 법이다. 그때 진(秦)나라의 군주인 요왕(姚王)이 대법(大法)을 공경해서 좋아하고 이름난 학자를 초청해서 모이게 하여 3보(寶)를 흥륭하게 하니, 그의 은덕(恩德)은 풍속이 서로 다른 곳에도 적셔 주었고 교화가 서역까지 흘러 들었다.

이렇게 해서 그 사람이 풍문을 듣고 진(秦)나라에 이르러 오게 한 것이다. 그가 관우(關右)에 도달하자 즉시에 선양해서 역출하도록 권하였다.

동수(童壽)는 이 논이 심오하고 광대해서 끝내 정밀하게 궁구하기는 어려웠으나 방언(方言)은 생략하기가 쉬웠기 때문에 원본을 간략하게 해서 백 권을 만들었는데, 빠뜨려서 누락시킨 것을 계산해보면 거의 남긴 것의 3배가 된다. 그런데도 문장을 꾸미는 사람들은 오히려 번거롭게 여겨서 광박하다고 허물하였으니, 실제의 알맹이가 남은 것은 거의 드물었다. 비유하면 마치 큰 솥에 끓이는 국이 조화를 이루지 못하면 비록 맛이 난다 해도 진수가 되지 못하고, 신묘한 구슬이 속에서 빛나면 보배라 해도 쓰이지 못하는 것과 같으니, "진실한 말은 아름답지 않다[信言不美]"는 말이 진실로 유래가 있다 할 것이다.

그리하여 마침내 올바른 전적이 영화로운 수식에 은몰되고 현묘한 질박함이 소성(小成)에서 이지러지면 백가(百家)의 논변이 다투어 일어나고 모든 흐름[九流]이 다투어 시내로 흘러들어 장야(長夜)에 깊이 빠져들고 해와 달을 등져서 깜깜하게 되는 것이니, 또한 슬프다 하지 않겠는가.

이에 마음을 고요하게 해서 유래를 찾아 근본을 추구해 보면 성인께서는 지역에 따라서 가르침을 시설하였으므로 의미에 맞게 문장을 다듬거나 또는 질박한 문체를 그대로 살려두는 데에 차이가 있는 것이다. 가령 문장을 다듬어 질박함을 좋아하는 사람들에게 대응하면 의심하는 사람이 많을 것이고, 질박함으로 다듬어진 문체를 좋아하는 사람들에 대응하면 기뻐하는 사람이 드물 것이다.

그러므로 천축에서 교화를 행함에 문장은 질박하면서도 뜻[義]은 은미하게 하고, 말은 가까우면서도 종지(宗旨)는 유원(幽遠)하게 한 것이다. 뜻이 은미하면 숨어 버리고 깜깜해져서 모습[象]을 찾을 수가 없고, 종지가 유원하면 유서(幽緖)를 찾을 수가 없다. 따라서 일상적인 가르침을 완미하는 사람에게는 가까운 습관에서 이끌어내도록 하고 명교(名敎)에 묶여 있는 사람에게는 미혹해서 듣지 못하도록 하게 되는 것이다. 만약 쉽게 나아갈 수 있는 길을 열어주면 이를 의지해서 깨달음의 계단을 오르고 점오(漸悟)의 방법을 깨우쳐 주면 비로소 나루를 건널 수 있다.

나 혜원은 이에 번거로운 것을 간략하게 하고 어지러운 것을 조리 있게 해서 그 중(中)을 상세하게 하여 질박하거나 다듬어진 문체(文體)가 있게 하고 의미가 뛰어넘는 일이 없게 하였다. 설명할 때마다 경에 의거해서 근본을 세우고 『문론(問論)』을 붙여서 지위와 분야를 바르게 하여 부류마다 각각 알맞게 소속되는 곳이 있게 하였다.

또 조심스럽게 머물고 있는 모든 대중들과 함께 따로 찬술하여 집요(集要)를 만들었는데, 모두 20권이다. 비록 성전(聖典)을 더욱 빛나게 하기에는 부족하지만 큰 오류는 거의 없을 것이다.

만약 충분하지 못한 점이 있다면 청컨대 후대의 현철(賢哲)을 기다리고자 하는 바이다.

念佛三昧

염불삼매는 보살도로서 한량없는 불국토 가운데
시방 3세의 모든 부처님을 염하는 것이다.
그러므로 '한량없는 불국토의 모든 부처님들의
삼매를 생각하니 항상 눈앞에 나타나 있다'고 한다
보살은 부처님을 생각하는 까닭에
불도佛道 가운데 들어가게 된다.
다른 삼매와는 달리, 이 염불삼매는 능히
갖가지 번뇌와 갖가지 죄를 제거하는 것이다.
또한 염불삼매에는 큰 복덕이 있어서
능히 중생을 제도하나니, 이 보살들이
중생을 제도하려 함에 다른 삼매들 가운데
이 염불삼매만큼 큰 복덕으로
모든 죄를 속히 없앨 수 있는 것은 없다.
- 용수보살, 대지도론大智度論

용수보살 화엄경(華嚴經) 약찬게

대방광불 화엄경 용수보살 약찬게
크고 넓은 방정하온 부처님의 화엄경을
용수보살은 게송으로 간략하게 엮으셨네
나무화장 세계해 비로자나 진법신
화장세계 바다의 비로자나 진법신과
현재설법 노사나 석가모니 제여래
현재 법을 설하시는 노사나 부처님과
석가모니부처님과 일체 모든 여래와
과거현재 미래세 시방일체 제대성
과거 현재 미래세의 시방에 계신
일체 모든 여래 성자께 지성으로 귀의합니다.
근본화엄 전법륜 해인삼매 세력고
근본 화엄의 법륜을 굴리심은
해인삼매 다함없는 힘 때문이도다
보현보살 제대중 집금강신 신중신
보현보살과 모든 보살 대중과 집금강신과 신중신과
족행신중 도량신 주성신중 주지신
족행신중과 도량신중과
성신 무리 우두머리들과 지신무리 우두머리들과
주산신중 주림신 주약신중 주가신
산신 무리 우두머리들과 숲신 무리 우두머리들과
약신 무리 우두머리들과 농사신 우두머리들과
주하신중 주해신 주수신중 주화신
강신무리 우두머리들과 바다신 무리 우두머리들과

물의 신 무리 우두머리들과 불의 신 무리 우두머리들과
주풍신중 주공신 주방신중 주야신
바람신 무리 우두머리들과 허공신 무리 우두머리들과
방위신 무리 우두머리들과 밤의 신 우두머리들과
주주신중 아수라 가루라왕 긴나라
낮의 신 무리 우두머리들과
아수라왕과 가루라왕과 긴나라왕과
마후라가 야차왕 제대용왕 구반다
마후라가왕과 야차왕과 모든 대용왕과 구반다왕과
건달바왕 월천자 일천자중 도리천
가무의 신 건달바왕 밤 밝히는 달의 천자
낮 밝히는 해의 천자 도리천왕
야마천왕 도솔천 화락천왕 타화천
야마천왕과 도솔천왕과 화락천왕과 타화자재천왕과
대범천왕 광음천 변정천왕 광과천
대범천왕과 광음천왕과 변정천왕과 광과천왕과
대자재왕 불가설 보현문수 대보살
색계의천 대자재왕 보현 대보살과 문수 대보살
법혜공덕 금강당 금강장급 금강혜
법혜 보살과 공덕림 보살과 금강당 보살과
금강장 보살과 금강혜 보살과
광염당급 수미당 대덕성문 사리자
광염당보살과 수미당 보살, 대덕 성문이신 사리자와
급여비구 혜각등 우바새급 우바이
이 분들을 도와 주는 비구 비구니 등 혜각들과 우바새와 우바이와
선재동자 동남녀 기수무량 불가설
선재동자와 동남동녀 등 한량 없이 많은 수의 사람들과

덕운 해운 선주승 미가해탈 여해당
덕운비구, 해운비구, 선주비구와 미가장자, 해탈장자와 해당비구
휴사비목 구사선 승열바라 자행녀
휴사청신녀와 비목구사선인, 승열바라문과 자행동녀
선견자재 주동자 구족우바 명지사
선견비구와 자재주동자, 구족 청신녀와 명지거사
법보계장 여보안 무염족왕 대광왕
법보계 장자와 보안 장자, 무염족왕과 대광왕
부동우바 변행위 우바라화 장자인
부동청신녀와 변행외도, 향 파는 우바라장자
바시라선 무상선 사자빈신 바수밀
바시라 뱃사공과 무상승 장자 사자빈신 비구니와 바수밀다 여인
비슬지라 거사인 관자재존 여정취
비슬지라 거사와 관자재보살, 정취보살
대천안주 주지신 바산바연 주야신
대천신과 안주 우두머리 지신, 바산바연 우두머리 밤의 신
보덕정과 주야신 희목관찰 중생신
보덕정과 우두머리 밤의 신, 기쁨의 눈으로 관찰하는 중생구제신
보구중생 묘덕신 적정음해 주야신
널리 중생 구해주는 묘덕신과 우두머리 고요한 소리바다 밤의 신
수호일체 주야신 개부수화 주야신
일체중생 수호해주는 우두머리 밤의 신과
나무의 꽃 피워 내주는 우두머리 밤의 신
대원정진 력구호 묘덕원만 구바녀
큰 원 정진력으로 중생 건지는 묘덕이 원만한 구바녀
마야부인 천주광 변우동자 중애각
마야부인과 천주광 왕녀, 변우동자와 중예각 동자

현승견고 해탈장 묘월장자 무승군
현승 청신녀와 견고해탈장자, 묘월장자와 무승군장자
최적정바 라문자 덕생동자 유덕녀
최적정 바라문과 덕생동자, 그리고 유덕동녀
미륵보살 문수등 보현보살 미진중
미륵보살과 문수보살, 보현보살 등 티끌 같이 많은 대중들이
어차법회 운집래 상수비로 자나불
이 법회에 구름처럼 모여들어 항상 비로자나 부처님을 따르니
어연화장 세계해 조화장엄 대법륜
연화장 세계 바다에 장엄한 대법륜으로 조화를 이루시니라.
시방허공 제세계 역부여시 상설법
또한 시방허공 모든 세계에서 이같이 항시 법을 설하시니
육육육사 급여삼 일십일일 역부일
그것이 여섯 품·여섯 품·여섯 품·네 품 그리고 세 품과
한 품·열한 품·한 품 또 다시 한 품해서 모두 39품이네
세주묘엄 여래상 보현삼매 세계성
세주묘엄품과 여래현상품과 보현삼매품과 세계성취품
화장세계 노사나 여래명호 사성제
화장세계품과 비로자나불품과 여래명호품과 사성제품
광명각품 문명품 정행현수 수미정
광명각품과 보살문명품과 정행품과 현수품 그리고 승수미산정품
수미정상 게찬품 보살십주 범행품
수미정상 게찬품과 보살십주품, 그리고 범행품
발심공덕 명법품 불승야마 천궁품
초발심공덕품과 명법품과 불승야마천궁품
야마천궁 게찬품 십행품여 무진장
야마천궁게찬품과 십행품, 그리고 무진장품

불승도솔 천궁품 도솔천궁 게찬품
불승도솔천궁품과 도솔천궁 게찬품
십회향급 십지품 십정십통 십인품
십회향품과 십지품, 십정품과 십통품, 십인품
아승지품 여수량 보살주처 불부사
아승지품과 여래수량품, 제보살 주처품과 불부사의품
여래십신 상해품 여래수호 공덕품
여래십신상해품과 여래수호공덕품
보현행급 여래출 이세간품 입법계
보현행원품과 여래출현품, 이세간품과 입법계품
이와 같은 품으로 이뤄졌으니
시위십만 게송경 삼십구품 원만교
이 모든 품은 십만 게송경을 이루고 삼십구품 원만한 가르침이다.
풍송차경 신수지 초발심시 변정각
이 경(經)을 믿고 받아서 지니고 다니며 읽고 외우면
초발심 때 문득 바른 깨달음을 얻나니
안좌여시 국토해 시명 비로자나불
이와같이 화엄바다 연화세계 안좌하면,
그 이름 다름아닌 비로자나 부처님이로다.

염불念佛이란
본래 부처와 하나임을 확인하는 수행

염念이란 각 사람마다 일으키는 현재의 한생각을 말하고
부처佛란 사람마다 깨달은 참 성품이다.
지금 한생각一念으로 불성佛性을 깨달아 간다면
이는 곧 근기가 수승한 사람의 염불로서
부처와 하나임을 확인하는 것이고
본래 부처인 자리를 떠나지 않는 수행이다.
_ 용수보살의 대지도론大智度論

龍樹菩薩

『대지도론』 용수보살 게송(偈頌)

지도(智度)[2]의 큰 도는 부처님에게서 나온 것이요
지도의 큰 바다는 부처님만이 끝까지 다 아신다.
지도의 실상(實相) 이치는 부처님만이 걸림 없으시니
지도의 비할 바 없는 부처님께 머리 숙여 귀의합니다.

유무(有無)의 두 견해, 남음 없이 다한 곳이
모든 법의 실상이라고 부처님께서 말씀하셨나니,
항상 머물러 무너뜨리지 않으면 번뇌가 깨끗해지기에
부처님께서 소중히 여기신 법에 머리 숙여 귀의합니다.

바다 같은 성인 무리, 복전(福田) 노릇 하시나니
유학(有學)과 무학(無學)들로 장엄하셨네.
뒷몸 받을 애욕의 씨, 영원히 다하시고
내 것[我所]이란 집착 멸해 뿌리까지 없어졌네.

세간의 모든 사업 이미 다 버리시고
갖가지 공덕이 머무는 곳이니,
온갖 무리 가운데서 으뜸이 되시기에
참되고 깨끗한 대덕승(大德僧)께 머리 숙여 귀의합니다.

일심으로 삼보를 공경하고는
세상을 구제하는 미륵(彌勒) 등과
지혜가 으뜸이신 사리불(舍利弗)과
다툼 없는 공을 행한 수보리(須菩提)께도 경례합니다.

---

2) 지도(智度)란 곧 반야바라밀이다.

대지도[大智], 피안(彼岸)의 실상의 이치를
내가 이제 힘을 다해 연설코자 하오니
원컨대 여러 대덕, 거룩한 지혜 갖춘 이들이여
한마음 잘 모아서 나의 말을 들으시라.

대지도론(大智度論)

용수(龍樹) 지음
구마라집(鳩摩羅什) 한역
용하(龍河) 편저

제1부. 부처님을 이야기하다

부처님이 반야바라밀을 설하신 인연

부처님께서 처음 탄생하셨을 때에 큰 광명을 놓아 시방에 두루 비추시고, 일곱 걸음을 걸으신 뒤에 사방을 돌아보면서 사자후(師子吼)를 내어 게송을 읊으셨다.

내가 태(胎)로 날 일은 끝났으니
이것이 마지막 몸이라네.
나는 이미 해탈을 얻었으니
다시 중생(衆生)을 구제하리라.

이렇게 맹세하신 뒤에 성장하자, 친속(親屬)을 버리고 출가하여 위 없는 도를 닦고자 하는 마음을 내셨다. 어느날 밤에 일어나서 광대·당직자·후궁·채녀들을 보니, 그 모습이 마치 냄새나는 시체와 같았다. 보살[3]은 당장에 차닉(車匿)[4]에게 명해 백마를 몰게 하고 한밤중에 성을 넘었다. 12유순(由旬)[5]쯤 가서 발가바 선인(仙人)이 사는 숲에 이르러 칼을 들어

---

[3] 석가모니불께서 아직 성불하시기 전이시고, 또 그 본생에 세세(世世)에 걸쳐 보살도를 행하셨으므로 보살이라고 칭하였다.
[4] 싯달타 태자의 마부

손수 머리를 자르시고, 값진 보배옷을 벗어 버리고는 거친 베옷 승가리(僧伽梨)로 갈아입으셨다.

니련선하(泥連禪河) 강가에서 하루에 참깨 한 알 혹은 쌀 한 톨을 드시며 고행을 이어가셨다. 6년째에 이르던 어느날 '여기는 도를 닦을 곳이 아니로다'라고 생각하셨다. 그리고 보살은 고행처(苦行處)를 버리고 보리수(菩提樹) 밑에 이르러 금강의 자리[金剛處]에 앉으셨다. 마왕(魔王)이 18억만의 무리를 거느리고 와서 보살을 해치려 했지만, 보살은 지혜공덕의 힘으로 마군들을 항복시키고는 즉시에 아뇩다라삼먁삼보리(阿耨多羅三藐三菩提)[6]를 얻으셨다.

그때 삼천대천세계의 주인이며 식기(式棄)라 불리는 범천왕(梵天王) 및 색계(色界)의 신들과 석제환인(釋帝桓因)과 욕계(欲界)의 여러 하늘들[天]과 사천왕(四天王)이 모두 부처님을 찾아왔다. 그리고는 세존(世尊)께 최초의 법의 바퀴[初轉法輪]를 굴려 주시기를 청했다.

이는 보살께서 본래 원하시던 바이기도 하고, 또한 대자대비하신 까닭에 그들의 청을 받아들여 법을 설하셨다. 모든 법 가운데 가장 깊은 것이 반야바라밀[7]이니, 이 까닭에 부처님께서 『마하반야바라밀경』을 말씀하신 것이다.

---

5) 유순은 고대 인도에서 왕이 하루에 행군하는 거리로, 1유순은 약10km 내외에 해당한다.
6) 무상정등각(無上正等覺), 즉 가장 완벽한 깨달음을 의미한다.
7) 반야바라밀은 곧 "지도(智度)"를 말한다.

부처님의 몸은 헤아릴 수 없다

어떤 사람은 이렇게 생각한다.
'부처님은 사람과 다름이 없다. 생사(生死)도 있고, 굶주림·목마름·추위·더위·늙음·병듦 등의 괴로움을 겪는다.'
부처님은 그들의 이러한 생각을 끊어 주기 위하여 『마하반야바라밀경』에서 "나의 몸은 헤아릴 수 없으며, 범천왕 등 모든 하늘의 할아버지이다. 항하의 모래수 만큼 많은 겁을 두고 나의 몸을 생각하거나 나의 음성을 찾으려 해도 끝내 얻을 수 없으니, 하물며 나의 지혜나 삼매이겠느냐"라고 말씀하시고는 게송을 읊으셨다.

　모든 법의 진실한 모습을
　모든 범천왕들과
　온갖 천지(天地)의 주인들
　모두가 미혹하여 알지 못하네.

　이 법은 심히 깊고 묘하여
　헤아릴 이 없건마는
　부처가 나타나서 모두 보여 주노니
　마치 밝은 해가 비치는 것과 같도다.

부처님께서 처음으로 법륜을 굴리실 때, 즉시에 보살들이 다른 세계에서 와서 부처님의 몸을 헤아리려 했으나, 허공으로 한량없는 불국토를 지나 화상불(華上佛) 세계에까지 이르러서도 부처님의 몸은 전과 다름없어 보였다. 그러므로 그 보살이 다음과 같이 게송을 읊었다.

　허공이 끝이 없듯이
　부처님 공덕도 그러하시니
　부처님 몸을 재어보려 했으나
　공연한 헛수고에 그쳤네.

위로 허공 세계의
한량없는 세계를 지났으나
석가모니 사자의 몸을 보건대
여전히 다름이 없으시네.

부처님의 몸매는 황금산 같아
큰 광명을 뿜어내시고
상호(相好) 스스로 장엄스러워
봄날이 꽃을 피우듯 하시네.

부처님의 몸매가 한량이 없듯이 광명과 음성 역시 한량이 없으시고 계·정·혜 등 모든 부처님의 공덕들도 모두가 한량이 없다.

부처님의 생로병사는 중생을 위한 방편이다

부처님께서는 처음 탄생하실 때에 땅에 닿으시자마자 스스로 일곱 걸음을 걷고는 발언하셨으며, 말이 끝남에 곧 침묵하셨다. 그리고는 다시 보통의 어린아이로 돌아가 걸어 다니거나 말하는 일이 없었으니, 젖 먹여 기르는 세 해 동안을 여러 어머니의 보살핌으로 차츰차츰 자라났다.

그러나 부처님의 몸은 헤아릴 수 없어서 모든 세간을 초월했건만, 중생을 위하는 까닭에 범부와 똑같은 자취를 보이신 것이다.

무릇 사람이 태어날 때는 몸의 각 부분인 감관과 의식이 이루어지지 않았으므로 몸의 네 가지 위의(威儀)인 다니고, 멈추고, 앉고, 눕는 것과 말하고 침묵하는 따위의 갖가지 인간의 법을 모두 알지 못하다가 세월에 따라 차츰차츰 배워 익혀 비로소 인간의 법을 갖춘다. 그런데 어떤 사람은 지금의 부처님은 어찌하여 태어나시자마자 말도 하고 다니기도 하시더니, 나중에는 하시지 못했는가 하여 이를 괴이하게 여긴다. 다만 이러한 일을 이룸은 방편8)의 힘으로써 인간의 법을 행하심을 나타내시어 사람들의 위의와 같게 하신 것이니, 중생들로 하여금 깊은 법을 믿게 하기 위함이다.

만일 보살이 탄생하실 때에 바로 다니거나 말을 했더라면 세상 사람들이 이렇게 생각했을 것이다.

'지금 이 사람을 보건대 세상에는 드문 일이다. 분명히 하늘의 용이거나 귀신으로 그가 배우는 법은 우리들이 미칠 바가 아니리라. 왜냐하면, 우리들의 나고 죽는 육신은 결(結)과 사(使)의 업보에 얽매여 자유롭지 않기 때문이니, 이렇게 깊은 법을 어찌 알겠는가.'

이렇게 스스로 절망하기 때문에 성현의 법기(法器)를 이루지 못하나니, 이런 사람을 위하는 까닭에 룸비니 동산에 태어나신 것이다.

---

8) 방편(方便)은 수단과 방법이다. 특히 불보살의 방편은 상대의 근기, 즉 능력과 소질에 맞추어 법을 가르치고 인도하는 것이다.

비록 보리수 밑에서 불도를 이루셨으나 방편의 힘으로써 아기·어린이·소년·어른이 됨을 드러내셨으니, 여러 때에 걸쳐 차례로 즐거움과 기예를 얻고 5욕을 누리시어 인간의 법을 갖추셨다. 나중에는 차츰차츰 노·병·사의 괴로움을 보고는 싫어하는 생각을 내어 한밤중에 성을 넘어 출가하여 울특가(鬱特伽)와 아라라(阿羅羅) 선인에게로 가서 제자가 됨을 보이셨으나, 끝내 그들의 법을 행하지는 않으셨다.

항상 신통을 부리어 스스로 숙명을 억념하건대, 비록 가섭부처님 때에 이미 계행을 지니고 닦았지만 지금 고행을 닦는 모습을 드러내 6년간 도를 구하셨다.

보살이 비록 삼천대천세계의 주인이 되었으나 마군을 항복시키고 위없는 도를 이루시는 모습을 나타내셨으니, 세상의 법에 순응하기 위한 까닭에 이러한 뭇 변화를 나타내신 것이다.

이제 이 『반야바라밀경』에서 이러한 큰 신통과 지혜의 힘을 나타내었기 때문에 사람들은 마땅히 부처님의 몸이 세간의 모든 것을 훨씬 초월하신 줄 알아야 한다.

유마거사가 아난존자를 막은 뜻

『비마라힐경(毘摩羅詰經)』9)에는 이런 말이 있다.

부처님께서 비야리국(毘耶離國)에 계실 때 아난에게 말씀하셨다.

"내 몸에 열풍기(熱風氣)가 일어났구나. 우유를 써야겠으니, 너는 내 발우를 들고 가서 우유를 얻어오너라."

아난이 부처님의 발우를 들고 이른 아침에 성 안으로 들어가 어느 거사의 집 문 앞에 서 있었다.

이때 비마라힐이 그 앞을 지나가다가 아난이 발우를 들고 서 있는 것을 보고는 물었다.

"그대는 어찌하여 이른 아침부터 발우를 들고 여기에 서 있는가?"

아난이 대답했다.

"부처님께서 몸이 조금 불편하셔서 우유를 얻으러 왔습니다."

비마라힐이 대답했다.

"그치시오, 아난이여. 여래를 비방하지 마시오. 부처님은 세존이시니, 이미 온갖 불선법(不善法)을 초월하셨는데 무슨 병환이 있으시겠습니까? 설령 외도의 귀에 이 말이 들어가게 된다면, 그들이 '부처는 자신의 병도 고치지 못하면서 어떻게 남을 구제하겠는가'라고 하며 부처님을 비방할 것입니다."

아난이 말했다.

"이는 나의 뜻이 아니라 부처님께서 명하신 것입니다."

비마라힐이 말했다.

"그것이 부처님의 분부이기는 하나 이는 방편입니다. 지금은 5탁악세인 까닭에 이런 형상으로 모든 중생을 제도하시는 것입니다. 만약에 오는 세상에 병이 든 비구들이 속인들로부터 탕약을 구하려 하면 속인들은 '그대

---

9) 유마힐경

들은 자신이 아파도 구제하지 못하거늘 어찌 다른 사람을 구제하겠는가'라며 힐난할 것입니다.

그러면 비구들은 이렇게 대답할 것입니다.

'우리의 큰 스승께서도 병이 드신 일이 있다. 그러니 하물며 우리들의 몸은 초개(草芥) 같거늘 어찌 병이 없을 수 있겠는가.'

이렇게 해서 속인들은 비구들에게 여러 가지 탕약을 공급하게 되고, 비구들은 편안히 좌선하고 도를 행할 수 있게 되는 것입니다.

외도의 선인들도 능히 약초나 주술로써 다른 사람의 병을 고칩니다. 그러니 하물며 여래는 온갖 지혜와 덕을 갖추셨거늘 스스로의 몸에 병이 있는 것을 제하지 못하시겠습니까?

그대는 조용히 발우를 들고 들어가서 우유를 받아갈지언정 다른 사람이나 외도들이 알게 해서는 안 됩니다."

이런 까닭에 부처님은 방편을 쓰신 것이지 실제로 병이 드신 것이 아니다. 여러 죄의 인연도 이와 같다. 그러므로 말하기를, "부처님은 그 덕이 특별하시고 거룩하셔서 광명과 모습과 위덕이 크고 높으시다"라고 한다.

무량한 중생만큼 무량한 부처님

【문】 오직 석가모니부처님 한 분만 계시고 시방의 부처님은 없을 것이다. 그것은 왜냐하면 이 석가모니부처님께서 한량없는 위력과 한량없는 신통이 있어 모든 중생을 제도하시니, 다른 부처님은 존재하지 않기 때문이다.

부처님께서는 이렇게 말씀하셨다.

"부처의 말씀은 허망하지 않고, 세상에는 두 부처님이 없다. 한 법이 있어 만나기 어려우니, 이는 곧 불세존이니라. 무량억겁 동안에 때에 맞추어 한 번씩 계실 뿐이다. 91겁 가운데 세 겁에 부처님이 계셨다. 현겁(賢劫) 이전의 91겁 첫 무렵에 부처님이 계셨으니 이름이 비바시(鞞婆尸)였고, 제 31겁 동안에 두 부처님이 계셨으니 시기(尸棄)와 비서바부(鞞恕婆附)이시다.

이 현겁 동안에 네 부처님이 나타나셨으니, 첫 번째는 가라구손타(迦羅鳩餐陀)라 하고, 두 번째는 가나가모니(迦那伽牟尼)라 하고, 세 번째는 가섭(迦葉)이라 하고, 네 번째는 석가모니(釋迦牟尼)라 한다. 이 분들을 제외하고 나머지 겁은 모두가 공하여 부처님이 없었으니, 애석한 일이다."

만일 시방의 부처님이 계신다면 어찌하여 다른 겁에는 부처님이 전혀 없으시어 매우 애석한 일이라 하셨겠는가?

【답】 석가모니부처님께서 비록 한량없는 신통력이 있으셔서 부처님을 시방에 가득히 변화해 내어 설법하고 광명을 놓아 중생을 제도하시나 다 제도하지는 않으신다. 왜냐하면 끝이 있다는 허물에 떨어지기 때문이며 미래의 부처님이 없어지기 때문이다.

그러나 중생은 다함이 없나니, 그러기에 다시 다른 부처님이 계신다.

경에서 비록 말씀하시기를, "세상에는 두 부처님이 함께 나타나시는 일이 없다" 하셨으나 모든 시방세계에 없다고 하지는 않으셨으며, 또한 "세상에는 두 전륜성왕이 없다"라고 하셨으나 모든 삼천대천세계에 없다고도

하지 않으셨다.

　백억 수미산과 백억의 일월을 삼천대천세계라 하는데 이러한 시방의 항하 모래수같이 많은 삼천대천세계를 한 부처님의 세계라 한다. 여기에 다시 다른 부처님이 없으시고 실로 석가모니부처님 한 분만이 계신다. 이 하나의 부처님 세계에서 항상 여러 부처님의 갖가지 법문과 갖가지 몸과 갖가지 인연과 갖가지 방편을 변화해 내어 중생을 제도하신다.

　그러므로 많은 경에서 "한때 한 세계에 두 부처님이 없다"고 할 뿐 시방에 부처님이 없다고는 말하지 않는 것이다.

　또한 성문의 법에도 시방의 부처님이 계신다. 『잡아함경(雜阿含經)』에 이런 말이 있다.

　"비유하건대 큰비가 쏟아 내릴 때 물방울은 간격이 없어 그 수를 알 수 없듯이, 모든 세계 역시 그와 같다. 내가 동쪽의 한량없는 세계를 보건대, 이루어지는 곳[成]도 있고 머무는 곳[住]도 있고 무너지는 곳[壞]도 있어서 그 수효가 매우 많아 분별할 수가 없으니, 이와 마찬가지로 시방에 이르기까지가 모두 그러하느니라."

　이 시방세계 안의 한량없는 중생에게는 몸의 고통이 세 가지가 있으니 늙음·병듦·죽음이요, 마음의 고통이 세 가지가 있으니 탐욕·성냄·어리석음이요, 뒷세상의 고통이 세 가지가 있으니, 지옥·아귀·축생이다.

　일체 세계에는 모두 세 종류의 사람이 있으니, 하등·중등·상등이다. 하등의 사람은 이 세상의 쾌락에 집착되고, 중등의 사람은 뒷세상의 쾌락을 구하며, 상등의 사람은 도를 구하고 자비한 마음으로 중생을 가엾이 여긴다. 이 같은 인연이 있거늘 어찌 과보가 없겠는가.

　부처님께서 말씀하시기를 "만약 늙음·병듦·죽음이 없다면 부처가 세상에 나오지 않는다"고 하셨다. 이 사람은 늙음·병듦·죽음으로 괴로워하는 중생들을 보고 마음속에 서원을 세우되 "내가 부처가 되어 구제하여서 그들의 마음의 병을 고쳐 주고, 뒷세상의 괴로움도 없애 주리라" 한다.

　이렇게 시방세계에는 모두 부처님이 나오실 인연이 있거늘 어찌 여기에만 부처님이 계시고 딴 곳에는 부처님이 없다고 말하겠는가?

부처님을 만나뵙는 방법

【문】 시방에 한량없는 부처님과 보살들이 계시다면, 지금 이 중생들은 3악도에 빠진 이가 많거늘 어찌하여 오시지 않는가?

【답】 중생들의 죄가 무거운 까닭에 비록 부처님과 보살들이 오신다 해도 보이지 않는 것이다. 또한, 법신의 부처님은 항상 광명을 놓으시고 항상 법을 설하시지만, 죄 때문에 보이지도 들리지도 않는다.
 비유하건대 해가 떴어도 눈이 먼 이는 보지 못하고, 우레가 천지에 진동하여도 귀가 먹은 이는 듣지 못하는 것과 같다. 이와같이 법신은 항상 광명을 놓고 항상 법을 설하건만 중생들의 한량없는 겁의 죄가 두텁고 무겁다면 보거나 듣지 못하는 것이다.
 밝은 거울과 맑은 물에 얼굴을 비추면 곧 보이고, 때가 가리거나 맑지 못하면 보이지 않듯이 중생들의 마음이 청정하면 곧 부처님을 뵙게 되고, 마음이 맑지 못하면 부처님이 보이지 않는다.
 또 이제 실제로 시방의 부처님과 보살들이 와서 중생을 제도하시지만 보이지 않을 뿐이다.

 석가모니부처님께서 염부제에서 태어나 카필라국에 계실 때 동천축의 여섯 큰 성에 자주 왕래하셨으나, 때로는 남천축의 억이(億耳) 거사의 집으로 날아가셔서 공양을 받으시기도 하였고, 때로는 잠시 북천축의 월지국(月氏國)에도 가셔서 아바라(阿波羅) 용왕을 항복시키시고, 또한 월지국의 서쪽에 이르셔서는 나찰녀(女羅刹)를 굴복시켰다.
 부처님은 그곳의 석굴에서 하루를 묵으셨는데 지금도 부처님의 그림자가 남아 있다. 어떤 사람이 안에 들어가 그것을 보려 했으나 보이지 않고 굴에서 나오니 멀리 광명상(光明相)이 보였다.
 부처님은 어느 때는 잠시 날아서 계빈(罽賓)의 예발타(隸跋陀) 선인이 있는 산으로 가셨다. 허공에 머무시면서 그 선인에게 항복받으셨는데, 선인이 말하기를 "나는 여기에 살기를 좋아하오니, 부처님께서 저에게 부처님의 머리칼과 손톱을 주시면 탑을 세워 공양하리다" 하였다.

탑은 지금도 남아 있다. 이 산 밑에 이월사(離越寺)가 있는데 이월은 예발타(隸跋陀)라고 해야 한다. 사람들은 부처님과 같은 나라에 태어나고서도 두루 뵙지 못하거늘 하물며 다른 곳에 태어난 경우이겠는가. 그러므로 시방의 부처님이 보이지 않는다 하여 없다고 말할 수는 없는 것이다.

또한 미륵보살은 큰 자비심을 가지고 천궁에 계시면서도 이곳에 오시지 않나니, 오시지 않는다 하여 미륵이 없다고 말할 수 있겠는가? 미륵은 가까이 계시면서도 오시지 않건만 괴이하게 여기지 않으면서 시방의 부처님은 멀리 계시거늘 어찌 괴이하게 여기리오.

또한 시방의 부처님이 오시지 않는 것은 중생들의 죄의 때가 무겁고 부처님을 뵈올 공덕을 심지 않았기 때문에 오시지 않는 것이다.

또한 부처님은 일체 중생들의 선근(善根)이 익어지고 번뇌[結使]가 얇아진 것을 보고서야 오셔서 제도하시니, 이런 게송이 있다.

부처님들은 먼저 관찰하시어
어떤 방편으로도 제도치 못할 이와
제도하기 어려운 이와 교화하기 쉬운 이와
더딘 이와 빠른 이를 다 아신다.

혹은 광명과 혹은 신통[神足]과
갖가지 인연으로 중생을 건지시고
거역하려 해도 가엾이 여겨 제도해 주시고
혹은 거역하는 자라도 막지 않으시네.

억센 이는 거친 말로 교화하시고
유연한 이는 부드러운 말로 제도하시니
비록 그 마음은 자비롭고 평등하나
때에 맞춰 지혜로써 방편을 쓰시네.

이런 까닭에 시방의 부처님이 비록 오시지는 않으나 없다고 말해서는 안 되는 것이다. 또한 부처님의 지혜의 힘과 방편과 신통은 사리불 등 큰 아라한과 미륵 등의 큰 보살도 알지 못하거늘 하물며 범부이겠는가.

오지 않은 것이 아니라 보지 않은 것이다

부처님께서 말씀하시기를, "만나기 어려운 한 가지 일이 있으니, 이것은 바로 불세존이다" 하셨다.

또한 부처님은 무거운 죄 때문에 부처님을 뵐 인연을 심지 못한 이를 위하여 말씀하시기를, "부처님의 세상은 만나기 어려우니, 마치 우담바라 나무의 꽃이 가끔 한 번씩 나타나는 것 같다" 하셨다.

경에 이런 이야기가 있다.

부처님이 아난과 함께 사위성에 들어가 걸식을 하는데, 어떤 가난한 노모(老母)가 길가에 서 있었다.

이에 아난이 부처님께 말씀드렸다.

"이 사람이 매우 가엾으니, 부처님께서 제도하여 주옵소서."

부처님께서 아난에게 말씀하셨다.

"이 사람은 인연이 없느니라."

아난이 다시 말씀드렸다.

"부처님께서 가까이 가시면 이 사람은 부처님의 상호와 광명을 보고는 환희하는 마음을 내어 인연을 짓게 될 것입니다."

부처님께서 가까이 가시니, 그는 등을 돌려 외면했다. 부처님께서 사방으로 접근하시면 곧 다른 네 방향으로 모두 부처님께 등을 돌렸다. 얼굴을 쳐다보려 하면 위로 돌리고, 부처님께서 위로부터 다가오면 머리를 숙여 아래로 향하고, 부처님께서 땅으로부터 솟아 나오시면 두 손으로 눈을 가리고 등을 돌려 부처님을 보려 하지 않았다.

부처님께서 아난에게 말씀하셨다.

"다시 어떤 인연을 지으면 좋겠느냐?"

이런 사람들은 제도할 인연이 없어 부처님을 뵙지 못한다. 이런 까닭에 부처님께서 말씀하시기를 "부처님을 만나기 어려우니, 마치 우담바라나무의 꽃과 같다. 비유하건대 물과 비가 많아 곳곳에서 얻기 쉽더라도 아귀는 항상 목이 말라 마시지 못하는 것과 같노라" 하신 것이다.

전하는 말에 의하면 '사위성 안에 9억의 집이 있는데, 그 가운데 눈으로 부처님을 본 집이 3억이고, 귀로 부처님의 이름을 들은 집이 3억이며, 나머지 3억의 집은 부처님이 세상에 계시다는 것을 귀로는 들었으나 눈으로 본 일은 없었다'고 한다.

부처님이 사위성에 25년 동안 계셨는데도 이들 중생들은 뵙거나 듣지 못하거늘 하물며 먼 곳이겠는가.

부처님 뵙는 공덕이 중요한 이유

【문】 만일 현재의 시방세계에 많은 부처님과 보살이 계신다면, 지금 모든 중생이 죄악과 고통이 많거늘 어찌하여 와서 구제하지 않는가?

【답】 중생들은 한량없는 아승기겁 동안 죄의 때가 매우 깊기에 비록 갖가지 남는 복이 있더라도 부처님을 만날 공덕이 없기 때문에 부처님을 뵐 수 없다. 이런 게송이 있다.

좋은 복의 과보, 아직 가깝지 않고
쇠퇴한 죄악, 아직 제하지 못했기에
지금 큰 위덕 지니신 분 뵙지 못하고
힘을 지니신 분 만나지 못하네.

큰 위덕의 여러 성인들
마음에 분별이 없어서
모든 이에게 자비 베푸사
한꺼번에 제도하려 하시네.

중생들의 복덕이 익어지고
지혜와 근기도 영리해지면
혹은 제도의 인연을 드러내어
즉시에 해탈을 얻게 하네.

마치 대용왕(大龍王)이
원(願)에 따라 많은 비를 내려 주듯이
죄와 복은 본래의 행에 따라
각각 받음과 같다네.

【문】 만약에 스스로 복덕이 있거나 스스로 지혜가 있는 이라야 부처님

이 능히 제도하시고, 만약에 복덕과 지혜가 없으면 부처님이 제도하시지 않는다 하면, 스스로 복덕과 지혜가 있는 이는 부처님의 제도를 기다릴 필요가 없으리라.

【답】이 복덕과 지혜는 부처님의 인연에서 나온 것이다. 만약 부처님이 세상에 나타나시지 않은 때에는, 보살들이 10선(善)10)의 인연과 4무량(無量)11)의 뜻과 후세에 받는 죄와 복의 과보와 갖가지 인연으로써 교화해 인도하시며, 만약에 보살이 없을 때에는 갖가지 경에서 말씀하듯이 사람들이 그 법을 얻어 복덕의 인연을 행하는 것이다.

사람에게 비록 복덕과 지혜가 있으나 부처님께서 세상에 나타나시지 않았다면, 이 세계에서 과보를 받아도 도를 얻을 수가 없다. 만약에 부처님이 세상에 나타나신다면 여기에서 비로소 도를 얻을 수 있는 것이다. 이것이 큰 이익이니, 마치 사람에게 눈이 있더라도 해가 뜨지 않으면 아무 것도 보이지 않나니, 해가 떠서 밝아지면 보이는 것이 있는 것과 같다. 그러니 "나에게 눈이 있거늘 해가 무슨 필요가 있으리오"라고 말할 수는 없는 것이다.

이는 부처님께서 말씀하신 바와 같다.
"두 가지 인(因)과 두 가지 연(緣)으로 능히 바른 견해[正見]가 생긴다. 첫째 밖으로는 남에게 법을 들음이요, 둘째 안으로는 스스로가 여법하게 사유함이다."

복덕스러운 일이기에 좋은 마음이 생기는 것이며, 근기가 예리해지는 지혜이기에 여법하게 사유하는 것이다. 그러므로 부처님에 의해 제도됨을 알게 되는 것이다.

이처럼 갖가지 오해가 있다.

---

10) 보살의 열 가지 선한 행. 즉 불살생(不殺生), 불투도(不偸盜), 불망어(不妄語), 불기어(不綺語), 불사음(不邪婬), 불악구(不惡口), 불양설(不兩舌), 불탐욕(不貪欲), 부진에(不瞋恚), 불사견(不邪見).
11) 보살의 네 가지 무량한 마음, 즉 자(慈)·비(悲)·희(喜)·사(捨)를 말한다.

일체지를 갖춘 분이란 어떤 사람인가?

【문】 일체지를 갖춘 분이란 어떤 사람인가?

【답】 으뜸가는 어른이며 삼계의 존귀하신 분이니, 부처님이라 부른다. 부처님을 찬탄하는 게송에 다음과 같은 것이 있다.

정생전륜왕(頂生轉輪王)께서는
해와 달과 등불의 광명 같으니
석가족의 귀하신 종족이며
정반왕의 태자님이시었네.

태어나실 때엔 삼천세계의
수미산과 바닷물이 진동했으니
늙음과 죽음을 부수기 위하여
애민하시는 까닭에 세상에 나셨네.

나면서 일곱 걸음을 걸으시니
광명이 시방에 가득 차고
사방을 보면서 크게 외치되 말하셨네.
'내가 모태에 나는 일은 다했노라.'

부처를 이루고는 묘한 법 설해
큰 소리로 법의 북 울리니
이로써 중생과 세간의
무명의 잠을 깨워 주셨네.

이 같은 갖가지 희유한 일들
이미 나타내시니
하늘과 세상 사람들

이를 보고 모두 환희하더라.

부처님의 장엄하신 몸
큰 광채, 보름달 같은 얼굴
남자나 여자나 어느 누구도
이를 보아 싫증내는 일 없네.

태어나신 몸을 젖먹이여 키운 힘
만 억 마리의 코끼리보다 세며
신통의 힘이 위가 없으시고
지혜의 힘 한량 없으셨네.

부처님 몸의 큰 광명
불신(佛身)의 바깥을 밝게 비추니
부처님이 광명 속에 계심이
달이 광명 복판에 든 것 같도다.

갖가지 욕설로 부처님을 훼방해도
부처님은 싫어하는 생각 조금도 없고
갖가지 좋은 말로 칭찬하여도
부처님은 기뻐하는 생각 없어라.

거룩하신 자비로 일체를 보시고
원수도 친척도 균등하게 여기니
일체의 의식 있는 무리들
모두 다 이 일을 알고 있도다.

인욕과 자비의 힘 있기에
능히 모든 것에 뛰어나지만
중생을 건지기 위하여
세세(世世)에 애써 고통을 받으시네.

그 마음 항상 일정하시어
중생을 위해 이로운 일 하시니
지혜의 힘은 열 가지요
두려움 없음의 힘은 네 가지라.

함께하지 않는 특성이 열여덟이니
한량없는 공덕의 무더기라네.
이렇듯 헤아릴 수도 없는
희유한 공덕의 힘 갖추셨네.

사자가 두려움 없듯이
모든 외도의 법을 무찌르고
위없는 청정한 바퀴를 굴리시어
삼계의 중생을 건져 주시네.

한 사람이 모든 법을 알 수 있는가?

어떤 사람은 의심하여 묻는다.

"부처님은 일체지(一切智)를 얻지 못했을 것이다. 왜냐하면, 모든 법은 한량이 없고 끝이 없는데, 어떻게 한 사람이 온갖 법을 다 알 수 있겠는가?"

하지만 부처님께서는 반야바라밀에 머무시어 그 실상의 청정함은 마치 허공과도 같으시다. 무량무수의 법 가운데 스스로 참되게 말씀하시기를 "나는 일체지인(一切智人)으로서 일체중생의 의심을 끊어 주려 하노라"고 하셨다. 이런 까닭에 『마하반야바라밀경』을 말씀하셨다.

또 어떤 중생은 제도를 받고자 하나, 부처님의 공덕과 지혜가 한량이 없고 알기 어렵고 이해하기 어렵기 때문에, 삿된 스승에게 현혹되거나 마음이 삿된 길에 빠져서 바른 길에 들지 못한다. 이러한 무리들을 위하여 크게 인자한 마음을 일으키시고, 크게 가엾이 여기시는 손길을 뻗어 그들을 불도에 들게 하신다. 그러므로 스스로 가장 묘한 공덕을 나타내시고 큰 신력(神力)을 보이시나니, 이는 마치 『반야바라밀경』「초품」 가운데 다음과 같이 설해지는 바와 같다.

"부처님께서 삼매왕삼매(三昧王三昧)12)에 드셨다가 삼매로부터 일어나셔서 천안(天眼)으로 시방세계를 두루 굽어보셨다. 온몸의 털구멍이 모두 열리고, 그 발바닥의 천폭륜상(千輻輪相)13)에서는 6백천만억의 갖가지 광명을 놓으시며, 발가락으로부터 위로 육계(肉髻)에 이르기까지 곳곳에서 제각기 6천만억 가지 빛깔의 광명을 놓으시어 시방의 한량없고 헤아릴 수 없는, 마치 항하의 모래수같이 많은 불국토를 비추어 모두 환하게 밝히셨다."

곧 부처님께서는 삼매에서 일어나셔서 온갖 법의 실상을 연설해 보여

---

12) 삼매 중에서 최상의 삼매를 말한다.
13) 부처님의 32상호 중 하나. 부처님 발바닥에 있는 천 개의 수레바퀴살과 같은 무늬.

일체중생의 의혹과 번뇌[疑結]를 끊어 주려는 까닭에 『반야바라밀경』을 말씀하신 것이다.

    어떤 사악한 사람은 질투심으로 부처님을 비방하기를, "부처님의 지혜라도 인간과 다르지 않다. 다만 환술을 부려 세인을 현혹시킬 뿐이다"라고 한다. 저들의 삿된 교만을 꺾기 위하여 한량없는 신력과 한량없는 지혜의 힘을 나타내어 『반야바라밀경』에서 다음과 같이 말씀하셨다.
    "나는 신력과 공덕이 한량없고 삼계(三界)14)에서 아주 거룩하여 일체를 감싸고 보호하노라. 만약 한 번 악한 생각을 일으키면 한량없는 죄를 받고, 한 번 깨끗한 믿음을 일으키면 인간과 하늘의 즐거움을 받아 반드시 열반(涅槃)의 과보를 얻으리라."

    또한 사람들로 하여금 법을 믿고 받아들이게 하기 위하여 다음과 같이 말씀하셨다.
    "나는 큰 스승이노라. 10력(力)과 4무외소(無畏所)를 지녔고, 성주(聖主)가 머무를 자리에 안립해서 마음이 자재로우며, 능히 사자후를 내어 묘한 법륜을 굴리니, 일체 세계 가운데 가장 존귀하고 가장 높으니라."

    또 불세존께서는 중생들이 기뻐하는 마음을 내게 하려고 이 『마하반야바라밀경』을 설하셨다.
    "그대들은 응당 크게 기뻐하는 생각을 내어라. 왜냐하면, 일체중생이 모두 삿된 소견의 그물에 들어 잘못된 가르침이나 삿된 스승에게 미혹 당하지만, 나는 온갖 그릇된 스승과 삿된 그물에서 벗어나게 하기 때문이다. 10력을 갖춘 대사는 만나기 어렵거늘, 그대들은 이제 만났노라. 나는

---

14) 삼계는 중생이 생사윤회하며 머무는 욕계·색계·무색계의 세 가지 미혹의 세계이다. ①욕계(慾界)는 음욕과 식욕 등 본능적 욕망이 지배하는 세계이다. ②색계(色界)는 본능적 욕망을 여읜 청정세계이지만 여전히 물질[色]로 이루어진 세계이다. 4선정으로 도달하는 경지이다. ③무색계(無色界)는 물질의 얽매임을 뛰어넘어 고도의 정신만이 존재하는 세계이다. 4무색정에 의해 도달하는 경지이다.

때를 맞추어 37품(品) 등 모든 의미 깊은 법의 창고[法藏]를 열어 보이려 하노니, 그대들 마음대로 가져갈 일이니라."

일체의 중생들이 결사(結使)15)라는 병으로 괴로워하지만, 시작 없는 생사 이래 아무도 이 병을 고쳐주는 이 없었다. 항상 외도(外道)나 그릇된 스승에 현혹되고 있기에, "나는 이제 세상을 벗어나는 대의왕(大醫王)이 되어 온갖 법의 약을 다 모았으니, 그대들은 이 약을 먹어보라" 하셨다.
이런 까닭에 부처님께서 『마하반야바라밀경』을 말씀하신 것이다.

---
15) 결사란 얽매임과 악습을 말하며, 곧 번뇌의 다른 이름이다.

부처님 말씀은 제일의실단(第一義悉檀)이다

부처님께서 제일의실단(第一義悉檀)의 모습을 말씀하시기 위해 이『반야바라밀다경』을 말씀하셨다. 네 가지 실단(悉檀)16)이 있으니, 첫째는 세계실단(世界悉檀)이요, 둘째는 각각위인실단(各各爲人悉檀)이요, 셋째는 대치실단(對治悉檀)이요, 넷째는 제일의실단이다.

네 가지 실단 가운데 일체의 12부경(部經)과 8만4천 법의 창고가 포섭되니, 실로 이는 모두가 서로 위배되는 일이 없다. 불법 가운데의 유(有)는 세계실단인 까닭에 실유(實有)이며, 각각위인실단인 까닭에 실유이며, 대치실단인 까닭에 실유이며, 제일의제실단인 까닭에 실유인 것이다.

(1) 세계실단(世界悉檀)

세계실단이라 함은 어떤 법이 인연 화합하는 까닭에 있을지언정 별달리 성품이 있는 것이 아니라는 뜻이다. 마치 수레가 빗장·축·바퀴·바퀴살 등이 화합한 까닭에 있을 뿐 달리 수레가 존재하지 않는 것과 같다.

사람도 그와 같아서 5온[五衆]이 화합한 까닭에 있을지언정 달리 사람이 있는 것이 아니다.

만일 세계실단이 없다면 부처님은 진실한 말씀을 하시는 분인데, 어찌하여 "내가 청정한 천안(天眼)으로 중생들을 보니, 선악의 업을 따라 여기에서 죽어서 저기에 태어나면서 과보를 받되 착한 업을 짓는 이는 하늘이나 인간 가운데 태어나고 악한 업을 짓는 이는 3악도(惡道)에 떨어진다"고 하셨겠는가?

또한 경에서 "한 사람이 세간을 벗어나면 여러 사람이 경사와 복락(福樂)과 이익을 얻나니, 이 사람은 불세존이다"고 했다.

또『법구경』에서는 이렇게 얘기하고 있다.

"신(神)이 스스로 신을 구제할지언정 다른 사람이 어찌 신을 구제하리오. 스스로가 선(善)을 행하는 것이 지혜[智]이니, 이것이야말로 스스로를

---

16) 실단은 범주 또는 종(宗)을 의미한다. 여기서는 부처님의 가르침을 네 가지로 분류한 것이며, 유위법과 무위법 모두를 포함하고 있다. 네 가지를 잘 헤아림으로써 부처님의 가르침을 오해하고 비방하는 단견에 빠지지 않는다.

제1부. 부처님을 이야기하다

가장 잘 구제하는 일이다."

다시 부처님께서는 『병사왕영경(瓶沙王迎經)』에서 "범부는 법을 듣지 못하고, 범부는 '나'에 집착한다"고 말씀하셨으며, 『이야경(二夜經)』에서는 "부처가 처음으로 도를 얻은 저녁부터 반열반에 든 저녁에 이르기까지 두 밤 사이에 설하신 경교(經敎)는 모두 다 진실하여 전도됨이 없다"고 말씀하셨다.

만일 참으로 사람이 없다면 부처님께서 어찌하여 "내가 천안으로 중생을 본다"고 하셨겠는가?

그러므로 마땅히 알아야 하니, 사람이 있다는 것은 세계실단인 까닭이지 제일의실단이 아니다.

【문】 제일의실단은 진실하고, 진실하므로 제일의라 한다면 나머지는 진실치 않다는 것인가?

【답】 그렇지는 않다. 이 네 가지 실단에는 각각 진실함이 있다. 여여(如如)[17]함과 법성(法性)[18]과 실제(實際)[19]는 세계실단이기에 없고, 제일의실단이기에 있는 것이다. 사람 등도 그와 같아서 세계실단이기에 있고 제일의실단이기에 없다. 왜냐하면, 사람은 5중(衆)의 인연으로 사람 등이 있기 때문이다. 마치 젖이 색과 냄새와 맛과 촉감의 인연 때문에 젖이란 것이 있는 것과 같으니, 젖이 진실로 없다면 젖의 인연도 없어야만 하는 것과 같다.

이제 젖의 인연이 진실로 있기 때문에 젖도 당연히 있는 것이다. 마치 어떤 사람의 두 번째 머리나 세 번째 손과 같이, 인연이 없이 거짓 이름만 있는 경우와는 다르다. 이러한 모습을 세계실단의 모습[相]이라 한다.

(2) 각각위인실단(各各爲人悉檀)

어떤 것을 각각위인실단이라 하는가? 사람들의 마음씨[心行]를 관찰해서

---

17) 여여(如如)는 있는 그대로의 모습, 또는 분별이 끊어져 있는 그대로의 모습을 파악하는 마음을 말한다.
18) 법성(法性)은 제법의 진실된 성품을 말한다.
19) 실제(實際)는 진리의 경계, 곧 깨달음의 경지를 말한다. 또 모든 현상의 있는 그대로의 본성·상태를 말하기도 한다.

설법해 주는 것이니, 한 가지 일에 대하여 듣는 이도 있고 듣지 않는 이도 있기 때문이다.

경에서 "잡된 보업(報業) 때문에 잡되게 세간에 태어나서 잡된 촉감을 받고 잡된 느낌을 받는다" 하셨으며, 『파군나경(破群那經)』에서는 "촉감을 받을 사람이 없고, 느낌을 받을 사람이 없다"라고 말씀하셨다.

【문】이 두 경은 어떻게 회통하는가?

【답】어떤 사람은 오는 세상을 의심하여 죄와 복을 믿지 않고, 착하지 못한 행을 하여 단멸견(斷滅見)에 떨어지는데, 그들의 의혹을 끊어 그들의 나쁜 행을 버리고, 그들의 단견을 뽑아버려 주기 위해서 "잡되게 세간에 태어나서 잡되게 촉감을 받고, 잡되게 느낌을 받는다"고 말씀하신 것이다.

이 파군나(破群那)는 '나'가 있다거나 신(神)이 있다고 계교하여 항상함을 헤아리는 견해[計常]에 떨어졌는데, 파군나가 부처님께 "대덕(大德)이시여, 받는[受] 이가 누구입니까?"라고 물었다.

만일 부처님께서 "아무개[某甲], 아무개가 받느니라"고 말씀하셨다면, 이는 곧 계상 가운데 떨어지는 것이니, 그 사람은 아견(我見)이 더욱 굳어져서 돌이킬 수 없을 것이다. 이런 까닭에 받는 이와 느끼는 이가 있다고 말하지 않는 것이다.

이러한 모습을 각각위인실단이라 한다.

(3) 대치실단(對治悉檀)

대치실단이란 존재하는 것[有法]은 대치(對治)할 때는 곧 있거니와 실제의 성품은 없는 것을 말한다. 마치 매우 뜨겁고 기름지고[膩] 시고 짠맛이 뒤섞인 약초나 음식 등이 풍병(風病)에는 약이 되지만 다른 병에는 약이 되지 않는 것과 같다. 가령 약간 차고 달고 쓰고 떫은 약초나 음식 등은 열병(熱病)에는 약이 되지만 다른 병에는 약이 되지 않으며, 약간 맵고 쓰고 떫고 더운 약초와 음식은 냉병(冷病)에는 약이 되지만 다른 병에는 약이 되지 않는 것과 같다.

불법에서 마음의 병을 다스리는 것도 그와 같아서 부정관(不淨觀)[20]으로 사유하는 것은 탐욕의 병에는 좋은 대치법이 되지만, 성냄의 병에는 좋다고도 할 수 없고 대치법도 되지 않는다. 왜냐하면 몸의 허물을 관찰하는 것이 부정관인데 성내는 사람이 허물을 관찰하면 성냄의 불길이 더할 뿐이기 때문이다.

자심(慈心)으로 사유하는 것은 성냄의 병에는 좋은 대치방법이 되지만 탐욕의 병에는 좋다고도 할 수 없고 좋은 대치법도 되지 않는다. 왜냐하면, 자심은 중생에게서 좋은 일을 구하고 공덕을 관찰하는 것인데, 만일 탐욕스런 이가 좋은 일을 구하거나 공덕을 관찰한다면 탐욕이 더욱 늘어나기 때문이다.

인연관법(因緣觀法)21)은 어리석은 병에는 좋은 대치법이 되지만 탐욕과 성냄의 병에는 좋지 못하며 대치법이 되지도 못한다. 왜냐하면, 이미 삿되게 관찰했기 때문에 삿된 소견을 낸 것이니, 삿된 견해가 곧 어리석음이기 때문이다.

【문】불법 가운데 12인연법을 심히 깊다 하셨다. 곧 부처님께서는 아난에게 "이 인연의 법은 심히 깊어서 보기 어렵고 알기 어렵고 깨닫기 어렵고 관찰하기 어려우니, 마음이 섬세하고 지혜가 공교로운 사람이라야 알 수 있다. 어리석은 사람은 얕고 가까운 법도 알지 못하거늘 하물며 심히 깊은 인연이겠느냐"고 말씀하셨다. 그런데 이제 와서 어찌하여 어리석은 사람도 인연을 관찰하라고 하는가?

【답】어리석은 사람이라 해서 소나 양같이 어리석다는 뜻은 아니다. 이 사람은 진실한 도를 구하고자 하면서도 삿된 마음으로 관찰하기 때문에 갖가지 삿된 소견을 내나니, 이러한 어리석은 사람은 인연법을 관찰해야 한다. 이것을 좋은 대치방법이라 한다.

만일 성을 내거나 탐욕을 행하는 사람이 쾌락을 구하거나 남을 괴롭히려 한다면 이 사람에게는 적합하지 않아서 대치방법이 아니다. 이 두 종류 사람에게는 자심(慈心)이나 부정으로 사유함이 좋으며 대치의 법이 된다. 왜냐하면 이 두 가지 관법은 탐욕과 성냄의 가시를 뽑아 버리기 때문

---

20) 다섯 가지 마음을 멈추는 관법[停心觀] 중 하나로, 번뇌와 욕망을 제거하기 위해 육체의 깨끗하지 못한 특징을 관찰하는 관법이다. 시신이 차례로 썩어서 이윽고 백골이 되고 흙으로 돌아가기까지를 관찰한다.
21) 연기법을 관찰하는 관법

이다.
　또한 영원함[常]에 집착하는 전도된 중생은 모든 법이 비슷하게 상속(相續)함을 알지 못한다. 이러한 사람이 무상(無常)을 관한다면 이는 대치실단은 될지언정 제일의실단은 되지 않는다. 일체법은 자성(自性)이 공하기 때문이다.
　게송에 이런 것이 있다.

　무상한 것을 항상하다고 보면
　이것을 뒤바뀜[顚倒]이라 한다.
　공한 가운데는 무상도 없거니
　어디에서 항상함이 있음을 보랴.

　【문】유위법(有爲法)이 모두 무상의 모습이라면, 응당 무상이야말로 제일의제[第一義]일 것이거늘 어찌하여 무상이 진실이 아니라 하는가? 온갖 유위의 법은 생(生)·주(住)·멸(滅)의 모습이니, 먼저는 생하고 다음은 머무르고 나중에는 멸한다. 그러니 어찌 무상이 진실하지 않겠는가?
　【답】유위의 법에 세 가지 모습이 있을 수 없다. 왜냐하면, 세 가지 모습이 진실치 않기 때문이다.
　만일 모든 법의 생·주·멸이 유위의 모습이라면 지금의 생 가운데에도 세 가지 모습이 있어야 하리니, 생이 유위의 법인 까닭이다. 이와 같이 낱낱 곳에 역시 세 가지 모습이 있어서 끝이 없을 것이며, 주와 멸도 그러할 것이다.
　반대로 만일 모든 생·주·멸에 각각 다시 생·주·멸이 없다면 유위의 법이라 할 수 없다. 왜냐하면 유위법의 모습이 없기 때문이다.
　이런 까닭에 모든 법이 무상하다 함은 제일의 실단이 되지 못한다.
　또한, 온갖 것의 진실한 성품[一切實性]이 무상하다면 행업(行業)의 과보(報)도 없을 것이다. 왜냐하면 무상을 생멸이라 부르는 허물이 있게 되기 때문이다. 마치 썩은 종자는 열매를 내지 못하는 것과 같다. 그와 같다면 곧 행업이 없을 것이요, 행업이 없으면 어떻게 과보가 있겠는가? 지금 온갖 성현의 가르침에 과보가 있음을 착하고 지혜로운 사람들은 믿어 받드는 바이니, 없다고 말할 수는 없으리라. 이런 까닭에 모든 법은 무상의 성품이 아니다.

이와 같은 한량없는 인연 때문에 모든 법이 무상의 성품이라고 말할 수는 없다. 곧 일체의 유위법이 무상하며, 고(苦)·무아(無我) 등도 마찬가지이다. 이와 같은 모습을 대치실단이라 부른다.[22]

(4) 제일의실단(第一義悉檀)

제일의실단이라 함은, 온갖 법성(法性)과 온갖 논의·언어, 온갖 옳은 법·그른 법은 낱낱이 타파되고 흩어지지만, 부처님들이나 벽지불·아라한들이 행하는 진실한 법은 파괴할 수도 없고 흐트러뜨릴 수도 없는 것이니, 위의 세 가지 실단 가운데에서 통(通)하지 않던 것이 여기에 모두 통한다.

【문】어떻게 통하는가?

【답】통한다고 하는 것은 온갖 허물을 여의어 바꿀 수 없고 이길 수도 없음을 말한다. 왜냐하면, 제일의실단을 제하고는 나머지 논의나 실단은 모두 타파할 수 있기 때문이다.

『중의경(衆義經)』에 이러한 게송이 있다.

제각기 자기의 견해에 의해
부질없이 싸움을 일으키나니
그들이 그른 줄 알기만 하면
그는 바른 견해를 아는 이라.

다른 이의 법을 받아들이지 않으면
이를 어리석은 이라 하나니
이러한 희론을 일삼는 이는
참으로 어리석은 사람이로다.

---

22) 소승에서 말하는 "무상"이 유위법의 실단임을 밝히고자 하는 내용이다. 즉 유위법을 설명하기 위해 "무상"을 대치로서 설명하였다는 의미다. 용수보살은 생·주·멸을 유위법으로 볼 경우와 무위법으로 볼 경우 모두 모순이 있음을 예로 들어, 결국 "무상"도 제일의실단은 될 수 없음을 설파하였다.

자기의 견해가 옳다고 여겨
온갖 희론을 일으키고
이를 맑은 지혜라 한다면
맑은 지혜 아닌 이 없으리.

이 3구 게송 가운데에서 부처님은 제일의실단의 모습을 설명하셨으니, 이른바 세간의 중생들은 자신의 견해에 의지하고, 자신의 법에 의지하고, 자신의 이론에 의지해서 다툼을 일으킨다는 것이다. 희론은 다툼의 근본이 되고 희론은 모든 견해에 의해 생겨나니, 다음과 같은 게송이 있다.

받아들인 법이 있기에 왈가왈부하거니와
받아들임이 없다면 무슨 논의가 있으랴.
받아들이고 받아들이지 않는 모든 견해를
이 사람은 이미 모두 제해버렸네.

행자(行者)가 이 이치를 여실하게 알 수 있다면 온갖 법과 온갖 희론을 받아들이거나 집착하거나 보지 않는다. 이것이야말로 진실로 다투지 않음이니, 곧 불법의 감미로운 맛[甘露味]을 잘 알게 된다. 만일 그렇지 않다면 이는 곧 법을 비방하는 일이다.

만일 남의 법을 받아들이지 않고 알지도 못하고 취하지도 않는다면 이는 지혜 없는 사람이다. 만약에 그렇다면 논쟁자들은 모두 무지한 자이리라. 왜냐하면 서로가 상대방의 법을 받아들이지 않기 때문이다. 이른바 어떤 사람이 스스로 '자신의 법이 제일의로서 깨끗하다. 하지만 다른 법은 거짓말이요 깨끗하지 못하다'라고 하는 것과 같다.

비유하건대 세간에서 법을 다스리는 것과 같나니, 법을 다스리는 이는 형벌을 주거나 살육을 하는 등 종종의 부정한 일을 하는데, 세상 사람들은 이를 믿고 받아들여 참되고 깨끗하다 여긴다. 그러나 세상을 벗어난 성인들에게 있어서는 이는 가장 부정한 것이 된다.

외도의 니건자(尼犍子) 무리들은 뜨거움 속에서 한 발로 서 있거나 터럭을 뽑는 일을 묘한 지혜라 여기지만, 다른 사람은 이것을 어리석은 법이라 여긴다. 마찬가지로 갖가지 외도·출가·백의(白衣)23)·바라문이 각각 자기의 법은 좋다 하고 다른 이들은 모두가 거짓이라 한다.

이 불법 안에서도 독자비구(犢子比丘)24)들은 "4대(大)25)가 화합해서 안법(眼法)이 있듯이 마찬가지로 5중(衆)26)이 화합해서 사람[人法]이 있다"고 말한다.

독자부의 『아비담(阿毘曇)』에서는 "5중이 인(人)을 여의지 않고 인이 5중을 여의지 않으니, 5중이 곧 인이라거나 5중을 여읜 것이 인이라고 말할 수 없다. 인이란 다섯 번째의 가히 말로 표현할 수 없는 법장(法藏) 안에 속하는 것이다"라고 말한다.

설일체유부[說一切有]의 도인(道人)들은 "신인(神人)은 온갖 종자[種]와 온갖 때와 온갖 법문 안에서 구해도 얻을 수 없나니, 마치 토끼의 뿔이나 거북의 털과 같아서 항상 존재하지 않는 것이다"라고 하며, 또한 "18계와 12입과 5중이 실제로 있으나 이 가운데 인법이라고 할 것은 없다"고 한다.

또 불법 중에서도 방광도인(方廣道人)27)은 "온갖 법은 나지도 않고 멸하지도 않으며, 공하여 아무것도 없다. 마치 토끼의 뿔이나 거북의 털과 같아서 항상 존재하지 않는다" 하나니, 이와 같은 논사들은 모두 스스로 자신의 법만을 고수하고 남의 법은 받아들이지 않으면서 "이것만이 진실이요, 다른 것은 거짓말이다"고 한다.

만일 스스로가 그 법을 받아들여 자기의 법에만 공양하고 자기의 법만 수행하면서 남의 법을 받아들이거나 공양하지 않는다면 허물이 된다.

만일 이로써 청정을 삼아 제일가는 이익을 얻는다고 한다면 온갖 것이 청정 아닌 것이 없으리라. 왜냐하면 저 일체란 모두 스스로 애착하는 특성인 까닭이다.

---

23) 재가자를 의미한다. 인도에서 속인은 주로 흰옷을 입었기 때문에 이렇게 부른 것이다.
24) 초기 부파불교 중 독자부를 말한다.
25) 물질세계를 이루는 네 가지 요소, 즉 지(地)·수(水)·화(火)·풍(風)을 말한다.
26) 용수보살이 말하는 5중(衆)은 곧 5온(蘊)이다. 5온은 생멸의 유위법을 구성하는 색(色)·수(受)·상(想)·행(行)·식(識)의 다섯 요소를 말한다. 5음(陰) 또는 5취(聚)라고도 한다.
27) 대승의 가르침을 따르면서도 공(空)을 무(無)로 오해하는 사람들을 가리킨다.

【문】 모든 견해에 모두 허물이 있다면 이 제일의실단은 어떻게 해서 옳은가?28)

【답】 온갖 언어의 길을 초월했고 마음으로 더듬을 곳이 없으며 어디에도 의지할 곳이 없어서 아무런 법도 보이지 않는다. 모든 법의 실상은 처음도 없고 중간도 없고 나중도 없으며 다함도 무너짐도 없나니, 이것을 제일의실단이라 한다.

마하연의(摩訶衍義)의 게(偈)29) 가운데 설하는 바와 같다.

말로써 표현할 길이 다하고
마음으로 따질 수도 없다.
나지도 않고 멸하지도 않으니
법이 그대로 열반이다.

모든 지어감[行]을 말한 곳을
세간의 법이라 하고
지어감이 없음을 말한 곳을
제일의제라 한다.

온갖 진실함과 진실 아님과
온갖 진실하기도 하고 진실하지 않기도 함과
온갖 진실 아니기도 하고 진실 아닌 것도 아닌 것
이들을 모든 법의 실상(實相)이라 한다.

이와 같이 경전의 곳곳에서 제일의실단을 말씀했지만, 이 이치가 심히 깊어서 보기 어렵고 알기 어렵다. 부처님께서는 이 이치를 말씀하시기 위해 『마하반야바라밀다경』을 말씀하신 것이다.

---

28) 제일의실단도 모든 견해 중의 하나이므로 허물이 있지 않겠는가 반문하는 것이다.
29) "마하연"은 대승을 뜻한다.

결코 논파할 수 없는 이론

장조(長爪)라는 범지30)가 있었다. 그리고 선니(先尼), 바차구다라(婆蹉衢多羅), 살차가(薩遮迦), 마건제(摩揵提)라는 이들도 있었다. 이들은 염부제의 큰 논사들로서 "온갖 이론은 모두 부술 수 있다. 온갖 이야기는 모두 무너뜨릴 수 있다. 온갖 집착은 모두 바꿀 수 있다. 그러므로 믿을 법도 없고 공경할 법도 없다"고 말한다.

『사리불본말경(舍利弗本末經)』에 다음과 같은 이야기가 전한다.

사리불의 외삼촌인 마하구치라(摩訶俱絺羅)가 그의 누이인 사리(舍利)와 토론을 하다가 졌다. 이에 구치라는 생각했다.

'이것이 누이의 힘은 아닐 것이다. 분명 지혜 있는 사람을 잉태했는데 엄마의 입을 통해서 하는 짓일 것이다. 아직 태어나기도 전에 이미 그러하니, 태어나서 자란 뒤엔 어찌 감당하랴.'

이렇게 생각하고 나니, 교만한 마음이 일어났다. 그는 장차 그에 대적하기 위해 출가하여 범지의 몸으로 남천축(南天竺)에 들어가서 경서를 읽기 시작하니, 사람들이 물었다.

"그대 범지는 무엇을 구하려는가? 그리고 어떤 경서를 배우는가?"

장조가 대답했다.

"열여덟 가지 대경(大經)31)을 모두 다 읽고자 한다."

사람들이 말했다.

"그대의 수명이 다하더라도 한 가지도 통달하기 어렵겠거늘 하물며 어찌 그 모든 것을 다 알려고 하는가?"

이때 장조가 생각했다.

---

30) 범지(梵志)는 바라문을 뜻한다. 청정한 수행을 하고 범천(梵天)에 태어나기를 지향하므로 번지라 한다. 바라문 생활의 제1기를 칭하기도 한다.
31) 열여덟 가지 바라문 성전을 말하며, 18명처(明處)라고도 한다. 여기에는 인문과 과학의 학문이 모두 망라되어 있다.

'지난날 교만을 부리다가 누이에게 졌는데, 지금 또한 여기서 사람들에게 멸시를 당하는구나.'

이 두 가지 일 때문에 스스로 맹세했다.

"나는 열여덟 가지 경서를 다 읽기 전엔 손톱을 깎지 않으리라."

사람들은 긴 손톱을 보고 그를 장조(長爪) 범지라 부르게 되었다.

이 사람은 갖가지 경서를 섭렵한 지혜의 힘으로써 종종(種種)의 옳은 법과 그른 법, 해야 할 일과 해서는 안 될 일, 진실함과 진실치 않음, 있음과 없음 등을 따지고 판단하여 남의 논리를 타파했으니, 마치 큰 힘을 지닌 미친 코끼리가 부딪치고 차고 밟고 설치면 아무도 제지할 수 없는 것 같았다.

이와 같이 장조 범지가 토론의 힘으로 여러 논사들을 굴복시킨 뒤에 마가다국으로 돌아와 고향인 왕사성의 나라(那羅)라는 마을에 이르렀다. 그리고 그의 생가로 가서 사람들에게 물었다.

"내 누이가 낳은 자식은 지금 어디에 있는가?"

어떤 사람이 대답했다.

"그대의 조카는 여덟 살에 모든 경서를 다 읽은 뒤에 열여섯 살이 되자 토론으로 모든 사람을 이겼소. 그때 마침 석씨 종족의 도인(道人)으로 성이 구담(瞿曇)인 분을 만나, 그의 제자가 되었소."

장조가 이 말을 듣자 교만한 생각을 내어 믿을 수 없다는 듯이 이렇게 말했다.

"내 누이의 아들이 그토록 총명하거늘, 그자는 필시 어떤 술책으로 속이고 꾀어서 머리를 깎이고 제자로 삼았을 것이다."

이렇게 말하고는 곧바로 부처님 계신 곳으로 향했다.

이때 사리불은 처음으로 계를 받은 지 보름째가 되었는데, 그는 부처님 곁에 서서 부채로 부처님을 부쳐드리고 있었다. 장조 범지는 부처님을 뵙자 문안 인사를 드리고 한쪽에 앉아 이런 생각을 했다.

'온갖 이론은 모두 깨뜨릴 수 있다. 온갖 말은 모두 무너뜨릴 수 있다. 온갖 집착은 모두 바꿀 수 있다. 그런데 여기서 어떤 것이 모든 법의 진실된 모습이며, 어떤 것이 제일의제인가? 어떤 성품과 어떤 모습이라야 전도되지 않는 것일까? 하지만 이처럼 생각해 봐도 마치 큰 바다 가운데에서는 그 밑바닥에 닿으려 해도 닿을 수 없듯이, 아무리 찾아봐도 진실로 마음을 기울여 들어갈 만한 법이 하나도 없다. 도대체 그는 어떠한 이론으로 조카를 제자로 삼았을까?'

이런 생각을 한 뒤에 부처님께 말했다.

"구담이시여, 나는 온갖 법을 받아들이지 않습니다."

부처님께서 말씀하셨다.

"장조야, 그대가 온갖 법을 받아들이지 않는다고 하는데, 그렇다면 그 견해는 받아들이는가?"

부처님께서 물으신 뜻은 '그대가 이미 사견(邪見)의 독약을 마셨기에 지금 그 독기를 뿜어 말하기를 온갖 법을 받아들이지 않는다고 했지만, 그렇다면 지금 그대가 말하는 견해는 받아들이는가?' 하신 것이다.32)

이때 장조 범지는 마치 좋은 말이 채찍 그림자만 보아도 얼른 깨닫고 곧 바른길로 들어서듯이 그 역시 이와 같았다. 부처님의 말씀이라는 채찍의 그림자에 마음이 영입하게 되어 당장에 교만함을 버리고 뉘우치면서 고개를 숙여 이렇게 생각하였다.

'부처님은 내게 두 개의 지는 문[負門]을 제시했다. 만일 내가 이 견해를 받아들인다 하면, 이 지는 문은 거칠기 때문에 여러 사람이 알고서 〈스스로 온갖 법을 받아들이지 않는다 하더니, 이제는 어찌하여 그 견해를 받아들인다 하는가?〉 하리라. 이는 망어를 눈앞에 드러냄이니 거칠게 지는 문으로, 여러 사람이 다 알게 된다. 두 번째 지는 문은 미세하니 나

---

32) 장조 범지가 "온갖 법을 받아들이지 않는다"고 했는데, 장조의 말 역시 하나의 견해이고, 법인 것이다. 부처님께서 이 점을 대치로 물으셔서, 장조가 자가당착에 빠졌다. 대치실단은 제일의가 될 수 없는 이유를 단박에 알 수 있는 일화다.

는 이것을 받아들여야겠다. 왜냐하면, 미세하므로 많은 사람들이 알지 못하기 때문이다.'

이렇게 생각하고는 부처님께 대답했다.

"구담이시여, 나는 온갖 법을 받아들이지도 않으며, 이 견해 또한 받아들이지 않습니다."

부처님께서 범지에게 말씀하셨다.

"그대가 온갖 것을 받아들이지 않고 그 견해 또한 받아들이지 않는다고 하니, 그렇다면 아무것도 받아들이는 것이 없어서 범부와 다를 것이 없거늘 어찌하여 그토록 도도하게 교만을 부리는가?"

이에 장조 범지는 대답하지 못한 채 스스로 졌음을 알고는 곧 부처님의 일체지(一切智) 앞에 공경하는 마음과 믿는 마음을 일으켜 스스로 이런 생각을 했다.

'내가 졌건만 세존(世尊)께서는 나의 진 곳을 드러내시거나 시비도 따지지 않으시고 전혀 개의치도 않으신다. 부처님의 마음은 부드러우시고 으뜸가게 청정하시니, 온갖 말과 논의의 근거가 멸하고 크고 깊은 법을 얻게 하신다. 이것이야말로 공경할 만하다. 마음이 청정하기가 으뜸이니, 부처님께서는 법을 설하시어 삿된 소견을 끊어 주는 까닭이다.'

그리고는 앉은 자리에서 객진[塵]을 여의고 때를 여의어 모든 법에 대하여 법의 눈이 맑아졌다. 이때 사리불이 부처님의 이 말씀을 듣고 아라한을 얻었으며, 이 장조 범지는 출가하여 사문이 되었으니, 큰 힘을 가진 아라한과를 얻었다.

만일 이 장조 범지가 반야바라밀의 기분(氣分)인 네 구절을 여의고 제일의제와 상응하는 법을 듣지 못했더라면 조그마한 믿음도 얻지 못했을 것이거늘 하물며 출가해서 도과를 얻을 수 있었겠는가.

부처님께서 이와 같은 큰 논사들과 예리한 근을 지닌 이들을 인도하시려는 까닭에 이 『반야바라밀다경』을 말씀하셨다.

모든 진실한 말씀은 부처님의 법과 통한다

【문】 부처님들은 온갖 지혜[一切智]를 갖추신 분들이라 자연히 스승이 없으시고 다른 이의 가르침을 따르지 않으며, 다른 이의 법을 받지 않으며, 다른 이의 법을 쓰지 않으며, 남으로부터 듣고서 법을 설하지 않으시거늘 어찌하여 '이와같이 들었다' 하는가?

【답】 그대의 말과 같이 부처님은 온갖 지혜를 갖춘 사람이어서 자연히 스승이 없으니, 다른 이에게 법을 듣고서 말씀하시는 것이 아니다. 불법은 부처님의 입으로 말씀하신 것만이 아니라 온갖 세간의 모든 진실하고 착한 말씀이나 미묘하고 좋은 말씀은 모두가 부처님의 법에서 나온 것이다.

부처님께서 비니(毘尼) 가운데 "어떤 것이 불법인가? 불법에는 다섯 종류의 사람이 말씀하신 것이 있으니, 첫째는 부처님께서 직접 입으로 말씀하신 것이요, 둘째는 부처님의 제자들이 말씀하신 것이요, 셋째는 선인(仙人)이 말씀하신 것이요, 넷째는 모든 하늘이 말씀하신 것이요, 다섯째는 변화한 사람[化人]이 말씀하신 것이니라"고 하셨다.

또한 『석제환인득도경(釋提桓因得道經)』에서 부처님께서 "교시가(憍尸迦)야, 세간의 진실하고 착한 말과 미묘하고 좋은 말은 모두가 나의 법에서 나왔느니라"고 하셨고, 부처님을 찬탄하는 게송에는 다음과 같은 것이 있다.

모든 세간의 착한 말씀은
모두가 불법에서 나왔으니
잘 말씀하여 실수 없고 허물없는 것이
바로 부처님의 말씀이라네.

착하고 허물없는 말씀이
다른 곳에도 있기는 하지만
일체가 모두

불법의 나머지라네.

외도들의 법에도
좋은 말씀이 있기는 하나
벌레가 나뭇잎을 먹다가
우연히 글자를 이룬 것과 같다네.

처음과 중간과 나중의 법들이
서로 부딪히고 있어
무쇠에서 금을 내려 함과 같으니
누가 능히 믿으랴.

냄새 나는 이란(伊蘭) 가운데
우두전단(牛頭栴檀) 같고
쓴 과일 가운데
맛과 빛깔 좋은 과일과도 같다네.

설령 믿는다 하여도
이 사람은 곧 믿기를
그렇게 좋은 말씀이
외도의 경전에서 나온다 하리라.

온갖 좋고 진실한 말은
모두가 부처님에게서 나왔나니
마치 전단향(栴檀香)이
마리산(摩梨山)에서 나옴과 같다네.

마리산 밖에서는
전단이 나오지 않듯
부처님을 제하고는
진실한 말씀을 할 이가 없다네.

"이와같이 내가 들었다[如是我聞]"의 뜻

"이와같이 내가 들었다" 함은 아난(阿難) 등 부처님의 큰 제자들의 말씀이지만 부처님의 법상이 들어 있기에 불법이라 한다.

부처님께서 완전한 열반에 드실 때의 이야기다.

부처님께서 쿠시나가르의 사라쌍수에서 머리를 북쪽으로 하시고 막 누워서 열반에 드시려 했다. 그때 아난은 부처님 친척으로서의 애착을 아직 제거하지 못하고, 또 욕망을 여의지 못한 까닭에 마음이 근심의 바다에 빠져 스스로 헤어나지 못했다.

이때 아니로두(阿泥盧豆) 장로가 아난에게 말했다.

"그대는 부처님의 법장(法藏)을 지킬 사람이다. 범부들처럼 스스로 근심의 바다에 빠져있어서는 안 된다. 온갖 유위의 법은 모두가 무상한 모습이니, 그대는 너무 우울해하지 말라. 또한 부처님께서 손수 그대에게 법을 전해 주셨거늘 그대가 지금 근심에 빠져버리면 맡은 바의 소임을 잃는 것이다. 그대는 지금 부처님께 이렇게 여쭈어라.

'부처님께서 열반에 드신 뒤에 우리는 어떻게 도를 행해야 합니까? 누구를 스승으로 삼아야 합니까? 욕 잘하는 차닉(車匿)[33]과는 어떻게 함께 삽니까? 불경 첫머리에 무슨 말을 두어야 합니까?'

이렇듯 갖가지 미래의 일을 부처님께 여쭈어라."

아난이 이 말씀을 듣고 번민의 마음에서 조금 깨어나서 도력(道力)의 도움을 억념하고는 부처님께서 마지막 누우신 평상 곁에서 위의 일을 여쭈었다. 그러자 부처님께서 말씀하셨다.

"내가 살아있을 때도 내가 간 뒤에도 오직 스스로에 의지하고 법에 의지하되, 다른 것에 의지하지 말라.

---

33) 싯달타 태자의 마부였던 차닉은 부처님이 성도하신 후 고향 가비라위성에 들렀을 때 출가하였다. 그러나 그는 성질이 난폭하고 부처님과의 깊은 인연을 이유로 교만하였으므로 제자들과 자주 충돌하였다. 나중에 뉘우치고 아라한의 도를 성취하였다.

어떤 것을 이르러 비구가 스스로에 의지하고 법에 의지하되, 다른 것에 의지하지 않는다고 하는가? 비구는 안의 몸을 관해 항상 한결같은 마음과 지혜로써 부지런히 닦고 정진하여 세간의 탐욕과 근심을 제거해야 한다. 밖의 몸이나 안팎의 몸을 관찰함도 또한 이와 같으며, 느낌·마음·법의 염처도 이와 같이 관찰해야 한다. 이것을 '비구가 스스로에 의지하고 법에 의지하고 다른 이에게 의지하지 않는다'고 하느니라.

오늘부터는 『해탈계경(解脫戒經)』이 큰 스승이니, 『해탈계경』에서 말씀하듯이 몸과 입의 업을 응당 이와 같이 행해야 하느니라.

차닉 비구는 내가 열반에 든 뒤에 범법(梵法)[34]으로 다스리거라. 만일 마음이 누그러져 굴복하거든 『산타가전연경(刪陀迦旃延經)』을 가르쳐 주거라. 그러면 곧 도를 얻으리라.

또한 내가 3아승기겁(阿僧祇劫) 동안에 모은 법보장(法寶藏)은 그 첫머리에 '이와 같이 내가 들었다. 어느 때 부처님께서 어느 쪽, 어느 나라, 어느 지방의 숲속에 계시면서'라고 이와 같이 하거라. 왜냐하면 과거의 모든 부처님들의 경 첫머리에도 모두 이런 말씀을 두셨고, 미래의 모든 부처님들의 경 첫머리에도 모두 이런 말씀을 둘 것이며, 현재의 여러 부처님들께서 마지막 열반에 드실 때에도 이런 말씀을 하는 까닭이니라. 내 이제 완전한 열반에 든 뒤에도 경 첫머리에 '이와 같이 내가 들었다. 어느 때 부처님께서 어느 때'라고 하거라."

그러므로 마땅히 알아야 하니, 이는 부처님께서 가르침을 남기신 바이지, 부처님께서 직접 '이와같이 내가 들었다'고 말하신 것은 아니다. 부처님은 온갖 지혜를 갖추신 분인지라 자연히 스승이 없는 까닭에 '내가 들었다'고 말할 수는 없는 것이다. 만일 부처님께서 스스로 '이와 같이 내가 들었다'고 말씀하셨다면, 아직 알지 못하신 바가 있는 것이 되므로 이는 힐난을 받게 된다. 아난이 부처님께 물으니 부처님께서 이렇게 말하게 말씀하셨던 것이다. 이는 제자들이 말한 바로서 '이와 같이 내가 들었다'고 함은 허물이 되지 않는다.[35]

---

34) 누구도 말상대가 되어주지 않는 벌을 말한다.

부처님 말씀은 어떻게 경전으로 만들어지게 되었나?

『집법경(集法經)』에서 이렇게 자세히 말하고 있다.
"부처님께서 열반에 드실 적에 땅이 여섯 가지로 진동36)하고, 모든 강이 거꾸로 흐르고, 폭풍이 갑자기 일고, 검은 구름이 사방에서 일어나고, 모진 우레가 번개를 일으키고, 우박과 소나기가 다급히 떨어지고, 곳곳에 별이 떨어지고, 사자와 모진 짐승들이 포효하고, 하늘과 인간의 무리가 모두 크게 울부짖으면서 '부처님이 열반에 드심은 어찌 그리 빠르십니까? 세간의 눈이 꺼졌도다'라고 말했다."

이때 온갖 초목과 약수(藥樹)의 꽃과 잎이 일시에 찢어지고, 모든 수미산이 모두 기울어 흔들리고, 바닷물에는 파도가 솟구치고, 땅은 크게 진동하고, 산과 벼랑이 무너져 떨어지고, 모든 나무가 다급히 부러지고, 사방에서 연기가 일어나서 몹시 두려웠다.

둑과 강이 모두 흔들려 탁해지고, 혜성이 낮에도 나타났으니, 모든 사람들이 슬피 울고, 모든 하늘이 수심에 잠기고, 모든 천녀(天女)들이 소리내어 오열하면서 눈물을 흘리고, 모든 학인들이 묵연히 침통해 하였고, 모든 무학(無學) 지위의 사람들은 유위의 법은 일체가 무상하다고 생각했다.

이와 같이 하늘·사람·야차(夜叉)·나찰(羅刹)·건달바(犍闥婆)·견다라(甄陀羅)·마후라가(摩睺羅伽) 및 용 등이 모두 큰 근심에 빠졌으며, 아라한들은 늙음·병듦·죽음의 바다를 건너 마음속으로 이런 생각을 했다.

이미 범부가 애착하는 대하를 건너
노·병·사의 문서를 찢어버렸네.
이 몸은 4대라는 뱀이 담긴 광주리
이제 무여멸열반(無餘滅涅槃)에 들리라.

---

35) 경전에서 설하는 "이와 같이 내가 들었다"의 주체는 부처님의 제자들이다. 그 중 가장 대표적인 제자가 아난이다. 모든 경전을 아난이 기록한 것은 아니며, 특히 대승경전의 경우 아난 외에도 여러 보살 또는 제자에 의해 전해진 것도 있다.
36) 땅이 움직이고, 일어나고, 솟아오르고, 크게 부딪혀 소리내고, 은은히 소리내고, 포효하듯 소리내는 여섯 가지 진동을 말한다.

모든 큰 아라한들이 제각기 마음대로 산·숲·개울·골짜기 등 곳곳에서 몸을 버리어 열반에 들었고, 그 밖의 아라한들은 허공을 날아서 사라져 갔다. 마치 기러기왕과 같았으니, 종종의 신통력을 나타내어 사람들의 마음을 기쁘게 하듯 한 뒤에 열반에 들었다.

그때 6욕천(欲天)[37])에서 변정천(遍淨天)[38])에 이르기까지의 무리들은 모든 아라한들이 다 열반에 드는 것을 보고 마음속으로 생각했다.
'부처님의 해[佛日]도 사라졌고, 갖가지 선정·해탈·지혜를 갖춘 제자들의 광채도 사라졌다. 이 중생들에게 갖가지 탐욕·성냄·어리석음의 병이 있는데 이 법의 약사들이 다 사라졌으니, 이제 누가 그들을 고쳐주겠는가. 한량없는 지혜의 큰 바다에 피어난 제자 연꽃도 이미 말라 버렸고, 법의 나무도 꺾어졌으며 법의 구름도 흩어져 사라졌다. 큰 지혜의 코끼리 왕이 떠나자 아기 코끼리마저 따라갔고, 법의 상인(商人)이 이미 떠났으니, 누구에게서 법의 보배를 구하리오."
그리고는 다음과 같은 게송으로 말했다.

부처님이 이미 영원한 열반에 드셨고
모든 번뇌를 멸한 무리들도 역시 사라졌다.
세계가 이렇게 텅 비어 지혜로운 이 없으니
어리석음이 늘어나고 지혜의 등불도 꺼지리.

그때 신들이 대가섭(大迦葉)에게 말했다.
"대덕 가섭이시여, 그대는 아십니까? 법의 배가 깨어지려 하고, 법의 성이 무너지려 하고, 법의 바다가 고갈되려 하고, 법의 깃대가 부러지려 하고, 법의 등불이 꺼지려 하고, 법을 연설하는 사람이 떠나려 하며, 도를 행하는 사람이 차츰 적어지고 악한 사람의 힘이 더욱 극성스러워지려 합니다. 마땅히 큰 자비를 베풀어 불법을 바로 세우셔야 합니다."
이때 대가섭은 마음이 바다같이 맑아져서 요동함이 없이 한참을 있다가

---
37) 욕계의 여섯 단계의 하늘.
38) 색계의 하늘 중 하나.

대답했다.

"진실로 그대들의 말과 같다. 세간은 머지않아 어리석고 어두워질 것이다."

여기에서 대가섭은 침묵으로 청을 받아들이니, 신들은 그의 발에 절하고 홀연히 사라져서 제자리로 돌아갔다.

대가섭은 생각했다.

'내가 지금 어찌하여야 이 3아승기겁에 만나기 어려운 불법을 오래도록 머무르게 할 수 있을까?'

그리고는 다시 생각했다.

'이 법을 오래도록 머물게 하자면, 마땅히 경과 율과 논을 결집해서 삼장(三藏)을 지어야 하리라. 그러면 불법이 오래도록 머무를 수 있을 것이며, 미래세의 사람들이 받들어 행할 수 있을 것이다. 부처님께서는 세상마다 애써서 중생들을 가엾이 여기시는 까닭에 이 법을 배우시고 증득하시고 또 사람들에게 말씀해 주셨다. 우리도 이제 부처님의 가르침을 받들어 선양하고 펼쳐야 하리라.'

대가섭은 생각을 마치자 바로 수미산 꼭대기에서 동건치(銅揵稚)39)를 치면서 게송으로 말했다.

> 부처님의 제자들이여,
> 부처님을 생각하신다면
> 그의 은혜에 보답할지언정
> 열반에 들려 하지 마시오.40)

이 건치 소리와 대가섭의 말은 삼천대천세계에 두루 울려 퍼져서 모두가 듣고 알 수 있었으며 신통을 얻은 모든 제자들은 모두 대가섭이 있는 곳으로 모였다.

이때 대가섭이 대중에게 고했다.

---

39) 건치를 울려 대중에게 소집을 알린다.
40) 부처님이 열반하실 때, 어떤 제자들은 슬픔을 견디지 못하고 부처님과 함께 열반하고자 하였다. 여기서 대가섭은 이것을 만류하며, 부처님께서 그러했듯이 전법의 소임을 이어가라고 일깨우는 것이다.

"불법이 멸하려 한다. 부처님은 3아승기겁 동안 갖가지로 애쓰면서 중생을 가엾이 여기는 까닭에 이 법을 배워서 얻으셨다. 부처님께서 열반에 드신 뒤에 그의 제자들로서 법을 알고, 법을 지키고, 법을 외우는 이들도 모두 부처님을 따라 열반에 들려 한다면 미래의 중생들이 매우 가엾다. 지혜의 눈을 잃어 어리석은 소경이 되리라. 부처님께서는 크신 자비로 중생들을 가엾이 여기셨으니, 우리들은 마땅히 부처님의 가르침을 계승해 모름지기 경장이 완전히 결집되기를 기다립시다. 그리고 나서 각자의 의사를 좇아 멸도하도록 합시다."

모여든 대중들은 모두 분부를 받고 머물러 있었다.

그때 대가섭이 천 사람을 선정하니, 아난을 제하고는 모두가 아라한으로 6신통을 얻었고 공해탈(共解脫)과 무애해탈(無礙解脫)을 얻었다. 모두 3명(明)[41]을 얻고 선정이 자재로우니, 거꾸로 들거나 혹은 순서대로 드는 등 모든 삼매를 행함에 아무런 걸림이 없었다. 삼장을 읽어 외우고 안팎의 경서를 알아 외도들의 열여덟 가지 대경(大經)도 모두 읽어서 알았으며, 모두 토론으로써 외도들을 다 항복시켰다.

이때 대가섭이 생각했다.

'우리들이 항상 걸식만 하다가는 외도가 와서 억지 질문을 펴서 법사(法事)를 폐지하게 될지도 모른다. 마침 왕사성(王舍城)에서는 항상 밥을 베풀어 천 사람에게 공양하고 있으니, 여기에 머물면서 경장(經藏)을 결집하면 되리라.'

이 때문에 천 사람만을 선정하고 더 뽑지 않았다.

대가섭은 천 명의 제자들과 함께 왕사성 영취산으로 와서 아사세왕에게 이렇게 말했다.

"우리들의 밥을 날마다 보내 주시오. 우리들은 지금부터 경장을 결집하므로 다른 곳으로 갈 수 없습니다."

이렇게 그곳에서 석 달 동안 하안거(夏安居)에 들기로 하였다. 첫째 달 보름날 계를 설할 때에 화합승이 다 모였다. 그때 대가섭이 선정에 들어가서 천안(天眼)으로써 이 대중 안에 번뇌가 다하지 못해서 쫓아내야 할

---

[41] 숙명에 밝고[宿命明]·천안을 얻으며[天眼明]·번뇌가 다하였음[漏盡明]을 말한다. 3명은 아라한이 얻는 경지이기도 하다.

자가 누구인가를 살펴보니, 999명은 모든 누가 이미 다하여 청정무구했고 오직 아난 한 사람만 번뇌가 다하지 못했다.

대가섭은 선정에서 깨어난 후 대중 가운데서 손수 아난을 끌어냈다. 그리고는 아난에게 여섯 가지 돌길라(突吉羅)42) 죄를 물으며 힐책하였다. 그 여섯 가지는, 첫째 아직 번뇌가 다하지 못한 죄43), 둘째 부처님의 숙모이자 양모인 구담미(瞿曇彌)의 출가를 부처님께 권한 죄44), 셋째 부처님께서 열반에 드실 때 아난에게 물을 달라고 하였으나 물을 드리지 않은 죄45), 넷째 부처님께서 아난에게 '4신족(神足)을 갖춘 이가 한 겁을 더 머물거나 줄일 수 있겠는가?'라고 물으며 이 땅에 더 머무실 의사를 은근히 비추셨을 때, 아난이 대답하지 않은 죄46), 다섯째 부처님의 승가리를 발로 밟은 죄47), 여섯째 부처님께서 열반하실 때 승의가 올라가 음장상(陰藏相)이 대중 앞에 드러나게 한 죄이다.

대가섭이 말했다.

"그대에게는 여섯 가지 돌길라죄가 있다. 모두를 대중에게 참회하라."

아난은 승낙을 하고 대가섭 장로와 대중의 가르침을 따랐다.

이때 아난이 무릎을 꿇고 합장한 채 오른 어깨를 걷어 올리고 신을 벗었다. 그리고 여섯 가지 돌길라죄를 참회하니, 대가섭이 대중 가운데서 손수 아난을 끌어내면서 아난에게 말했다.

"그대는 누(漏)를 다 끊은 뒤에야 들어오라. 번뇌[結]를 다 끊기 전에는 들어오지 말라."

이렇게 말하고는 손수 문을 닫아 버렸다.

이때 아라한들이 의논했다.

"누가 비니(毘尼)48) 법장(法藏)을 결집할 수 있을까?"

---

42) 비구가 지켜야할 200가지 세세한 계 가운데 100가지에 해당하는 계를 범한 죄를 말한다.
43) 아난은 이에 대해 아라한은 부처님의 시봉을 들 수 없기 때문에 스스로 번뇌를 남겨둔 것이었다고 변명하였다.
44) 구담미는 곧 최초의 비구니로서, 이후 여자도 출가할 수 있었다.
45) 아난은 이에 대해 마차의 행렬로 냇물이 흐려졌기 때문이라고 변명했다.
46) 아난은 그때 마(魔)에 사로잡혀 대답할 수 없었다고 답했다.
47) 아난은 혼자 빨래를 하느라 바쁜 와중에, 바람이 불어 날아온 부처님의 승의를 뜻하지 않게 밟게 되었다고 답했다.
48) 계율(戒律)

아니로두 장로가 대답했다.

"사리불(舍利弗)은 제2의 부처님으로서, 그에게는 훌륭한 제자가 있으니 이름이 교범파제(憍梵波提)로, 부드럽고 온화하고 우아하며 항상 한적한 곳에 있으면서 마음을 고요하게 간직하고 비니 법장을 아는 사람입니다. 지금 천상의 시리사수(尸利沙樹) 동산에 계시니 사람을 시켜 그를 청해 오십시오."

대가섭이 아래에 앉아 있던[下座] 비구에게 분부했다.

"그대가 대중의 심부름을 하라."

하좌 비구가 물었다.

"무슨 심부름입니까?"

대가섭이 말했다.

"그대는 천상의 시리사수 동산에 계시는 교범파제 아라한을 뵙고 오거라."

그 비구가 기뻐하며 대중의 칙명을 받아들였다. 그리고 대가섭에게 물었다.

"제가 교범파제 아라한에게 가서 무엇이라 하오리까?"

대가섭이 말했다.

"가거든 교범파제에게 '대가섭 등 누(漏)가 다한 아라한들이 모두 염부제에 모였다. 대중에 큰 법사(法事)가 있으니 그대는 속히 이리로 오라'고 하라."

하좌 비구는 고개를 숙여 대중의 발에 대어 절하고 오른쪽으로 세 번 돌더니 마치 금시조(金翅鳥)처럼 허공을 날아서 교범파제가 있는 곳으로 갔다. 그리고는 머리 숙여 절하며 교범파제에게 말했다.

"대덕이시여, 욕심 적으시고 만족함을 아시면서 항상 선정에 계시는군요. 대가섭께서 문안하시고 또한 말씀을 전하시되, '지금 대중에 큰 불사가 있으니 속히 내려오셔서 뭇 보물의 무더기를 보라'고 하십니다."

이때 교범파제는 궁금한 생각이 일어 그 비구에게 물었다.

"대중의 싸움을 그치려 나를 오라고 부르는 것은 아닌가? 혹은 승단을 파괴하는 자가 생겼거나, 혹은 태양과 같은 부처님[佛日]께서 열반에 드시어 멸도하신 것은 아닌가?"

그 비구가 대답했다.

"실로 말씀하신 그대로입니다. 대사(大師)이시여, 부처님께서 이미 멸도 하셨습니다."

교범파제가 말했다.

"부처님의 열반은 너무나 빠르시구나. 세간의 눈이 꺼졌도다. 부처님을 따라 법륜을 굴리시던 나의 스승 사리불님께서는 지금 어디에 계시는가?"

비구가 대답했다.

"벌써 열반에 드셨습니다."

교범파제가 말했다.

"법의 장수[法將]이신 대사들이 뿔뿔이 흩어져 계시니 어찌하랴. 마하목건련은 지금 어디에 계시는가?"

그 비구가 대답했다.

"역시 멸도 하셨습니다."

교범파제가 말했다.

"불법이 흩어지려는가. 큰 사람이 떠나버렸구나. 중생들이 불쌍하도다."

그리고는 다시 물었다.

"아난 장로는 지금 무엇을 하고 있는가?"

그 비구가 대답했다.

"장로 아난께서는 부처님께서 멸도하시자 슬픔과 근심으로 눈물 흘리며 미혹한 채 번민할 뿐 스스로 깨우치지 못하고 있습니다."

교범파제가 말했다.

"아난이 오뇌하는 것은 애착의 번뇌가 남아 있어서 이별에 따라 생기는 괴로움이다. 라후라(羅睺羅)는 어찌 되었는가?"

비구가 대답했다.

"라후라는 아라한의 경지를 얻은 까닭에 근심도 걱정도 없이 오직 모든 법의 무상한 모습만을 관찰하고 있습니다."

교범파제가 말했다.

"끊기 어려운 애욕을 이미 끊었으니, 근심과 걱정이 없을 것이다."

교범파제는 다시 말했다.

"나는 애욕을 여윈 스승을 잃었는데 이 시리묘수 동산에 머물러 무엇하겠는가. 나의 스승이나 부처님께서 모두 멸도 하셨으니, 나는 이제 다시 염부제로 내려갈 수도 없다. 차라리 여기에 머물며 완전한 열반에 들어야겠다."
 이와 같이 말하고는 바로 선정에 들어 허공 속으로 몸을 솟구쳐 광명을 뿜었다.
 또한 물·불을 내뿜거나 손으로 해와 달을 만지기도 하는 등 갖가지 신변을 드러내고 마음으로 불을 내어 몸을 태웠다. 그리고는 몸에서 물을 내어 사방으로 흘려보내니 대가섭이 있는 곳에까지 이르렀다. 물속에서 다음과 같은 게송이 울려 나왔다.

교범파제는 머리를 조아려
묘한 대중, 으뜸가는 대덕승께 예배합니다.
부처님의 멸도를 듣고 나 또한 따라가오니
마치 큰 코끼리가 떠나자 새끼도 따라가듯 하나이다.

 하좌 비구는 교범파제의 의발(衣鉢)을 거두어 대중에게로 돌아왔다.
 그동안 아난은 모든 법의 실상을 생각하면서 남은 번뇌가 다하기를 바라고 있었다. 그날 밤 좌선하고 경행하면서 간절히 도를 구하였으나, 아난은 지혜는 많으나 선정의 힘[定力]이 적었기 때문에 당장에 도를 얻지 못했다. 선정과 지혜가 균등한 자만이 신속히 도를 얻는 것이다. 늦은 밤에 피로가 극심하여 잠시 누우려고 머리를 베개에 대려는 찰나에 활짝 깨달으니, 마치 번갯불에 소경이 길을 보는 것과 같았다.
 아난은 이와 같이 금강정(金剛定)에 들어가서 온갖 번뇌의 산을 무너뜨리고, 3명(明)과 6신통과 공해탈을 얻어 큰 힘을 지닌 아라한이 되었다.

 그날 밤 승당으로 가서 승당문을 두드리면서 부르니, 대가섭이 물었다.
 "문을 두드리는 이가 누구시오?"
 아난이 대답했다.
 "아난입니다."
 대가섭이 물었다.
 "그대는 무슨 일로 왔는가?"
 아난이 대답했다.
 "나는 오늘 밤에 모든 누(漏)가 다하였습니다."

대가섭이 말했다.
"그대에게 문을 열어 주지는 않겠다. 그대가 열쇠구멍으로 들어오라."
아난이 대답했다.
"그렇게 하겠습니다."
그리고는 곧 신통력으로 열쇠구멍을 통해 들어가서 대중의 발아래 절하고 참회하면서 말했다.
"대가섭이시여, 더이상 질책하지 말아 주십시오."
그러자 대가섭은 손수 아난의 머리를 쓰다듬으며 말했다.
"내가 짐짓 그대를 위해, 그대로 하여금 도를 얻게 하고자 했느니라. 그대는 나를 미워하거나 원망하지 말라. 나 역시 그대가 증득한 바와 같으니, 마치 손으로 허공을 만지는 것 같아서 집착할 바가 없다. 아라한의 마음도 그러하여서 모든 법에 집착할 바가 없다. 그대는 그대의 자리로 돌아가라."

이때 대중들이 다시 의논했다.
교범파제는 이미 멸도 했으니, 다시 누가 법장을 결집할 수 있을까?"
아니로두 장로가 말했다.
"아난 장로는 부처님의 제자로서 항상 부처님을 가까이 모시고 설법을 들어 잘 수지하였으므로 부처님께서도 늘 칭찬하셨다. 이 아난이 경장을 결집하리라."
이때 장로인 대가섭이 아난의 머리를 만지면서 말했다.
"부처님께서 그대에게 법장을 지니라고 위촉하셨으니, 그대는 부처님의 은혜에 보답하라. 부처님께서는 어디에 계시면서 설법을 하셨는가? 부처님의 큰 제자들로서 법장을 수호할 만한 이는 모두 멸도 하셨다. 이제 오직 그대 한 사람뿐이니, 그대는 부처님의 마음을 따르고 중생을 가엾이 여기는 뜻에서 부처님의 법장을 결집하라."
이때 아난이 대중에게 절하고 나서 스승의 자리[師子床]에 앉으니, 대가섭은 이렇게 게송으로 말했다.

부처님은 거룩하신 사자왕이시고
아난은 부처님의 아드님으로

사자상에 올라 앉아 있으나
대중을 살펴봐도 부처님은 계시지 않네.

이와 같은 대덕의 무리도
부처님이 없으시매 위신력을 잃었도다.
마치 허공에 달이 없을 때
별만으로는 장엄스럽지 못함과 같구나.

그대의 대지인(大智人)께서 하신 말씀
그대 부처의 아들이여 연설하시라.
부처님이 어디에서 처음으로 설법하셨는지
이제 그대는 마땅히 드러내 보이라.

이때 장로 아난은 일심으로 합장하고 부처님께서 열반에 드신 쪽을 향하여 이렇게 말했다.

부처님께서 최초에 설법하신 때
그때에 나는 보지 못하였거니와
이와 같이 전해들은 바로는
부처님께서 바라내(波羅奈)에 계시면서

부처님께서 다섯 비구들을 위하여
최초로 감로의 문을 여시어
4제(諦)의 법을 연설하시니,
고·집·멸·도의 진리라네.

아야교진여(阿若憍陳如)가
최초로 견도(見道)를 얻었고
8만의 하늘 무리들까지도
모두가 도의 길[道跡]로 들어섰다네.

이때 모였던 천 명의 아라한들은 이 말을 듣자 허공으로 날아 일곱 개의 다라수(多羅樹)49) 높이까지 올라가더니 입을 모아 말했다.
"애달프다. 무상(無常)의 힘이 크구나. 우리들은 부처님의 설법을 눈으로 보았지만 이제는 '내가 들었다'고 하는구나."
그리고는 게송으로 말했다.

내가 부처님의 몸매를 뵈오니
마치 자줏빛 금산[紫金山] 같더라.
묘한 상호·뭇 공덕이 사라지시고
오직 이름만이 오롯이 남아 계신다.

그러므로 방편을 써서
삼계를 벗어나기 소원하여라.
모든 선근 부지런히 모아야 하니
열반은 가장 즐거운 일이라네.

그때 아니로두 장로가 게송으로 말했다.

애달프다, 세간은 무상하여서
물속의 달 같고 파초와 같도다.
공덕이 삼계에 가득하시더니
무상의 바람결에 파괴되었네.

그때 대가섭이 다시 게송으로 말했다.

무상의 힘이 매우 커서
어리석건 지혜롭건 가난하건 부귀하건
도를 얻었건 아직 얻지 못했건
아무도 면할 길 없어라.

---

49) 높이가 78척에 이른다고 하는 큰나무.

교묘한 말재주가 묘한 보배 아니요.
속임수나 힘으로 다툴 바도 아니니,
불이 만물을 태우는 것과 같아서
무상의 모습은 언제나 그러하다네.

대가섭이 아난에게 말했다.
"『전법륜경(轉法輪經)』에서 『대반열반경(大般涅槃經)』에 이르기까지 모두 모아서 네 가지 아함(阿含)을 지으니, 『증일아함(增一阿含)』·『중아함(中阿含)』·『장아함(長阿含)』·『상응아함(相應阿含)』입니다. 이것을 수투로법장(修妒路法藏)50)이라 이름하는 것입니다."

아라한들이 다시 물었다.
"누가 명료히 **비니(毘尼) 법장**51)을 결집할 수 있겠습니까?"
모두가 대답했다.
"장로 우파리(憂婆離)는 5백 아라한 가운데서 지계제일입니다. 우리들은 지금 그를 청합시다."

그리고는 곧 우파리에게 청했다.
"그대는 일어나 사자좌에 앉아 설하도록 하십시오. 부처님은 어디에서 처음으로 비니결계(毘尼結戒)를 말씀하셨습니까?"

우파리가 대중의 청을 받고 사자좌에 앉아서 말했다.
"이와 같이 내가 들었다. 어느 때 부처님께서는 비사리(毘舍離)에 계셨다. 그때에 가란타(迦蘭陀) 장자의 아들인 수제나(須提那)가 처음으로 음행을 저질렀는데, 이 인연으로 처음으로 대죄(大罪)가 결정되었다. 250계를 3부(部)로 나누어 7법(法)·8법(法)·비구니의 비니증일(毘尼增一)·우바리문(憂婆利問)·잡부(雜部)·선부(善部)가 만들어지니, 이와 같이 해서 80부의 비니장(毘尼藏)이 만들어졌다."

아라한들이 다시 생각했다.
'누가 명료히 아비담장(阿毘曇藏)52)을 결집할 수 있을까?'

---

50) 경장(經藏)을 말한다.
51) 율장(律藏)을 말한다.
52) 논장(論藏)을 말한다.

그들은 다시 생각했다.

'장로 아난은 5백 아라한 가운데서 수투로(修妒路)의 이치를 이해하는데 제일이다. 우리들은 지금 그를 청하리라.'

그리고는 청해 말했다.

"일어나서 사자좌에 앉으십시오. 부처님은 어디에서 **최초의 아비담**을 말씀하셨습니까?"

아난은 대중의 청을 받고 사자좌에 앉아서 말했다.

"이와 같이 내가 들었다. 어느 때 부처님께서 사바제성(舍婆提城)에 계셨다. 그때에 부처님께서 비구들에게 말씀하셨다.

'다섯 가지 두려움[五怖]과 다섯 가지 죄[五罪]와 다섯 가지 원망[五怨]이 있으니, 이를 제거하고 멸하지 않으면 이 까닭에 이 생 가운데에서 몸과 마음에 한량없는 고통을 받으며, 후세에는 악도(惡道)에 떨어진다. 모든 유의 이러한 다섯 가지 두려움·다섯 가지 죄·다섯 가지 원망이 없으면 이로 인해 금생(今生)에서 몸과 마음으로 갖가지 즐거움을 받고 후세에는 천상의 즐거운 곳에 태어난다.

무엇이 멀리 여의어야 할 다섯 가지 두려움인가? 첫째는 살생이요, 둘째는 훔치는 일이요, 셋째는 삿된 음행이요, 넷째는 망어요, 다섯째는 음주이다."

이러한 것들을 아비담장이라 한다. 세 법장을 결집해 마치니, 하늘·귀신·용·천녀 등이 갖가지로 공양하고, 하늘의 꽃·향·번기·일산·하늘 옷을 내렸으니, 법에 공양하기 위해서였다.

이에 대하여 게송으로 말하리라.

세간을 가엾이 여기는 까닭에
삼장을 결집해 마치노라.
10력(力)과 일체지(一切智)께서
말씀하신 지혜는 무명의 등불이라네.

부처님과 아난의 인연

대덕 아난은 본래 서원을 세우기를 "나는 들은 것 많은 무리 가운데서 가장 으뜸가는 사람이 되리라" 했다. 또한 모든 부처님의 법에 의하면 아라한은 할 일을 이미 끝낸 자이기에 시중들고 공양하는 사람이 될 수 없게 되었기 때문이며, 불법 안에서 능히 큰 일을 마치고 번뇌의 도적을 부숨으로써 부처님과 더불어 해탈의 평상에 나란히 앉게 되었기 때문이다.

또한 장로 아난은 갖가지 경전을 듣고 지니고 외우고 관찰하였으므로 지혜는 많으나 마음을 거두는 힘이 적었다. 만일 두 가지 공덕이 균등하였더라면 누가 다한 경지[漏盡道]를 얻었을 것이다. 그러므로 장로 아난은 배우는 사람으로서 수다원의 지위에 머무른 것이다.

또한 세존께 시봉하기를 탐내었기 때문이다. 아난은 부처님의 시중을 드는 사람으로서 생각했다.

'내가 일찍 누가 다한 경지를 얻으면 문득 세존과 멀어져서 시봉하는 사람이 되지 못하리라.'

그런 까닭에 아난은 비록 아라한의 도를 얻을 수 있었으나 스스로 억제하여 취하지 않은 것이다.

또한 처(處)와 때[時]와 사람[人]이 부합되지 않았기 때문이다. 어떠한 처(處)에도 능히 법을 결집할 천 명의 아라한이 아직 기사굴산에는 존재하지 않았으니, 이것이 바로 처(處)이다. 세존께서 떠나실 때[時]에 도착하지 못한 채 장로 바기자(婆耆子)53)가 곁에 있지 않았다. 그러므로 장로 아난은 누가 다하지 못한 것이다.

세존께서 열반에 드신 것과 법을 결집할 대중이 모인 것과 바기자가 설법을 권함을 필요로 하는 것이다. 이 세 가지가 모여서 누진도를 얻게 되는 것이다.

또한 대덕 아난은 세상의 법을 싫어하는 생각이 적어서 다른 사람만 못했기 때문이다. 아난은 여러 세상마다 왕족으로 태어나 단정함이 견줄 데

---

53) 바기자 장로는 아난이 유학의 경지에 머물고 있는 것을 꾸짖어 깨달음을 준 존자이다.

없고 복덕이 한량이 없었다. 세존께서 친히 가까이해 주시고 항상 부처님을 시중들었기 때문에 반드시 이런 생각을 하였을 것이다.

'나는 부처님을 친히 가까이 모시었기에 법의 보장(寶藏)을 잘 알고 있다. 그러니 누진도법(漏盡道法)을 잃을 일은 두렵지 않다.'

이런 일 때문에 그다지 부지런히 힘쓰지 않았던 것이다.

【문】 대덕 아난의 이름은 무슨 인연으로 생겼는가? 전생의 인연인가? 부모가 지은 것인가? 아니면, 다른 인연에 의해서 지은 것인가?

【답】 전생의 인연이기도 하고, 부모가 지으셨기도 하고, 인연에 의하기도 하다.

【문】 어찌하여 전생의 인연이라 하는가?

【답】 석가모니 부처님은 전생에 대광명(大光明)이라는 기와장이[瓦師]였다. 그때에 석가모니라는 부처님이 계셨으며, 사리불·목건련·아난이라 불리는 제자가 있었다. 부처님과 제자들이 함께 기와장이의 집에 가서 하룻밤을 묵게 되었는데, 이때 기와장이가 풀자리[草座]와 등불과 석꿀물 등 세 가지로써 부처님과 비구들에게 공양하고 발원했다.

"내가 미래의 늙고 병들고 죽는 괴로움과 5탁악세에 태어나서 부처를 이루면 지금의 부처님과 같이 석가모니라 하고, 나의 제자들도 지금의 제자들의 이름과 같아지리다."

곧 부처님의 서원에 의해 아난이라는 이름이 생겨난 것이다.

또한 아난은 세세(世世)에 걸쳐 서원을 세우기를, "나는 석가모니 부처님의 제자로서 들은 것이 많은 이들 가운데서 으뜸이 되고, 이름은 아난이라 불릴 것이다"고 했다.

또한 아난은 세세에 인욕에 의해 성냄을 제거했다. 그 인연으로 태어나자마자 용모가 단정했다. 그 단정함으로 인해 보는 이가 기뻐했기에 아난의 부모는 그를 아난이라 이름 지었다[54].

이것이 전생의 인연으로 이름이 생긴 사연이다.

그렇다면 어째서 현세의 부모가 아난이라고 이름을 지었는가?

옛날에 일종왕(日種王)이 있었는데 사자협(師子頰)이라 불렀다. 그 왕에게는 네 아들이 있었는데 첫째는 정반(淨飯)이요, 둘째는 백반(白飯)이요, 셋째는 곡반(斛飯)이요, 넷째는 감로반(甘露飯)이었다. 그리고 딸 하나가 있었으니, 감로미(甘露味)라 불렀다.

정반왕에게 두 아들이 있었으니 부처님과 난타(難陀)였고, 백반왕에게 두 아들이 있었으니, 발제(跋提)와 제사(提沙)였고, 곡반왕에게 두 아들이 있었으니 제바달다(提婆達多)와 아난(阿難)이었고, 감로반왕에게 두 아들이 있었으니 마하남(摩訶男)과 아니로두(阿泥盧豆)였고, 감로미에게 외아들이 있었으니, 시바라(施婆羅)였다.

이 가운데서 싯달타[悉達陀] 보살이 점점 자라서 전륜성왕의 지위를 버리고 밤중에 출가하여 구루비라국(漚樓鞞羅國)의 니련선하 기슭에 이르러 6년 동안 고행을 했다.

이때에 정반왕이 아들을 염려하는 까닭에 항상 사자를 보내 문안하여 소식을 듣고자 했다.

"내 아들이 도를 얻었더냐? 아니면 병이 나거나 죽었더냐?"

사자가 와서 왕에게 말했다.

"보살께서는 오직 가죽과 뼈와 힘줄만이 상접하여 겨우 목숨을 지탱할 뿐 심히 허약하시니, 오늘이나 내일을 넘기기 어려울 것입니다."

왕이 이 말을 듣고 몹시 걱정하여 근심의 수렁으로 빠져들었다.

"내 아들이 전륜성왕도 되지 못하고 부처도 되지 못하면서 어찌 그다지 심한 고행만 하다가 아무것도 얻는 바 없이 죽어가게 되었느냐."

이렇게 근심하고 괴로워하고 갈피를 잡지 못한 채 기운을 잃어 가고 있었다.

---

54) [원주] 아난은 환희(歡喜)라는 뜻이다.

이때 보살은 고행하던 곳을 버리고 백 가지 맛이 구족한 우유죽을 드시고 몸의 기운을 회복했다. 니련선하의 물에서 몸을 씻은 뒤에 보리수 밑으로 가서 금강좌에 앉아 스스로 맹세했다.

"이 결가부좌를 헐기 전에 반드시 일체지를 이루리라. 만일 일체지를 얻지 못한다면 결코 이 자리에서 일어나지 않으리라."

이때에 마왕이 18억의 무리를 이끌고 보살이 있는 곳으로 와서는 감히 보살과 우열을 겨루고자 했다. 보살이 지혜의 힘으로 마군을 크게 무찌르니, 마왕이 당하지 못하고 물러가면서 생각했다.

"보살은 이길 수가 없으니, 그 애비를 괴롭혀 주리라."

그리고는 정반왕에게로 가서 거짓말로 이렇게 말했다.

"그대의 아들은 오늘 저녁에 이미 죽었다."

왕은 이 말을 듣자 놀랍고 두려움에 평상에서 떨어지니, 울부짖는 모습이 마치 뜨거운 모래 위의 고기와 같았다.

왕은 이때 통곡하면서 이러한 게송을 읊었다.

아이타(阿夷陀)[55]도 거짓말이었고
상서로운 감응도 영험이 없도다.
이득을 얻으리라는 좋은 이름도
아무런 소득이 없구나.

이때, 보리수신이 매우 기뻐하면서 하늘꽃 만다라를 가지고 정반왕에게 와서 게송으로 말했다.

그대의 아드님은 도를 얻으셨으니
악마의 무리들 이미 깨져 흩어졌고

---

[55] 싯다르타 태자가 태어나실 때 관상을 보았다는 선인(仙人)으로 "아시타"라고도 한다. 아시타 선인은 싯다르타 태자가 장차 왕위를 포기하고 붓다가 될 것을 예언하였다.

광명은 돋는 해 같으시니
두루 시방의 국토를 비쳐주시네.

왕이 말했다.

"아까는 어떤 하늘이 와서 말하되, '그대의 아들은 이미 죽었다' 했는데 그대는 이제 와서 악마를 무너뜨리고 도를 얻었다 한다. 두 말이 서로 어긋나니, 어떻게 믿을 수 있으랴."

나무신이 다시 말했다.

"실로 거짓말이 아닙니다. 아까 왔던 하늘은 거짓으로 '이미 죽었다' 한 것입니다. 이는 마라가 질투심을 품고 괴롭히려 왔던 것입니다. 오늘 모든 하늘·용·신 등이 꽃과 향으로 공양하고, 공중에 비단기[繒]를 드리웠으며, 그대의 아드님은 몸에서 광명을 뿜어 하늘과 땅 사이를 두루 비추고 있습니다."

왕은 이 말을 듣자 일체의 고뇌에서 벗어났다. 그리고 왕은 이렇게 말했다.

"내 아들이 비록 전륜성왕의 지위를 버렸으나 이제 법의 전륜왕의 지위를 얻었으니, 기필코 큰 이익을 얻을 뿐 잃어버리는 일은 없도다."

왕이 이렇게 매우 기뻐하고 있는데, 곡반왕 집의 사자가 와서 말했다.

"작은댁에서 아들이 태어났습니다."

왕은 몹시 기뻐하면서 말했다.

"오늘은 대단히 상서롭고도 기쁜 날이로다."

그리고는 찾아온 사자에게 이렇게 말했다.

"그 아기는 꼭 아난이라 부르게 하라."

이 때문에 그 부모는 아난이라는 이름을 지어주게 된 것이다.

어째서 인연에 의해 이름을 짓는다고 하는가? 곧 아난은 단정하고 청정하여 마치 맑은 거울과 같았다. 늙고 젊고 예쁘고 미움이나 얼굴과 맵시는 모두 몸에서 드러나는 법인데, 아난의 그 몸은 청정하여 여자들이 보기만 하면 욕심이 곧 발동하는 것이었다. 그러므로 부처님께서는 아난에게 어깨 덮는 옷[肩衣]을 입도록 허락하셨다. 이 아난은 능히 보는 사람의 마음과 눈을 기쁘게 하기 때문에 아난[歡喜]이라 이름한 것이다.

이에 논(論)을 지은 자는 다음과 같이 게송으로 찬탄을 했다.

얼굴은 맑은 보름달 같고
눈은 푸른 연꽃 같은데
불법의 큰 바닷물이
아난의 마음속으로 흘러 들어갔도다.

사람들의 마음과 눈으로 하여금
보기만 하면 크게 환희하게 하고
부처님을 뵈러 온 모든 이들
잘 인도하여 화목함을 잃지 않네.

이와 같이 아난은 비록 아라한의 도를 얻었으나 부처님의 시중을 들기 위하여 스스로가 누를 다하지 않았으니, 이러한 공덕으로 인하여 무학(無學)의 경지는 아니나 무학의 범주에 들며, 아직 애욕을 여의지 못했으나 애욕을 여읜 자의 범주에 있는 것이다.

왕사성(王舍城)의 유래

왕사성56)에 대해서는 다음과 같은 이야기가 전한다.

옛날에 이 나라에 바수(婆藪)라는 왕이 있었는데, 세상을 싫어하여 집을 떠나 선인(仙人)이 되었다. 어느날 재가(在家) 바라문들과 집을 떠난 선인들이 함께 모여 토론을 벌였다. 재가 바라문이 말했다.

"경서(經書)에 '하늘에 제사를 드리는 동안에는 살생을 하거나 고기를 먹어도 된다'고 하였소."

출가한 선인들이 말했다.

"하늘에 제사를 드리는 동안 살생을 하거나 고기를 먹어서는 안 되오."

이렇게 옥신각신 다투다가 출가한 선인들이 말했다.

"이 나라의 대왕이 출가하여 선인이 됐는데, 그의 말이라면 믿겠는가?"

재가 바라문들이 대답했다.

"믿겠소."

출가한 선인들이 말했다.

"우리는 이 사람들을 증인 삼아 뒷날 그에게로 가서 물어봅시다."

그날밤 재가 바라문들이 먼저 바수 선인이 머무는 곳으로 가서 이런저런 얘기를 나눴다. 그리고는 바수 선인에게 말했다.

"내일 토론을 하거든 그대는 우리를 도와주시오."

이튿날이 되자 출가한 선인들이 와서 바수 선인에게 물었다.

"하늘에 제사를 드리는 동안 살생을 해서 고기를 먹어도 됩니까?"

바수 선인이 대답했다.

---

56) 용수보살이 왕사성(王舍城, Rājagṛha)의 유래를 소개하는 이유는 『대지도론』이 해설하는 『마하반야바라밀경』의 설법장소가 왕사성이기 때문이다. 왕사성은 석가모니 부처님께서 깨달음을 이루신 마가다국의 수도이며, 그 옆에 설법성지인 영취산이 있다. 1905년 인도 발굴조사에서 석가모니 부처님 재세(在世)시의 국왕이었던 빔비사라왕과 아사세왕 때의 성곽과 탑사가 발굴되었다.

"바라문의 법에 하늘에 제사를 드릴 동안에는 살생해서 고기를 먹어도 좋다 하였소."

출가한 선인들이 물었다.

"그대의 생각은 어떠한가? 정말 살생을 해서 고기를 먹어도 좋은가?"

바수 선인이 대답했다.

"하늘에 제사를 드리기 때문에 살생을 하고 고기를 먹어도 좋소. 그 생명은 하늘 제사를 위해 죽었으므로 하늘에 태어나게 되는 것이오."

집을 떠난 선인들이 입을 모아 말했다.

"그대는 크게 틀렸다. 그대는 큰 거짓말을 했다."

그리고는 침을 뱉으면서 말했다.

"그 죄로 망할지어다."

그러자 바수 선인이 땅으로 빠져들어 발등이 묻히었으니, 이것은 대죄의 문을 열기 시작하였기 때문이다.

출가한 선인들이 말했다.

"그대는 참말을 하라. 만일 고의로 거짓말을 한다면 그대의 몸이 땅속으로 빠져 들어갈 것이다."

바수 선인이 말했다.

"나는 하늘을 위해서 염소를 잡아 그 고기를 먹어도 죄가 되지 않는다고 아오."

이 말에, 곧 무릎까지 빠져들었다.

이렇게 차츰차츰 빠져들어 허리까지 이르고 목에까지 이르니, 출가한 선인들이 말했다.

"그대가 지금 거짓말을 하여 현세의 과보를 받고 있지만, 다시 진실한 말을 한다면 비록 땅속까지 들어갔더라도 우리가 그대를 건져낼 수 있다."

그때 바수 선인이 이렇게 생각했다.

'나는 존귀한 사람이니, 두 가지 말을 할 수가 없다. 또한 바라문의 네 가지 베다의 가르침에 갖가지 인연으로 하늘에 제사하는 법을 찬탄하고 있다. 이 가르침을 어기는 일에 비한다면 나 한 사람 죽는 일이 대수이겠는가.'

그리고는 마음을 하나로 모아 말했다.

"하늘에 제사를 드리면서 살생하고 고기를 먹어도 죄가 되지 않소이다."

출가한 선인들이 말했다.

"그대는 중한 죄를 범했다. 빨리 사라져라. 그대를 더 볼 필요가 없다."

이에 온몸이 땅속으로 빠져들었다.

이로부터 오늘에 이르기까지 바라문들은 항상 바수 선인의 법에 따라 하늘에 제사를 드리면서 염소를 죽이는데, 칼을 칠 적에는 '바수가 너를 죽인다'라고 외친다.

바수에게는 광거(廣車)라는 아들이 있었다. 아버지의 자리를 이어받아 왕이 되었는데 그 역시 세상 법을 싫어했다. 그러나 집을 떠나지는 못하고 이런 생각을 했다.

'선왕(先王)께서 출가했다가 산채로 지옥에 드셨다. 그렇다고 내가 천하를 다스리다가 또한 큰 죄를 짓게 되리라. 그렇다면 나는 어떻게 처신해야만 좋을까.'

이런 생각을 하는데 공중에서 소리가 들렸다.

"그대가 길을 걷다가 좀처럼 만나기 어렵고 희유(稀有)한 곳을 보거든, 그곳에 집을 짓고 살거라."

그리고는 아무 소리도 들리지 않았다. 얼마 후, 왕이 사냥을 나갔다가 사슴 한 마리가 질풍 같이 달리는 것을 보았다.

왕은 곧 사슴을 한참을 뒤쫓았으나 결국 따라잡지 못하고 쫓기를 그만두었다. 문득 주위를 둘러보니 백관과 시종들도 모두 보이지 않았다.

그때 문득 앞을 보니, 그곳은 험준하고 견고한 다섯 산이 주위를 둘러

싸고 있었다. 그 땅은 평평하고 반듯하며 부드러운 풀이 돋아 있었으며, 숲에는 갖가지 나무가 자라고 아름다운 꽃과 열매가 무성했다. 온천과 목욕터가 있어 모두 청정하게 그 땅을 장엄했으며, 곳곳에 하늘의 꽃과 하늘의 향기가 가득했고 하늘의 미묘한 음악이 들려왔다. 이때 하늘음악을 연주하던 건달바(乾闥婆)57)의 광대들은 왕을 발견하고는 제각기 자기가 있던 곳으로 돌아갔다.

'이곳은 희유하며 아직 본 적이 없는 곳이다. 내 이제 여기에다 집을 짓고 살아야겠다.'

광거왕이 이런 생각을 하고 있는데 신하들과 백관들이 자취를 따라 왕을 찾아왔다.

왕은 신하들에게 말했다.

"내가 얼마 전에 공중에서 누군가 '네가 가다가 만나기 어렵고 희유한 곳을 보거든 거기에다 집을 짓고 살라'고 하는 소리를 들었다. 이제 이 희유한 곳을 보았으니, 나는 여기에 집을 짓고 살겠다."

그리고는 곧 본래의 성을 버리고 이 산으로 옮겨와 살았으니, 이 왕이 최초로 여기에서 살기 시작한 것이다. 이로부터 사람들이 차례로 살기 시작했는데 왕이 원래 성을 버리고 이곳에 궁전을 세웠던 까닭에 왕사성이라 불리는 것이다.58)

---

57) 팔부중(八部衆)의 하나로, 제석천을 섬기며 음악을 관장하는 신이다.
58) 사슴은 신성한 동물로 여겨졌으며, 석존께서도 전생에 사슴왕으로서 보살도를 행하신 바가 있다. 광거왕은 출가를 하여 도를 닦았지만 외도로서 잘못된 길을 갔던 아버지와 달리 정법을 좇아 이곳으로 오게 된 것이다.

기사굴산(영취산)의 유래

【經】기사굴산(耆闍崛山)에서 큰 비구들과 함께 계셨다.

기사(耆闍)는 취(鷲)라 하고, 굴(堀)은 두(頭)라는 뜻이다.

【문】어째서 취두산(鷲頭山)이라 하는가?59)

【답】이 산의 머리가 새매를 닮았는데, 왕사성 사람들이 그 새매 같음을 보고 서로 전하기를 취두산이라 했으며, 그로 인하여 취두산이라 불렀다.

또한 왕사성 남쪽의 시타림(屍陀林)60)에는 시체가 많은데, 온갖 새매들이 항상 와서 쪼아 먹고는 다시 산꼭대기로 모여들기 때문에 사람들이 취두산이라 부르게 되었다.

이 산은 다섯 산61) 가운데서 가장 높고 크며, 좋은 숲이 많고 물이 많아 성인이 머무를 만한 곳이다. 기사굴산은 복스럽고 길한 곳이며, 성인들이 머물기 좋아하는 곳임을 알 수 있다. 부처님은 성인들 가운데서 주인이기에 기사굴산에 많이 머무신 것이다.

또한 기사굴산은 과거·미래·현재의 부처님들이 머무시는 곳이다. 『부루나미제레야니자경(富樓那彌帝隸耶尼子經)』에서 다음과 같이 말하고 있다. 곧 부처님께서 부루나(富樓那)에게 말씀하시기를, "가령 삼천대천세계가 겁의 불길에 다 타거나 다시 생기거나 나는 항상 이 산에 머무르고 있거늘 중생들은 번뇌[結使]에 얽매여 있어 부처를 볼 공덕을 짓지 않는 까닭에 나를 보지 못한다"고 하신다.

기사굴산은 청정하고 맑아서 3세의 부처님과 보살들을 받아들이기에 달

---

59) 기사굴산은 기다쿠타(Gridhakuta)의 음사이며, 영취산(靈鷲山)이라는 이름으로 더 알려졌다. 『마하반야바라밀다경』외에도 『법화경』, 『아미타경』등 많은 대승경전이 이곳에서 설법되었다.
60) 인도 마가다국 북문 밖에 있는 숲 이름으로, 당시 사람들의 시체를 버리는 묘지였다. 우리나라에서는 갓 죽은 사람을 위하여 설법하고 염불하는 것을 시다림법이라고 부르게 되었다.
61) 왕사성을 둘러싼 다섯 산을 말한다.

리 이와 같은 곳이 없다. 그러므로 기사굴산에 많이 머무셨다.

또 대승경전들을 주로 기사굴산에서 말씀하셨고, 다른 곳에서는 많이 말씀하시지 않았다. 왜냐하면 이곳은 정결하고 복덕이 있고 한가하고 조용하기 때문에 3세의 모든 부처님들이 머무시고 시방의 보살들도 찬탄하고 공경하는 곳이며, 하늘·용·야차·아수라·가루라·건달바·긴다라·마후라가62) 등 힘센 뭇 신들이 옹호하고 공경하는 곳이기 때문이다.

---
62) 이 여덟 호법신들을 천룡팔부(天龍八部)라 부른다.

마하가섭이 기사굴산에서 미륵부처님을 기다리신 인연

부처님께서 열반하신 후, 장로 마하가섭은 기사굴산에서 3장(藏)을 결집하고, 제도할 중생을 다 제도하고는 부처님을 따라 열반에 들고자 했다. 이른 새벽에 옷을 입고 바릿대를 들고 왕사성에 들어가 걸식을 한 뒤 기사굴산으로 올라와서 제자들에게 말했다.

"나는 오늘 무여열반(無餘涅槃)에 들리라."

이렇게 말하고는 방으로 들어가서 가부좌를 틀고 앉아서 온갖 무루의 선정으로 스스로의 몸을 적시고 있었다.

이에 마하가섭의 제자들은 왕사성에 들어가서 귀인들에게 말했다.

"여러분, 아십니까? 존자 마하가섭께서 오늘 무여열반에 드십니다."

귀인들은 이 말을 듣고 모두 근심하면서 말했다.

"부처님께서도 이미 열반에 드셨는데, 또 불법을 보호하고 유지하시던 마하가섭께서 오늘 무여열반에 드시려 하시다니."

귀인들과 비구들이 포시[哺時: 오후 4시경] 무렵 모두 기사굴산으로 모여드니 장로 마하가섭도 포시에 선정에서 일어나 대중 가운데 들어와 앉았다. 그리고는 무상(無常)을 찬탄해 말했다.

"온갖 유위의 법은 인연으로 생겨난 까닭에 무상하고 본래 없는 채 지금 존재하며, 이미 있었던 것이 도리어 없어지므로 무상하다. 인연으로 생겨난 까닭에 무상하고, 무상한 까닭에 괴로움이며, 괴로움인 까닭에 나가 없고, 나가 없는 까닭에 지혜 있는 이는 나와 내 것에 집착해서는 안 된다. 만일 나와 내 것에 집착하면 한량없는 근심과 고뇌를 얻게 되리라. 온갖 세간에 대하여 싫어하는 생각을 내고, 욕망을 여의기를 바랄지어다."

이와 같이 세계 안의 괴로움을 갖가지로 말하여 그들의 마음을 일깨우고 인도해 열반에 들게 했다.

말씀을 마치고는 부처님께 받은 승가리(僧伽梨)를 걸쳤다. 그리고는 의

발(衣鉢)을 들고 지팡이를 짚고 마치 금시조(金翅鳥)가 날듯이 눈앞에서 허공으로 날아올라 몸의 네 가지 위의, 즉 눕고 앉고 다니고 멈추는 일로써 한 몸에서 한량없는 몸을 나타내어 동쪽 세계에 가득하게 하거나 여러 몸이 다시 한 몸이 되게 하며, 몸 위로 불을 내면서 아래로 물을 내거나 몸 위로 물을 내면 아래로는 불을 내기도 했다.

남쪽·서쪽·북쪽에서도 이와 같이 하였으니, 보는 이 모두가 세상을 싫어하는 마음을 내어 모두 환희하게 한 뒤에 기사굴산 꼭대기에서 의발을 갖추고는 이렇게 서원했다.

"내 몸이 무너지지 않았다가 미륵(彌勒)이 성불하시거든 나의 이 골신(骨身)이 다시 나오게 되리라. 그리하여 이 인연으로써 중생을 제도하리라."

이렇게 생각하고는 곧장 산마루의 돌 속으로 들어가니 마치 부드러운 진흙에 드는 것 같았다. 들어가자 산은 다시 합쳐졌는데 나중에 인간의 수명이 8만 4천 세이고 키가 80척이 될 때에 미륵부처님이 나타나실 터인데, 그 부처님은 키가 160척이고, 얼굴의 길이는 24척이며 원만한 광채가 10리에 뻗을 것이다.

이때의 중생들은 미륵부처님께서 세상에 나타나셨다는 말을 듣고 한량없는 사람들이 부처님을 따라 출가하는데, 부처님은 대중에게 처음 설법하실 때 99억의 사람들이 아라한의 지위를 얻어 6신통(神通)이 구족하게 되며, 두 번째 대회(大會)에서는 96억의 사람들이 아라한의 지위를 얻고, 세 번째 대회에서는 93억의 사람들이 아라한의 지위를 얻게 되니, 그로부터 계속하여 무수한 사람을 제도하리라.

그때 사람들은 오랜 뒤에 싫증을 내고 게으름을 피우게 되는데, 미륵부처님이 사람들의 이러한 모습을 보자 발가락으로 기사굴산을 밟아 눌러서 열리라.

이때 마하가섭의 골신이 승가리를 걸치고 나오니, 그는 미륵의 발에 절하고 허공으로 올라가서 전과 같이 신통을 나타내고는 허공 가운데에서 몸을 멸해 열반에 들리라.

이때 미륵부처님의 제자들이 괴이하게 여겨 물으리라.

"이는 누구이기에 사람 비슷하나 작은 몸에 법의를 입고 능히 신통 변화를 보입니까?"

미륵부처님이 말씀하시리라.

"이는 과거 석가모니부처님의 제자이시니, 마하가섭이라 한다. 아란야(阿蘭若)63)를 행하여 욕심이 적고 만족함을 알아 두타행을 행하는 비구 가운데서 으뜸으로, 해탈과 더불어 6신통을 얻으신 큰 아라한이다.

그때의 인간 수명은 백 세로서 느는 일은 적고 주는 일은 많았다. 이렇게 적은 몸으로도 능히 이러한 일을 하시거늘 그대들은 큰 몸에 영리한 근기이면서도 어찌하여 이러한 공덕을 이루지 못하는가?"

이때 제자들은 모두가 부끄러운 생각이 들어 세상을 염리하는 마음을 내리라.

미륵부처님은 대중의 이러한 마음에 따라 갖가지 법을 말씀해 주시리니, 어떤 사람들은 각각 아라한·아나함·사다함·수다원의 지위를 얻고, 어떤 이는 벽지불의 선근을 심고, 어떤 이는 무생법인(無生法忍)을 얻어 아라한의 지위에서 물러나지 않게 되고, 어떤 이는 하늘이나 인간에 태어나서 갖가지 복락을 받으리라.

이 까닭에 기사굴산은 복스럽고 길한 곳이며, 성인들이 머물기 좋아하는 곳임을 알 수 있다. 부처님은 성인들 가운데서 주인이기에 기사굴산에 많이 머무신 것이다.

---

63) 두타행(頭陀行) 중 하나로, 숲에 머물면서 수행에 전념하는 것을 말한다.

부처님께서 결가부좌 하시는 이유

【經】여기에서 세존께서는 스스로 사자좌를 펴셨다. 그리고는 가부좌를 틀고 몸을 곧추시고는 염(念)을 모아 눈앞에 두고 삼매왕삼매(三昧王三昧)에 드시니, 모든 삼매가 모두 그 안에 들어갔다.

【문】앉는 법이 많거늘 어찌하여 부처님께서는 결가부좌만을 쓰시는가?
【답】모든 좌법 가운데 결가부좌가 가장 편안하여 피로하지 않다. 이것은 곧 좌선하는 사람의 앉는 법으로 손과 발을 거두어 지니면 마음도 역시 흐트러지지 않는다.

또한 온갖 네 가지 몸의 위의 가운데서 가장 편안하니, 이것은 곧 참선할 때의 앉음새이며 도법(道法)을 취하는 앉음새여서 마왕이 이를 보면 그 마음으로 두려워하게 된다. 이렇게 앉는 법은 출가한 사람의 법이니, 나무 밑에서 가부좌를 틀고 앉으면 뭇 사람이 이것을 보고 모두 환희하며, 그 도인은 반드시 도를 얻으리라고 안다.

이런 게송이 있다.

가부좌를 틀고 앉으면
몸이 평안하여 삼매에 들고
그 위덕을 사람들이 우러르니
태양이 천하를 비춤과 같다.

졸음과 게으름과 번뇌심을 제하고
몸이 가벼워 피로하지 않으며
깨달음도 역시 가볍고 편하니
의젓이 앉았음이 용이 도사린 것 같다.

가부좌로 앉은 그림만 보아도

마왕이 겁을 내고 두려워하거늘
하물며 도에 든 사람이
편안히 앉아 동요하지 않음이랴.

이런 까닭에 가부좌로 앉는 것이다.

부처님께서 제자들에게 가부좌를 맺고 몸을 곧게 하라 하셨다. 왜냐하면 몸을 바로 하면 마음을 바로잡기가 쉽기 때문이다. 그 몸을 똑바로 세워 앉으면 마음이 게을러지지 않나니, 단정한 마음으로 뜻을 바르게 하여 염을 모아 눈앞에 두며, 마음이 흐트러지면 이를 다시 거두어들인다. 삼매에 들려는 까닭에 갖가지 잡념을 모두 거두어 모으니, 이와 같이 염을 모아 삼매왕삼매(三昧王三昧)에 드는 것이다.

부처님이 미소 지으신 이유

【經】 이때 세존께서는 삼매로부터 편안히 일어나시어 천안으로 세계를 관찰하시고는 온몸으로 미소 지으셨다.

【문】 웃음이란 입으로 나오거나 눈으로 웃을 뿐이거늘 이제 어찌하여 온몸으로 웃는다 하는가?

【답】 부처님은 세상 가운데 가장 존귀하시고 자재를 얻으시어 능히 온갖 몸을 입 같고 눈같이 하실 수 있기 때문에 능히 웃으실 수 있다.

또한 모든 털구멍이 모두 열리므로 웃는다 할 수 있고, 입으로 웃으면서 기뻐하므로 온갖 털 구멍이 모두 열리는 것이다.

【문】 부처님은 지극히 존귀하시거늘 어찌하여 웃으시는가?

【답】 대지는 아무런 일이 없거나 작은 인연으로 움직이지 않는다. 부처님도 그와 같아서 아무런 일이 없거나 작은 인연으로 웃지 않으신다. 이제는 큰 인연이 있는 까닭에 온몸으로 웃으신 것이다. 무엇이 큰 인연인가? 곧 부처님께서 『마하반야바라밀경』을 말씀하려 하시니, 마땅히 헤아릴 수 없는 중생들이 부처의 종자를 잇게 되는 것이다. 이것이 큰 인연이다.

또한 부처님께서 말씀하시기를 "내가 일찍이 여러 생 동안 작은 벌레나 악한 사람이었는데, 차츰차츰 여러 선(善)의 근본을 쌓아서 큰 지혜를 얻고 지금은 스스로가 부처를 이루었다. 신통력이 한량이 없어 가장 높고 가장 크니, 모든 중생도 그렇게 될 수 있거늘 어찌하여 공연히 헛고생을 하여 작은 길에 빠져 있는가"라고 하셨다.

이런 까닭에 웃으신 것이다.

또한 작은 인(因)으로 큰 결과를 얻고 작은 연(緣)으로 큰 갚음[報]을 얻으니, 불도를 구하는 자가 한 게송으로 찬탄하거나 나무불(南無佛)을 한

번 외우거나 향을 하나 사르거나 하면 반드시 부처를 이룬다. 그러니 하물며 모든 법이 실로 나지 않고 멸하지도 않으며, 나지 않는 것도 아니요 멸하지 않는 것도 아님을 들어서 알며, 인연의 업을 행한다면 또한 이루지 못할 리 없다. 이런 까닭에 웃으시는 것이다.

또한 반야바라밀의 모습은 청정하여 허공과 같아서 줄 수도 없고 취할 수도 없다. 하지만, 부처님께서 갖가지 방편과 광명과 신통으로써 일체 중생을 교화하여 마음을 길들게 한 뒤에 반야바라밀을 믿어 받들게 하고자 하신다. 이런 까닭에 웃으시면서 광명을 놓으신 것이다.

부처님이 쉰 음식을 받고 혀를 내미신 까닭

【經】 여기에서 세존께서는 광장설상(廣長舌相)[64]을 내시어 삼천대천세계를 두루 덮으시고는 빙그레 미소지으셨으며, 그 혀뿌리로부터 한량없는 천만억의 광명을 내셨다. 이 낱낱의 빛은 천 잎의 금빛 보배꽃으로 변하고, 그 꽃 위에는 모두 화현한 부처님이 가부좌를 맺고 앉아 6바라밀을 말씀하시니, 듣는 중생으로서 듣는 자는 반드시 아뇩다라삼먁삼보리를 얻었다.

【문】 불세존께서는 큰 덕이 있으시고 존귀하시거늘 어찌하여 길고 넓은 혀를 내미셔서 천박한 듯한 모습을 지으셨는가?

【답】 위의 세 가지 광명으로 시방의 중생을 비추어 해탈을 얻게 하셨다. 이제 입으로 마하반야바라밀을 말씀하시고자 하시나, 마하반야바라밀은 매우 깊어서 알기 어렵고, 이해하기 어렵고, 믿어 받들기 어렵다. 그러므로 **넓고도 긴 혀를 내밀어 증거로 삼으셨으니**, 혀의 모습이 이러할진대 그 말씀은 반드시 진실하리라는 것이다.

경전에 이런 이야기가 있다.

옛날 어느 때 부처님이 사바제(舍婆提) 나라에서 안거를 마치신 뒤에 아난이 부처님을 모시고 여러 나라를 유행하셨다.

어느 바라문의 성에 이르려 하니, 바라문 성의 왕은 부처님의 신묘한 덕이 능히 여러 사람을 교화하고, 많은 사람의 마음을 감동시킨다는 것을 알고 있으므로 생각하기를 '지금 그가 여기에 오신다면 누가 다시 나를 좋아하겠는가' 했다.

그리고는 곧 제한하는 영을 내렸다.

"누구든지 부처에게 음식을 주거나 부처의 말을 듣는다면 5백 량의 금을 벌금으로 내야 한다."

---

[64] 부처님은 혀가 길어서 머리털이 난 곳까지 닿는다고 한다. 대설상(大舌相)이라고도 한다.

그렇게 제한이 있은 뒤, 부처님은 그 나라에 도착하시어 아난을 대리고 발우를 들고 성에 들어가 걸식을 하셨다. 하지만 성 안의 사람들이 모두 문을 닫고 대꾸도 하지 않으므로 부처님은 빈 발우로 성을 나오셨다.

이때 어느 집에 늙은 하인이 있었는데, 그는 깨진 질그릇에 쉰 뜨물을 담아 가지고 문 밖에 나와 버리려 하다가 불세존께서 빈 발우로 오시는 것을 보았다. 그 늙은 하인은 부처님의 상호가 금빛을 이루고 백호·육계·장광이 있는데 발우는 비어 있어 밥이 없는 것을 보고는 생각했다.

'이렇게 신비한 사람이라면 응당 하늘의 공양을 받으실 터인데 이제 몸소 내려와서 발우를 들고 걸식을 하시는 것을 보니, 이는 반드시 큰 자비를 베푸시어 모든 중생을 가엾이 여기시기 위해서이리라.'

그리고는 신심(信心)이 청정해져서 좋은 공양을 올리려 했으나 뜻을 이룰 길이 없었다. 그는 부끄러워하면서 부처님께 말씀드렸다.

"공양을 드리고 싶으나 힘이 미치지 못하오니, 지금의 이 쉰 음식이라도 부처님께서 필요하시다면 받아 주십시오."

부처님께서 그 마음이 믿음이 있고 공경스럽고 청정함을 아시고는 곧 손을 펴서 발우에 밥을 받으셨다. 이때 부처님께서 빙그레 웃으시면서 5색 광명을 놓으시니 천지를 두루 비추고 다시 미간(眉間)으로 들어갔다. 아난이 합장하고 무릎을 세우고 꿇어 앉아 부처님께 말씀드렸다.

"세존이시여, 지금 웃으신 인연의 뜻을 알고자 하옵니다."

부처님께서 아난에게 말씀하셨다.

"너는 이 늙은 여인이 신심으로 부처에게 음식을 보시하는 것을 보았느냐?"

아난이 대답했다.

"보았습니다."

부처님께서 다시 아난에게 말씀하셨다.

"이 늙은 여인은 부처에게 밥을 보시한 까닭에 15겁 동안 천상의 인간 사이에서 복덕을 받아 즐거우며 악도에 떨어지는 일이 없으리라. 나중에는 남자의 몸을 얻고 집을 떠나 도를 배워 벽지불을 이루고 무여열반에 들리라."

이때 부처님 곁에 한 바라문이 서 있다가 게송으로 말했다.

그대는 일종(日種)[65]이고 찰리의 종성으로
정반국왕(淨飯國王)의 태자이건만
밥 한 그릇 때문에 큰 망어를 범하도다.
이렇게 쉰 음식에 무슨 갚음이 그리 중하리.

이때 부처님께서 넓고도 긴 혀를 내밀어 얼굴을 덮으시니 머리카락 살 피에까지 이르렀다. 그리고는 바라문에게 말씀하셨다.

"그대는 경서(經書)에서 이러한 혀를 가진 사람이 망어를 짓는 것을 보 았는가?"

바라문이 대답했다.

"만약에 어떤 사람이 혀가 능히 코를 덮는다면 그 말에 허망함이 없다 고 하였습니다. 하물며 머리카락 살피에까지 이른 것이랴. 나는 진심으로 부처님이 망어를 할 리 없다고 믿지만 보잘것없는 시주에 그렇게 과보가 많다는 것을 이해하지 못하겠습니다."

부처님께서 바라문에게 말씀하셨다.

"그대는 일찍이 세상에서 희유하고 보기 어려운 일을 본 적이 있는가?"

바라문이 대답했다.

"있습니다. 제가 일찍이 다른 바라문과 함께 길을 가다가 어떤 니구로 다 나무를 보았는데, 그 그늘은 장사꾼의 5백 대의 수레를 덮고도 그늘이 아직도 다하지 않았습니다. 이것이 희유한 일인가 합니다."

부처님께서 말씀하셨다.

"그 나무의 종자는 크기가 얼마나 되더냐?"

---
[65] 해의 종족, 즉 고귀한 신분을 말한다.

바라문이 대답했다.

"크기가 겨자씨의 3분의 1만 하였습니다."

부처님께서 물으셨다.

"누가 그대의 말을 믿겠는가? 나무는 그렇게 크거늘 종자는 그렇게 작으니 말이다."

바라문이 말씀드렸다.

"실로 그러하옵니다. 그러나 제가 직접 눈으로 본 것으로 허망한 것이 아닙니다."

부처님께서 말씀하셨다.

"나 역시 그와 같으니, 이 늙은 여인이 깨끗한 신심으로 부처에게 시주하고 큰 갚음을 받음을 보건대 마치 이 나무와 같아서 원인은 적으나 갚음이 많으니라. 또 이것은 여래의 복전이 지극히 좋고 아름다운 까닭이니라."

여기에서 바라문의 마음이 활짝 열리고 뜻이 풀리어 다섯 활개를 땅에 던지고 허물을 뉘우치면서 부처님께 말씀드렸다.

"제가 정황이 없어 어리석게도 부처님을 믿지 않았습니다."

부처님께서는 이어 그를 위해 갖가지 방법으로 설법해 주시니, 그는 초도과(初道果)를 얻었다. 그는 즉시 손을 들고 큰 소리로 외쳤다.

"모든 이들이여, 감로의 문이 열렸거늘 어찌하여 나오지 않는가."

성 안의 바라문들은 모두 5백 냥의 황금을 보내 왕에게 주고는 부처님을 맞이해 공양을 드렸다. 그리고는 모두 이렇게 말했다.

"감로의 맛을 얻었거늘 누가 이 5백 냥의 황금을 아끼리오."

사람들은 모두 금하는 법을 지키지 않고 깨뜨렸다. 이 바라문의 왕도 대신들과 함께 불법에 귀의하니, 성 안의 사람들은 모두 깨끗한 믿음을 얻었다.

이와 같이 부처님께서 넓고 긴 혀를 내 보이시는 것은 믿지 않는 이를 위해서이다.

지혜제일 사리불

사리불은 부처님 제자들 가운데 지혜가 제일이다.

사리불은 지혜롭고 많이 알아 큰 공덕이 있었다. 나이 여덟 살이 되자 18부(部)의 경[66]을 외우고 경서의 모든 뜻과 이치를 통달했다.

그때 마가다국에 용왕 형제가 있었는데, 하나는 길리(姞利)요, 또 하나는 아가라(阿伽羅)였다. 이들이 때에 맞추어 비를 내리니 나라에 흉년이 없었다. 사람들은 이를 감사하여 항상 중춘(仲春) 계절이 되면 모두 모여서 용이 사는 곳으로 가서는 큰 대회를 열었다. 풍악을 연주하고 진리를 토론하며 이 날 하루를 보냈다. 그 모임은 예부터 지금에 이르기까지 변함없이 이어지고 있으니, 용의 이름을 따서 이 대회의 이름을 짓게 되었다.

이날이 되면 의례히 네 개의 높은 자리를 마련했다. 하나는 국왕을 위한 것이요, 둘은 태자를 위한 것이요, 셋은 대신을 위한 것이요, 넷은 논사(論士)를 위한 것이었다.

이때 사리불은 여덟 살의 몸으로서 여러 사람에게 물었다.

"이 네 개의 높은 자리는 누구를 위해 베푼 것인가?"

이에 사람들이 대답했다.

"국왕·태자·대신·논사를 위한 것입니다."

이때 사리불이 사람들과 바라문들을 관찰해 정신을 들여다보니 자신을 이길 자가 없었다. 그가 문득 자리에 올라 가부좌를 틀고 앉으니, 대중들은 의아해하고 기이하게 여겼다. 혹은 생각하기를 '어리석고 무지한 짓이다' 하고, 혹은 생각하기를 '필시 지혜가 비범할 것이다' 했다. 논사들은 제각기 그의 신기하고 특이함을 가상히 여겼으나 또한 제각기 자존심이 있었기에 그와 직접 마주하여 이야기하지 않고 모두 나이 어린 제자들을 보내 물었다.

---

[66] 18가지 바라문 경전을 말한다.

그의 대답은 이치와 이론이 월등히 뛰어나니, 이때 모든 논사들은 처음 보는 일이라 찬탄하며 어리석건 지혜롭건 크건 작건 모두가 굴복했다. 왕도 매우 기뻐하여 곧 관리에게 분부하여 한 고을을 봉헌해 항상 그로부터 물건을 보내주도록 했다.

왕은 코끼리가 끄는 수레를 타고 방울을 흔들면서 열여섯 큰 나라와 여섯 큰 성에 이 사실을 널리 알리니, 기뻐하지 않는 이가 없었다.

이때 이 사실을 알린 점술사의 아들이 있었으니, 이름이 구율타(拘律陀)요, 성은 대목건련이었다. 사리불과는 벗으로서 친한 사이였는데, 사리불은 재주가 총명하고 견해가 신중했으며, 목건련은 호쾌하고 고귀했다.

이 두 사람은 재주와 지혜가 비슷하고 덕과 행이 서로 같아서 다닐 때도 함께 다니고 머물 때도 함께 머물렀다. 부족하고 뛰어남을 가리지 않고 항상 정답게 지냈으며, 약속을 맺어 변치 않기를 원했다.

나중에 둘 다 세상을 싫어하여 집을 떠나 도를 배워 범지(梵志)[67]의 제자가 되었다. 간절하게 도문(道門)을 구했으나 오래 지나도록 징조가 없기에 그의 스승인 산사야(刪闍耶)에게 이 사실을 물으니, 그는 대답했다.

"나도 도를 구한 지 여러 해가 지났지만, 도과(道果)란 있는 것인지 아니면 없는 것인지, 과연 내가 도를 얻을 사람이 못 되는 것인지 알 수가 없다. 실제로 도를 얻지 못하고 있다."

다른 어느 날 그 스승이 병들어 누우니, 사리불은 머리맡에 섰고, 대목건련은 발 곁에 서 있는데, 스승은 숨 가쁘게 임종을 재촉하면서 가여운 듯 빙긋이 웃었다. 두 사람이 같은 마음으로 웃는 뜻을 물었더니 스승이 대답했다.

"세상 사람들은 바른 안목이 없어 은애(恩愛)의 침해를 당하고 있다. 내가 보니 금지(金地)의 왕이 죽었는데, 그 대부인이 스스로 불더미에 뛰어들어 한 곳으로 가려 했으나 이 두 사람의 행과 보가 각각 다르므로 두 사람이 태어난 곳도 동떨어지게 달랐다."

---

[67] 바라문을 뜻한다. 범(梵)은 청정이라는 뜻으로, 청정한 하늘[梵天]에 나기를 지향하므로 범지라고 한다.

두 사람은 스승의 말씀을 기록해 두어 그의 허와 실을 입증해보고자 했다. 뒤에 금지국의 상인이 멀리 마가다까지 왔기에 두 사람이 기록과 맞추어 보니, 과연 스승의 말과 같았다. 그러자 처연히 탄식하며 말했다.

"우리들은 진리를 아는 그런 사람이 못 되는구나. 이를 스승께서는 우리에게 숨겼던 것이로다."

그리고는 서로 맹세했다.

"만일에 먼저 감로의 법을 얻은 이는 반드시 도와서 함께 완성합시다."

이때 부처님께서 가섭 형제와 그 무리들을 제도하시고 여러 나라를 유행하시다가 왕사성에까지 오셔서 죽원(竹園)에 머무셨다. 사리불과 대목건련은 부처님께서 세상에 나타나셨다는 말을 듣고 함께 왕사성으로 들어갔다.

그때 아설시(阿說示)[68]라고 부르는 비구가 옷을 입고 발우를 들고 성에 들어와 걸식을 하고 있었다.

사리불은 그의 거동과 복장이 특이하며, 모든 감관이 고요히 가라앉아 있음을 보고는 가까이 가서 물었다.

"그대의 스승은 누구이며, 어떤 사람인가?"

그러자 그는 대답했다.

"석씨 종족의 태자께서 늙음·앓음·죽음의 고통을 싫어하여 집을 떠나 도를 배워 아뇩다라삼먁삼보리를 얻으셨는데, 그가 나의 스승이시다."

사리불이 말했다.

"그대의 스승께서 가르친 것을 나에게 말해 주시오."

이에 아설시가 게송으로 대답했다.

나는 나이도 어리고

---

68) 원주(原註): 다섯 비구 중 한 사람.

배운지도 오래지 않으니
어찌 지극한 진리를 펴서
널리 여래의 법을 말하랴.

사리불이 다시 "그 요점을 간략히 말해 주시오"라고 말하니, 아설시 비구가 이런 게송을 읊었다.

모든 법은 인연으로 생기나니
그 가르침은 인연을 설함이며
이 법은 인연에 의해 다한다고
우리 큰 스승께서 말씀하셨네.

사리불은 이 게송을 듣고는 곧 초도(初道)[69]를 얻었다. 곧 목건련에게 말하러 가니, 목건련은 그의 얼굴이 화평하고 기꺼운 것을 보고 맞이하면서 말했다.

"그대는 감로의 법을 얻었는가? 나에게도 말해 달라."

사리불이 곧 그를 위해 들었던 게송을 말해 주니, 목건련이 말했다.

"한 번 더 설명해 주시오."

이에 다시 말해 주었더니, 역시 그도 초도를 얻었다.

두 사람이 250명의 제자들을 거느리고 부처님께로 오니, 부처님께서는 두 사람이 제자들과 함께 오는 것을 멀리서 보시고 비구들에게 말씀하셨다.

"너희들은 저 범지들 앞에 있는 두 사람을 보았느냐?"

비구들이 대답했다.

---

[69] 성문 사과(四果) 중 하나 첫 번째인 수다원도를 말한다.

"이미 보았나이다."

부처님께서 말씀하셨다.

"그 두 사람은 나의 제자 가운데서 지혜가 제일이며, 신통이 제일인 제자가 되리라."

그들은 제자들과 함께 점점 부처님께 가까이 오더니, 이윽고 부처님 곁에 이르자 머리를 숙여 절하고 한쪽에 서서 다 같이 부처님께 말씀드렸다.

"세존이시여, 저희들은 불법 가운데 출가하여 계를 받고자 하옵니다."

부처님께서 "잘 왔구나, 비구여"라고 말씀하시니, 머리칼과 수염이 저절로 깎여 떨어지고 법복이 몸에 입혀지고 의발이 갖추어져 성취계(成就戒)를 받았다.

반 달이 지난 뒤에 부처님께서 장조범지(長爪梵志)[70]에게 설법하실 때 사리불은 아라한도를 얻었다. 반 달 뒤에 도를 얻은 까닭은 장차 이 사람은 부처님을 따라 법륜을 굴릴 스승이 될 것이기에 배우는 이의 경지에서 앞에 나타난 모든 법에 스스로 들어가서 갖가지로 갖추어 알아야 했다. 그러므로 반 달 뒤에 아라한의 도를 얻었다.

이러한 갖가지 공덕이 매우 많나니, 그러므로 사리불은 비록 아라한이었지만 부처님은 이런 까닭에 반야바라밀의 매우 깊은 법을 사리불에게 말씀하신 것이다.

---

70) 사리불의 외숙부로, 사리불의 지혜를 시기하여 손톱이 깎지 않은 채 외도경전 공부에 매진하였다가, 부처님을 만나서 아라한의 도를 얻었다.

사리불이란 이름을 얻은 인연

【문】 어째서 사리불이라 하는가? 부모가 지어 주신 이름인가, 아니면 수행의 공덕에 의해서 지어진 이름인가?

【답】 이는 부모가 지어 준 이름이다.

염부제에서 제일 안락한 곳에 마가다국이 있고 그 안에 왕사(王舍)라고 하는 큰 성이 있으니, 왕의 이름은 빈바사라(頻婆娑羅)이다.

그곳에 마타라(摩陀羅)라는 바라문 출신의 논사가 있었는데, 왕은 그 사람이 토론에 능하다 하여 성에서 멀지 않은 곳에 한 읍을 주었다. 마타라는 줄곧 집에 머물렀는데, 아내가 딸을 하나 낳았다. 눈이 사리를 닮았으므로 그 딸을 사리라 불렀다. 다음에 아들 하나를 낳았는데 무릎 뼈가 굵고 크므로 구치라(拘郗羅)[71]라 이름했다. 마타라 바라문은 아들딸을 기르는 기쁨에 빠져 줄곧 집에 머무르며, 경서도 모두 멀리하고 잊어 버렸다.

이때 남천축에 한 바라문 출신의 큰 논사가 있었으니, 이름이 제사(提舍)였다. 그는 바라문 경전 18경을 모두 통달했는데, 왕사성에 들어갈 때엔 머리에는 불을 이고 배에는 구리를 감았다.

사람들이 그 까닭을 물으면 "내가 배운 경서가 매우 많아서 배가 찢어질까 걱정이어서 감싸는 것이다"라고 대답했다.

"머리에는 어찌하여 불을 이고 가는가?"라고 물으면, "매우 어둡기 때문이다"라고 대답했다.

사람들이 물었다.

"해가 떠서 밝은데 어찌하여 어둡다 하는가?"

그가 대답했다.

"어두움에는 두 가지가 있으니, 첫째는 햇빛이 비치지 않는 것이요, 둘째는 어리석음의 어두움에 덮인 것이다. 지금은 비록 해의 광명이 있으나

---

71) 원주(原註): 진나라[중국] 말로는 큰 무릎(大膝)이다.

어리석음 때문에 오히려 어둡다."

사람들이 말했다.

"그대가 아직 바라문인 마타라를 만나지 못했구나. 그대가 그를 본다면 배는 쭈그러지고 총명함[明]도 어두워지리라."

그 바라문은 즉시 북 있는 곳으로 가서 논의를 청하는 북을 쳤다.

왕이 이 소식을 듣고 매우 기뻐하면서 곧 대중을 모아놓고 말했다.

"능히 상대할 자가 있다면 그와 토론해 보거라."

마타라는 이 말을 듣고 스스로를 의심했다.

"내가 오랫동안 공부를 쉬었고 또한 새 업을 짓지도 않았으니, 내가 이제 그와 겨룰 수 있을지 모르겠구나."

그가 고개를 떨구고 힘없이 오고 있었는데, 도중에서 때마침 두 송아지가 싸우려는 것을 보자 문득 혼자 생각하기를 '이편의 소는 나요, 저편의 소는 그라고 생각하고 이것으로 점을 쳐서 누가 이길지 알아보리라' 했다. 그런데 이쪽의 소가 지고 말았다. 그는 문득 큰 걱정을 하면서 생각했다.

'점괘가 이렇다면 내가 질 모양이다.'

그가 낙심한 채 사람들 사이로 들어가려는데, 어떤 아낙이 물병을 지고 그 앞을 지나다 물병을 놓쳐 깨뜨리고 말았다. 그는 다시 생각했다.

'이 또한 매우 불길하고 심히 불쾌하도다.'

매우 불쾌한 마음으로 대중들이 모인 곳에 들어가서 그 논사를 보니, 얼굴 모양과 기상에 이길 징조가 갖추어지고, 자기는 질 것이 분명했다. 어쩔 수 없이 그와 더불어 토론하는데 토론이 시작되자마자 곧 지고 말았다.

왕이 몹시 기뻐하면서 말했다.

"크게 지혜롭고 밝은 사람이 멀리서 우리나라에 오셨으니, 다시 한 고을을 봉해 주어 포상하고자 하노라."

이에 신하들이 논의해 말했다.

"하나의 총명한 사람만 오면 한 고을을 봉하시면서 공신에게는 상을 주지 않으시고 빈 말씀으로 칭찬만 하신다면 국가를 다스리고 안정시키는 도가 아닌 줄로 여기나이다. 이제 마타라가 토론해서 졌으니 응당 그에게 봉했던 읍을 빼앗아서 이긴 자에게 주어야 합니다. 다시 또한 이기는 이가 생기면 다시 빼앗아서 그에게 주면 될 것입니다."

왕은 그들의 말을 따라 당장에 빼앗아서 뒷사람에게 주었다.

이때 마타라가 제사에게 말했다.

"그대는 총명한 사람이니, 내 딸을 그대에게 시집보내겠노라. 사내아이가 태어나 대를 잇게 될 테니 이제 나는 멀리 다른 나라로 가서 본래의 뜻을 구하리라."

제사는 그 딸을 맞아 아내로 삼았다. 그의 아내가 임신을 하고 꿈을 꾸니, 어떤 사람이 몸에는 갑옷을 입고 손에는 금강 방망이를 들고 산들을 두드려 부순 뒤에 큰 산 옆에 서 있는 것을 보았다. 꿈을 깬 뒤에 그 남편에게 말했다.

"내가 이러이러한 꿈을 꾸었습니다."

그러자 제사가 말했다.

"그대가 아들을 낳으면 모든 논사들을 모두 굴복시키되 오직 한 사람만은 굴복시키지 못하고 그의 제자가 될 것이오."

사리 부인은 잉태한 뒤로 그 뱃속의 아기 때문에 엄마까지도 매우 총명해져 토론에 매우 능숙해졌다. 그의 동생인 구치라가 누이와 토론하면 항상 지기만 할 뿐 상대가 되질 못했다. 그는 잉태한 아기가 반드시 크게 지혜로울 것임을 알았다. '아직 태어나지도 않았는데도 이렇거늘 하물며 태어난 뒤에야 어떠하겠는가'라고 생각하고는 곧 집을 버리고 떠나 학문을 닦았다. 남천축까지 가서 손톱도 깎지 않은 채 열여덟 가지 경서를 읽어 모두를 환하게 통달했다. 그러므로 당시의 사람들은 그를 장조(長爪: 긴 손톱) 범지라 불렀다.

그의 누이가 아기를 낳은 지 7일 뒤에 흰 요에 싸서 그의 아버지에게 보이니, 아버지가 생각했다.

'나를 제사라 부르니, 내 이름을 따라 우바제사(憂波提舍)라 하리라."

곧 이 우바제사는 부모 때문에 지어진 이름인 것이다.

그러나 사람들은 그가 사리부인에게서 태어났다 하여 모두가 사리불(舍利弗)72)이라 불렀다.

【문】만약에 그렇다면 어째서 우바제사라고 말하지 않고 단지 사리불이라고만 하는가?

【답】당시 사람들은 그의 어머니를 귀히 여겼다. 곧 그녀는 뭇 여인들 가운데 총명하기가 으뜸이었다. 이런 인연으로 사리불이라 불렀다.

---

72) 원주(原註): 불(弗)은 진나라 말로는 아들이다.

무쟁삼매제일 수보리

【문】 경에서 어찌하여 처음에 사리불에게 조금만 말씀하시고, 나중에 수보리에게는 많이 말씀하시는가? 사리불이 지혜가 제일이기 때문이라면 응당 그에게 많이 말씀하셨어야 하지 않겠는가?

【답】 사리불은 부처님의 제자 가운데서 지혜가 제일이요, 수보리는 제자들 가운데서 무쟁삼매(無諍三昧)73)를 얻은 것으로 으뜸이다.

무쟁삼매의 특징은 항상 중생을 관찰하여 마음에 번뇌를 내지 않게 하고 가엾이 여기는 행을 많이 하는 것이요, 보살들은 큰 서원을 세워 중생을 제도한다. 곧 가엾이 여기는 모습이 같으므로 수보리에게 명하여 말하라 하신 것이다.

또한 이 수보리는 공삼매(空三昧)를 행하기 좋아했다. 부처님께서 도리천(忉利天)에서 여름안거를 보내 법랍[歲]을 한 해 더하신 뒤 염부제에 내려오셨는데, 이때 수보리가 석굴 속에 있으면서 생각했다.

'부처님께서 도리천에서 내려오셨으니, 내가 부처님께 가야 하는가, 가지 말아야 하는가?'

또 이렇게 생각하기도 했다.

'부처님께서 항상 말씀하시기를, 〈어떤 사람이 지혜의 눈으로 부처님의 법신(法身)을 관찰하면 그것이 부처님을 뵙는 가운데서 으뜸이다〉 하셨다.'

이때 부처님께서 도리천에서 내려오셨기 때문에 염부제 안의 사부대중이 모였다. 하늘 무리가 사람들을 보고 사람들은 또한 하늘 무리를 보았다. 좌중(座中)에 부처님과 전륜성왕과 하늘 무리로 이루어진 대중이 있었는데, 그 모임은 매우 장엄스러워서 일찍이 본 적이 없었다.

이에 수보리가 생각했다.

---

73) 공(空)의 도리에 안주해서 다른 이와 쟁론에 빠지지 않는 삼매를 말한다.

'지금 이 대중이 아무리 뛰어나게 수승하더라도 형세가 오래 머물 수 없으니, 닳아 없어지는 법으로서 모두가 무상(無常)으로 돌아가리라.'

이러한 무상관의 초문(初門)에 의하여 수보리는 모든 법은 공하여 있지 않는 것임을 모두 알았고, 이러한 관찰을 행하자 곧 도를 증득했다.

이때 사람들은 모두 자기가 먼저 부처님을 뵙고 예배·공양하고자 했는데, 화색(華色)이라는 비구니가 여자라는 불편함[惡]을 버리기 위해 곧 전륜성왕과 7보로 장엄한 천 명의 태자로 변화하니, 사람들이 보자 모두 일어나 자리를 피해 떠나버렸다.74)

변화한 왕이 부처님께 가서 본래의 몸으로 돌아가 비구니로서는 최초로 부처님께 예배를 했다.

부처님께서 비구니에게 말씀하셨다.

"네가 처음 예배한 것이 아니라 수보리가 최초에 예배하였느니라. 그것은 왜냐하면 수보리는 모든 법이 공함을 관찰하였으니, 이는 부처의 법신을 본 것이며 참 공양을 얻은 것이다. 이는 공양 가운데 으뜸이니, 산 육신에다 예경한다고 해서 공양이 되는 것이 아니니라."

이런 까닭에 "수보리는 항상 공삼매를 관하여 반야바라밀다의 공한 모습과 상응한다" 한다. 그러므로 부처님께서는 수보리에게 반야바라밀다를 말하게 하셨다. 또 중생들은 아라한은 모든 누(漏)가 이미 멸하고 다했음을 믿고 공경하는 까닭에 그에게 명해 말하게 하셨으니, 대중이 맑은 믿음을 얻게 되기 때문이다.

보살들은 누가 아직 다하지 않았으니, 만일 그들로써 알리고자[證] 한다면 사람들이 믿지 않는다. 이런 까닭에 사리불과 수보리로 하여금 함께 반야바라밀을 설하게 하셨다.

---

74) 고대 인도에서는 여성을 차등한 존재로 보았다. 이러한 사회의 영향을 받아 승단에서도 처음에는 여성의 출가를 금하였고, 초기경전에도 당시 사회상이 반영되어 있다. 그러나 대승경전인 『유마경』에서는 천녀가 변화를 부려 사리불과 모습을 바꾸어 나타내면서, 그와 같은 차별 및 분별의 어리석음을 통렬히 깨부수는 대목이 나온다.

사리불과 비둘기

【經】 사리불이 부처님께 말씀드렸다.
"세존이시여, 어찌하여 보살마하살이 일체종으로써 온갖 법을 알고자 한다면 반야바라밀을 익히고 행해야만 하는지요?"

사리불이 비록 제자들 가운데 지혜제일이었으나 일체지가 아니었으니, 부처님의 지혜 가운데에서는 마치 어린애와 같았다.
아바단나경(阿婆檀那經)에서 이와 같이 설한다.
부처님께서는 기원정사에 머무시고 계셨다. 해질 무렵 경행을 하시는데 사리불이 뒤를 따라 걷고 있었다. 이때 어떤 매가 비둘기를 쫓으니, 비둘기는 부처님 곁으로 날아와서 숨었다. 부처님께서 경행하시면서 그 비둘기를 지나니 그림자가 비둘기를 덮었다. 그러자 비둘기는 편안해지고 두려움이 제거되어 다시는 소리를 내지 않았다.
나중에 사리불의 그림자가 비둘기 위에 이르니, 비둘기는 다시 소리를 지르면서 처음과 같이 두려움에 떨었다.
이에 사리불이 부처님께 여쭈었다.
"부처님의 몸과 저의 몸에는 모두 3독(毒)이 없거늘 무슨 인연으로 부처님의 그림자가 비둘기를 덮으면 비둘기는 소리를 내거나 두려워하지도 않더니 저의 그림자가 그 위를 덮으면 비둘기는 전과 같이 소리를 내고 두려워하는 것인지요?"
부처님께서 말씀하셨다.
"그대는 3독(毒)의 습기가 다하지 못했다. 그러므로 그대의 그림자가 덮일 때엔 두려움이 제거되지 않는 것이다. 그대는 이 비둘기가 몇 생 동안이나 비둘기가 되었는지 전생 인연을 관찰해 보거라."
사리불이 즉시 숙명지삼매(宿命智三昧)에 들어가 관찰해 보니, 이 비둘기는 비둘기로부터 왔으며, 마찬가지로 1생·2생·3생 나아가서는 8만 대겁에 이르기까지 항상 비둘기의 몸이었다. 하지만 이보다 더 지나는 일은 볼 수가 없었다.
사리불이 삼매에서 일어나 부처님께 말씀드렸다.

"이 비둘기가 8만대겁 동안 항상 비둘기의 몸이었으나 이보다 이전의 일은 더 알 수가 없습니다."

부처님께서 말씀하셨다.

"그대가 만일 지난 일을 다 알 수 없다면 미래의 일을 관찰해 보거라. 이 비둘기가 언제라야 벗어나겠는가?"

사리불이 곧 원지삼매(願智三昧)에 들어가서 이 비둘기를 관찰해보니, 1생·2생·3생 나아가서는 8만 대겁 동안 비둘기의 몸을 벗어나지 못하고 있었다. 하지만 이것을 지난 뒤의 일은 역시 알 수가 없었다. 그는 삼매에서 일어나 부처님께 말씀드렸다.

"제가 이 비둘기를 보건대 1생·2생에서 8만 대겁에 이르기까지 비둘기의 몸을 벗지 못하겠으나 그 뒤의 일은 알 수가 없습니다. 저는 과거·미래 현재의 끝까지를 모르겠사옵니다. 이 비둘기가 언제라야 벗어나겠습니까?"

부처님께서 사리불에게 말씀하셨다.

"이 비둘기는 성문이나 벽지불이 아는 한계를 넘어서고 다시 항하의 모래수같이 많은 대겁 동안 항상 비둘기의 몸을 받으리라. 그러다가 죄를 다하고 비둘기의 몸을 벗어나면 5도(道) 가운데 헤매다가 나중에 사람으로 태어나서 5백 생을 지나야 비로소 예리한 근기를 얻게 되리라.

이때 어떤 부처님이 한량없는 아승기의 중생을 제도하신 뒤에 무여열반에 드시니, 남기신 법이 세상에 있으리라. 이 사람은 5계를 받은 우바새가 되어 비구에게서 부처님을 찬탄하는 공덕을 듣고는 여기에서 비로소 발심하여 부처가 되기를 서원하리라. 그런 뒤에 3아승기겁 동안 6바라밀을 행하고 10지(地)를 구족해 부처가 되며, 한량없는 중생을 제도한 뒤에 무여열반에 들리라."

이때 사리불이 참회하면서 부처님께 말씀드렸다.

"저는 한 마리의 새에 대해서도 그 본말을 알지 못합니다. 그러니 하물며 어찌 일체법을 알 수 있겠습니까. 제가 만일 부처님의 이러한 지혜를 알 수 있다면, 부처님의 지혜를 위하여 차라리 아비지옥(阿鼻地獄)에 들어가서 한량없는 겁의 고통을 받는다 해도 마다하지 않으리다."

이렇듯 사리불도 모든 법에 대하여 잘 알지 못하기 때문에 묻게 되는 것이다.

습기가 남지 않은 이를 부처님이라 한다

이런 이야기가 전한다.

어느날 전사(栴闍) 바라문의 딸이 나무통을 배에 감추고 대중 가운데서 부처님을 비방했다.

"그대는 나를 임신시키고도 어째서 나에게 옷과 먹을 것을 주고 책임질 생각을 하지 않는가? 그대는 수치를 모르는구나."

이때 5백 명의 바라문 스승들이 모두 손뼉을 치면서 말했다.

"그렇다, 진작에 우리는 그런 사실을 알고 있었다."

그때 부처님은 딴 빛이 없으시고, 또한 부끄러운 빛도 없으셨다.

얼마 지나지 않아 이 일은 모두 거짓임이 밝혀졌는데, 그때 땅이 크게 진동하고, 하늘 무리들이 갖가지 꽃을 흩어 공양하고, 갖가지로 부처님의 공덕을 찬양했다. 그러나 부처님은 기뻐하는 빛이 없었다.

또한, 부처님께서는 말보리[馬麥]을 잡수셔도 슬퍼하지 않고 천왕(天王)이 온갖 맛을 구족한 음식을 올려도 기뻐하지 않아 한마음뿐이요 두 마음이 없었다.

이와같이, 갖가지 음식·의복·침대로 찬탄하거나 나무라거나 멸시하거나 공경하는 등 갖가지 일에 대하여 달라지는 일이 없었다. 마치 순금은 달구고 연마하고 두드려도 전혀 늘거나 주는 일이 없는 것과 같다.

이런 까닭에 아라한은 비록 번뇌를 끊고 도를 얻었더라도 여전히 습기가 남아 있으므로 바가바75)라 부르지 못한다.

---

75) 바가바(bhagavat)의 음사. 박가범(薄伽梵)이라고도 하며, 모든 복덕을 갖춘 자, 세간에서 가장 존귀한 자, 즉 부처님을 말한다.

사리불에게 남은 습기

【문】 아라한이나 벽지불들도 음욕·성냄·어리석음을 깨뜨리는데 부처님과 무엇이 다른가?

【답】 아라한이나 벽지불이 비록 3독(毒)을 깨뜨렸으나 그 기분(氣分)은 다하지 못했으니, 비유하건대 향 그릇에서 향을 이미 비웠으나 향기가 여전히 남아 있는 것과 같다76). 또한 풀·나무·섶을 불로 태워 연기가 났으나 숯과 재는 다하지 않은 것과 같나니, 불의 힘이 미약하기 때문이다.
　부처님은 3독이 영원히 다하여서 남음이 없나니, 비유하건대 겁(劫)이 다하여 불이 수미산을 몽땅 태우면 모두 타버려 연기도 숯도 없어지는 것과 같다.
　사리불은 성내는 습기가 남았고, 난타(難陀)는 음욕의 습기가 남았고, 필릉가바차(必陵伽婆磋)는 교만한 습기가 남았으니, 비유하건대 사람이 오라에서 풀려나면 걷기는 하되 매우 불편한 것과 같다.

　어느때 부처님께서 선정에서 일어나셔서 경행을 하셨다. 라후라(羅睺羅)가 부처님을 따라 경행하니, 부처님께서 그에게 물으셨다.
"어째서 사람들은 여위고 약하겠느냐?"
라후라가 다음과 같이 게송으로 대답했다.

사람이 기름을 먹으면 힘이 나고
소락[酥]을 먹으면 빛깔이 좋아지나
깻묵이나 채소만 먹으면 힘도 빛도 없나니
대덕 세존께서도 아실 것이옵니다.

부처님께서 다시 라후라에게 물으셨다.
"이 대중 가운데 누가 상좌(上座)인가?"
라후라가 대답했다. "화상(和上) 사리불이십니다."

---
76) 이것을 훈습(薰習)이라고 한다.

이에 부처님께서 말씀하셨다. "사리불은 부정한 음식을 먹는구나."

이때 사리불은 이 말을 전해 듣고 입안의 음식을 토해내고는 스스로 맹세를 했다.

"이제부터는 결코 남의 (공양) 청을 받지 않겠다."

이때 바사닉왕(波斯匿王)과 수달다(須達多) 장자 등이 사리불께 와서 말했다.

"사리불이시여, 부처님께서도 까닭 없이 남의 초청을 받아들이지 않으셨거늘, 대덕 사리불께서도 다시 초청을 받아들이지 않으신다면 저희 속인들은 어떻게 큰 믿음이 청정해질 수 있겠습니까?"

사리불이 말했다.

"우리 큰 스승이신 부처님께서 '사리불은 부정한 음식을 먹는다' 하셨습니다. 그러기에 이제 남의 공양 초청을 받을 수 없습니다."

이때 바사닉왕 등은 부처님이 계신 곳으로 가서 부처님께 말씀드렸다.

"부처님께서도 항상 남의 공양 초청을 받으시지 않으셨는데 사리불께서도 또한 공양 초청을 받지 않으시려 하니, 저희들은 어떻게 큰 믿음이 깨끗해지겠습니까? 바라옵건대 부처님께서 사리불에게 다시 저희의 초청을 받아들이라고 말씀해 주옵소서."

부처님께서 대답하셨다.

"그 사람은 마음이 굳어서 도저히 움직일 수 없느니라."

부처님께서는 이어 다음과 같이 전생 인연을 들어 말씀하셨다.

"옛날에 어떤 국왕이 독사에게 물렸다. 이때 왕은 죽을 지경에 울부짖으면서 모든 양의들을 불러 뱀독을 치료하게 했다.

이때 양의들은 이렇게 말했다.

'도리어 뱀으로 하여금 빨게 하면 독기가 다할 것입니다.'

이때 양의들이 제각기 주술(呪術)을 베푸니, 곧 왕을 문 뱀이 왕에게로 왔다. 그러자 의원들이 장작을 쌓아 불을 붙이고 명령하기를 '너의 독기를 도로 빨아라. 그렇지 않으면 이 불구덩이로 들어가야 하리라' 하니,

독사는 '이미 내가 토해낸 독기를 어떻게 다시 빨겠는가. 이는 차라리 죽는 게 낫겠다'고 생각해 마음을 정하고는 즉시 불 속으로 들어갔다.

그때의 독사가 지금의 사리불인데 여러 생을 지나면서 마음이 견고해져 움직일 수 없었다.77)

---

77) 사리불은 이미 아라한의 도를 이뤘으나, 과거에 쌓인 훈습을 완전히 제거하지 못했다. 습기란 오랜 업의 번뇌로 쌓인 것이기 때문에 자신도 모르는 사이에 악업을 짓게 한다. 그래서 습기가 끊기 어려운 것이다. 그러므로 설령 깨달았다고 할지언정 부단히 정진하고 성찰해야 하는 것이다. 부처님은 이런 습기를 모두 헤아려 보시고 완전히 끊어버리신 불퇴전(不退轉)의 존재이므로 다시 악업을 범하는 일이 없다. 용수보살은 이것이 바로 부처님과 성문(聲聞) 아라한의 차이라고 말하고 있다. 다행히 사리불은 근기가 굳건해, 부처님의 일침으로 단번에 그 과오를 깨닫고 습기를 끊어버렸다.

필릉가바차가 사과하면서도 꾸짖다

필릉가바차 장로는 항상 눈병을 앓았는데, 그는 걸식을 나가 항하를 건널 적마다 항하 강에 이르러 손가락을 튀기면서 이렇게 말했다.

"어린 것아, 강물을 멈추어 흐르지 못하게 하라."

그러면 물이 두 토막으로 끊겨 지나가서 걸식을 할 수 있었다.

이에 항하의 신[恒神]이 부처님께 가서 말씀드렸다.

"부처님의 제자인 필릉가바차께서 항상 나를 모욕하여 '어린 것아, 강물을 멈추어 흐르지 못하게 하거라'고 합니다."

부처님께서 필릉가바차에게 말씀하셨다.

"항하신에게 참회하라."

이때 필릉가바차가 곧 합장하고 항하신에게 말했다.

"어린 것아, 성내지 말라. 이제 그대에게 참회하노라."

이때 대중들이 웃으며 말했다.

"어찌 참회 사과하면서 도리어 꾸짖는가?"

부처님께서 항하신에게 말씀하셨다.

"그대는 이 필릉가바차가 합장하고 참회 사과하는 것을 보았는가? 참회하고 사과함에 거만한 생각이 없으나 그런 말을 하는 것은 악한 마음에서가 아님을 알라. 이 사람이 5백생 동안 항상 바라문의 집에 태어났는데, 그때마다 자신을 교만하고 귀하게 여기고 다른 이는 멸시했다. 본래 익힌 말투일 뿐이요, 마음에 교만함이 있는 것은 아니다."

이와 같이 아라한들은 비록 결사(結使)를 끊었으나 아직도 남은 습기가 있다. 하지만 부처님세존 같은 분들은 가령 어떤 사람이 칼을 들어 한쪽 팔을 끊고, 어떤 사람은 전단향을 한쪽 팔에 발라 주더라도 마치 좌우의 눈과 같아서 마음에 애증이 없다. 그러므로 영원히 습기가 남지 않는다.

소를 기르듯 선한 법을 기른다

『방우비유경(放牛譬喩經)』에 이런 얘기가 있다.

마가다국의 왕 빈바사라(頻婆娑羅)가 부처님과 그 5백 제자들을 석 달 동안 청해서 공양드리고자 했다. 왕은 신선한 우유[乳]와 연유[酥]·타락[酪]을 부처님과 비구승들에게 공양하고 싶었다. 왕은 소먹이는 사람들에게 말했다.

"가까운 곳에 와서 살면서 날마다 신선한 우유와 연유와 타락을 보내 달라."

석 달이 지난 뒤에 왕은 이 소 먹이는 사람들을 가엾이 여겨 그들에게 이렇게 말했다.

"그대들은 가서 부처님을 뵙고 와서 다시 소를 먹여라."

소먹이는 사람들이 부처님께로 가다가 도중에서 이렇게 상의했다.

"듣건대 '부처님은 온갖 지혜를 갖춘 사람이다'라고 하건만, 우리들은 천한 소인이거늘 어떻게 온갖 지혜를 갖춘 사람을 구별해서 알 수 있겠는가. 바라문들은 소락을 좋아하는 까닭에 항상 소먹이는 사람들이 있는 곳을 왕래해 친숙해져 있다. 소치는 사람들은 이 때문에 바라문들의 갖가지 경서나 이름·문자를 들으니, 4위타경(違陀經)[78]에는 병 고치는 법, 전쟁하는 법, 성수(星宿)를 보는 법, 하늘에 제사하는 법, 노래하고 춤추는 법, 토론하고 따지는 법 등 64종의 세간의 기예를 말하고 있다.

정반왕의 아들은 널리 배우고 아는 것이 많으시니, 이 4위타경의 일들은 아시겠기에 질문할 거리가 되지 못할 테지만, 그는 태어나면서부터 소를 먹여본 적이 없으니, 그에게 소먹이는 비법을 가지고 질문해 보자. 만일 그가 이마저도 잘 알고 있다면 그는 실로 일체지를 갖춘 분이리라."

이렇게 논의하고는 앞으로 나아가 죽림(竹林)으로 들어갔다. 부처님의 광명이 숲 사이에 빛나는 것을 보고 다시 나아가서 마침내는 부처님을 뵈니, 그분은 나무 밑에 앉아 계셨다. 그 행상은 마치 금산(金山)과 같으

---

78) 바라문의 4가지 베다 경전

셨으니, 마치 버터[酥]를 불에 던져 넣으면 그 불꽃이 매우 밝은 것과 같고, 또한 녹인 금물을 죽림 사이에 뿌려 놓아 자줏빛 나는 금빛 광명을 내뿜는 듯 했다. 소먹이는 이들이 부처님께 예배하고 한쪽에 앉아서 부처님께 물었다.

"소를 먹이는 사람이 어떤 법을 성취하여야 소 떼가 번식하며, 어떤 법을 성취하지 못하면 소 떼가 번식하지 못하고 편안치 못하게 됩니까?"

부처님께서 대답하셨다.

"열한 가지 법이 있어 소먹이는 사람은 소떼를 번식시킨다. 무엇이 열한 가지인가? 색을 알고, 모습을 알고, 괄쇄질[刮刷][79] 해주는 법을 알고, 상처를 덮어 줌을 알고, 연기 피우는 일을 알고, 좋은 길을 알고, 소의 원하는 바를 알고, 건널 물길을 알고, 안온함을 알고, 젖을 남겨두는 일을 알고, 소의 우두머리를 기르는 법을 아는 일이다. 만일 소먹이는 사람이 이 열한 가지를 알면 소떼를 번식시키게 된다.

비구도 그와 같아서 열한 가지 법을 알면 착한 법을 자라게 한다.

무엇이 색을 아는 것인가? 검은색과 흰색과 섞인 색을 아는 것이다. 비구도 그와 같아서 온갖 색은 모두가 4대(大)[80]이며, 4대로 이루어진 것임을 안다.

무엇이 모습을 안다는 것인가? 소가 건강한 모습인지 건강하지 못한 모습인지를 아는 일이니, 다른 무리와 섞여 있을지라도 모양을 보고 곧 판별하는 것이다. 비구도 그와 같아서 착한 업의 모습을 보고는 그가 지혜로운 사람임을 알고 나쁜 업의 모습을 보고는 어리석은 사람임을 안다.

무엇이 괄쇄질을 안다는 것인가? 온갖 벌레가 붙어서 피를 빨면 부스럼이 커지지만 괄쇄질을 잘 하면 피해를 없앤다. 비구도 그와 같아서 나쁘고 삿된 잡념[覺觀]의 벌레가 선근(善根)의 피를 빨면 마음의 부스럼이 커지거니와 이를 제거하면 곧 안온해진다.

---

79) 깎아주고 빗질하여 다듬어주는 것을 말한다.
80) 색(물질)을 이루는 기본 요소를 말한다. 지(地)·수(水)·화(火)·풍(風).

무엇이 상처를 덮어 주는 일인가? 천이나 풀이나 풀잎으로 모기와 등에의 나쁜 침해를 막는 것이다. 비구도 그와 같아서 바른 관찰법을 생각하여 6정(情)의 부스럼을 덮어서 번뇌·탐욕·성냄 등 나쁜 벌레나 가시의 침해를 막는다.

무엇이 연기를 피우는 일인가? 연기를 피우면 모기나 등에가 제거되며, 소들이 멀리서 그 연기를 보면 우사로 향하게 된다. 비구도 그와 같아서 들은 대로 말하여 모든 번뇌의 모기와 등에를 제거해 주며, 법의 연기(緣起)를 연설해서 중생들을 무아(無我)·실상(實相)·공(空)의 우사(牛舍)로 인도한다.

무엇이 길을 안다는 것인가? 소가 다니기에 좋은 길과 나쁜 길을 아는 것이다. 비구도 그와 같아서 8성도를 알아서 열반에 들고 단상(斷想)의 삿된 길을 여의게 된다.

무엇이 원하는 바를 안다는 것인가? 소를 잘 번식시키고 병을 적게 하는 법을 아는 것이다. 비구도 그와 같아서 부처님의 법을 연설할 때에 듣는 이로 하여금 청정한 법의 기쁨을 얻게 하고 선근이 늘어나게 한다.

무엇이 잘 건널 곳을 안다는 것인가? 들어가기 쉬운 곳을 알고 건너기 쉽고 물살이 거칠지 않고 해로운 벌레가 없는 곳을 아는 것이다. 비구도 그와 같아서 많이 아는 비구에게 가서 법을 물으면 법을 연설하는 사람은 묻는 사람의 마음이 영리하고 둔함과 번뇌의 가볍고 무거움을 잘 알아서 건너기 좋은 곳으로 인도해서 편안히 열반을 얻게 한다.

무엇이 안온함을 안다는 것인가? 머무는 곳에 호랑이나 사자, 해로운 벌레나 독한 짐승 따위가 없는 줄 아는 것이다. 비구도 그와 같아서 4념처(念處)는 편안하여 번뇌의 악마나 독한 짐승이 없음을 안다. 비구가 여기에 들면 안온하여 근심이 없는 것이다.

무엇이 젖을 남겨둠을 안다는 것인가? 어미 소는 송아지를 사랑하기에 젖을 먹인다. 젖을 짜고 나서 남은 젖을 남겨두면 어미 소가 좋아하고 송아지도 목마르는 일이 없다. 결국 소 주인이나 소먹이는 사람도 날마다 이익이 있게 되는 것이다.

비구도 그와 같아서 거사(居士)나 속인이 의식을 공양하면 절제와 분량을 알아서 시주의 재물이 다하지 않게 함으로써 보시하는 이[檀越]를 기쁘게 하고 신심이 끊이지 않게 하며, 받는 이가 궁핍함이 없게 한다.

무엇이 소의 우두머리를 기를 줄 안다는 것인가? 큰 소들은 소떼를 잘 보호하기 때문에 잘 길러서 여위지 않게 하니, 기름[麻油]을 마시게 하고, 영락으로 꾸며 주고, 무쇠 뿔로써 표식을 해 주고, 솔로 쓸어 주고, 칭찬해 준다.

비구도 역시 마찬가지이다. 대중 가운데 위덕이 있는 큰 사람은 불법을 보호해서 이익되게 하고, 외도를 굴복시켜 8중(衆)들로 하여금 선근을 얻게 하니, 그가 원하는 바를 따라 공경받고 공양받게 하는 것이다."

소먹이는 사람들은 이러한 말씀을 듣고 생각했다.

'우리가 알고 있던 것은 셋이나 네 가지에 지나지 않고, 우리의 스승들조차 다섯이나 여섯 가지에 지나지 않는다. 이제 이 말씀을 들으니 일찍이 없었던 일로 찬탄하지 않을 수 없다. 이 일을 이렇게 잘 아신다면 나머지 일들도 그러할 것이다. 진실로 이 분은 일체지를 갖춘 분이시다.'

이 경에서는 이에 대해 상세히 말씀하셨으니, 이것으로써 일체지를 갖춘 사람이 있음을 알 수 있다.

필요하기에 말하고, 필요하지 않기에 말하지 않는다

【문】 부처님은 스스로 부처의 가르침만을 말씀하시나, 다른 경서에서처럼 약 짓는 법·천문·수학이나 세속의 경전 등에 대해서는 말씀하지 않으셨다. 만일 일체지를 갖춘 사람이라면 이와 같은 가르침들을 무슨 이유로 말하지 않았겠는가? 그러므로 일체지를 갖춘 사람이 아닌 줄 알 수 있다.

【답】 비록 온갖 법을 알지만 필요하기에 말하고, 필요하지 않기에 말하지 않는다. 묻는 이가 있기 때문에 말하고 묻는 이가 없기 때문에 말하지 않는 것이다.

온갖 법에는 세 가지가 있다. 첫째는 유위법(有爲法)이요, 둘째는 무위법(無爲法)이요, 셋째는 말로 표현할 수 없는 법[不可說法]이다. 일체법은 이것들을 모두 포섭한다.

【문】 열네 가지 어려운 질문에 대답하지 않으셨으니 일체지를 갖춘 사람이 아님을 알 수 있다. 무엇이 열네 가지인가? '세계와 나는 항상한가?' '세계와 나는 무상한가?' '세계와 나는 항상하기도 하고 무상하기도 한가?' '세계와 나는 항상하지도 않고 무상하지도 않은가?' '세계와 나는 끝이 있는가?' '끝이 없는가?' '끝이 있기도 하고 끝이 없기도 한가?' '끝이 있는 것도 아니요 끝이 없는 것도 아닌가?' '죽은 뒤 영혼[神]은 뒷세상으로 가는가?' '뒷세상으로 가지 않는가?' '가기도 하고 가지 않기도 하는가?' '가는 것도 아니고 가지 않는 것도 아닌가?' '이 몸이 곧 영혼인가?' '몸과 영혼은 서로 다른가?' 등이니, 만약에 부처님이 일체지를 갖춘 분이라면 이 열네 가지 난문에 어째서 대답하지 않으셨는가?

【답】 이 일들은 진실이 없기 때문에 대답치 않으셨다. 모든 법이 항상하다는 것은 이치에 맞지 않는다. 모든 법이 단절된다는 것 역시 이치에 맞지 않는다. 그러므로 부처님께서는 대답하지 않으셨다.

이는 마치 쇠뿔을 짠다면 몇 되의 젖을 얻을 수 있겠느냐 하는 따위의 물음과 같으니, 대답할 필요가 없는 것이다.

세계는 끝이 없어 마치 수레바퀴와 같으니, 처음도 나중도 없다.

또한, 이런 물음에 답하게 되면 이득은 없고 잃어버리는 것만 있어서 사악함 가운데 빠질 뿐이다. 부처님은 이 열네 가지 난문이 오히려 4제(諦)와 모든 법의 실상을 가림을 잘 아시기 때문이다. 건너려는 곳에 해로운 벌레들이 있는 물이라면 사람들을 건너가라고 하지 않고, 편안하고 안전해야 사람들을 건너게 하는 것과 같다.

또 어떤 사람은 "이 일은 온갖 지혜를 갖춘 사람이 아니라면 알지 못한다" 하는데, 사람들이 알 수 없는 까닭에 부처님께서 대답하시지 않으셨다.

또 어떤 사람이 없는 것에 대하여 있다 하거나, 있는 것에 대하여 없다 한다면 이는 일체지를 갖춘 사람이라 할 수 없다. 일체지를 갖춘 사람은 있는 것은 있다 하고 없는 것은 없다 한다. 부처님은 있는 것을 없다고 하지 않으며, 없는 것을 있다고 하지도 않는다. 다만 모든 법의 진실한 모습을 말씀하시거늘 어찌 일체지를 갖춘 분이라고 말하지 않으랴.

마치 해가 높은 곳이나 낮은 곳만을 위하거나 평지만을 위하는 일도 없이 골고루 비추는 것 같다. 부처님도 그와 같아서 있는 것을 없게 하지도 않고 없는 것을 있게 하지도 않는다. 항상 진실한 지혜를 말씀하여 지혜와 광명으로 모든 법을 비추시니, 마치 한 길[一道]과 같으시다.

어떤 사람이 부처님께 물었다.

"대덕이시여, 12인연은 부처님이 지으신 것입니까, 아니면 다른 이가 지은 것입니까?"

이에 부처님께서 대답하셨다.

"12인연은 내가 지은 것도 아니요, 다른 이가 지은 것도 아니니라."

부처님이 계시건 계시지 않건 태어남은 늙고 죽음의 원인이 된다는 이 법은 항상 결정되어 머무는 것이다. 부처님은 이 태어남은 늙고 죽음의 인연이 되며 나아가 무명(無明)이 모든 행(行)의 인연이 됨을 말씀하셨다.

또한, 이 열네 가지 난문에 대해 대답을 하게 되면 허물이 생긴다.

마치 어떤 사람이 석녀(石女)81)나 황문(黃門)82)의 아들이 큰가 작은가 예쁜가 미운가를 묻는다면 이에 대해서는 대답하지 않아야 한다. 왜냐하면, 석녀나 황문에게는 아이가 없기 때문이다.

또한, 이 열네 가지 난문은 삿된 소견이요, 진실이 아니다. 부처님께서는 항상 참되고 진실된 것만을 가지고 말씀하시니, 그러므로 대답하지 않으신 채 그대로 두신 것이다.

또한, 대답하지 않은 채 그대로 두는 것이 곧 대답이 된다. 네 가지 대답이 있다. 첫째는 결정된 대답이니 '부처님은 제일가는 열반이자 안온이다'라고 함이요, 둘째는 뜻을 풀이해 대답함이요, 셋째는 되물어 대답함이요, 넷째는 그대로 두어 대답함이다. 여기에서 부처님께서는 그대로 두어 대답하신 것이다.

그대가 "일체지를 갖춘 사람이 없다"고 하였으나, 이것은 말은 있으되 뜻[義]이 없으니 크게 망령된 말이다. 실로 일체지를 갖춘 사람은 있다. 왜냐하면 10력(力)을 얻었기 때문이다. 또한 바른 곳[處]과 바르지 않은 곳[非處]을 알기 때문이며, 인연과 업보를 알기 때문이며, 선정과 해탈을 알기 때문이며, 중생 근기의 착하고 악함을 알기 때문이며, 갖가지 욕심과 견해를 알기 때문이며, 갖가지 세간의 한량없는 성품을 알기 때문이며, 온갖 것이 마침내 이르는 길을 알기 때문이며, 전생에서 행한 곳을 알기 때문이며, 천안(天眼)을 분명히 얻었기 때문이며, 온갖 누(漏)가 다했음을 알기 때문이며, 깨끗함과 깨끗하지 못함을 분명히 알기 때문이며, 온갖 세계에서 상품의 법을 말씀하기 때문이며, 감로의 맛을 얻었기 때문이며, 중도(中道)의 법을 얻었기 때문이며, 온갖 법의 유위와 무위의 실상을 알기 때문이며, 삼계(三界)의 욕심을 영원히 여의었기 때문이다.

이와 같은 갖가지 인연 때문에 부처님은 일체지를 갖춘 분이시다.

---

81) 아이를 낳을 수 없는 여자를 말한다.
82) 남근을 갖추지 못한 남자를 말한다.

청하지 않으면 얻을 수 없다

【經】 능히 한량없는 부처님들께 청했다.

청하는 데는 두 가지가 있다.

첫째는 부처님이 처음 성도하셨을 때, 보살이 밤낮으로 세 차례씩 여섯 차례 예배하여 청한 것이니, 곧 오른 어깨를 걷어 올리고 합장한 채 여쭙기를 "시방(十方) 불국토의 한량없는 부처님들이 처음으로 불도를 성취하시고 아직 법륜을 굴리시기 전에, 나 아무개는 청하옵니다. 일체의 부처님들께서 중생을 위해 법륜을 굴리셔서 모든 중생을 제도하소서"라고 한 것이다.

둘째는 부처님들께서 한량없는 수명을 버리시고 열반에 드시려 할 때, 보살이 또한 밤낮으로 세 차례씩 오른쪽 어깨를 걷어 올리고 합장한 채 여쭙기를, "시방의 불국토의 한량없는 부처님들이시여, 나 아무개는 청하오니 세간에 오래오래 끝없는 겁 동안 머무시면서 모든 중생을 제도하여 중생들을 이롭게 하여 주옵소서"라고 한 것이다.

이것을 '능히 한량없는 부처님들께 청한다'고 말한다.

【문】 부처님들의 법이란, 가르침을 설하여 널리 중생을 제도하셔야 하기에, 청하건 청하지 않건 마땅히 그렇게 하셔야 하거늘 어찌하여 청을 기다리는가?

만일 눈앞에서 부처님들께 청한다면 이는 가능한 일이겠지만, 지금은 시방의 한량없는 불국토의 부처님은 눈으로 볼 수 없거늘 어찌 청할 수 있겠는가?

【답】 부처님들은 반드시 법을 설하시니, 남이 청하기를 기다릴 필요가 없지만 청하는 이도 또한 복을 받아야 된다. 비록 대국의 왕에게는 맛좋은 음식이 많지만 드시라고 청하는 이에게는 반드시 복덕이 내려지는 것과 같다. 그의 마음을 헤아리는 까닭이다. 인자한 마음으로 중생들 모두

가 즐거움을 얻게 하려고 생각하는 경우, 비록 그 중생은 즐거움을 받지 못해도 생각하는 이는 많은 복을 받는 것과 같이, 부처님께 설법을 청하는 것도 그러하다.

또한 부처님들은 청하는 이가 없으면 바로 열반에 들어 설법을 하지 않는 경우가 있다.

법화경(法華經)에서 다보(多寶) 부처님은 아무도 청하는 이가 없는 까닭에 곧 열반에 드셨다가 나중에 변화한 불신(佛身) 및 칠보탑으로 법화경을 설하시는 것을 증명해 주기 위해 잠시 나타나셨다고 했다.

또한 수선다(須扇多) 부처님의 제자는 전생의 행이 아직 익어지지 않았기에 문득 버리고 열반에 드셨으니, 화불(化佛)로 머물러 한 겁 동안 중생을 제도하셨다.

지금의 석가모니 부처님께서는 도를 얻으신 뒤 57일 동안 잠자코 계시어 법을 설하지 않으셨다. 스스로 말씀하기를 "나의 법은 심히 깊어서 알기 어렵고 이해하기 어렵다. 일체의 중생들은 세간의 법에 결박되고 집착되어 능히 이해할 자가 없다. 차라리 잠자코 열반의 즐거움에 드느니만 못하리라"고 하셨다.

이때에 여러 보살들과 석제환인과 범천왕과 하늘들이 합장하여 공경히 예를 올리면서 "중생들을 위하여 최초의 법륜을 굴리소서"라고 청했던 것이다.

그러자 부처님께서는 잠자코 청을 받아들이시고는 바라내(波羅奈)의 사슴동산83)으로 가셔서 법륜을 굴리셨다.

이와 같거늘 어찌 청해도 이익이 없다고 하겠는가.

---

83) 녹야원(鹿野苑). 이곳에서 교진여 등 다섯 비구에게 최초의 설법을 하셨다. 그러나 화엄경에 의하면, 석가모니 부처님은 성도를 이루신 후 선정 중에 이미 법을 다 말씀하셨다. 다만 다섯 제자에게 초전법륜을 굴리신 것은 사바세계 중생의 근기에 맞춰 법을 선설하시기 시작한 것이다.

공덕이 부족했던 수발타가 열반을 이루다

외도로서 욕심을 여읜 자는 한 장소와 한 도에서만 심해탈을 얻을 뿐 온갖 장애의 법에서 해탈을 얻는 것은 아니다. 그러므로 아라한을 '마음으로 훌륭한 해탈을 얻었고, 지혜로 훌륭한 해탈을 얻었다' 한다.

또한 외도들은 길을 돕는 가르침[助道法]이 만족치 못하나니, 하나의 공덕만을 행하거나 혹은 두 가지 공덕만을 행하고서 도를 구하나 얻지 못한다. 마치 어떤 사람이 보시만을 해서 청정하기를 바라는 것과 같으며, 또한 어떤 사람이 하늘에 제사를 드리고서 말하기를 "능히 근심과 걱정을 벗어나며, 항상 즐거운 국토에 태어날 수 있다"고 하는 것과 같다.

하지만 어떤 이는 말하기를 "여덟 가지 청정한 도가 있으니, 첫째는 스스로 깨달음이요, 둘째는 들음이요, 셋째는 경을 읽음이요, 넷째는 안의 괴로움을 두려워함이요, 다섯째는 중생의 괴로움을 두려워함이요, 여섯째는 하늘의 괴로움을 두려워함이요, 일곱째는 좋은 스승을 만남이요, 여덟째는 크게 보시를 하는 일이다"라고 한다. 그러니 앞의 사람은 여덟째 것만을 청정한 도라고 말한 것이다.

또 어떤 외도는 보시와 지계만을 청정한 도라 하고, 어떤 이는 보시와 선정만을 청정한 도라 하고, 어떤 이는 보시와 지혜 구하는 것만을 청정한 도라 한다.

이와 같은 갖가지 길은 충분하지 못하다. 공덕이 없거나 공덕이 적으면서 청정하다 하면 이 사람은 비록 한 곳에서는 심해탈을 얻을지라도 호해탈(好解脫)이라 할 수는 없나니, 열반의 도가 충분하지 못하기 때문이다.

게송으로 말하리라.

생·노·병·사의 큰 바다를
공덕 없는 사람은 건너지 못한다.
공덕이 적은 이도 건너지 못하니

길을 잘 행하라 하심은 부처님의 말씀이라.

여기에서 『수발타범지경(須跋陀梵志經)』을 얘기해야 하리라.

수발타 범지는 120세에 5신통(神通)을 얻고서 아나발달다(阿那跋達多) 연못 가에 살고 있었다. 밤에 꿈속에서 보니, 사람들이 모두 장님이 되어 벌거벗은 채 어둠 속에 서 있었으며, 해는 떨어지고 땅은 깨어지고 바다는 마르고 큰 바람이 일어 수미산을 불어 깨뜨려 흩어버리는 것이었다.

깨고 나서 그는 생각했다.

'무슨 까닭일까? 나의 목숨이 다하려는 것인가. 혹은 천지의 주인[天地主]이 떨어지려는 것인가.'

전혀 알 수가 없었으니, 이러한 악몽을 꾸었기 때문이었다.

이전 세상부터 선지식이었던 신(神)이 있었는데, 그가 하늘로부터 내려와서 수발타에게 말했다.

"그대는 두려워하지 말라. 일체지를 갖추신 분이 계시니, 부처님이라 한다. 그분이 새벽녘에 무여열반에 드시게 될 것이다. 그러므로 그대가 꿈을 꾼 것이지 그대의 몸에 관계된 것이 아니다."

수발타는 이튿날 구이나갈국(拘夷那竭國)의 숲에 이르러 아난이 경행하는 것을 보았다. 그는 아난에게 물었다.

"내가 듣건대 그대의 스승이 새로이 열반의 진리를 말씀하시고 오늘 저녁 한밤중에 열반에 드신다 합니다. 저에게 의문이 있으니 부디 부처님을 뵙고 내 의문을 해결하게 해 주시오."

아난이 대답했다.

"세존께서는 몸이 극히 피로하시니, 그대가 따져 묻는다면 세존을 번거롭게 할 것이오."

수발타가 마찬가지로 거듭 청하고 세 번째 청하니, 아난도 세 번까지 처음과 같이 대답했다.

이때 부처님께서 멀리서 이 대화를 들으시고 아난에게 말씀하셨다.

"수발타 범지가 내 앞에 와서 마음껏 따지고 묻도록 허락하라. 그는 나의 마지막 도를 얻은 제자가 될 것이다."

이때 수발타가 부처님 앞으로 가까이 가서 세존께 인사를 드리고는 한쪽에 앉아서 이렇게 생각했다.

'모든 외도들이 은애(恩愛)와 재물을 버리고 출가하였어도 모두가 도를 얻지 못했거늘 오직 사문 구담(瞿曇)만은 도를 얻었구나.'

이렇게 생각하고는 곧 부처님께 여쭈었다.

"이 염부제 땅에 있는 6사(師)의 무리들이 모두 저마다 말하되, '내가 일체지를 갖춘 사람이다'라고 하는데 그것이 사실인지요?"

그때 세존께서 게송으로 대답하셨다.

내 나이 열아홉에
집을 떠나 불도를 배웠다.
내가 출가한 뒤 오늘까지
이미 50년이 지났다.

청정한 계와 선과 지혜를
외도는 하나도 갖지 못했고
아주 조금도 없거늘
하물며 온갖 지혜이겠느냐.

"만일 8정도(正道)가 없다면 여기에는 제1과도 제2·제3·제4과[84]도 없거니와 만일 8정도가 있다면 여기에는 제1과와 제2·제3·제4과가 있느니라.

수발타야, 나의 법에는 8정도가 있으니, 여기에는 제1과와 제2·제3·제4과가 있느니라. 그 밖의 외도의 법은 모두가 공하여 도도 없고 과도 없고 사문도 없고 바라문도 없나니, 이렇게 나는 대중 가운데서 진실로

---

84) 성문(聲聞)의 네 가지 과위를 말한다. 즉 수다원·사다함·아나함·아라한이다.

사자후를 외치노라."

수발타는 이 법문을 듣고는 아라한의 도를 얻었다. 그는 이렇게 생각했다.

'내가 부처님보다 나중에 열반에 들 수는 없는 일이다.'

이렇게 생각하고는 부처님 앞에서 가부좌를 틀고 앉아서 스스로의 신통력으로 몸에서 불을 내더니 몸을 태워 멸도를 택했다.

이러한 이유로 부처님께서 말씀하시기를 "공덕이 없거나 공덕이 적으면 조도법(助道法)이 원만히 갖추어지지 못한다" 하셨다.

부처님의 말씀은 모든 공덕이 구족하므로 능히 제자들을 제도하시나니, 마치 작은 약장사는 한 가지 약이나 두 가지 약뿐으로 충분히 갖추고 있지 못하므로 중대한 병을 고치지 못하지만, 큰 약장사는 여러 약을 갖추고 있기에 모든 병을 다 치료하는 것과 같다.

애욕은 모든 번뇌의 왕이다

【문】 삼계의 온갖 번뇌를 여의는 까닭에 심해탈을 얻는다면, 어찌하여 부처님께서 말씀하시기를 '애욕에 물든 마음을 여의면 해탈을 얻는다' 하시는가?

【답】 애욕[愛]은 능히 마음을 얽매고 막는 큰 힘이 있다. 그러므로 그것만을 말씀하시고 다른 번뇌를 말씀하시지 않았으니, **애욕이 끊어지면 다른 번뇌도 끊어지기 때문이다.**

어떤 사람이 말하기를 "왕이 온다"라고 하면 반드시 왕을 따르는 무리가 함께 함을 알 수 있듯이 애욕도 그렇다.

또 수건의 한 끝을 잡으면 나머지는 모두 따르는 것같이, 애욕에 물드는 일 역시 그와 같아서 애욕이 끊기면 나머지 번뇌는 이미 다 끊긴다는 것을 아는 것이다.

또한 모든 번뇌[結使]는 애(愛)와 견(見)에 속하나니, 애에 속한 번뇌는 마음을 가리고, 견에 속한 번뇌는 지혜를 가린다. 그러므로 애를 여의는 까닭에 애에 속했던 결(結)[85]과 사(使)[86] 역시 여의게 되어 심해탈을 얻는다. 이와 같이 해서 무명을 여의는 까닭에 견에 속하는 결과 사도 여의게 되어 혜해탈(慧解脫)을 얻게 되는 것이다.

『마하바라밀다경』의 회중에 모인 5천 아라한은 물러나지 않는 법에서 무생지(無生智)[87]를 얻었다. 그러므로 마음으로 훌륭한 해탈을 얻고 지혜로 훌륭한 해탈을 얻었다 하나니, 물러나지 않기 때문이다.

물러나는[退法] 아라한이 시해탈(時解脫)을 얻음은 마치 구제가(劬提迦) 등이 비록 해탈을 얻었으나 퇴법인 까닭에 훌륭한 해탈이 되지 못하는 것과 같다.

---

85) 중생을 칭칭 옭아매는 번뇌의 속성.
86) 중생이 주체가 되지 못하고 끌려다니게 되는 번뇌의 속성.
87) 고·집·멸·도 4제를 관찰해 얻는 지혜로서, 더 이상 고(苦)의 과보가 일어나지 않게 되었음을 자각하는 지혜를 말한다.

영혼 또한 생멸이다

만일 영혼[神]이 항상하다면 죽지도 않고 생하지도 않아야 한다. 왜 그러한가? 외도들의 법대로 영혼은 항상하다면 일체의 5도(道)에 두루 차 있어야 할 것이다. 그러니 어찌 생사가 있겠는가. 죽음이란 여기에서 없어진다는 말이요, 생함이란 저기에 나온다는 말이다. 그러므로 '영혼은 항상하다'고 말할 수 없다.[88]

만일 영혼이 항상하다면 고락을 받아서는 안 된다. 왜냐하면 괴로움이 오면 근심하고 즐거움이 오면 기뻐하는데 근심과 즐거움에 따라 변한다면 항상함이 아니기 때문이다.

만일 항상하다면 허공과 같아서 비도 적시지 못하고, 열기로도 말리지 못하며, 또한 금생과 내생도 없을 것이다.

만일 영혼이 항상하다면 후생에 태어나거나 금생에 죽는 일이 없어야 할 것이다. 다시 영혼이 항상하다면 항상 아견(我見)이 있어서 열반을 얻지 못할 것이며, 영혼이 항상하다면 일어남도 멸함도 없으며, 잊거나 잃는 일이 없어야 한다. 하지만 이 영혼은 없고 식(識)은 무상하기에 잊는 일이 있고 잃어버리는 일이 있다.

그러므로 신식(神識)은 항상치 않다. 이러한 갖가지 인연에 의해 영혼은 항상한 모습이 아님을 알아야 한다.

만일 영혼이 무상한 모습이라면 또한 죄도 없고 복도 없다. 만일 몸이 무상하다면 영혼도 무상하다. 두 가지가 모두 사라지면 단멸의 극단에 떨어지고, 단멸에 떨어지면 후생에 이르러 죄와 복을 받을 이도 없게 된다.

만일 단멸 그대로가 열반을 얻는 것이라면 번뇌[結]를 끊을 필요도 없고, 또한 후생의 죄와 복의 인연도 필요치 않다.

이러한 갖가지 인연에 의하여 영혼이 항상치 않음을 알 수 있다.[89]

---

[88] 중생에게 생멸이 있으므로, 영혼에도 필연적으로 생멸이 있다는 뜻이다.
[89] 영혼[神]이 항상하다는 생각은 초월적 자아[아트만]의 존재를 주장하는 힌두교의 유아설(有我設)이다. 그러나 불교에서는 생사에 의존하여 존재하는 '나'는 항상하지 않으므로 무아(無我)임을 밝히고 있다. 그러나 "영혼이 없다"라고 말한다면 죄와 복의 과보, 즉 인과를 설명할 수 없다. 그러므로 영혼은 항상하지 않으며, 영혼 또한 생사라고 말하는 것이다. 보시는 이런 '나'라는 망상과 집착을 부수는 최고의 방편이다.

도는 눈이 아니라 지혜로 얻는 것이다

마건제(摩犍提) 범지가 죽었을 때, 그의 제자가 마건제의 시체를 평상에 얹어 메고 성안의 사람들이 많은 곳에서 외쳤다.

"누구든지 눈으로 마건제의 시체를 보기만 하여도 그 사람은 모두가 청정한 도를 얻게 된다. 그러니 하물며 예배하고 공양하는 사람이겠는가"

그 말을 듣고 많은 이가 그것을 믿었다. 소식을 들은 비구들이 부처님께 여쭈었다.

"세존이시여, 이 일이 어찌된 일이옵니까?"

부처님께서 게송으로 말씀하셨다.

소인은 눈으로 보아 청정을 구하지만
이렇게 지혜 없는 자에게 참된 도는 없도다.
모든 결(結)과 번뇌가 마음에 가득하거늘
어떻게 눈으로 보아서 청정한 도를 얻으랴.

만일에 눈으로 보아 청정함을 얻는다면
지혜공덕이라는 보물이 무슨 소용 있으랴.
지혜의 공덕만이 청정함이 되나니
눈으로 보아 청정을 구함은 옳지 못하네.

그러므로 경에서 '바른 지혜로 해탈을 얻는다'고 하는 것이다.

부처님의 세 가지 비밀함

『밀적금강경(密跡金剛經)』에 말씀하시기를 "부처님에게는 세 가지 비밀함[密]이 있으니, 몸의 비밀[身密]·말의 비밀[語密]·뜻의 비밀[意密]이다"고 했다.

몸의 비밀이라 함은, 일체의 하늘과 인간이 아무도 알지 못하는데 어느 한 모임의 중생만이 부처님의 몸이 황금빛이고 흰 은빛이며 또한 갖가지 보배빛임을 본다. 어떤 사람은 부처님의 몸이 한 길 여섯 자임을 보고, 어떤 사람은 1리(里)·10리·백천만억이고 나아가서는 끝없고 한량없어 허공에 두루한 것을 보나니, 이러한 것들을 몸의 비밀이라 한다.

말의 비밀이라 함은, 어떤 사람은 부처님의 음성을 1리에서 듣고, 어떤 사람은 10리·백천만억리 내지는 끝없고 한량없어 허공 가운데 두루 걸쳐서 듣는다. 한 모임 가운데서 혹은 보시(布施)를 말씀하시는 것을 듣고, 혹은 지계를 말씀하시는 것을 듣고, 혹은 인욕·정진·선정·지혜를 말씀하시는 것을 듣는다. 이와 같이 해서 12부경(部經)과 8만의 법취(法聚)에 이르기까지 제각기 마음의 능력에 따라 듣는다. 이것을 말의 비밀이라 한다.

어느때 목련이 부처님의 음성이 먼가 가까운가를 알고자 하여 곧 자신의 신통으로 한량없는 천·만억 불세계에 도달해 멈춰서는 부처의 음성을 들으니, 곁에서 듣는 것과 다름이 없었다.

그가 멈춘 세계의 부처님께서 대중들과 막 공양을 들고 계셨는데, 그 국토의 사람들은 매우 커서 목련이 그분들의 발우에 기대 설 정도였다.

그때 그 부처님의 제자가 부처님께 여쭙기를 "이 인간의 머리를 닮은 벌레가 어디서 왔기에 사문의 옷을 입고 다닙니까?" 하니, 그 부처님이 대답하시기를 "이 사람을 가벼이 여기지 말라. 동쪽으로 한량없는 불국토를 지나면 부처님이 계시니 석가모니이시다. 이 사람은 그 부처님의 신통

제일의 제자이시다" 했다.

그 부처님께서 목련존자에게 물으셨다.

"그대는 어찌하여 여기에 왔는가?"

목련이 대답하였다.

"저는 부처님의 음성을 따라 여기까지 왔습니다."

그 부처님께서 말씀하셨다.

"그대가 부처님의 음성을 쫓아 한량없는 억 겁을 지나더라도 그 끝난 데를 알지 못하리라."

뜻의 비밀이라 함은, 부처님께서는 세상에 나오시어 중생들의 의심을 끊어 주기 위해 법을 설하시는 것이니, 이는 질문할 일이 아니다. 마치 해가 어찌하여 어두움을 제하는지 묻지 말아야 함과 같다. 부처님에 대해서도 마찬가지이니, '부처님께서는 어째서 대답하셨는가'라고 묻지 말아야 할 것이다.

병을 얻는 인연

【문】 무슨 인연으로 병을 얻는가?

【답】 전생에 채찍질하고 매질하고 고문하고 약탈하고 가두고 결박하는 등 갖가지 방법으로 중생들을 괴롭혔기 때문에 금생에 병을 얻는다.

또한 금생에 몸조심하기를 알지 못한 채 음식을 조절하지 않고 앉거나 눕기를 때 없이 하면 이런 까닭에 갖가지 병을 얻으니, 이와 같이 해서 404가지의 병이 생긴다.

부처님의 신력으로 병든 자가 나을 수 있나니, 경에 이런 말이 있다.

부처님께서 사바제(舍婆提) 나라에 계실 때, 어떤 거사가 부처님과 승려들을 집으로 청해서 음식을 들게 했다. 부처님께서 정사에 계시면서 공양을 받으시는 데는 다섯 가지 인연이 있으니, 첫째는 선정에 드시려 할 때요, 둘째는 하늘 무리들에게 설법하시려 할 때요, 셋째는 여러 비구들의 방을 둘러보시려 할 때요, 넷째는 병든 비구들을 보살피시려 할 때요, 다섯째는 아직 제정하시지 않은 계법을 제정하시려 할 때이다.

이때 부처님께서 손수 문을 여시고 비구들의 방에 들어가시니, 어떤 비구가 병이 들어 괴로워하는데 아무도 돌보는 이가 없이 누운 채로 똥오줌을 싸면서 거동을 못했다.

부처님께서 그 비구에게 물으셨다.

"그대는 얼마나 괴로우냐. 혼자서 아무도 돌보는 이가 없구나."

비구가 대답했다.

"대덕이시여, 저는 성격이 게을러서 남이 병들었을 때 전혀 돌봐 주지 않았으므로 이제 제가 병들어도 남이 돌봐 주지 않습니다."

부처님께서 말씀하셨다.

"선남자야, 내가 그대를 돌봐 주겠노라."

이때 석제바나(釋提婆那)의 백성들은 물을 주었고 부처님께서 손으로 그의 몸을 어루만져 주셨다. 몸을 만져 주시니 온갖 고통이 즉시 제거되고 나아서 몸과 마음이 안온해졌다.

이때 세존께서는 그 병든 비구를 일일이 부축해 일으켜서 방 밖으로 데리고 나와 목욕을 시키고 옷을 갈아입힌 뒤에 다시 조심스레 방으로 데리고 들어가서 자리를 펴고 앉게 하셨다.

그리고는 부처님께서는 병든 비구에게 말씀하셨다

"그대가 오랫동안 얻지 못한 일을 얻으려 하지 않았고, 이르지 못한 곳에 이르고자 하지 않았고, 알지 못한 일을 알려고 하지 않았으므로 이토록 많은 고통을 받고 있느니라. 이렇게 하면 다시 더 큰 고통이 있느니라."

비구가 이 말을 듣고 생각했다.

'부처님의 은혜는 한량이 없으시고, 신통력이 헤아릴 수 없으셔서 손으로 만지시자마자 고통이 곧 멈추고 몸과 마음이 편해졌다.'

그러므로 부처님은 신통력으로써 병든 자를 낫게 하시는 것이다.

부처님의 크신 은혜를 입으면 몸을 모두 구족하게 되나니, 비유하건대 기원정사에 건저(犍抵)라는 노비가 있었는데, 그는 원래 바사닉왕 형의 아들로서 단정하고 용맹하고 건강하며 심성이 부드럽고 착했다.

왕의 대부인이 그를 보자 마음에 애착이 일어나 은근히 불러 자기의 뜻에 따르라 하였으나 건저는 거절했다. 대부인이 크게 노하여 왕에게 중상모략 하여 도리어 죄를 뒤집어 씌웠다.

왕은 이 말을 듣자 그 자리에서 그를 갈기갈기 찢어서 무덤 사이에 버렸다.

그날 밤 목숨이 끊어지려 할 때에 호랑나찰이 와서 그를 먹으려는데 그때 마침 부처님께서 그 근처를 지나시다가 그를 발견하고는 광명을 놓아 비추시니, 몸이 곧 회복되었다. 그가 크게 기뻐하매 부처님께서 그에게 설법을 해 주시니 그는 곧 세 번째 도[三道]를 얻었다.

제1부. 부처님을 이야기하다

부처님께서 그의 손을 끌고 기원정사로 돌아오시니, 그가 이렇게 말했다.

"제 몸이 이미 망가져 버려졌던 것을 부처님께서 다시 제 몸을 이어 주셨습니다. 이 목숨이 다할 때까지 부처님과 비구 승가에게 이 몸을 보시하겠습니다."

이튿날 바사닉왕이 이 말을 전해 듣고 기원정사로 와서 건저에게 말했다.

"그대에게 잘못을 참회하노라. 너는 실로 아무런 죄도 없거늘 사리분별을 못해 형벌의 해를 입혔구나. 이제 그대에게 이 나라의 반을 주어 다스리게 하리라."

건저가 말했다.

"저는 이미 싫어졌습니다. 왕에게도 죄는 없습니다. 제가 전생에 지은 죄의 과보로써 마땅히 그렇게 돼야 하는 것이었습니다. 이제 몸으로써 부처님과 스님들에게 바쳤으니, 다시 돌이킬 수 없습니다."

이와 같이 어떤 중생이 불구로서 구족치 못한 이가 있더라도 부처님의 광명을 입으면 모두가 즉시에 원래로 돌아온다. 그러므로 말씀하시기를 "불구라도 모두가 구족해진다"고 했나니, 부처님의 광명을 받으면 즉시에 원래로 돌아오는 것이다.

부처님이 항상한 몸(常身)을 나타내신 이유

【문】 부처님께서 반야바라밀을 설하실 때, 상신(常身)으로서 이 삼천대천세계 가운데의 일체 중생에게 보이셨다. 어째서 그러한가?

【답】 부처님께서 마하반야바라밀을 말씀하시기 위하여 삼매왕삼매에 드시니, 발밑의 상륜(相輪)에서 나는 광명으로부터 위로는 육계의 광명에 이르기까지 크게 빛나셨다.

마치 겁이 다하였을 때에 수미산들이 차례로 타버리는 것과 같았으니, 이 광명은 삼천대천세계와 나아가서는 시방의 항하의 모래수 같이 많은 부처님 세계에 두루 찼으며 모두 크게 빛났다. 이를 보는 중생은 마침내 아뇩다라삼먁삼보리에 이르렀다.

이때 부처님께서 반야바라밀을 말씀하시려 하시니, 첫째는 신통력을 부리시고, 둘째는 온갖 털구멍이 미소를 짓고, 셋째는 항상한 광명을 사방으로 각각 한 길씩 놓으시고, 넷째는 혀로 삼천대천세계를 두루 덮어 웃으시고, 다섯째는 사자유희삼매에 드시면 삼천대천세계가 여섯 가지로 진동하고, 여섯째는 부처님이 사자좌에 앉으시어 가장 훌륭한 몸의 광명을 나타내시면 그 모습과 위덕이 크고 높으시다.

이러한 위신력으로 중생들을 감동시키면, 믿음이 있는 중생은 모두가 아뇩다라삼먁삼보리에 이르게 된다. 그 중에도 의심하는 이에게는 상신을 보이면 곧 믿음과 이해가 생겨서 제각기 말하기를, "지금 보는 것이 부처님의 참 몸이시다. 부처님의 신통력 때문에 이 삼천대천세계 안의 사람이 부처님의 상신을 보되 멀건 가깝건 장애가 없다" 한다.

이때 삼천대천세계의 중생이 모두 크게 기뻐하면서 말한다.

"이것이 참으로 부처님의 몸이다. 부처님이 처음 탄생할 때와 처음 성불할 때와 처음 법륜을 굴리실 때 모두가 이 몸으로써 그와 같이 사유하신 것이다. 이것이 참으로 부처님의 몸이다."

부처님이 인간 가운데에서 사람의 부모로부터 태어나 인간의 몸과 힘을 받았으나 손가락 한마디의 힘이 천만억 나유타의 흰 코끼리보다 수승하시고, 신통력은 한량없고 셀 수 없어서 불가사의하시다. 이 정반왕의 아들은 노·병·사의 고통을 싫어해 출가하여 불도를 이루셨으니, 이분이 어찌 죄보를 받아 추위나 더위에 시달리셨겠는가? 부처님의 신통력은 불가사의하니, 불가사의한 법 가운데 어찌 추위나 더위 따위의 걱정이 있겠는가?

부처님에게는 두 가지 몸이 있으시니, 하나는 **법성신(法性身)**이요, 하나는 부모가 낳아 주신 몸이다. 이 법성신은 시방 허공에 가득하여 한량없고 끝이 없으며, 빛과 형상이 단정하고 상호가 장엄스러우며, 한량없는 광명과 한량없는 음성이 있으시다. 법을 듣는 무리 역시 허공에 가득하며 [이 무리들도 역시 법성신이어서 생사에 끄달리는 사람은 아니다.] 항상 갖가지 몸과 갖가지 명호와 갖가지 태어날 곳과 갖가지 방편을 내어 중생을 제도하니, 항상 일체를 제도하여 잠시도 쉬지 않는다.

이와 같음이 법성신의 부처님이며, 시방의 중생들로서 죄보를 받는 자를 구제하는 것은 **생신불**이다. 생신불은 차례차례 설법하기를 인간의 법과 같이 한다.

이렇게 두 가지 부처가 있으므로 여러 죄보를 받는다 하여도 허물이 없다.

또한 부처님은 도를 얻었을 때에 일체의 그릇된 법을 모두 끊고, 일체의 착한 법이 다 이루어지거늘 어찌 실로 착하지 못한 죄보를 받는 일이 있겠는가? 다만 미래의 중생을 가엾이 여기시기 때문에 방편을 나투어 이러한 여러 죄보를 받는 것이다.[90]

---

90) 부처님께서 인간의 몸으로 나셔서, 깨달음을 보이시고, 법을 설하시고 나서, 다시 인간의 몸을 다하시고 법성신을 드러내시는 것을 곧 대반열반(大般涅槃)이라 한다.

부처님의 명호

【문】부처님에게는 단지 바가바라는 한 이름뿐인가, 아니면 다른 이름이 있는가?

【답】부처님의 공덕이 한량이 없다면 명호 역시 한량이 없다. 이 이름은 그 중에서 큰 것만을 취하였으니 사람들이 많이 알고 있기 때문이다. 그 밖에 다른 이름들이 있다.

(1) 여래(如來)[91]라고 한다.

어찌하여 여래라 하는가? 법의 모양과 같이 알고 법의 모양과 같이 말하며, 부처님들이 편안한 길에서 오신 것같이 부처님께서도 그렇게 오셔서 다시는 후유(後有) 가운데로 돌아가지 않는다. 그렇기 때문에 여래라고 한다.

(2) 또한 아라하(阿羅呵)[92]라고 부른다.

어찌하여 아라하라 하는가? 아라(阿羅)는 적(敵)이요 하(呵)는 살(殺)이니, 곧 살적(殺敵)이라 한다.
게송에 이런 것이 있다.

부처님은 인욕으로 투구를 삼고
정진으로 갑옷을 삼고
지계로써 큰 말을 삼고
선정으로 활을 삼고

지혜로써 좋은 화살을 삼아
겉으로는 마왕의 군대를 깨뜨리고
안으로는 번뇌의 도적을 무찌르니
이를 아라하라 한다네.

---

91) 원문에는 다타아가타(多陀阿伽陀)라고 하였다.
92) 아라한(阿羅漢)을 말한다. 여기서는 소승의 아라한과 구분짓기 위해서 "아라하"라 하였다.

또한 아(阿)는 불(不)이요, 라하(羅呵)는 생(生)이니, 불생(不生)이라 한다. 부처님의 마음 종자가 뒷세상의 밭에서 생겨나지 않아 무명의 쭉정이를 벗기 때문이다.

또한 아라하는 공양을 받을 만한 분[應供]이라 하니, 부처님은 모든 번뇌가 다하고 온갖 지혜를 얻었으므로 일체 천지의 중생들의 공양을 다 받을 수 있다. 그러므로 부처님은 아라하라 한다.

(3) 또한 삼먁삼불타(三藐三佛陀)라 한다.

어찌하여 삼먁삼불타라 하는가? 삼먁은 정(正)이요 삼은 변(遍)이요 불타는 지(知)이니, '일체법을 바르고 두루 아는 분[正遍知]'이라 한다.

어떻게 바르고 두루 아는가? 괴로움을 괴로움의 모습같이 알고, 쌓임을 쌓임의 모습같이 알고, 사라짐을 사라짐의 모습같이 알고, 도를 도와 같이 안다. 이것을 삼먁삼불타라 한다.

또한 온갖 법이 진실로 무너지지 않는 모습이어서 늘지도 않고 줄지도 않음을 안다. 그렇다면 무엇을 무너지지 않는 모습이라 하는가? 마음으로 행할 곳이 사라지고 언어의 길이 끊어져 모든 법을 초월해 마치 열반의 모습 그대로 요동치 않는 것이다. 그러므로 삼먁삼불타라 한다.

또한 온갖 시방세계의 명호(名號)와 6도(道)에 속하는 중생들의 명호와 중생들의 전생 인연과 미래 세상에 태어날 곳과 시방의 온갖 중생들의 갖가지 심상(心相)과 모든 번뇌와 모든 선근과 모든 벗어나는 길 등 이러한 온갖 법을 다 아나니, 이를 삼먁삼불타라 한다.

(4) 또한 비치차라나삼반나(鞞侈遮羅那三般那)라 한다.

한어로는 명행구족(明行具足)이라 한다. 어찌하여 명행구족이라 하는가? 숙명(宿命)과 천안(天眼)과 누진(漏盡)을 3명(明)이라 한다. 3명을 모두 구족하였기에 명행구족이라 한다.

신통(神通)과 명(明)에는 어떤 차이가 있는가?

과거 전생의 일만을 바로 아는 것을 신통이라 하고, 과거의 인연과 행업까지 아는 것을 명이라 한다. 여기에 죽어서 저기에 태어나는 것만을 바로 아는 것을 신통이라 하고, 행의 인연은 이어지고 만나서 어긋나지 않음을 아는 것을 명이라 한다. 번뇌[結使]가 다하지만 다시 생겨날지 아닐지 모르는 것을 신통이라 하고 번뇌가 다하여 다시는 생겨나지 않을 것을 똑똑히 아는 것을 명이라 한다. 이것이 3명이니, 이 3명은 큰 아라한이나 큰 벽지불들이 얻는 것이다.

【문】 그렇다면 부처님과 어떠한 차이가 있는가?

【답】 그들은 비록 3명을 얻었으나 명이 만족하지 못하거니와 부처님은 모두가 만족하시니 이것이 다른 점이다.

【문】 무엇을 만족하다 하고, 무엇을 만족하지 못하다 하는가?

【답】 모든 아라한과 벽지불의 숙명지는 자기의 일과 다른 이의 일을 알지만 두루하지 못하다. 아라한은 한 세상·두 세상·세 세상, 혹은 십·백·천·만 겁 내지 8만 겁을 알지만 이를 지나면 더 알지 못한다. 그러므로 천안명을 얻었으되 구족하였다고 할 수 없다. 미래 세상에 대해서도 마찬가지이다.

하지만 부처님은 한 생각 동안에 나고 머무르고 멸하는 때와 모든 번뇌의 부분[分]이 생겨날 때와 모든 결사가 이처럼 나고 머물고 멸할 때를 아시니, 이와 같은 고법인(苦法忍)·고법지(苦法智)에서 끊어야 할 번뇌를 모두 분명히 아신다. 이와 같이 해서 번뇌에서 해탈할 때에 거기에 맞는 유위법의 해탈을 얻으며, 거기에 맞는 무위법의 해탈 내지 도비인(道比忍)을 얻는다. 이는 견제도(見諦道)의 15심(心) 가운데 있는 성문이나 벽지불들은 깨달아 알지 못하는 바이니, 시간이 짧고 빠르기 때문이다.

이와 같이 과거 중생의 인연과 번뇌가 다하였음을 알며, 미래와 현재에 대해서도 역시 그와 같다. 그러므로 부처님을 명행구족이라 한다.

행(行)은 신업(身業)과 구업(口業)을 뜻하는 말이나 오직 부처님만이 신구업을 구족하시고 나머지는 모두가 잃게 되기에 명행구족이라 한다.

(5) 또한 수가타(修伽陀)라고도 한다.

수(修)는 '좋다[好]'고 하고, 가타는 '간다[去],' 혹은 '말한다[說]'고 한다. 그러므로 '잘 가시고 잘 말한 분'이라 하나니, '잘 간다'고 함은 갖가지 깊은 삼매와 한량없는 모든 큰 지혜로 간다는 뜻이다.93) 게송에 이런 것이 있다.

부처님은 일체지를 큰 수레로 삼고
8정도를 행해 열반에 드신다네.

이것이 '잘 간다[好去]'는 뜻이다.
'잘 말한다[好說]' 함은 모든 법을 실상 그대로 말하되 법애(法愛)에 집착하지 않으며, 말할 때에는 제자들의 지혜의 힘을 관찰하는 것이다. 곧 '이 사람은 설사 온갖 방편과 신통과 지혜의 힘을 다하여 교화한다 해도 어쩔 수 없다,' '이 사람은 제도할 수 있으니 신속하리라,' '이 사람은 더딜 것이다,' '이 사람은 이러한 곳에서 제도해야 된다,' '이 사람에게는 보시를 말해 주어야 한다,' '이 사람에게는 계행을 말해주고, 이 사람에게는 열반을 말해 주어야 한다,' '이 사람에게는 5중(衆)94)·12인연·4제(諦) 등의 가르침을 말해 주어야 도에 들 것이다'라고 이와 같이 갖가지로 제자들의 지혜의 힘을 알아서 법을 말해 주는 것을 '잘 말한다' 하는 것이다.

(6) 또한 노가비(路迦憊)라고도 한다.

노가(路迦))는 세간[世]이라고 하고 비(憊)는 알다[知]라 하니, 이는 '세간을 아는 분[世間知]'95)이 된다.

【문】어떻게 세간을 아는가?
【답】두 가지 세간을 아나니, 첫째는 중생이요, 둘째는 비중생이다. 나아가 실상 그대로 세간과 세간의 원인을 알며, 세간의 멸과 출세간의 도를 안다.
'세간을 안다' 함은 세속의 알음알이 같은 것은 아니며, 또한 외도의 알음알이도 아니다. 세간은 무상한 까닭에 고이며, 고인 까닭에 무아라고 아는 것이다.
세간의 모습은 항상함도 아니고 무상함도 아니며, 끝이 있음도 아니고

---

93) 선서(善逝)라고도 한다.
94) 5중(衆)은 곧 색·수·상·행·식의 5온이다.
95) 세간해(世間解)라고도 한다.

끝이 없음도 아니며, 가는 것도 아니고 가지 않는 것도 아니다. 이러한 모습에도 집착되지 않고 청정하여 항상 무너지지 않는 모습이 허공과 같다고 아는 것이다.

이것을 '세간을 안다' 하는 것이다.

(7) 또한 아뇩다라(阿耨多羅),

즉 '위 없다[無上]'라고도 한다. 무엇이 위가 없는가?

열반의 법이 위가 없다. 부처님은 스스로가 이 열반을 아셔서 남에게 들은 적이 없으시며, 또한 중생들을 인도하여 열반에 이르게 하시는데, 모든 법 가운데서 열반이 위가 없듯이 중생 가운데서 부처님도 위가 없으시다.

또한 지계·선정·지혜로 중생을 교화하시는데, 아무도 같을 이가 없거늘 하물며 그를 지날 이가 있겠는가? 그러므로 '위없는 분'이라 한다.

또한 아(阿)를 '없음[無]'이라 하고 욕다라(耨多羅)를 '대답하다[答]'라고 하니, '대답할 자 없는 분[無答]'이 된다. 온갖 외도의 법은 대답할 수 있고 부술 수가 있으니, 진실이 아니요 청정이 아니기 때문이다. 하지만 부처님의 법은 대답할 수 없고 부술 수도 없다. 온갖 언어의 길을 뛰어넘었으니, 진실하고도 청정하기 때문이다. 그런 까닭에 '대답할 자 없는 분'이라 하는 것이다.

(8) 또한 부루사담먁바라제(富樓沙曇藐婆羅提)라 한다.

부루사는 '장부(丈夫)'이고, 담먁은 '교화할 수 있다[可化]'이며, 바라제는 '길들이는 이[調御師]'이니, 이는 '장부를 교화하고 길들이는 분[調御丈夫]'이 된다.

부처님은 큰 자비와 큰 지혜로써 때로는 부드러운 말로, 때로는 간절한 말로, 때로는 잡된 말로 길들여서 도를 잃지 않게 하시는 까닭이니, 다음과 같은 게송이 있다.

불법은 수레요 제자는 말이며
참된 법보의 주인이신 부처님은 길들이는 분이시니,

말이 길을 벗어나서 바른 제도 잃으면
이럴 때에 다스려서 조복시켜 주신다.

협소해서 길들일 수 없으면 가벼운 법으로 다스리고
즐겨 선행 이루어 세우면 최상의 도에 들게 하며
다스리기 어려운 자는 그대로 버려두니
그러기에 조어사이고 위없는 분이라 하노라.

또한 조어사에 다섯 종류가 있다. 처음은 부모·형제·자매·친척이요, 중간은 관청의 법이요, 나중은 스승의 법이다. 이 세상에서는 이 세 가지 법으로 다스리고, 뒷세상에서는 염라왕(閻羅王)의 법으로 다스린다. 부처님은 이 세상의 즐거움과 뒷세상의 즐거움과 열반의 즐거움으로 이롭게 하기 때문에 부처님을 스승 중의 스승[師上]이라 한다.

부처님의 법을 제외한 네 가지 법으로 사람을 다스리면 오래지 않아서 무너져서 항상 참되게 성취하지 못하거니와 부처님은 사람을 세 가지 도리로써 이루어서 항상 도를 따라 잃지 않게 한다. 이는 마치 불이 자상(自相)을 버리지 않다가 마침내는 사라지기에 이르는 것과 같으니, 부처님께서 사람들로 하여금 착한 법을 얻게 하는 것도 이와 같아서 죽음에 이르기까지 버리지 않는다.

이런 까닭에 부처님을 '장부를 교화하고 길들이는 분'이라 한다.

(9) 또한 사다제바마누사남(舍多提婆魔㝹舍喃)이라고도 한다.

사다(舍多)는 스승[教師]이라 하고 제바(提婆)는 하늘[天]이라 하며 마누사남(魔㝹舍喃)은 인간[人]이라 하니, 이는 '하늘과 인간의 스승[天人師]'이 된다. 그렇다면 어찌하여 '하늘과 인간의 스승'이라 하는가? 부처님은 보여주고 인도하시되 '이는 해야 한다', '이는 하지 말아야 한다', '이는 착하다', '이는 착하지 못하다'고 하시니, 이렇게 인도받은 사람은 가르침을 따라 행하여 도법을 버리지 않으므로 번뇌에서 해탈하는 과보를 얻게 된다. 그러므로 '하늘과 인간의 스승'이라 부른다.

【문】 부처님은 용이나 귀신 등 다른 길에 떨어진 중생들도 제도하시거

늘 어찌하여 하늘과 인간의 스승만을 말하는가?

【답】 다른 길에 태어난 중생을 제도한 일은 적고, 인간과 하늘을 제도한 일은 많기 때문이다. 마치 얼굴빛이 흰 사람에게 검은 사마귀가 있다고 해서 흑인이라 하지 않는 것과 같으니, 검은빛이 적기 때문이다.

또한 인간 세상에서는 번뇌[結使]가 얇아서 싫어할 생각을 내기 쉬우며, 하늘 세상은 지혜가 예리하다. 이런 까닭에 두 곳에서는 도를 얻기가 쉬우나 다른 곳에서는 그렇지 못하다.

또한 하늘이라 말하면 온갖 신들을 모두 포섭하고, 사람이라 말하면 땅 위의 모든 생명 있는 것을 포섭한다. 왜냐하면 하늘 위에서는 하늘이 어른이요. 땅 위에서는 인간이 어른이기 때문이다. 그러므로 하늘이라 하면 하늘 위가 모두 포섭되고, 인간이라 말하면 땅 위의 모든 것을 포섭한다.

또한 인간 세상에서는 계나 율의(律儀)를 받아 지니어 견제도(見諦道)와 사유도(思惟道) 및 그 밖의 도과(道果)를 얻을 수 있다. 혹 어떤 사람은 "다른 길에서는 얻을 수 없다"고 하며, 어떤 사람은 "대개는 얻는 것이 적지만, 하늘과 인간에서는 쉽게 얻고 많이 얻는다"고 한다. 이런 까닭에 부처님은 '하늘과 인간의 스승'이시다.

또한 인간 세계에는 즐거움의 원인을 행하는 자가 많고 하늘에는 즐거운 과보가 많다. 착한 법은 즐거움의 원인이요 즐거움은 착한 법의 과보인데, 다른 길에는 착한 원인과 과보가 적다. 그런 까닭에 부처님을 '하늘과 인간의 스승'이라 한다.

(10) 또한 불타(佛陀)라고도 한다.

'아는 자(知者)'라고 한다. 어떠한 법을 아는가? 과거・미래・현재의 중생의 수효와 비중생의 수효와 항상함과 무상함 등 온갖 법을 안다는 것이다. 또한 보리수 밑에서 분명하게 깨달아 아셨으므로 불타라 한다.

(11) 또한 바가바(婆伽婆)라고도 한다.

바가(婆伽)는 덕(德)이요, 바(婆)는 있음[有]이니, 이를 유덕(有德)이라 부른다.

또한 바가는 분별(分別)이라 하고, 바는 교묘함[巧]이라 부른다. 모든 법의 전체적인 모습과 부분적인 모습을 교묘하게 잘 분별하기 때문에 바가

바라 한다.
 또한 바가는 명성(名聲)이라 하고 바는 있음이라 하니, '명성이 있는 분'이란 뜻이다. 아무도 부처님과 같이 명성을 얻은 이가 없으니, 전륜성왕(轉輪聖王)이나 석(釋)·범(梵)·호세(護世)도 부처님께 미치지 못하거늘 하물며 그 밖의 범부나 서민들이겠는가.

 (12) 또한 **아바마(阿婆磨)라 한다.** 즉 '같을 이 없는 분(無等)'이다. 또한 아바마바마(阿婆摩婆摩)라 한다. '등등함이 없는 분(無等等)'이란 뜻이다.

 (13) 또한 **노가나타(路迦那他)라 한다.** '세상에서 존귀한 분[世尊]'이란 뜻이다.

 (14) 또한 **바라가(波羅伽)라 하는데,** '피안으로 건너가신 분(度彼岸)'이란 뜻이다.

 (15) 또한 **바단타(婆檀陀)라 한다.** 즉 '큰 덕을 지닌 분(大德)'이란 뜻이다.

 (16) 또한 **시리가나(尸梨伽那)라 하다.** '후덕하신 분(厚德)'이란 뜻이다.

 (17) 이와 같이 한량없는 명호가 있지만 **부모가 주신 이름은 실달타(悉達陀)**[96]이다. 즉 '이로움을 성취한 자(成利)'라 한다. 도를 얻으셨을 때에 모든 법을 알았으므로 부처님이라 불렀다. 또한 하늘과 세간 사람의 공양을 받아 마땅했다.

 이와 같이 해서 '큰 덕이 있는 분,' '후덕한 분'이라 불리게 되었느니, 이처럼 갖가지 덕에 따라 이름을 붙였던 것이다.

---

96) 고타마 싯달타

부처님 명호에 대한 게송

게송으로 말하리라.

성인들이 오시던 길로
부처님도 그렇게 오셨고
진실한 모습이 가신 곳
부처님도 다름이 없으셨네.

성인들은 여실히 말씀하셨고
부처님도 그렇게 말씀하시니
그러므로 부처님을 일러서
다타아가도97)라 부른다.

인욕의 갑옷으로 마음을 굳히고
정진의 활줄을 힘껏 당기어
지혜의 날카로운 화살을 날려
교만의 도적을 무찌르시며

하늘과 인간 모두의 공양을
받기에 과분함이 없으시나니
그러므로 부처님을 일러서
아라하98)라 부른다네.

괴로움의 실상을 바르게 알고
괴로움의 원인도 바르게 알며
괴로움 없어진 실상을 아시고
괴로움 없애는 길도 다 아시니

---

97) 여래(如來)
98) 아라한. 또는 응공(應供)이라 한다.

참으로 바르게 네 진리를 이해하여
결정코 진실해 변함이 없으시니
그러므로 시방의 세계에서
삼먁삼불(三藐三佛)99)이라 불린다네.

미묘한 3명(明)을 얻으시고
청정한 행도 갖추셨으니
그러므로 세존을 일러서
비사차라나(鞞闍遮羅那)100)라 하네.

온갖 법을 이해해 아셔서
스스로가 묘한 길을 얻어 가시고
중생들을 가엾이 여기기 때문에
때로는 방편으로써 말씀하시니

늙음·앓음·죽음을 제해 없애고
평온한 곳에 이르게 하시니
그러므로 부처님을 일러서
수가타(修伽陀)101)라 부르네.

세상이 생긴 도리를 아시고
세상이 멸하는 도리도 아시니
그러므로 부처님을 일러서
노가비타(路迦鞞陀)102)라 하네.

---

99) 정등각(正等覺), 또는 정변지(正遍知)
100) 명행족(明行足)
101) 선서(善逝). 즉 열반하신 분이란 뜻이다.
102) 세간지(世間智)

선정 · 계행 · 지혜 · 평등 · 안목이
견줄 이 없이 우뚝 뛰어나시니
그러므로 부처님을 일러서
아뇩다라(阿耨多羅)103)라 하네.

큰 자비로 중생을 제도하시고
부드럽게 교화하고 길들이시니
그러므로 부처님을 일러서
부루사담막(富樓沙曇藐)104)이라 하네.

지혜롭고 번뇌 없어
최상의 해탈을 말씀하시니
그러므로 부처님을 일러서
제바마면사(提婆摩莬舍)105)라 하네.

3세가 요동하고 요동치 않음과
다함과 다하지 않는 법을
보리수 밑에서 모두 아시니
그러므로 **부처[佛]**라 하네.

---

103) 무상사(無上士)
104) 조어장부(調御丈夫)
105) 천인사(天人師)

龍樹菩薩

－용수보살, 「대지도론」

있는 중생을 구제함이니, 그 공덕을 어찌 쉽게 헤아릴 수 있으랴.
그것은 곧 아미타불의 큰 원력願力의 배를 타고서 고해苦海 중에 빠져
낱낱이 성취하여 이미 자리自利를 성취한 후에 타인을 이익되게 하면,
염불법문은 모름지기 자신이 닦고 자신이 행하여 낱낱이 닦아 지니고
친속을 구제하면 둘 다 모두 구제가 가능하다.
그 한 사람은 배와 뗏목을 가지고 가서 그것을 타고 물에 빠진
그 사람은 방편수단이 없으므로 피차가 함께 익사하게 된다. 그러나
한 사람은 급한 심정에서 곧바로 그냥 물에 들어가 구출하려고 한다면
두 사람에게 각각 친속이 물에 빠진 경우가 있을 적에

제2부. 보살마하살을 이야기하다

보살은 누구인가?

두 가지 도가 있으니, 하나는 성문(聲聞)의 도요, 둘은 보리살타(菩提薩埵)의 도이다. 비구·비구니·우바새·우바이의 네 가지 대중은 성문의 도요, 보살마하살은 보리살타의 도이다.

보살에는 두 종류가 있으니, 집을 떠난 이[出家]와 집에 머무는 이[在家]이다. 집에 머무는 보살은 모두 우바새·우바이에 속한다고 말하며, 집을 떠난 보살은 모두 비구·비구니 가운데 속한다.

모두 네 가지 대중 가운데 있지만, 따로 말해야 된다. 그것은 왜냐하면, 이 보살은 반드시 네 가지 대중에 속하게 되지만, 네 가지 대중이 반드시 보살에 속하는 것은 아니다. 어떤 사람이 그러한가? 성문의 사람·벽지불의 사람 혹은 하늘에 태어나기를 구하는 사람 혹은 스스로의 삶을 즐기고 구하는 사람이 있으니, 이 네 종류의 사람은 보살에 속하지 않는다.

또한 보살은 무생법인을 얻어 온갖 이름과 생사의 모습을 모두 끊어 3계(界)를 벗어났기에 중생의 범주에 떨어지지 않는다. 성문의 사람 역시 아라한도를 얻고서 멸도한 뒤에는 더 이상 중생의 범주에 떨어지지 않거늘 하물며 보살이겠는가.

【문】무엇을 보리라 하며, 무엇을 살타라 하는가?

【답】보리는 모든 부처님 도[佛道]를 이름한다. 살타란 중생(衆生) 혹은 대심(大心)이라 불린다. 이 사람은 부처님들의 공덕을 모두 다 얻고자 하되, 그 마음을 끊을 수 없고 깨뜨릴 수 없음이 마치 금강의 산과 같으니, 이를 대심이라 한다.

게송으로 말하리라.

모든 부처님의 법과
지혜와 계율과 선정으로
일체 중생을 이롭게 하니
이를 일컬어 보리라 하네.

그 마음, 움직일 수 없어
능히 참고 도를 이루려 하되
끊이지도 깨지지도 않기에
그 마음을 살타(薩埵)라 부르네.

또한, 좋은 법을 찬탄하는 것을 살(薩)이라 하고, 좋은 법의 특징[體相]을 타(埵, vat)라 하나니, 보살의 마음은 자리(自利)와 이타(利他)가 있기 때문이고, 일체 중생을 제도하기 때문이고, 일체법의 진실한 성품을 알기 때문이고, 아뇩다라삼먁삼보리를 행하기 때문이고, 일체 성현들이 칭찬하는 바이기 때문에 이를 보리살타라 한다. 모든 법 가운데서는 불법이 으뜸인데, 이 사람이 그 법을 취하고자 하기 때문에 모든 성현들의 찬탄을 받는 것이다.

또, 이 같은 사람은 모든 중생들이 생·노·병·사로부터 해탈케 하기 위하여 불도를 구하니, 이를 보리살타라 한다.

또, 세 가지 도법을 모두 보리라 하나니, 첫째는 불도(佛道)요, 둘째는 성문도요, 셋째는 벽지불도이다. 벽지불도와 성문도는 보리를 얻기가 어려우며, 또 보리라고 이름하지 않는다. 오직 부처님 공덕 가운데 있는 보리만을 보리라 칭한다. 이를 보리살타라 한다.

보살은 물러남이 없다

【문】 보리살타는 어떤 경지인가?

【답】 큰 서원을 세우고, 마음이 요동하지 않으며, 정진하여 물러나지 않는 것이다. 이 세 가지 일에 의해 보리살타라 한다.

또 어떤 사람은 이렇게 말한다.

"처음으로 발심할 때 서원을 세워 '나는 부처가 되어 일체 중생을 제도하리라'고 한다면 이를 보리살타라 한다."

게송으로 말하리라.

처음으로 발심할 때
부처 되기를 서원한다면
이미 모든 세간을 초월해
세간의 공양을 받을 수 있으리.

처음으로 발심하여 제9의 무애(無碍)에 이르러 금강삼매(金剛三昧)106)에 들기까지 이 중간을 보리살타라 한다.

이 보리살타에는 두 종류가 있나니, 비발치(鞞跋致)107)와 아비발치(阿鞞跋致)108)이다. 이는 마치 물러나는 아라한과 물러나지 않는 아라한과 같은 것으로, 아비발치의 보리살타라야 참된 보살이라 한다.

【문】 어떻게 해서 보살의 비발치와 아비발치를 아는가?

【답】 『반야바라밀경』의 「아비발치품」 가운데 부처님이 직접 아비발치의

---

106) 금강이 일체를 부수듯이 모든 번뇌를 부수어 버리는 삼매이다. 이 삼매를 통해 마지막으로 모든 번뇌를 끊고 궁극의 경지를 얻어 아라한이 된다고 한다.
107) 퇴전(退轉). 즉 물러남.
108) 불퇴전(不退轉). 즉 물러나지 않음.

모습을 말씀하시되 "이러이러한 모습은 물러남이요, 이러이러한 모습은 물러나지 않음이라" 하셨다.

또 만일 보살이 한 법만을 잘 닦고 잘 생각한다면 이를 아비발치 보살이라 한다. 무엇이 한 법인가? 항상 한마음으로 모든 착한 법을 모으는 것이니, 부처님들은 한마음으로 모든 착한 법을 모으시기 때문에 아뇩다라삼먁삼보리를 얻으시는 것이다.

또 보살이 한 법의 모습을 얻으면 그것이 아비발치의 모습이다. 어떤 것이 한 법인가? 바르고 곧은 정진이다.

부처님께서 아난에게 물으셨다.

"그대는 정진을 이야기하는가?"

아난이 대답했다.

"그렇습니다, 세존이시여."

"아난아, 그대는 정진을 찬탄하는가?"

"그렇습니다, 선서(善逝)109)시여."

"아난아, 정진을 항상 행하고 항상 닦고 항상 기억하라. 그리하여 사람들로 하여금 아뇩다라삼먁삼보리를 얻게 하라."

이와 같이 자세히 말씀하신 것과 같다.

---

109) 부처님의 명호 중 하나로, 번뇌를 끊고 궁극의 경지에 "훌륭히 도달한 분"이라는 뜻이다.

보살이 물러나지 않는다는 것은 어떤 모습인가?

두 가지 법을 얻는다면 이때가 곧 아비발치의 모습이다.
어떤 것이 두 가지 법인가? 온갖 법이 공함을 여실하게 알게 되는 것이며, 또한 온갖 중생을 생각하여 버리지 않는 것이다. 이러한 사람을 아비발치의 사람이라 한다.
또 세 가지 법을 얻어야 하나니, 첫째는 한결같은 마음으로 서원을 세워 불도를 이루고자 하되 마치 금강과 같아서 요동하거나 깨뜨릴 수 없는 것이요, 둘째는 온갖 중생에 대하여 가엾이 여기는 마음이 뼛속에 사무치는 것이요, 셋째는 반주삼매(般舟三昧)110)를 얻어서 현재 계시는 모든 부처님을 뵙는 것이다. 이러한 때를 아비발치라 한다.
또한 아비담(阿毘曇)111)에서 가전연니자의 제자들은 이렇게 말했다.
"무엇을 보살이라 하는가? 곧 스스로 깨닫고 다시 남을 깨우쳐 주는 것을 보살이라 하고, 반드시 부처를 이루니 이것을 보살이라 한다."
보리(菩提)란 누(漏)가 다한 사람의 지혜를 이름한다. 이러한 사람은 지혜에서 생겨나고, 지혜로운 사람의 보호를 받고, 지혜로운 사람에 의해 길러지는 자이다. 그러므로 이를 보살이라 한다.
또한 "아비발치의 마음을 일으키면 이로부터 보살이라 한다"고 했으며, 다시 이렇게 말하기도 했다.
"만일 다섯 가지 법을 여의고, 다섯 가지 법을 얻으면 보살이라 한다. 무엇이 다섯 가지 법인가? 곧 3악도(惡道)를 떠나서 항상 하늘이나 인간에 태어나는 것이요, 빈궁하고 하천한 몸을 떠나서 항상 존귀함을 얻는 것이요, 남자 아닌 법(法)을 떠나서 항상 남자의 몸을 얻는 것이요, 모든 형상의 결핍됨을 떠나서 모든 감관이 갖추어지는 것이요, 잘 잊는 일[喜忘]을 여의고 항상 전생 일을 기억하는 숙명(宿命)을 얻는 것이다. 항상 온갖 악법을 여의고 악인을 멀리하며, 항상 도법을 구하고 제자를 거두어들이는 이러한 사람을 보살이라 한다."

---

110) 부처님이 바로 앞에 나타나시는 경지에 이르는 삼매를 말한다.
111) 아비담이란 경·론·율 3장 중 부처님 말씀인 경전을 해설하거나 주석한 논장(論藏)을 말한다. "아비달마"라고도 부른다.

보살의 불가사의한 중생심

【문】 무엇을 마하살타라 하는가?

【답】 마하(摩訶)는 대(大)라 하며, 살타(薩埵))는 중생(衆生) 혹은 용심(勇心)이라 한다. 이 사람은 마음으로 능히 큰일을 이루되 물러서거나 돌아서지 않는다. 크게 용맹스러운 마음인 까닭에 마하살타라 한다.

또 마하살타란, 많은 중생들 가운데서 가장 높은 우두머리이므로 마하살타라 한다.

또 많은 중생들 가운데서 대자대비를 일으켜 대승을 이룩하고 능히 대도(大道)를 행하여 가장 큰 경지[大處]를 얻는 까닭에 마하살타라 한다.

또 위대한 사람의 모습[大人相]을 성취하는 까닭에 마하살타라 한다. 마하살타의 모습은 부처님을 찬탄하는 게송에서 설하는 바와 같다.

부처님 한 사람만이 가장 으뜸이니
삼계의 부모이자 일체지이시네.
아무도 그와 같을 이 없기에
비할 바 없는 세존께 머리 숙입니다.

범부는 오로지 자기의 이익 위해 행하고
갚음을 바래 재물로써 베푸나
부처님은 크게 인자하시어 그런 일 없으시니
원한과 친근, 증오와 사랑에 구애없이 평등하게 이익 주신다.

또한 반드시 법을 설해 능히 모든 중생 및 자기의 큰 사견(邪見)·큰 애착과 교만·큰 아만 등 모든 번뇌를 깨뜨리는 까닭에 마하살타라 한다.

또한 중생들은 큰 바다와 같아서 처음도 중간도 끝도 없으니, 명철한 지혜를 지닌 계산가[算師]가 한량없는 세월 동안 계산하여도 다할 수가 없다.

마치 부처님께서 무진의보살(無盡意菩薩)에게 말씀하신 바와 같다.

"비유하건대 시방 일체세계와 허공의 경계를 합해 하나의 물[水]로 삼고, 무량 무수의 중생들로 하여금 제각기 한 올의 머리카락을 가져오게 해서 한 방울씩 묻혀 가게 하며, 다시 무앙수(無央數)의 중생들로 하여금 제각기 한 올의 머리카락을 가지고 와서 한 방울씩을 묻혀 가게 한다고 하자. 이와 같이 해서 그 큰 물이 남김없이 모두 없어진다 해도 중생은 여전히 다하지 않는다."

그러므로 중생들이 무량하고 무변해서 셀 수도 없고 생각할 수도 없지만, 모두 구제하여 고뇌를 떠나 무위안온(無爲安穩)의 즐거움 가운데에 이르게 한다. 이러한 큰마음이 있어 많은 중생을 제도하고자 하는 까닭에 마하살타라 하는 것이다.

또한 『불가사의경(不可思議經)』에서 구사나(漚舍那) 우바이가 수달나(須達那) 보살에게 말했다.

"보살마하살들은 한 사람을 제도하기 위하여 아뇩다라삼먁삼보리의 마음을 내지 않으며, 또한 둘, 셋 내지 열 사람을 위해서도 아니며, 백·천·만 내지 십만·백만·일억·십억·백억·천억·억억의 중생들을 위해서도 아니며, 아승기(阿僧祇)도 아니며, 아승기에 아승기도 아니며, 무량도 아니며, 무량에 무량의 중생들을 위해서도 아니다.

무변(無邊)도 아니며, 무변에 무변도 아니며, 무등(無等)도 아니며, 무등에 무등도 아니며, 무수(無數)도 아니며, 무수에 무수도 아니며, 불가계(不可計)도 아니며, 불가계에 불가계도 아니며, 불가사의(不可思議)도 아니며, 불가사의에 불가사의도 아니며, 불가설(不可說)도 아니며, 불가설에 불가설인 중생을 위해서도 아니다.

한 국토의 미진수(微塵數) 만큼의 중생을 위하여 발심한 것이 아니며,

제2부. 보살마하살을 이야기하다

둘·셋 나아가서는 십·백·천·만·억·천만억·아유타·나유타 내지 불가설에 불가설인 국토의 미진수만큼의 중생을 위하여 발심하는 것도 아니다.

한 염부제의 미진수만큼의 중생을 위한 까닭도 아니며, 구타니·울다라·불바제의 미진수만큼의 중생을 위하여 발심하는 것도 아니다.

소천세계(小千世界)·중천세계(中千世界)·대천세계(大千世界)의 미진수만큼의 중생을 위하여 발심한 것도 아니며, 둘·셋 내지 십·백·천·만·억·아유타·나유타 내지 도저히 말로는 다할 수 없는[不可說不可說] 삼천대천세계의 미진수만큼의 중생을 위하여 발심하는 것도 아니다.

한 부처님을 공양하고 모시기 위하여 발심하는 것도 아니며, 나아가서는 도저히 말로는 다할 수 없는 부처님을 공양하고 모시기 위해 발심하는 것도 아니다.

한 국토의 미진수만큼의 부처님을 공양하고 모시기 위하여 발심하는 것도 아니며, 나아가서는 도저히 말로는 다할 수 없는 삼천대천세계에 계시는 미진수만큼의 부처님을 공양하고 보시기 위하여 발심하는 것도 아니다.

한 불국토[佛土]를 정화하기 위해 발심하는 것도 아니며, 나아가서는 도저히 말로는 다할 수 없는 삼천대천세계에 있는 미진수만큼의 불국토를 정화하기 위하여 발심하는 것도 아니다.

한 부처님의 법만을 받아 지니기 위해 발심하는 것이 아니며, 나아가서는 도저히 말로는 다할 수 없는 삼천대천세계에 계시는 미진수만큼의 부처님의 법을 받아 지니기 위하여 발심하는 것도 아니다.

한 삼천대천세계에서만 불종자(佛種子)가 끊이지 않게 하기 위하여 발심하는 것이 아니며, 나아가서는 도저히 말로는 다할 수 없는 삼천대천세계나 미진수만큼의 삼천대천세계에서 불종자가 끊이지 않게 하기 위하여서도 발심하는 것도 아니다.

한 부처님의 서원을 분별해 알기 위하여 발심하는 것이 아니며, 나아가서는 도저히 말로는 다할 수 없는 삼천대천세계에 계시는 미진수만큼의 부처님의 서원을 분별해 알기 위해서 발심하는 것도 아니다.

한 불국토를 장엄하기 위하여 발심하는 것이 아니며, 나아가서는 도저히 말로는 다할 수 없는 삼천대천세계에 있는 미진수만큼의 불국토를 장엄하기 위하여 발심하는 것도 아니다.

한 부처님 회상(會上)의 제자들을 분별해 알기 위하여 발심하는 것도 아니며, 나아가서는 도저히 말로는 다할 수 없는 삼천대천세계에 있는 미진수 만큼의 부처님 회상의 제자들을 분별해 알기 위해 발심하는 것도 아니다.

한 부처님의 법륜(法輪)을 받아 지니기 위해 발심하는 것도 아니며, 나아가서는 도저히 말로는 다할 수 없는 삼천대천세계에 있는 미진수만큼의 부처님의 법륜을 받아 지니기 위하여 발심하는 것도 아니다.

한 사람의 여러 마음을 알기 위하여서도 아니며, 한 사람의 여러 감관[根]을 알기 위해서도 아니며, 한 삼천대천세계의 여러 겁이 차례로 상속됨을 알기 위해서도 아니며, 한 사람의 모든 번뇌를 분별해 끊기 위해서 발심하는 것도 아니며, 나아가서는 도저히 말로는 다할 수 없는 삼천대천세계에 있는 미진수만큼의 사람들의 모든 번뇌를 분별하여 끊기 위해서 발심하는 것도 아니다."

이 보살마하살들은 서원하기를, "온갖 시방의 중생을 모두 교화하리라. 온갖 시방의 모든 부처님을 공양하고 모시리라. 온갖 시방의 모든 불국토를 정화하리라. 견고한 마음으로 온갖 시방의 모든 부처님의 법을 받아 지니리라"고 하는 것이다.

온갖 불국토를 분별해 아는 까닭에, 온갖 부처님 회상의 제자들을 분별해 아는 까닭에, 모든 중생의 온갖 마음을 분별해 아는 까닭에, 온갖 중생이 모든 번뇌를 끊음을 아는 까닭에, 모든 중생의 모든 감관을 아는 까닭에 보살들은 발심해서 아뇩다라삼먁삼보리에 머무는 것이다.

보살의 실다운 도는 모든 법에 다 들어가고 다 알게 되는 것이니, 지혜로써 알기 때문이며, 모든 불국토는 보살도(菩薩道) 가운데 장엄되기 때문이다.

구사나(漚舍那)가 또 이렇게 말했다.

"선남자여, 나의 서원이 이러하므로 세계가 생긴 이래로 모든 중생이 다 청정하고 모든 번뇌를 모두 끊으리라."

수달나(須達那)가 물었다.

"이는 무슨 해탈입니까?"

구사나가 대답했다.

"이를 '근심 없고 안온한 표식[幢]'이라 합니다. 나는 이 한 해탈문만 알 뿐 보살들의 큰 마음이 마치 대해의 물과 같아서 모든 부처님의 법을 능히 받아지님을 알지 못합니다. 보살들은 마음이 요동치 않아 수미산 같고, 보살들은 약왕(藥王)과 같아서 능히 온갖 번뇌를 제하고, 보살들은 해와 같아서 능히 온갖 어두움을 제거하고, 보살들은 땅과 같아서 능히 모든 중생을 감싸고, 보살들은 바람과 같아서 능히 중생들을 이롭게 하고, 보살들은 불과 같아서 온갖 외도 및 모든 번뇌를 태우고, 보살들은 구름과 같아서 법의 비[法雨]를 내리고, 보살들은 달과 같아서 복덕의 광명으로 능히 모든 것을 비추고, 보살들은 제석환인과 같아서 능히 모든 중생을 수호합니다. 이러한 보살의 길[道法]은 깊고 깊거늘 내가 어찌 다 알겠습니까."

그러므로 모든 보살들은 대원을 일으켜서 큰일을 이루고자 하고 큰 곳[大處]에 이르고자 하기 때문에 마하살타라 한다.

보살은 반드시 서원(誓願)을 세운다

【經】 아승기겁 이래 대서원을 일으켰다.

부처님께서 다음과 같이 말씀하셨다.

"사천리가 되는 돌산이 있는데, 장수천(長壽天) 사람이 백년마다 부드러운 옷을 입고 찾아와서는 한 번씩 스쳐서 그 큰 석산이 닳아 없어진다고 해도 겁은 아직 다하지 않는다.

사천리나 되는 큰 성 가운데 겨자씨를 가득 채워두고 장수천 사람이 백년이 지나면 한 번씩 찾아와 겨자씨를 하나 가지고 가서 겨자씨가 다 없어진다고 해도 겁은 다하지 않는다."

보살은 이처럼 무수한 겁에 걸쳐 크고 바른 서원을 일으키어 중생을 건너게 하고 벗어나게 하니, 그러한 원을 대심요원(大心要願)이라 한다. 반드시 일체 중생을 제도하고 모든 결사를 끊으며 아뇩다라삼먁삼보리를 이루고자 하니, 이것을 서원이라 하는 것이다.

보살은 부처님 세계를 생각한다

【經】 한량없는 모든 부처님의 세계를 받아들이기를 서원했다.

보살들은 여러 부처님의 세계가 한량없이 장엄하고 깨끗함을 보고는 갖가지 서원을 일으킨다. 어떤 부처님의 세계는 뭇 고통이 아주 없고 나아가서는 3악(惡)[112]의 이름조차 없는 것을 보고는 보살이 스스로 서원을 일으켜 말하기를, "내가 부처를 이루거든, 그 세계에는 온갖 고통이 없고 나아가서는 삼악도의 이름조차도 없으리니, 반드시 이와 같아지리다"라고 한다.

또한 어떤 부처님의 세계는 7보(寶)로 장엄되어 있어 주야로 항상 청정한 광명을 뿜어 해와 달이 없는 것을 보고는 서원을 일으켜 말하기를, "내가 부처를 이루거든, 그 세계에는 항상 장엄하고 깨끗한 광명이 있으리니, 반드시 이와 같이 되리다" 한다.

또한 어떤 부처님의 세계는 중생들이 모두가 10선(善)을 행하고 큰 지혜가 있으며, 의복과 음식이 생각하는 즉시 생겨나는 것을 보고는 서원을 일으켜 말하기를, "내가 부처를 이루거든, 그 세계의 중생들의 의복과 음식도 반드시 이와 같아지리다" 한다.

또한 어떤 부처님의 세계는 순수하게 보살들만이 있는데, 부처님의 몸매와 같아 32상(相)이 있고 광명을 환하게 비추고, 나아가서는 성문이나 벽지불은 이름조차 없고 또 없으며, 모두가 깊고 묘한 불도를 행하여 시방으로 유행하면서 일체를 교화한다. 이것을 보고는 서원을 일으켜 말하기를, "내가 부처를 이루거든, 그 세계의 중생들도 반드시 이와 같아지리다" 한다.

이와 같이 한량없는 부처님 세계의 갖가지 장엄하고 깨끗함을 보고는 모두 얻겠다고 서원한다. 그러므로 "한량없는 모든 부처님의 세계를 받아들이기를 서원하였다"고 하는 것이다.

---

112) 축생 · 아귀 · 지옥의 삼악도(三惡道)를 말한다.

서원이라는 마부가 복덕의 소를 인도한다

【문】 보살들은 행과 업이 청정하여 스스로 깨끗한 과보를 얻거늘, 어찌하여 반드시 서원을 세운 뒤에야 그것을 얻는가? 비유하건데 농사짓는 이가 곡식을 얻는 것과 같으니, 어찌 다시 서원을 기다리겠는가.

【답】 복을 짓되 원하는 것이 없으면 표방할 바가 없나니, 서원을 세워 인도자[導御]가 되어야 능히 이루어질 바가 있는 것이다. 비유하자면 금을 녹이는 일은 세공사의 뜻에 따를 뿐이요, 만들어질 금에 모양이 정해져 있는 것은 아니다.

부처님께서는 이렇게 말씀하셨다.
"어떤 사람이 조그마한 보시의 복덕을 닦고 조그마한 지계의 복덕을 닦으면서 선법(禪法)을 알지 못하더라도, 인간 세상에 부귀 안락한 사람이 있다는 말을 듣고는 마음속에 항상 생각하고 집착하고 서원하여 버리지 않는다면 목숨을 마친 뒤에는 부귀 안락한 인간으로 태어난다.

또한 어떤 사람은 조그마한 보시의 복덕과 조그마한 지계의 복덕을 닦으면서 선법을 알지 못하더라도, 사천왕천처(四天王天處)나 삼십삼천(三十三天)・야마천(夜摩天)・도솔타천(兜率陀天)・화락천(化樂天)[113]이나 타화자재천(他化自在天)[114]이 있다는 말을 듣고는 마음속으로 항상 원한다면 목숨이 다한 뒤에 제각기 원한 곳에 태어난다."

보살도 이와 같아서 깨끗한 세계로의 서원을 닦은 뒤에야 그것을 얻게 되는 것이다. 그러므로 서원에 의해서 수승한 과보를 받게 되는 것임을 알 수 있다.

---

113) 원주(原註): 색욕을 전일하게 생각함으로써 변화한 색욕이 내게로 와서 나를 기쁘게 하는 곳
114) 원주(原註): 이 하늘은 남을 색욕의 경계로 만들어 그와 더불어 음욕을 행하며, 또한 전전하기를 이와 같이 하는 까닭에 타화자재라 한다.

또한 부처님의 세계를 장엄함은 커다란 일이어서 홀로 행해 공덕을 이룰 수 없는 까닭에 반드시 서원에 의하는 것이다. 비유하자면 비록 소의 힘이 수레를 끌기에 족하지만, 반드시 마부가 있어야 목적지에 이를 수 있는 것과 같다. 세계를 맑히고자 하는 서원 역시 그러하니, 복덕은 소와 같고 서원은 마부와 같은 것이다.

　【문】 서원을 세우지 않으면 복덕을 얻지 못하는가?
　【답】 비록 얻기는 하나 서원이 있는 것만 못하다. 서원은 능히 복을 도우니, 항상 행한 바를 생각하면 복덕이 자라나는 것이다.

　【문】 서원을 세워야 과보를 얻는다면 어떤 사람이 10악(惡)을 저지르고도 지옥에 태어나기를 서원하지 않는다면 지옥의 과보도 얻지 않아야 하리라.
　【답】 죄와 복에는 정해진 과보가 있지만, 다만 서원을 세운 이는 적은 복을 닦아도 원력 때문에 큰 과보를 얻게 된다. 앞에서 말하기를 '죄의 갚음은 괴롭다'고 하였는데, 일체 중생은 모두 즐거움을 얻으려 하지 괴로움을 원하는 이는 없다.
　그러므로 복에는 한량없는 과보가 있지만, 죄의 과보는 한량이 있는 것이다.

　어떤 사람이 말하기를, "가장 큰 죄는 아비지옥(阿鼻地獄)에서 한 겁(劫) 동안 과보를 받는 것이며, 가장 큰 복은 비유상비무상처에서 8만 대겁 동안 과보를 받는 것이다. 보살들이 세계를 맑히려는 서원 역시 한량없는 겁 동안 도에 들어가서 열반을 얻게 하니, 이것이 항상하는 즐거움[常樂]이다"고 한다.
　그러므로 복덕은 반드시 서원이 있어야 하는 것이다. 이것을 '한량없는 부처님의 세계를 받아들이고자 서원한다'고 말한다.

보살은 온화하고 친절하다

【經】 얼굴빛이 화열(和悅)하여 항상 먼저 인사하고 말하는 바가 거칠지 않았다.

보살은 성냄의 근본이 뽑혔기 때문이고, 질투를 제거했기 때문이며, 항상 큰 자·비·희·사를 닦기 때문이며, 네 종류의 삿된 말을 끊었기 때문에 얼굴빛이 평화롭고 즐거운 것이다.
다음과 같은 계송이 있다.

만약에 구걸하는 도인을 보거든
능히 네 가지로써 대접하고
처음 보아도 좋은 눈으로 대하며
반가이 맞아 공경하고 인사한다.

평상과 자리로 공양하여
바라는 바를 가득 채워 베풀라
보시하는 마음이 이러하다면
불도는 이미 손안에 있는 것 같으리.

만약에 입으로 짓는 네 가지 허물인
거짓말의 독과 이간질, 욕설, 꾸밈말
이들을 모두 제거한다면
크고 아름다운 과보 얻으리.

착하고 부드러운 사람이
도를 구해 중생을 건지려 하여
입으로 짓는 네 가지 업 버리니
마치 말에게 고삐가 있는 것과 같다.

보살은 거짓이 없기에 믿음을 얻는다

【經】 말을 하면 반드시 믿어 지녔다.

하늘·인간·용·아수라 등과 모든 큰 사람들이 모두 그의 말을 믿어 받아들인다는 것이다. 이는 보살이 꾸밈말을 하지 않은 과보이기 때문이니, 꾸밈말을 하는 사람은 아무리 진실한 말을 하여도 아무도 믿지 않는다.

다음과 같은 게송이 있다.

아귀의 길에 빠지면
불꽃이 입으로부터 솟아서
사방을 향해 큰 소리를 외치니
이는 입으로 지은 허물의 과보라.

비록 아는 것이 많아서
대중 앞에 법을 설하여도
성실치 못한 업 때문에
사람들 아무도 믿으려 않는다.

만일에 지식을 넓히고
남의 믿음을 얻으려 하면
지극하고 성실한 마음으로
꾸밈말을 하지 말아라.

보살은 게으름이 없다

【經】 다시는 게을러지는 일이 없었다.

【論】 게으름은 집에 있는 사람을 파괴하고, 재물과 복을 파괴하고, 출가인의 하늘에 나는[生天] 즐거움과 열반의 즐거움을 부순다. 재가나 출가 모두의 명성을 무너뜨리니, 아무리 큰 실수나 큰 도적이라 해도 게으름을 능가하지는 못한다.

다음과 같은 게송이 있다.

게으름은 착한 마음을 죽이고
어리석음은 지혜의 빛을 깨뜨리니
묘한 서원이 모두가 소멸하고
큰 과업 또한 이미 잃게 되리라.

그러므로 '다시는 게을러지는 일이 없었다' 한 것이다.

보살은 이양과 명예를 떠났다

【經】 이미 이양(利養)과 명예[名聞]를 버렸다.

이 이양이라는 것은 마치 도적과 같아서 공덕의 근본을 무너뜨린다. 마치 우박이 오곡을 망가뜨리는 것과 같으니, 이양과 명문도 그와 같아서 공덕의 싹을 파괴하여 자라지 못하게 한다.

부처님께서 비유를 들어 이렇게 말씀하셨다.

"터럭 같은 노끈으로 사람의 팔을 묶으면 살이 패이고 뼈가 끊기듯이, 이양을 탐내는 사람도 그와 같아서 공덕의 근본을 끊어버린다."

다음과 같은 게송이 있다.

전단 숲에 들어갔건만
그 잎새만을 따거나
7보(七寶)의 동산에 들어갔건만
수정(水精)만을 갖듯이

불법에 들어온 사람이
열반의 즐거움을 구하지 않고
도리어 이양을 구한다면
이런 무리는 스스로를 속이는 것이리라.

그러므로 불제자들이여,
감로의 맛을 얻고자 한다면
마땅히 잡스런 독을 버리고
부지런히 열반의 즐거움 구하라.

마치 거친 우박과 비가
오곡을 상처 주듯이

이양과 공양에 집착한다면
부끄러움 아는 두타를 깨뜨리네.

금생에 선근을 불태우면
후세에는 지옥에 떨어지리니
마치 제바달다와 같은 이가
이양 때문에 스스로 멸망하듯이.

그러기에 말하기를 "이미 이양과 명예를 버렸다" 한 것이다.

보살은 법보시를 즐긴다

【經】 헤아릴 수 없는 억겁 동안 법을 설했으니 교묘히 뛰어났다.

불방일(不放逸) 등의 모든 선근을 스스로 닦기를 좋아하는 이러한 보살들은 한 세상 혹은 둘·셋·네 세상뿐 아니라 나아가서는 한량없는 아승기겁 동안에 모든 공덕과 지혜를 모았던 것이다.
이런 게송이 있다.

중생을 위하여 큰 마음을 낸 이에게
공손치 않거나 교만을 낸다면
그 죄는 매우 커서 말할 수 없거늘
하물며 악심을 가하는 일이랴.

또한 이 보살은 셀 수 없고 한량없는 겁 동안에 몸을 닦고 계를 닦으며, 마음을 닦고 지혜를 닦아 생멸의 속박을 풀고 거슬리고 순종하는 가운데 스스로가 실상을 명료히 안다.

모든 법의 실상을 아는데 세 가지 이해가 있으니, 문해(聞解)·의해(義解)·득해(得解)이다. 갖가지로 법문을 연설하되 걸림이 없으며, 모두가 설법의 방편과 지혜바라밀을 얻으니, 이러한 보살들이 설하는 바는 성인의 말씀과 같아 모두 믿어 지녀야 한다.
이런 게송이 있다.

지혜만 있고 많이 듣지 못하면
이는 실상을 알지 못하나니
마치 캄캄한 어둠 속에서
눈은 있으되 보지 못함과 같도다.

들은 것 많건만 지혜 없다면
역시 실상의 이치를 알지 못하니
마치 매우 밝은 가운데
등불까지 있으되 눈이 없음과 같다.

들은 것 많고 지혜도 예리하다면
그의 말은 받아들여야 하지만
들은 것 없고 지혜도 없다면
이를 사람 중의 소라 부른다.

보살은 인연의 법을 말한다

【經】 인연의 법을 교묘하게 연설했다.

12인연생법(因緣生法)과 갖가지 법문을 능히 교묘하게 연설한 것이다. 번뇌와 업과 일[事]의 법이 차례로 전전해서 생겨나는 것을 12인연[115]이라 한다.

이 가운데 무명(無明) · 애(愛) · 취(取)의 세 가지를 번뇌라 하고, 행(行)과 유(有) 두 가지를 업이라 한다. 나머지 일곱 가지는 본체의 일[體事]이 된다.

이 12인연에서 처음의 두 가지는 과거 세상에 속하고, 뒤의 두 가지는 미래의 세상에 속하며, 중간의 여덟 가지는 현재 세상에 속한다.

이것이 간략히 번뇌 · 업 · 고의 세 가지 일을 말한 것이다.

이 세 가지 일은 전전해서 서로 간에 인연이 되니, 이 번뇌는 업의 인연이요, 업은 고의 인연이 된다. 고는 고의 인연이고 번뇌의 인연이요, 번뇌는 업의 인연이요, 업은 고의 인연이요, 고는 고의 인연이 된다. 이것을 전전해서 서로 간에 인연이 된다고 하는 것이다.

지난 세상의 온갖 번뇌를 무명이라 하는데, 이 무명으로부터 업이 생겨나서 능히 세계의 결과를 일으키기 때문에 행이라 한다. 행으로부터 때 묻은 마음이 생겨나 최초의 몸의 원인이 되니, 마치 송아지가 어미를 알 듯이 스스로 모양을 아는 까닭에 식(識)이라 한다.

이 식에서는 색이 없는 4음(陰)과 그것이 머무를 색(色)이 함께 생기나니, 이를 명색(名色)이라 한다. 이 명색에서 눈[眼] 등의 6정(情)이 생겨나니, 이를 6입(入)[116]이라 한다. 정(情)과 진(塵)과 식(識)이 합하는 것을 촉

---

115) 무명(無明) · 행(行) · 식(識) · 명색(名色) · 육입(六入) · 촉(觸) · 수(受) · 애(愛) · 취(取) · 유(有) · 생(生) · 노사(老死)가 서로 인연하여 일어나는 관계를 말한다.
116) 안(眼) · 이(耳) · 비(鼻) · 설(舌) · 신(身) · 의(意)의 6근(根)을 말한다.

(觸)이라 하고, 촉으로부터 수(受)가 생겨나고, 수에 대해 마음이 집착하는 것을 갈애라 하고, 갈애가 인연 때문에 구하는 것을 취라 한다. 취로부터 뒷세상의 인연인 업이 생기니 이를 유(有)라 하고, 유로부터 다시 뒷세상의 다섯 가지 쌓임[五衆]을 받으니 이를 생이라 한다. 생으로부터 다섯 가지 쌓임이 익어가고 무너지는 것을 노사(老死)라 한다. 노사는 근심·슬픔·통곡 등 갖가지 근심·걱정을 내어 뭇 고통이 어울려 모이게 된다.

만일 일심으로 모든 법의 실상을 보아 청정해지면 곧 무명이 다한다. 무명이 다하는 까닭에 행이 다하고 나아가서는 뭇 고통이 화합해서 집적되는 일이 모두 다하게 되는 것이다.

이것이 바로 12인연의 모습이니, 이와 같이 해서 능히 방편을 써서 삿된 소견에 집착되지 않고 남에게 잘 연설해 주기 때문에 '교묘하다'고 하는 것이다.

또한 12인연을 관찰하여 법애(法愛)를 끊고 마음이 집착되지 않으며 실상을 알면 이것이 교묘함이다.

『반야바라밀경』「불가진품(不可盡品)」에서 부처님이 수보리에게 이렇게 말씀하셨다.

"어리석음은 허공과 같아서 다할 수 없다. 행도 허공과 같아서 다할 수 없고, 나아가서는 뭇 고통의 어울림도 허공 같아서 다할 수 없나니, 보살은 마땅히 이처럼 알아야만 하느니라. 이와 같이 아는 자는 어리석음의 경계를 버리게 되어 따로 들어간다 할 곳이 없게 되니, 이 12연기를 관하는 자는 곧 도량에 앉아 살바야를 얻게 되느니라."

보살은 법을 설하되 바라는 바가 없다

【經】 법을 설하되 바라는 바가 없었다.

큰 자비와 연민으로 중생을 위해 설법할지언정 의식이나 명성이나 세력을 위해 설하지 않는 것이다. 크게 자비한 까닭이며, 마음이 청정하기 때문이며, 무생법인을 얻은 까닭이다.

다음과 같은 게송이 있다.

많은 지식과 능한 말투와 지혜로써
모든 법을 잘 말하여 사람의 마음 움직여도
스스로가 법답게 행하고 바르지 않으면
헛 구름 마른 천둥에 비는 오지 않는 것 같다.

널리 배워 아는 것 많고 지혜 있어도
어눌한 말솜씨에 묘한 방편 없어서
가르침의 보장(寶藏)을 드러내지 못하면
우레도 없이 가랑비만 내리는 것과 같도다.

널리 배우지 못하고 지혜 없어서
설법도 못하고 좋은 행도 없으면
이 같은 낡은 법사에겐 부끄러움도 없나니
작은 구름에 우레도 비도 없는 것과 같다.

많은 지식과 넓은 지혜로 말이 능하며
묘하게 법을 설하여 사람의 마음을 움직여 주고
법을 실천함에 마음은 바르고 두려움 없으면
큰 구름과 우레에 큰 비[洪雨]가 쏟아지는 것과 같다.

법의 대장이 법의 거울[法鏡] 들고서
불법의 지혜의 창고를 비추어 내고
지녀 외우고 널리 펴서 법의 방울 흔들면
바닷배가 모든 이를 건네주는 것과 같네.

꿀벌이 여러 맛을 모으듯이
부처님의 말과 뜻대로 설명하고서
부처님을 도와 법을 밝히고 중생을 제도하니
이러한 법사는 심히 만나기 어렵다.

보살은 법을 설하되 두려움이 없다(四無所畏)

【經】 두려움 없는 힘을 얻었다.

모든 보살들은 네 가지 두려움 없는 힘을 성취한다.

【문】 보살은 아직 할 일을 끝내지 못했고, 아직 일체지를 얻지 못했거늘 어찌하여 네 가지 두려움 없는 힘을 얻었다 하는가?

【답】 두려움 없음[無畏]에 두 가지가 있으니, 보살의 두려움 없음과 부처님의 두려움 없음이다. 이 보살들은 부처님의 두려움 없음은 아직 얻지 못했으나 보살의 두려움 없음을 얻었으므로 두려움 없는 힘을 얻었다 한다.

【문】 어떤 것이 보살의 네 가지 두려움 없음인가?

【답】 첫째는 일체를 들으면 능히 지니는 까닭이며, 모든 다라니를 얻는 까닭이며, 항상 기억하여 잊지 않는 까닭에 대중 가운데에서 법을 설하되 두려워함이 없다.

둘째는 모든 중생의 욕망과 해탈의 인연과 감관의 예리하고 둔함을 알고서 그 마땅함에 따라 설법하기 때문에 보살은 대중 가운데서 법을 설하되 두려움이 없다.

셋째는 어떤 이가 동·남·서·북이나 네 간방[四維]·상하에서 찾아와 따져 물어서 나로 하여금 법답게 대답하지 못하게 하는 자를 보지 않는다. 이러한 모습을 조금도 보지 않기 때문에 대중에서 설법하되 두려움이 없다.

넷째는 중생들의 질문을 듣고는 마땅함에 따라 법답게 대답하여 온갖 중생의 의혹을 교묘하게 끊어 주기 때문에 보살이 대중에서 설법하되 두려움이 없다.

공덕과 지혜로 두려움을 물리친다

【經】 대중 가운데서 두려움 없음[無所畏]을 얻었다.

큰 위덕을 지닌 까닭이며, 견실한 공덕·지혜인 까닭이며, 최상의 변재 다라니를 얻은 까닭에 대중 가운데에서 두려움 없음을 얻는 것이다.
다음과 같은 게송이 있다.

안 마음에 지혜와 덕이 얇고도
밖으로 좋은 말만으로 꾸미면
마치 댓속이 비어있듯이
겉모양만 보임과 같네.

안 마음에 지혜와 덕 두텁고
밖으로 법다운 말로써 다듬으면
마치 묘한 금강과 같아서
안과 밖의 힘이 구족한 듯하네.

또한 두려움 없는 법을 성취하였으므로 단정하고 귀족으로서 큰 힘이 있으며, 지계·선정·지혜·말재주 등 모든 것을 성취하게 된다. 그러므로 두려움이 없으며, 그런 까닭에 대중 가운데서도 두려움이 없는 것이다.
이런 게송이 있다.

덕이 적고 지혜 없거든
높은 자리에 앉지 말라.
이리가 사자를 본 것같이
숨어서 감히 나오지 못하리.

지혜가 크고 두려움이 없거든

마땅히 사자좌에 앉으라.
마치 사자의 울음소리에
뭇 짐승이 모두 겁내는 듯하리.

한량없고 가없는 지혜와 복덕의 힘이 모여든 까닭에 두려움이 없으니, 이런 게송이 있다.

어떤 사람이 모든 악을 멸하고
조그마한 죄조차 없다면
이러한 큰 덕을 지닌 사람은
소원하여 채우지 못할 것 없네.

이러한 사람은 크게 지혜로워서
세계 가운데에서 괴로움이 없나니
그러므로 이와 같은 사람에게
생사와 열반은 하나가 되리.

보살은 깊은 법인을 건넜다

【經】 깊은 법인을 건넜다.

무엇을 깊은 법이라 하는가?

곧 12인연(因緣)을 깊은 법이라 하나니, 부처님께서 아난에게 말씀하시기를, "이 12인연의 법은 심히 깊어서 이해하기 어렵고 알기 어렵다" 하셨다.

또한 과거와 미래 세상에서 62종의 삿된 소견의 그물을 내는 일을 영원히 여의었으니, 이를 깊은 법이라 한다.

부처님께서 비구들에게 말씀하시기를 "범부는 들은 바가 없어서 부처님을 찬탄하고자 하여도 찬탄할 바가 심히 적으니, 이른바 계행이 청정함을 찬탄하거나 혹은 모든 애욕을 여의었음을 찬탄하거나 혹은 이 심히 깊어서 이해하기 어렵고 알기 어려운 법을 찬탄한다. 실제로 이런 식으로 부처님을 찬탄하고 있는 것이다" 하셨다.

또한 세 가지 해탈문(解脫門)을 심히 깊은 법이라 한다. 부처님께서 반야바라밀을 말씀하시는 동안에 여러 하늘이 찬탄하기를 "세존이시여, 이 법은 심히 깊습니다" 하니, 부처님께서는 "심히 깊은 법이라 함은, 공(空)이 곧 그러한 뜻이고 무작(無作)·무상(無相)이 곧 그러한 뜻이니라" 하셨다.

또한 모든 법의 모습은 진실하여 파괴할 수 없고 움직일 수 없으니, 이것을 심히 깊은 법이란 한다.

또한 속마음[內心]으로 상상하는 지혜의 힘을 제거하고, 오직 집중된 마음[定心]으로 모든 법의 청정한 실상 가운데 머무는 것이다. 마치 눈에 열기가 충만하면 노랗지 않은 것을 노랗다고 보는 것과 같으니, 마음으로 상상하는 지혜의 힘에 의하여 모든 법을 움직여서[轉] 본다면, 이를 얕은 법이라 하는 것이다.

비유하건대 어떤 사람의 눈이 청정하여 열기가 없으면 있는 그대로 노란 것을 노랗다고 보듯이, 이처럼 속마음으로 상상하는 지혜의 힘을 제거하고 지혜의 눈이 청정하면 모든 법의 실상을 보게 되는 것이다.

비유하건대 진짜 수정을 노란 물건 가운데 두면 곧 따라서 노란빛이 되고, 푸른빛·붉은빛·흰빛의 상대의 색을 좇아 변하듯이 마음도 그와 같아서 범부들은 속마음으로 상상하는 지혜의 힘 때문에 모든 법의 차별된 모습을 보게 된다. 모든 법의 실상을 관찰하여 공도 아니고 공 아님도 아니며, 있음도 아니고 있음 아님도 아닌 줄로 알며, 이 법 가운데 깊이 들어가 움직이지 않고 걸림이 없다면 이를 '깊은 법인을 건넜다' 한다.

'건넜다[度]'고 함은 심히 깊은 법을 얻었음을 말한다. 또한 구족하고 원만하여 걸림이 없게 되고 피안에 이르게 된 것을 일컬어 '건넜다'고 하는 것이다.

보살은 모든 마사(魔事)를 초월했다

【經】 모든 마사를 초월했다.

마(魔)에는 네 가지가 있으니, 첫째는 번뇌마(煩惱魔)요, 둘째는 음마(陰魔)요, 셋째는 사마(死魔)요, 넷째는 타화자재천자마(他化自在天子魔)이다.

보살들은 보살도를 얻는 까닭에 번뇌마를 깨뜨리고, 법신을 얻는 까닭에 음마를 깨뜨리고, 도(道)와 법성신(法性身)을 얻는 까닭에 사마를 깨뜨린다. 항상 한마음인 까닭에, 온갖 곳에 마음이 집착되지 않는 까닭에, 부동삼매에 드는 까닭에 타화자재천자마를 깨뜨린다. 그러므로 '모든 마사를 초월했다'고 하는 것이다.

또한 이 『반야바라밀경』「각마품(覺魔品)」에서 부처님께서 스스로 마업(魔業)과 마사를 말씀하셨는데, 이 마업과 마사를 이미 다 넘었기 때문에 이것을 일컬어 '이미 마사를 초월했다'고 하는 것이다.

또한 모든 법의 실상을 제외한 나머지 온갖 법을 모두 마(魔)라 한다. 곧 모든 번뇌·결사(結使)·욕(欲)·박(縛)·취(取)·전(纏)·음(陰)·계(界)·입(入)·마왕(魔王)·마민(魔民)·마인(魔人)과 같은 이러한 것들을 모두 마라고 하는 것이다.

『잡법장경(雜法藏經)』에서 부처님께서 마왕에게 게송으로 말씀하셨다.

욕망은 그대의 첫째 군사요
근심은 그대의 둘째 군사요
기갈은 그대의 셋째 군사요
애정은 그대의 넷째 군사다.

수면은 그대의 다섯째 군사요
두려움은 그대의 여섯째 군사요

의혹은 그대의 일곱째 군사요
독을 품은 마음117)은 그대의 여덟째 군사다.

이양과 허망한 명예에 집착함은
그대의 아홉째 군사요
스스로 교만해져 남을 업신여김은
그대의 열째 군사이다.

그대의 군사가 이러하니
세상 사람들 모두와
그리고 온갖 하늘까지도
아무도 이를 부수지 못한다.

나는 지혜의 화살을 들고
선정과 지혜의 힘을 닦아
마치 흙병을 물에 던져버리듯
그대의 군사를 무찔러 깨뜨리리라.

한마음으로 지혜를 닦아
그로써 모두를 건너게 하리.
나의 제자들 정진하여서
지혜 닦기를 항상 생각하니

법다운 행을 수순한다면
반드시 열반에 이르리니
그대는 내쫓기고 싶지 않겠지만
그대가 이르지 못한 곳에 이르리.

이때 마왕은 게송을 듣자

---

117) 탐(貪)·진(嗔)·치(痴)의 3독에 젖은 마음을 말한다.

통곡하고 근심하며 사라졌다.
이 마왕의 사악한 무리들
역시 사라져 나타나지 않았다.

이러한 것을 결사의 마(魔)라 하는 것이다.

【문】무엇 때문에 마(魔)라 부르는가?
【답】혜명(慧命)을 빼앗고 도법과 공덕과 선의 근본을 무너뜨리기 때문에 마라고 부른다. 외도의 무리들은 이를 욕주(欲主)라고 부르며, 또한 5욕의 화살이라 부르기도 하니, 갖가지 착한 일을 깨뜨리기 때문이다.
부처님의 가르침 가운데에서는 마라(魔羅)라고 부르며, 그의 업과 그의 일을 마사(魔事)라고 한다.
또한 사람들이 세간에 떠돌면서 고통과 즐거움을 받는 것은 결과 사의 인연이고 마왕의 힘의 인연이니, 이러한 마를 모든 부처님의 원수이자 모든 성인들의 도적이라 부르는 것이다.
흐름을 거스르는 일체 사람의 일을 부수고 열반을 기뻐하지도 않으니, 이를 마라고 한다.

이 마에 세 가지가 있다.
희롱으로 웃으면서 말하거나 노래하고 춤추거나 삿되게 바라보는 이러한 것들은 애착으로부터 생기며, 결박하고 때리고 채찍질하고 고문하고 자르고 찢는 이러한 것들은 성냄으로부터 생기며, 몸을 태우거나 스스로 얼리거나 머리칼을 뽑거나 스스로 굶주리거나 불에 들어가거나 물[淵]에 들어가거나 바위에서 뛰어 내리는 이러한 것들은 우치로부터 생겨난다.
또한 커다란 과실과 부정함과 세간에 물드는 것은 모두 마사이고, 이로움을 증오하고 열반 및 열반의 도를 행[用]하지 않는 것 역시 마사이며, 큰 고통의 바다에 빠져 스스로 깨닫지 못하는 이러한 한량없는 것들이 모두 마사인데, 이러한 것들을 이미 던져버리는 이것을 모든 마사를 초월했다 하는 것이다.

보살은 일체의 업장(業障)에서 해탈했다

【經】 일체의 업장에서 남김없이 해탈했다.

일체의 악업에서 벗어나는 이것을 '업장에서 해탈했다' 한다.

【문】 세 가지 장(障), 즉 번뇌장(煩惱障)·업장(業障)·보장(報障)에서 어찌하여 두 가지는 버리고 업장만을 말하는가?

【답】 세 가지 장 가운데서 업의 힘이 가장 크기 때문이다. 모든 업을 쌓아서 백·천·만 겁이 지나도록 잃거나 타거나 무너지지 않으며 과보를 받을 때에도 없어지지 않나니, 이 모든 업은 능히 오래도록 머물다가 화합해서 과보를 낸다. 마치 곡식과 풀의 종자가 땅속에 있다가 시절을 만나면 자라나서 잃거나 무너지지 않는 것과 같다.

이는 일체지이신 모든 부처님들께서 가장 존중하시는 이치로서, 수미산왕 조차 이 모든 업을 바꾸지 못하거늘 하물며 범부들이겠는가.

이런 게송이 있다.

생사의 윤회는 인간을 싣고
모든 번뇌와 결사는
큰 힘으로 자재하게 구르니,
누구도 멈출 수가 없다.

전생의 업으로 자기가 지은 것
바뀌어 갖가지 형태를 이루나니
업의 힘 가장 커서
세상에 견줄 이 없다.

전생의 업은 자재하여서

사람들이 과보를 받게 하나니
업의 힘 때문에 바퀴 돌아서
생사의 바다에 헤매게 된다.

큰 바닷물이 다 마르고
수미산의 땅이 다하더라도
전생의 인연인 업은
타지도 않고 다하지도 않는다.

모든 업이 오랫동안 합쳐 모이면
지은 이가 스스로 따라가나니
마치 빚을 진 사람은
빚쟁이가 쫓기기 끊임이 없듯.

이 모든 업의 과보는
능히 바꿀 이도 없고
또한 피할 곳도 없으며
애걸하여 면할 수도 없다.

삼계 가운데 중생들은
이를 좇아 잠시도 여의지 못하니
마치 가리나찰(珂梨羅刹)과 같다고
그 업을 부처님께서 말씀하셨다.

바람은 채워진 곳에 들지 않고
흐르는 물은 위로 가지 않으며
허공이 해를 입는 일 없듯이
업이 없음[無業]도 이와 같도다.

업은 한량없는 힘이 있으나
짓지 않는 이는 쫓기지 않으니

과보는 시절이 도래하기까지
없어지지도 잃지도 않는 것이라.

땅에서 하늘로 날아오르고
하늘에서 설산으로 들고
설산에서 바다로 들어가도
어디에서도 업은 떠나지 않는다.

항상 나를 뒤쫓아
잠시도 버리는 일 없어
곧장 도달해 잃어버리는 일 없으니
마치 유성이 달로 향함과 같다.

이런 까닭에 '일체의 업장에서 남김없이 해탈했다'고 한 것이다.

보살은 뜻에 걸림이 없다

【經】 뜻에 걸림이 없다.

무엇을 뜻에 걸림이 없다 하는가? 보살은 온갖 원수나 친척, 또는 원수도 친척도 아닌 사람들에 대해서 평등한 마음으로 대하여 걸림이 없다.
또한 일체 세계의 중생들에 대해서도 그들이 와서 침해하더라도 성내는 마음이 없고, 갖가지 방법으로 공경하고 공양하여도 기뻐하지 않는다.
게송으로 말하리라.

부처님이나 보살에 대하여도
마음으로 애착하지 않고
외도나 악인이라도
증오하거나 성내지 않는다.

이처럼 청정함을 '뜻에 걸림이 없다'고 말한다.
또한 모든 법에 대하여 마음에 걸림이 없다.

【문】 이 보살은 아직 불도를 얻지 못했고, 아직 일체지를 얻지 못했거늘 어찌하여 모든 법에 대하여 마음에 걸림이 없는가?
【답】 이 보살은 한량없고 청정한 지혜를 얻었기 때문에 모든 법에 대하여 마음에 걸림이 없는 것이다.

【문】 보살들은 아직 불도를 얻지 못했으므로 한량없는 지혜가 있을 수 없고, 남은 번뇌가 있으므로 청정한 지혜도 있을 수 없을 것이다.
【답】 이 보살들은 삼계 안에서 업을 맺는 육신이 아니다. 모두가 법신이 자재하게 되어 노·병·사를 초월하였으나 중생들을 가엾이 여기는 까닭에 세상 가운데에서 행해 불국토를 장엄하고 중생을 교화한다. 그러나 이미 자재를 얻었으니, 부처가 되고자 원하기만 한다면 능히 이루는 것이다.

보살은 얽매임이 없다

【經】 능히 갖가지 견해·얽매임 및 모든 번뇌를 끊었다.

얽매임[纏]이라 함은 열 가지 얽매임[十纏]을 말한다. 곧 성냄의 얽매임·죄를 숨김의 얽매임·졸음의 얽매임·잠의 얽매임·희롱의 얽매임·들뜸의 얽매임·제 부끄러움 없음의 얽매임·남부끄러움 없음의 얽매임·인색함의 얽매임·질투의 얽매임이다.

또한 일체의 번뇌는 마음을 얽어매는 까닭에 모두 일컬어 얽매임이라 한다.

번뇌라 함은 능히 마음을 번거롭게 하고 괴롭히기 때문에 번뇌라 한다.

번뇌에 두 가지가 있으니, 내적인 집착[內著]과 외적인 집착[外著]이다. 내적인 집착이란 다섯 가지 견해[五見]와 의심과 교만 등이요, 외적인 집착이란 음욕·성냄 등이다. 무명은 안팎에 동시에 속한다.

다시 두 가지 결(結)이 있으니, 첫째는 애욕에 속하는 것이요, 둘째는 견해에 속하는 것이다.

또한 세 가지가 있으니, 음욕에 속하는 것과 성냄에 속하는 것과 어리석음에 속하는 것이다.

이것을 번뇌라고 한다.

얽매임[纏]이라 했는데, 어떤 사람은 말하기를 "열 가지 얽매임이 있다"고 하며, 어떤 사람은 말하기를 "5백 가지 얽매임이 있다"고 한다.

번뇌를 일체의 결사(結使)118)라 하는데, 결에는 아홉 가지가 있고, 사에

---

118) 결(結)은 몸과 마음을 속박하고 괴로움을 낳는 것을 말하고, 사(使)는 중생을 따라 다니며 마구 몰아대고 부리는 것을 말하며, 결사를 곧 번뇌라 한다. 그러므로 번뇌는 고이고 무아이며, 불법은 낙이고 참나라고 한다.

는 일곱 가지가 있어 합치면 98결(結)이 된다.

가전연자 아비담에 말하기를 "10전(纏)과 98결(結)이 합해 108번뇌가 된다. 독자부의 아비담 가운데에서는 결과 사는 같은 것으로 5백의 얽매임[纏]이 있다"고 한다.

이와 같은 모든 번뇌를 보살은 능히 갖가지 방편으로 스스로 끊으며, 또한 교묘한 방편으로써 다른 사람의 번뇌들도 끊게 한다.

부처님께서 생존하셨을 때 세 사람이 있었다. 큰형과 둘째 형과 막내인 이들이 "비야리국(毘耶離國)에는 음녀 암라바리(菴羅婆利)가 있고, 사바제(舍婆提)에는 음녀 수만나(須曼那)가 있으며, 왕사성(王舍城)에는 음녀 우발나반나(優鉢羅槃那)가 있다"는 얘기를 들었다. 또한 두 사람은 각각 "이 세 여인은 단정하기 견줄 이 없다"며 사람들이 칭찬하는 말을 듣고는 밤낮으로 오로지 세 여자를 생각하여 잠시도 멈추지 못하다가 마침내는 꿈속에서 그들을 만나 정사를 하고 말았다.

꿈을 깬 뒤에 생각했다.

'저 여자가 오지도 않았고 내가 가지 않았는데도 음사(淫事)를 이룰 수 있구나.'

이 일로 인하여 모든 법이 다 이렇다는 것을 깨닫게 되었다.

이에 발타바라(颰陀婆羅)보살에게 가서 이 일을 물으니, 발타바라보살이 대답했다.

"모든 법이 실로 그러하여서 모두가 마음에서 생겨나는 것이다."

이와 같이 갖가지 방편으로 세 사람에게 방편을 부려 교묘히 모든 법의 공함을 말해 주니 이때 세 사람은 곧 아비발치(阿鞞跋致)[119]를 얻었다.

---

119) 불퇴전(不退轉), 즉 불도에 결코 물러남이 없는 경지를 말한다.

보살은 중생을 여실하게 제도한다

【經】 여실(如實)하고도 교묘히 제도한다.

외도의 법에서는 비록 중생을 제도하나 여실하게 제도하지 못한다. 그것은 왜냐하면 갖가지 삿된 소견과 번뇌가 남아 있기 때문이다.

2승(乘)은 비록 제도하기는 하나 적절히 제도하지 못한다. 왜냐하면 일체지가 없어 방편의 마음이 얇기 때문이다.

오직 보살만이 능히 여실하고도 교묘히 제도하나니, 사공의 일로써 비유하건대 한 사공은 공기 주머니[浮囊]나 풀로 엮은 뗏목으로 건네주고, 한 사공은 큰 배로 건네주는 것 같다. 이 두 가지 건네주는 일은 아득히 다르듯이 보살이 교묘하게 중생을 제도하는 일도 이와 같다.

비유하건대, 병을 고치는 데 쓴 약이나 침 뜸으로는 통증을 주어 차도를 얻지만, 소타선타(蘇陀扇陀)라는 묘약은 병자가 눈으로 보기만 하면 온갖 질병이 모두 낫는다. 병을 제하는 것은 같으나 우열의 차이가 있듯이 성문과 보살이 중생을 제도하는 일도 역시 그와 같다.

고행과 두타로 초저녁에서 한밤을 지나 새벽까지 부지런히 좌선하고 괴로움을 관찰하여 도를 얻는 것은 성문의 가르침이요, 모든 법의 모습이 얽매임도 없고 풀려남도 없음을 관찰하여 마음이 맑아지는 것은 보살의 가르침이다.

지혜롭지 못했던 지혜보살 문수사리

문수사리본연(文殊師利本緣)에서 문수사리가 부처님께 이렇게 얘기했다.

"대덕이시여, 한량없는 아승기겁을 지난 과거세에 사자음왕(師子音王)이란 부처님이 계셨는데, 부처님과 중생들의 수명은 10만억 나유타 세(歲)였습니다. 그 부처님께서 3승의 법으로 중생들을 제도하셨으니, 나라 이름은 천광명(千光明)이요, 그 나라 안의 나무들은 모두 7보로 이루어졌고, 나무마다 한량없이 청정한 법음, 즉 공·무상·무작·불생·불멸·무소유의 소리를 내니, 중생들이 그것을 듣기만 하면 마음이 열리어 도를 얻었습니다.

이때 사자음왕불의 첫 법회의 설법에 99억 사람이 아라한의 도를 얻었으며, 보살들 역시 그러하였습니다. 이 보살들은 모두가 무생법인(無生法忍)을 얻어 갖가지 법문에 들었고 한량없는 부처님을 뵈어 공경 공양드렸습니다. 능히 한량없고 셀 수 없는 중생을 제도했으며, 한량없는 다라니문을 얻었고 한량없는 갖가지 삼매의 문을 얻었으며, 최초로 발심하여 새로이 불도의 문에 들어온 보살들도 그 수를 헤아릴 수 없었습니다. 이 불국토의 한량없는 장엄은 이루 다 말로 표현할 수 없었습니다.

그때 부처님께서는 교화를 마치시고는 무여열반에 드시니, 6만 세 동안 법이 머물더니, 모든 나무에서 다시는 소리가 나지 않았습니다.

이때 두 보살 비구가 있었는데 하나는 희근(喜根)이요, 하나는 승의(勝意)였습니다.

이 희근법사는 용모와 위의가 순박 정직하고 세속법을 버리지 않으며 또한 선과 악을 분별하지도 않았습니다. 희근의 제자는 총명하여 깊은 진리 듣기를 좋아하였는데 그 스승은 소욕(少欲)과 지족(知足)을 찬탄하지 않고, 계행과 두타도 찬탄하지도 않고, 모든 법의 실상이 청정함만을 설할 뿐이었습니다. 그는 제자들에게는 말하기를, '온갖 법은 음욕·성냄·

어리석음의 모습이다. 이 모든 법의 모습이 곧 모든 법의 실상이며, 걸림 없는 바이다'라고 하였습니다.

이러한 방편으로 제자들을 가르쳐서 일상지(一相智)에 들게 하였습니다.

이때 제자들은 누구에게도 성내지 않고 후회하지 않았습니다. 후회하지 않음으로써 생인(生忍)을 얻었고, 생인을 얻은 까닭에 곧 법인(法忍)을 얻어 진실한 법 가운데서 요동하지 않으니 마치 산과 같았습니다.

승의 법사는 청정하게 계를 지키고, 12두타를 행하여, 4선(禪)과 4무색정(無色定)을 얻었습니다. 승의의 제자들은 근이 둔하고 분별을 구함이 많아 '이것은 깨끗하다' 혹은 '이것은 깨끗지 못하다' 하며 마음이 동요하고 움직였습니다.

다른 때 승의가 마을에 들어갔다가 희근의 재가 제자의 집에 가서 자리에 앉아 지계와 소욕과 지족행과 두타행과 한처(閑處)와 선의 고요[禪寂]을 찬탄하고 희근을 비방하며 말하기를, '이 사람은 법을 설해서 사람들로 하여금 사견에 들게 하니, 음욕·성냄·어리석음이 걸림 없는 모습을 설한다. 이는 잡된 행을 하는 사람이지 순수하고 청정하지가 않다' 하였습니다.

희근의 제자 거사는 근이 예리해 법인을 얻었는데, 그는 승의에게 '음욕의 법은 어떤 모습입니까?'라고 물었습니다.

승의가 대답하되 '음욕은 번뇌의 모습이니라' 하였습니다.

다시 묻기를 '이 음욕의 번뇌는 안에 있습니까, 밖에 있습니까?' 하니, 대답하기를 '이 음욕의 번뇌는 안에 있지도 않고 밖에 있지도 않다. 만일 안에 있다면 밖의 인연을 기다릴 필요가 없고, 만일 밖에 있다면 나에게 관계가 없으니 나를 괴롭힐 일이 없다'고 하였습니다.

거사가 말하되 '음욕이 안에도 있지 않고, 밖에도 있지 않고, 동·서·남·북·사유·상하로부터 오는 것도 아니라면, 두루 실상(實相)을 구하여도 얻을 수 없습니다. 이러한 법은 곧 나지도 멸하지도 않으니, 만약에 생멸의 모습이 없다면 공해서 없는 것이거늘 어찌 능히 번뇌가 되겠습니까' 하였습니다.

승의가 이 말을 듣자 불쾌하였으나 대답은 하지 못하고 자리에서 일어나 말하되 '희근은 많은 사람을 속여서 삿된 길에 집착하게 하는구나' 하였습니다.

이 승의보살은 아직 음성다라니(音聲陀羅尼)를 배우지 못해서 부처님의 말씀을 들으면 곧 기뻐하고 외도의 말을 들으면 화를 내며, 세 가지 착하지 못한 법을 들으면 싫어하고 세 가지 착한 법을 들으면 매우 기뻐하며, 생사의 법을 들으면 근심하고 열반의 법을 들으면 기뻐하였습니다. 그는 거사의 집에서 숲속의 정사로 돌아와 비구들에게 이렇게 말하였습니다.

'여러분, 아십니까? 희근보살은 많은 사람을 속여 삿되고 나쁜 소견에 들게 하였소. 왜냐하면 그는 말하되 **음욕·성냄·어리석음과 그 밖의 모든 법이 모두가 걸림 없는 모습이라** 하였기 때문이요.'

이때 희근이 생각했습니다. '이 사람이 매우 성이 났으니, 나쁜 업에 가리워 큰 죄에 빠지게 되겠다. 이제 내가 그에게 매우 깊은 법을 말해 주어야겠다. 설령 지금 당장에는 얻은 바가 없더라도 뒷날 불도에 들 인연이 될 것이다.'

이때 희근은 승려들을 모아 놓고 일심으로 이런 게송을 읊었습니다.

음욕이 곧 길이요
성냄과 어리석음도 그러하니
이러한 세 가지 일에
한량없는 부처님의 길이 있다.

어떤 사람이 음욕과 분노와 우치
그리고 길을 분별한다면,
이 사람은 부처님과 멀어짐이
하늘과 땅 사이 같으리.

도와 음욕과 분노와 우치는
한 법이어서 평등하거늘
이 말을 듣고 겁내는 이는
불도에서 심히 멀어지리.

음욕의 법은 생멸하는 것이 아니니
마음을 괴롭히지도 못하거늘
만약에 사람이 나[吾我]를 계착한다면
음욕에 이끌려 지옥에 들리라.

있다 없다 두 법이 다르다 하면
이는 있다 없다를 여의지 못함이니
있음 없음이 균등함을 알면
수승히 초출하여 불도를 이루리라.

이와 같이 70여 게송을 말할 때 3만 명의 천자들이 무생법인을 얻었고, 1만 8천 명의 성문들이 온갖 법에 집착되지 않는 까닭에 모두가 해탈을 얻었습니다.

이때 승의보살의 몸은 지옥으로 빠져들어 한량없는 천만 세 동안의 고통을 받았고, 인간에 다시 태어나서는 74만 세 동안 항상 남의 비방을 들었고, 한량없는 겁 동안에 부처님의 명호도 듣지 못하였습니다.

이 죄가 차츰 엷어져서 불법을 들을 기회를 얻게 되고 출가하여 도를 닦았으나 다시 계를 버리게 되었습니다. 이렇게 계를 버리기 6만 3천 세 동안이었고, 한량없는 생 동안 사문이 되어 비록 계는 버리지 않았으나 모든 감관이 둔하고 어두웠습니다.

이 희근보살은 지금 동쪽으로 10만억 불국토를 지나 부처를 이루시니, 그 국토의 이름은 보엄(寶嚴)이요, 부처님의 명호는 광유일명왕(光踰日明王)이십니다.

세존이시여, 그때의 승의비구는 바로 오늘의 이 몸입니다. 나는 그때 이렇듯 한량없는 고통을 받았음을 관찰합니다.

누구든지 3승의 도를 구하되 온갖 고통을 받지 않으려거든 모든 법의 모습을 파괴하여 성내는 생각을 품지 말아야 할 것입니다."

부처님께서 문수사리에게 물으셨다.

"그대는 이 모든 게송을 듣고, 어떠한 이익을 얻었는가?"

문수가 대답했다.

"나는 이 게송을 듣고, 뭇 고통이 다하였으며, 세세(世世)에 예리한 감관과 지혜를 얻어 깊은 법을 잘 이해하게 되었고, 교묘하게 깊은 뜻을 연설하게 되었으며, 모든 보살들 가운데서 가장 으뜸가게 되었습니다."

이러한 일들을 모든 법의 모습을 교묘하게 말한다 하니, 이것을 일컬어 '여실하고도 교묘히 제도한다'고 말한다.

보살의 세 가지 공덕

【經】 모두가 **다라니(陀羅尼)** 및 모든 **삼매(三昧)**를 얻고 **공(空)**·**무상(無相)**·**무작(無作)**을 행하여 이미 등(等)과 인(忍)을 얻었다.

【문】 무슨 까닭에 이 세 가지 일로써 차례차례 보살마하살을 찬탄하는가?

【답】 보살들의 실다운 공덕을 드러내기 위함이다. 찬탄해야 할 일은 찬탄하고 믿어야 할 일은 믿어야 하나, 온갖 중생들이 믿기 어려운 매우 깊고 청정한 법으로써 보살을 찬탄하셨다.
보살은 모든 다라니와 삼매 및 인(忍) 등의 모든 공덕을 얻는 까닭에 보살마하살이라 이름하는 것이다.

다라니란 무엇인가?

【문】 무엇을 다라니라 하는가?

【답】 다라니는 능지(能持)라 하며, 혹은 능차(能遮)라 하기도 한다.

능지라 함은 갖가지 착한 법을 모으고 능히 지니어 흩어지지 않고 잃어 버리지 않는 것이니, 마치 빈틈없는 그릇에 물을 담으면 새지 않는 것과 같다.

능차라 함은 착하지 못한 마음이 생겨나는 것을 싫어하고, 능히 막아 나지 못하게 하는 것이다. 가령 나쁜 죄를 지으려 하면 막아서 짓지 못하게 하는 것이니, 이것을 다라니라고 한다.

이 다라니는 마음과 상응하기도 하고 마음과 상응하지 않기도 한다. 유루이기도 하고 무루이기도 하며, 무색(無色)이어서 볼 수 없으며, 대상이 없다[無對]. 일지(一持)이고 일입(一入)이고 한 음섭[一陰攝]이다. 또 법지(法持)이고 법입(法入)이며, 행음(行陰)이다. 9지지(智知)이며[120], 한 의식으로 알며[一識識][121], 아비담법(阿毘曇法)이다.

다라니의 뜻은 이와 같다.

또한 다라니를 얻은 보살은 온갖 들은 법을 기억력에 의하여 잘 간직하여 잃지 않는다.

또한 이 다라니의 법은 항상 보살을 뒤쫓나니, 마치 한낮의 학질병과 같다.

이 다라니가 보살을 여의지 않음은 마치 귀신이 붙은 것 같으며, 이 다라니가 항상 보살을 따름은 마치 선(善)·불선(不善)의 율의(律儀)와 같다.

---

120) 원주) 거란본 주에는 제진지(除盡智)라고 하였다.
121) 원주) 거란본 주에는 일의식(一意識)이라고 하였다.

또한 이 다라니는 보살을 잘 보호하여 두 경지[地]122)의 구덩이에 빠지지 않게 하나니, 마치 인자한 아버지가 자식을 사랑하기에 자식이 구덩이에 빠지려 하거든 보호하여 떨어지지 않게 하는 것과 같다.

또한 보살은 다라니의 힘을 얻었으므로 온갖 마왕(魔王)이나 마민(魔民)이나 마인(魔人)이 능히 흔들지 못하고 깨뜨리지 못하고 이기지 못하나니, 마치 수미산을 예사 사람이 입으로 불어서는 끄떡도 하지 않는 것과 같다.

---

122) 성문승과 독각승의 경지를 말한다.

다라니의 종류

【문】 다라니에는 몇 종류가 있는가?

【답】 이 다라니에는 여러 종류가 있다.
첫째, **문지(聞持) 다라니**가 있다. 이 다라니를 얻은 이는 온갖 이야기와 모든 법을 귀에 스치기만 하면 모두 잃지 않는다. 이것이 문지다라니이다.
둘째, **분별지(分別知) 다라니**가 있으니, 이 다라니를 얻은 이는 모든 중생과 모든 법의 크고 작음과 좋고 나쁨을 분별해서 남김없이 안다. 이런 게송이 있다.

모든 코끼리·말·금 따위와
나무·돌·옷가지들과
남자와 여자와 그리고 물은
갖가지로 모두가 똑같지 않다.

모든 물건들 이름은 하나이나
귀하고 천한 이치는 다르니
이 총지를 얻는다면
모두를 분별해 알 수 있다.

셋째, **입음성(入音聲) 다라니**가 있으니, 이 다라니를 얻으면 온갖 소리를 들어도 좋아하거나 성내지 않는다. 만약에 모든 중생들이 항하의 모래수만큼 오랜 겁 동안 욕을 하고 매도한다고 해도 마음으로 증오하거나 원한을 품는 일이 없는 것이다.

【문】 보살은 모든 누(漏)가 아직 다하지 못하였거늘, 어떻게 항하의 모래수 만큼 많은 겁 동안에 이러한 거친 일[惡]을 참는가?

【답】 내가 먼저 말하기를 "이 다라니의 힘을 얻는 까닭에 능히 그렇게

된다" 하지 않았던가?

 또한 이 보살은 비록 모든 누가 다하지는 못했으나, 큰 지혜와 예리한 감관으로 능히 사유해 성내는 마음을 제해 버리고 다음과 같이 생각하는 것이다.

 "만약에 귀[耳根]가 소리 곁으로 가지 않거늘 욕하는 소리가 어디에 붙으랴. 또한 매도하는 소리를 들어도 못들은 채 곧장 지나가나니, 만약에 분별치 않는다면 누가 성을 낼 것인가."

 범부들의 마음은 나[吾我]에 집착되어서 시비를 분별하고는 성내고 억울해한다.

 또한 만일 어떤 사람이 말이란 좇아 일어나고 좇아 사라져서 앞과 뒤가 함께하지 않는 줄 알면 곧 성낼 일이 없어진다.

 또한 모든 법이 안으로 주체가 없음을 안다면 누가 꾸짖고 누가 성낸다 하겠는가? 또 가령 어떤 사람이 낯설은 이국(異國)의 말을 들을 때, 이쪽에서는 좋다고 하는 말하는데, 저쪽에선 나쁘다고 듣는다. 좋음과 나쁨이 정해지지 않으니 비록 꾸짖는다 하여도 성내지 않게 된다.

 또한 어떤 사람이 말이나 소리에 정해진 바가 없음을 알면 성내거나 기뻐할 일이 없게 된다. 마치 친하고 사랑하는 이가 꾸짖으면 비록 꾸짖음을 당해도 원망하는 마음이 안 생기지만, 친하지 않은 이가 악담을 하면 듣자마자 곧 성내는 마음이 생기는 것과 같다.

 비바람을 만나면 집으로 들어가거나 우산을 들고, 땅에 가시가 있으면 가죽신을 신고, 날씨가 크게 추우면 불을 피우고, 더울 때에는 물을 구하나니, 이러한 모든 환란에 다만 막는 법만을 구할지언정 성내지 않는다.

 꾸짖거나 욕하는 이에 대해서도 이와 같이 해야 하니, 오직 자비로써 모든 악(惡)을 그치게 할지언정 성내는 마음을 일으키지 않는 것이다.

 또한 보살은 모든 법이 나지도 않고 멸하지도 않아 그 성품이 모두 공한 줄 안다. 가령 어떤 이가 성내고 꾸짖거나 혹은 때리거나 혹은 해치려 하더라도 꿈같고 환[化]같이 여기나니, 성내는 이가 누구이며, 꾸짖는 이가 누구이겠는가.

 또한 어떤 사람을 항하의 모래수같이 많은 겁 동안 중생들이 찬탄하고, 의복·음식·와구(臥具)·의약과 영락 등으로 공양하더라도, 법인을 얻은 보살이라면 그 마음이 흔들리거나 기뻐하거나 집착되지 않는다.

【문】이미 보살이 성내지 않는 갖가지 인연은 알았다. 그렇다면 진실로 공덕을 찬탄함을 알지 못한 채 기뻐하지 않는다는 것인가?

【답】갖가지 공양과 공경이 모두가 무상한 줄 아는 것이다. 지금은 까닭이 있어서 와서 찬탄하고 공양하지만, 나중에 다른 인연이 있으면 다시 성내거나 때리거나 혹은 해하려 할 것이기에 기뻐하지 않는 것이다.
또한 보살은 이렇게 생각한다.
'나에게 공덕과 지혜가 있는 까닭에 찾아와서 찬탄하고 공양하는 것이다. 이는 공덕을 찬탄하기 위함이지 나를 찬탄하는 것이 아니다. 그러니 어찌 기뻐하겠는가.'
또한 이 사람이 스스로의 과보를 구하는 까닭에 내가 만든 인연에 대해서 공양하는 것이다. 마치 사람이 곡식을 심고 물을 대고 다듬는다고 해서 땅이 기뻐하지 않는 것과 같다.
또한 어떤 사람이 나에게 공양할 때, 내가 기꺼이 받는다면 나의 복덕은 엷어지고 다른 이의 복덕 역시 적어진다. 그러므로 기뻐하지 않는다.
또한 보살은 온갖 법이 꿈같고 메아리 같은 줄로 관찰한다. 그러니 찬탄하는 이가 누구이며, 기뻐하는 이가 누구이겠는가. 나는 삼계 안에서 해탈을 얻지 못했고, 모든 누가 다하지 못했고, 불도도 얻지 못했거늘 어떻게 찬탄을 얻었다 해서 기뻐하겠는가. 만일 기뻐할 수 있는 이가 있다면 오직 부처님 한 사람뿐일 것이다. 왜냐하면, 부처님은 일체의 공덕이 이미 모두 충족되었기 때문이다.
그러므로 보살은 갖가지로 찬탄 받고 공양 받는다 해도 기뻐하는 생각을 내지 않나니, 이러한 모습을 **입음성(入音聲)다라니**라 한다.

이밖에도 적멸(寂滅)다라니·무변선(無邊旋)다라니·수지관(隨地觀)다라니·위덕(威德)다라니·화엄(華嚴)다라니·음정(音淨)다라니·허공장(虛空藏)다라니·해장(海藏)다라니·분별제법지(分別諸法地)다라니·명제법의(明諸法義)다라니가 있다. 이러한 다라니문을 자세히 설명하자면 한량이 없다. 그러므로 보살들은 모두 다라니를 얻었다고 하는 것이다.

삼매란 무엇인가?

모든 삼매라 함은 세 가지 삼매이니, 공(空)·무작(無作)·무상(無相)이다.

어떤 사람은 이렇게 말한다.

"5음(陰)이 나 없고 내 것 없음을 관찰하면 이를 공이라 일컫는다. 이러한 **공삼매(空三昧)**에 머물러서 뒷세상을 위하여 3독(毒)을 일으키지 않으면 이를 **무작**이라 일컬으며, 열 가지 모습의 법인 5진(塵)과 남·녀·생·주·멸을 여읨에 연하는 까닭에 **무상**이라 일컫는다."

또한 어떤 사람은 이렇게 말한다.

"이 삼매 가운데 머물러서 모든 법의 실상(實相), 즉 필경공(畢竟空)을 아나니, 이를 공삼매라 한다. 이러한 공을 알고 나면 곧 무작이다. 그렇다면 어떤 것이 무작이겠는가? 모든 법이 공하거나 혹은 불공이거나 혹은 있거나 혹은 없음 등을 보지 않는 것이다."

부처님이 말씀하신 법구(法句)에 이런 게송이 있다.

있음[有]을 보면 곧 두려워하고
없음[無]을 보아도 두려워하니
그러므로 유에 집착하지 않고
또한 무에도 집착하지 않는다.

이것이 **무작삼매**이다.

어떤 것이 **무상삼매(無相三昧)**인가?
온갖 법은 형상이 없으니, 온갖 법을 받아들이지도 않고 집착하지도 않는다. 이를 무상삼매라 한다.
다음과 같은 게송이 있다.

언어의 길이 이미 끊겼고

심행(心行)도 사라졌도다.
나지도 멸하지도 않으니
그대로가 열반의 모습이다.

또한 18공(空)을 **공삼매**라 하고, 갖가지 유(有)123)에서 구하는 마음 없는 것을 **무작삼매**라 하고, 온갖 형상이 파괴되어도 생각하지 않는 것을 **무상삼매**라 한다.

대승은 가장 위대한 까닭에 한량없는 삼매가 있다. 이른바 두루 법성을 장엄하는 삼매[遍法性莊嚴三昧]와 능히 일체삼세법을 비추는 삼매[能照一切三世法三昧]와 법성의 끝[底]을 분별치 않고 관찰하는 삼매[不分別知觀法性底三昧]와 끝없는 불법에 드는 삼매[入無底佛法三昧]와 허공과 같이 끝없고 가없이 비추는 삼매[如虛空無底無邊照三昧]와 여래의 힘으로 관찰을 행하는 삼매[如來力行觀三昧]와 부처님의 무외장엄으로 빙그레 웃는 삼매[佛無畏莊嚴力嚬呻三昧]와 법성의 문이 선장(旋藏)하는 삼매[法性門旋藏三昧]와 일체세계가 장애 없이 장엄되어 달에까지 두루 차는 삼매[一切世界無礙莊嚴遍月三昧]와 법의 운광(雲光)을 두루 장엄하는 삼매[遍莊嚴法雲光三昧]이니, 보살은 이처럼 한량없는 삼매들을 얻는다.

또한 『반야바라밀경』의 「마하연의품(摩訶衍義品)」에서는 약설하여 108가지 삼매를 말하는데, 처음 수능엄삼매로부터 허공과 같이 집착하지 않고 물들지 않는 삼매[虛空不著不染三昧]에 이르기까지이다. 자세히 말하면 무량 삼매가 있다고 했다.

이런 까닭에 보살들은 모든 삼매를 얻는다고 하는 것이다.

어떤 사람이 공·무상·무작의 삼매를 행하면 이는 **실상삼매(實相三昧)**를 얻은 사람이라 한다.

---

123) 원주) 거란본 주[丹注]에서는 "5도(道)에서의 생유(生有)·사유(死有)·중유(中有)의 업"이라 구체적으로 명시하였다.

이런 게송이 있다.

계를 지니어 청정하다면
이를 진실한 비구라 부르고
능히 공을 잘 관찰한다면
이를 삼매를 얻었다 한다.

부지런히 정진을 쌓으면
도를 행하는 사람이라 부르고
만약에 열반을 얻었으면
이를 진실한 즐거움이라 한다.

염불삼매 - 부처님을 생각하여 삼매에 들다

【經】 한량없는 국토의 부처님들의 삼매를 생각하니, 항상 눈앞에 나타나 있었다.

한량없는 불국토라 함은 시방의 모든 부처님의 국토를 말한다. 염불삼매란 시방 3세의 부처님들을 항상 마음의 눈으로 바라보되 마치 눈앞에서 드러나 있는 것과 같다는 것이다.

【문】 무엇을 염불삼매라 하는가?

【답】 염불삼매에는 두 가지가 있으니, 하나는 성문의 법에서 한 불신(佛身)에 대해 마음의 눈으로써 관찰하여 시방에 가득하심을 보는 것이요, 둘째는 보살도로서 한량없는 불국토 가운데 시방 3세의 모든 부처님을 염하는 것이다. 그러므로 '한량없는 불국토의 모든 부처님들의 삼매를 생각하니 항상 눈앞에 나타나 있다'고 말한다. 보살은 부처님을 생각하는 까닭에 불도(佛道) 가운데 들어가게 된다. 그런 까닭에 염불삼매로써 항상 눈앞에 나타나 있는 것이다.

염불삼매는 갖가지 번뇌와 전생의 죄를 제거하지만, 다른 삼매로는 능히 음욕을 제거하나 성냄을 제거하지 못한다. 또 능히 성냄을 제거하나 음욕을 제거하지 못하고, 능히 우치를 제거하나 음욕과 분노를 제거하지 못하고, 능히 3독(毒)을 제거하나 전생의 죄를 제하지는 못한다. 하지만 이 **염불삼매는 능히 갖가지 번뇌와 갖가지 죄를 제거하는 것이다.**

또한 염불삼매에는 큰 복덕이 있어서 능히 중생을 제도하나니, 이 보살들이 중생을 제도하려 함에 다른 삼매들 가운데 이 **염불삼매만큼 복덕으로 모든 죄를 속히 없앨 수 있는 것은 없다.**

이런 이야기가 있다.

옛날에 5백 명의 상인들이 바다에 들어가서 보물을 캐다가 마가라어왕(摩伽羅漁王)을 만나게 됐다. 그 입을 여니 바닷물이 그 가운데로 들어가고 배가 쏜살같이 쓸려들어가는 난을 당하였다.

이때 선사[船師]가 망루 위의 사람에게 물었다.

"그대는 무엇을 보았는가?"

망루 위의 사람이 대답했다.

"해가 셋이 있고 흰 산이 늘어섰는데 물이 쏠려들기를 마치 큰 구덩이로 들어가는 것 같았습니다."

선사가 말했다.

"이는 마가라어왕이 입을 벌린 것이다. 하나는 진짜 해요, 두 개의 해는 고기의 두 눈이요, 흰 산은 고기의 이빨이다. 물이 흘러드는 것은 그의 입으로 들어가는 것이니, 이제 우리들은 끝장이 났다. 제각기 천신(天神)에게 기도하여 스스로를 구제하라."

이때 사람들이 제각기 섬기는 바에 구원을 청했으나 도무지 소용이 없었다. 그 가운데 5계(戒)를 받은 우바새가 있어 사람들에게 말했다.

"우리 모두 나무불(南無佛)[124]을 외웁시다. 부처님은 가장 높으시니, 능히 모든 사람들의 고액(苦厄)을 구제해 주십니다."

이에 사람들은 한마음으로 소리를 맞추어 "나무불"을 외쳤다. 이 고기는 전생에 계를 파한 불제자로서 전생 일을 깨닫는 지혜를 얻었는데, 부처님을 부르는 소리를 듣자 마음이 저절로 뉘우치고 깨달았다. 곧 입을 다무니, 뱃사람들은 벗어날 수가 있었다. 부처님을 억념한 까닭에 능히 무거운 죄를 제하고 모든 고액을 면했거늘, 하물며 염불삼매이겠는가.

---

124) 부처님께 귀의한다는 뜻이다.

보살은 등(等)과 인(忍)을 얻는다

【문】보살은 등(等)과 인(忍)을 증득한다 했는데, 무엇을 등이라 하며, 무엇을 인이라 하는가?

【답】두 가지 등(等)이 있으니, 중생등(衆生等)과 법등(法等)이다. 인(忍)에도 두 가지가 있으니, 중생인(衆生忍)과 법인(法忍)이다.
　무엇을 **중생등**이라 하는가? 곧 모든 중생들에 대해서 평등한 마음·평등한 생각·평등한 사랑·평등한 이익을 주는 것을 중생등이라 한다.

【문】자비의 힘 때문에 모든 중생에게 평등하게 생각할지언정 평등하게 관찰해서는 안 된다. 왜냐하면 보살은 진실한 도를 행하여 뒤바뀌지 않고 법의 모습 그대로이어야 하기 때문이다. 어찌 착한 사람과 착하지 않은 사람, 대인과 소인, 축생을 동일하게 보는가? 착하지 못한 사람에게는 진실로 착하지 못한 모습이 있고 착한 사람에게는 진실로 착한 모습이 있으며, 대인과 소인, 그리고 축생도 그러할 것이다.
　마치 소의 모습은 소에게 있고, 말의 모습은 말에게 있어서 소의 모습이 말 가운데 있지 않고 말의 모습이 소 가운데 있지 않는 것과 같으니, 말이 소가 될 수는 없기 때문이다.
　중생들도 각기 제 모습을 지녔거늘 어찌 동일하게 평등히 관찰하고도 전도(顚倒)에 떨어지지 않을 수 있겠는가?

【답】만일 착한 모습과 착하지 않은 모습이 진실이라면 보살은 응당 전도에 떨어질 것이다. 왜냐하면 모든 법의 모습을 파괴하기 때문이다.
　모든 법은 진실로 착한 모습도 아니요, 진실로 착하지 않은 모습도 아니며, 많은 모습도 아니요 적은 모습도 아니며, 인간도 아니요 축생도 아니며, 같음[一]도 아니요 다름[異]도 아니니, 그러므로 그대의 비난은 옳지 못하다.
　모든 법의 모습을 말씀한 게송에 이런 것이 있다.

나지도 않고 멸하지도 않으며
단절도 아니요 영원함도 아니며
같음도 아니요 다름도 아니며
감[去]도 아니요 옴[來]도 아니다.

인연으로 생긴 법은
모든 희론을 멸하나니
부처님께서 말씀하셨기에
나 이제 마땅히 말해야 하리.

또한 온갖 중생 가운데 갖가지 모습에 집착하지 않아 **중생의 모습[衆生相]이나 비어 있는 모습[空相]이 동등**한 것으로 다르지 않다고 이처럼 관찰함을 일컬어 중생등이라 한다.
만일 어떤 사람이 여기에 대하여 마음이 평등해져서 걸림이 없다면 그는 곧장 물러서지 않는 경지[不退]에 들게 된다. 이것을 등과 인을 얻었다 하는데, 등과 인을 얻은 보살은 온갖 중생에게 성내지 않으며 그들로 인해 괴로워하지 않는다.
마치 자애로운 어머니가 자식을 사랑함과 같으니, 게송에서 설하는 바와 같다.

말소리는 메아리 같고
몸의 행위는 거울의 모습 같다 보니
이렇게 관찰할 수 있는 사람은
무엇인들 참지 못하랴.

이것을 중생의 등인(等忍)이라 하는 것이다.

무엇을 법의 등과 인이라 하는가?
곧 착한 법과 착하지 못한 법, 유루의 법과 무루의 법, 유위의 법과 무위의 법 등 이와 같은 모든 법에 대해서 **불이(不二)의 법문**에 들고, **실다운 법상(法相)의 문**에 든다. 이와 같이 든 뒤에 여기에서 모든 법의 실상에 깊이 들 때에 마음으로 확인[忍]하여 무쟁(無諍)·무애(無礙)에 든다면 이를 **법의 등인**이라 한다.
　이러한 게송이 있다.

　모든 법은 나지도 않고 멸하지도 않으며,
　나지 않는 것도 아니고 멸하지 않는 것도 아니며,
　생멸하지도 않으면서 생멸하지 않는 것도 아니며,
　생멸하지 않는 것이 아니고
　생멸하지 않는 것이 아닌 것도 아니다.

　이미 해탈을 얻어 공(空)과 비공(非空)이라는 이러한 모든 희론을 버리고 없애어 언어의 길이 끊어지고 불법에 깊이 들어가서 마음에 걸림이 없으며, 흔들리거나 물러남이 없는 것을 **무생인(無生忍)**이라 한다. 이는 불도를 돕는 첫 문인 까닭에 '이미 등과 인을 얻었다' 하는 것이다.

보살은 대인(大忍)을 성취했다

【經】 대인(大忍)을 성취했다.

【문】 앞에서 이미 등인(等忍)과 법인(法忍)을 말했거늘 어찌하여 이제 다시 '대인을 성취했다' 하는가?

【답】 등인과 법인을 증장시킴을 대인이라 한다.

등인은 중생들 가운데서 모든 것을 능히 참아 유순하는 것이요, 법인은 깊은 법에 대하여 참는 것이니, 이 두 가지 인이 자라나면 무생인(無生忍)을 증득하게 되고, 최후의 육신에 시방의 부처님들이 화현해서 앞에 나타나시거나 공중에 앉아 계시는 것을 보게 된다. 이것이 대인을 성취한 것이라 한다.

비유하건대 성문(聲聞)의 법 가운데 난법(煖法)이 자라남을 정법(頂法)이라 하고, 정법이 자라남을 인법(忍法)이라 함과 같다. 다시 다른 법이 없어서 자라남에 차이가 있으니, 등인과 대인(大忍)도 역시 그러하다.

또한 두 가지 인(忍)이 있으니, 생인(生忍)과 법인(法忍)이다.

생인이라 함은 중생들 가운데서 잘 참는 것을 말한다. 항하의 모래수같이 많은 겁 동안에 중생들이 갖가지로 삿된 마음을 가한다 해도 성내지 않고, 갖가지로 공경하고 공양하여도 기뻐하지 않는 것이다.

또한 중생을 관찰함에 처음이 없다. 처음이 있으면 인연이 없고, 인연이 있으면 처음이 없으며, 처음이 없으면 나중도 없으리라. 왜냐하면 처음과 나중은 서로 기다리기 때문이다. 처음과 나중이 없다면 중간도 없으리니, 이렇게 관찰할 때에 상견(常見)과 단견(斷見)의 두 극단에 떨어지지 않으며, 안은도(安隱道)에 의하여 중생을 관찰해 사견에 떨어지지 않는다. 이를 생인이라 하고, 매우 깊은 법에 대하여 마음에 걸림이 없으면 이를 법인이라 한다.

【문】 매우 깊은 법이란 어떤 것인가?

【답】 매우 깊은 법이라 함은 12인연 가운데서 전전해서 과를 내지만 인 가운데 과가 있는 것은 아니며 또한 과가 없는 것도 아니다. 이 가운데에서 나오는 것을 매우 깊은 법이라 하는 것이다.

또한 세 가지 해탈문인 공·무상·무작에 들면 곧 열반의 항상된 즐거움을 얻는 까닭에 이를 매우 깊은 법이라 한다.

또한 일체법은 공도 아니요, 공 아님도 아니요, 형상 있음도 아니요, 형상 없음도 아니요, 작위 있음도 아니요, 작위 없음도 아니라고 관찰하니, 이렇게 관찰하는 가운데 마음 또한 집착되지 않으면 이를 매우 깊은 법이라 한다.

게송으로 말하리라.

인연으로 생긴 법
이를 공(空)의 모습이라 하고
거짓 이름[假名]이라고도 하며
중도(中道)라고도 한다.

법이 실제로 있는 것이라면
도리어 없어지지 않아야 하리니,
지금은 없고 앞에는 있었다면
이를 단견(斷見)이라 부른다.

항상하거나 단절되지도 않으며
또한 있음도 없음도 아니어서
마음으로 헤아릴 수 없고
언설(言說) 또한 다했다.

이러한 매우 깊은 법에 대하여 믿음이 걸림 없고, 후회하거나 위축되지 않으면 이를 '대인을 성취했다'고 한다.

보살은 5통(通)을 얻는다

【經】 모두가 5통(通)을 얻었다.

보살의 5통이란 여의(如意)·천안(天眼)·천이(天耳)·타심지(他心智)·자식숙명(自識宿命)을 말한다.

① 무엇을 여의(如意)라고 하는가?
여의에는 세 가지가 있으니, 능도(能道)와 전변(轉變)과 성여의(聖如意)이다.

능도에 네 종류가 있으니, 첫째는 몸이 능히 날아다니되 새와 같아서 걸림이 없는 것이요, 둘째는 먼 곳을 가깝게 만들어 가지 않고도 도달하는 것이요, 셋째는 여기에서 숨어서는 저기에서 나오는 것이요, 넷째는 깜빡할 사이에 능히 이르는 것이다.

전변이라 함은 큰 것을 작게 만들고 작은 것을 크게 만들며, 하나를 많게 만들고 많은 것을 하나로 만드는 등 갖가지 물건을 능히 바꾸어 놓는 것이다. 외도의 전변은 멀어도 7일을 지나지 못하는데 부처님이나 제자들의 전변은 자재로워서 멀고 가까움이 없다.

성여의라 함은 밖의 6진(塵)[125]에 있어 사랑스럽지 못하고 부정한 물건을 관하여 정화시키고, 사랑스럽고 깨끗한 물건을 관하여 부정하게 만드니, 이 성여의는 부처님만이 가지신다.

이러한 여의통은 4여의족(如意足)을 닦음으로부터 생기며, 이 여의족통 등은 색의 반연인 까닭에 차례차례 생길지언정 일시에 생기는 것이 아니다.

② 무엇을 천안통이라 하는가?
천안통이라 함은 눈에 있어서 색계의 4대로 지어진 청정한 색(色)을 얻는 것이니, 이를 천안이라 한다.

---

125) 6근(根)의 대상인 색(色)·성(聲)·향(香)·미(味)·촉(觸)·법(法)을 말한다.

천안으로 보이는 곳은 스스로의 경지[地] 및 아래 경지에 있는 6도(道) 중생들로서, 모든 사물의 멀고 가까움, 거칠고 미세함 등 모든 모양[色]을 비추어 보지 못함이 없다.

천안에는 두 종류가 있으니, 첫째는 과보에 따라 얻는 것이요, 둘째는 수행에 따라 얻는 것이다. 그러나 5신통 중의 천안은 수행으로 얻을 뿐 과보로 얻는 것이 아니다. 왜냐하면 항상 갖가지 광명을 억념함으로써 얻는 것이기 때문이다.

어떤 사람은 이렇게 말한다.

"이 보살들은 무생법인의 힘을 얻는 까닭에 6도(道)에 속하지 않지만, 다만 중생을 교화하기 위한 까닭에 법신으로서 시방에 현현한다. 삼계 가운데에서 아직 법신을 얻지 못한 보살은 혹은 닦아서 얻기도 하고 혹은 과보로 얻기도 한다."

【문】이 보살들의 공덕이 아라한이나 벽지불보다 수승하거늘 어찌하여 범부들과 함께하는 작은 공덕인 천안만을 찬탄하시고, 보살들의 혜안(慧眼)·법안(法眼)·불안(佛眼)은 찬탄하시지 않는가?

【답】하늘[天]에 세 종류가 있으니, 첫째는 거짓 이름의 하늘[假號天]이요, 둘째는 태어나는 하늘[生天]이요, 셋째는 청정한 하늘[淸淨天]이다. 전륜성왕과 그 밖의 대왕들은 '거짓 하늘'이라 하고, 사천왕(四天王)으로부터 유정천(有頂天)이 태어나는 곳을 '태어나는 하늘'이라 하고, 부처님·법신보살·벽지불·아라한들을 '청정한 하늘'이라 한다.

이러한 청정한 하늘에서 닦아 얻는 하늘의 눈을 천안통이라 한다. 부처님의 법신과 보살의 청정한 하늘 눈은 일체의 욕망을 여읜 것으로, 5신통을 얻은 온갖 범부들은 얻지 못하는 바이며, 성문이나 벽지불들도 얻지 못하는 바이다. 그것은 왜냐하면 작은 아라한이 작게 부리는 마음은 일천 세계를 보고, 크게 부리는 마음은 이천 세계를 보며, 큰 아라한이 작게 부리는 마음은 이천 세계를 보고, 크게 부리는 마음으로 삼천 대천세계를 보기 때문이다. 벽지불의 경우도 마찬가지이다. 이를 천안통이라 한다.

③무엇을 천이통이라 하는가?

곧 귀에 있어서 색계의 4대로 지어진 청정한 색을 얻어 능히 일체의 소리, 즉 하늘의 소리, 인간의 소리, 3악도(惡道)의 소리를 듣는 것이다.

어떻게 천이통을 얻는가? 수행하여 얻는다. 항상 갖가지 소리를 억념해내니, 이것을 천이통이라 한다.

④무엇을 숙명을 아는 신통[識宿命通]이라 하는가?

곧 전생일[本事]을 항상 억념하여 날·달·해로부터 태속의 일, 나아가 과거세 가운데 1세(世)·십 세·백 세, 천·만·억 세의 일을 아는 것이다.

큰 아라한이나 벽지불에 이르러서는 8만 대겁(大劫)의 일을 알고, 보살과 부처님들은 한량없는 겁의 일을 안다. 이를 숙명을 아는 신통이라 한다.

⑤무엇을 타심을 아는 신통[知他心通]이라 하는가?

곧 다른 이의 마음에 때[垢]가 있는 것과 때가 없는 것을 아는 것이다. 자신의 마음이 나고 머무르고 멸할 때 항상 억념하는 까닭에 얻는다.

또한 다른 이의 기뻐하는 모습·성내는 모습·두려운 모습을 관찰하고는 그 마음을 아나니, 이를 타심지의 첫 문호라 한다.

보현보살을 만난 인연

부처님이나 큰 보살들은 두려움과 급한 어려움 속에 있는 중생들이 지극한 마음으로 생각한다면 와서 구제해 주신다.

대월지의 서쪽에 부처님의 육계를 모신 나라가 있었는데, 어느 불교가 유행하던 지역에 나병에 걸린 사람이 있었다. 그는 변길(遍吉)126) 보살상 곁에 와서는 일심으로 귀의하고 변길보살의 공덕을 염했다.

"부디 이 병을 제거하여 주옵소서."

이때 변길보살의 상이 오른손의 보배옥돌 광명으로 그의 몸을 어루만져 주니, 곧 병이 제거되어 나았다.

또한 어떤 나라에 숲에서 수행하는 비구가 있었는데 마하연을 많이 독송하니, 그 나라의 왕이 그를 공경하여 항상 자신의 머리를 풀어 그 위를 밟고 지나가도록 했다.

이때 다른 비구가 왕에게 물었다.

"이 사람은 마하라(摩訶羅)127)로서 경전을 많이 읽지도 못했는데 어째서 크게 공양하기를 이렇듯 하십니까?"

왕이 대답했다.

"내가 어느 날 밤중에 이 비구를 뵙고자 그가 거처하는 곳에 갔습니다. 이 비구가 굴속에서 『법화경』을 읽고 있는데, 어느 금빛 광명이 나는 사람이 흰 코끼리를 타고 합장한 채 공양하고 있었습니다. 내가 차츰 가까이 가니 이내 사라지기에 내가 물었습니다.

'대덕이여, 내가 왔기 때문에 금빛 나는 사람이 사라진 것이 아닐까요?'

그러자 이 비구가 대답하였습니다.

---

126) 변길보살은 곧 보현보살의 다른 명호이다.
127) 무지하거나 나이 든 사람을 말한다.

'그는 변길보살입니다. 변길보살은 누구라도 『법화경』을 읽는 이가 있으면 내가 흰 코끼리를 타고 와서 가르치고 인도하리라고 말씀하셨는데, 제가 『법화경』을 읽은 까닭에 변길보살이 스스로 오신 것입니다'라고 하였습니다."

또 어떤 나라의 한 비구가 『아미타경(彌陀佛經)』과 『마하반야바라밀경』을 독송하였다. 비구가 임종이 가까워지자 제자들에게 말했다.

"아미타불께서 그의 대중을 거느리고 오시는구나."

그리고는 곧바로 몸을 움직여 자신의 주처로 돌아가서는 잠깐 사이에 운명했다.

비구가 입적한 후, 제자들이 땔감을 쌓아 화장을 했는데, 이튿날 잿 속을 보니 타지 않은 혀가 남아 있었다.

그 비구는 『아미타경』을 독송한 까닭에 부처님이 오시는 것을 보았고, 『반야바라밀경』을 독송한 까닭에 혀가 타지 않은 것이다.

이와 같이 부처님과 보살들이 찾아오시는 일은 매우 많아 도처에 있다. 사람들이 죄의 결박이 얇고, 일심으로 부처님을 염하며, 믿음이 맑아 의심치 않으면 반드시 부처님을 뵙게 되니, 끝내 허망치 않다.

이러한 여러 인연으로 실로 시방에 부처님이 계심을 알 수 있다.

지극한 마음으로 공경하고 삼가라

【문】 어찌하여 "사바세계 보살들을 지극한 마음으로 공경하고 삼가라" 하셨는가?

【답】 부처님·보살·벽지불·아라한 등 일체의 성현들은 모두가 지극한 마음으로 공경하고 삼가하나니, 마(魔)와 마의 백성과 몸의 번뇌와 갖가지 전생 죄보는 모두 도적이다. 이런 도적들에 가까이 가기 때문에 응당 지극한 마음으로 공경하고 삼가라 하셨다. 비유하건대 도적 속에 다니는 이가 스스로 삼가고 보호하지 않으면 도적에게 잡히는 것과 같다.

또한, 사람의 마음은 흐트러지는 일이 많아서 미친 듯하고 취한 듯하니, 지극한 마음으로 공경하고 삼가는 것은 모든 공덕의 첫 문호인지라 마음을 거두어 선(禪)을 얻으면 문득 진실한 지혜를 얻는다. 진실한 지혜를 얻으면 문득 해탈을 얻고, 해탈을 얻으면 문득 괴로움이 다하나니, 이와 같은 일들이 모두가 지극한 한마음에서 얻어진다.

부처님께서 반열반(般涅槃)에 드신 지 백 년 뒤에 우바국(優波鞠)이라 부르는 비구가 있었다. 그는 6신통을 얻은 아라한으로서 그 당시 염부제에서는 큰 스승이었다.

그때 나이가 120세 되는 비구니가 있었는데, 그 비구니는 젊었을 때에 부처님을 뵌 적이 있었다. 우바국이 그녀의 집으로 와서 부처님의 용태를 묻고자 먼저 제자를 보냈다. 그 제자가 비구니에게 말했다.

"우바국 대사께서 그대를 만나보고 부처님의 용태를 물으시려 하오."

이때 비구니는 발우에다 참기름을 가득히 부어 방문 밑에다 놓아두고는 그의 위의가 조심스러운지를 시험해 알려했다.

우바국이 들어오면서 천천히 문을 열었으나 참기름이 약간 쏟아졌다.

그는 자리를 잡고 나서 비구니에게 이렇게 물었다.

"그대는 부처님을 뵌 적이 있습니까? 용모가 어떠하신지 저에게 설명해 주시오."

비구니가 대답했다.

"내가 어릴 때 부처님께서 동네에 들어오신 것을 뵈었습니다. 사람들이 말하되 '부처님이 오셨다' 하기에 나도 사람들을 따라서 나갔다가 광명을 보고 문득 예를 올렸습니다. 이때 내 머리 위에 있던 금비녀가 땅 위에 떨어져 캄캄한 수풀 속에 있었는데, 부처님의 광명이 비치시니 어두운 곳을 모두 볼 수 있어 즉시에 비녀를 찾았습니다. 나는 이때부터 비구니가 되었습니다."

우바국이 다시 물었다.

"부처님이 세상에 계실 적에 비구의 위의와 예법은 어떠하였소?"

비구니가 대답했다.

"부처님께서 세상에 계실 때 무리를 이뤄 다니던 여섯 비구들[六郡比丘]128)은 부끄러움도 염치도 없어서 패악하기가 이를 데 없었습니다만, 위의와 법칙은 그대보다 훌륭하였습니다. 그것을 어떻게 알 수 있는가 하면, 여섯 명의 비구들은 문에 들어올 때 기름을 쏟지는 않았습니다. 이들은 비록 아무리 패악해도 비구의 위의법을 알아서 다니고 멈추고 앉고 누움에 법도를 잃지 않았습니다. 그대는 비록 6신통을 얻은 아라한이지만 그만 못합니다."

우바국이 이 말을 듣고 매우 부끄럽게 생각했다.

이러한 까닭에 말씀하기를 "지극한 마음으로 공경하고 삼가라" 하셨으니, 지극한 마음으로 공경하고 삼감은 착한 사람의 모습이다.

또한 무슨 까닭에 말씀하시기를, "지극한 마음으로 공경하고 삼가라. 이 보살은 이기기 어렵고, 미치기 어렵고, 깨뜨리기 어렵고, 가까이하기 어렵다" 하시는가?

비유하건대 큰 사자는 이기기도 어렵고 깨뜨리기 어려운 것과 같으며, 또한 흰 코끼리나 용왕이나 큰 불더미가 모두 가까이하기 어려운 것과도 같으니, 이 보살은 큰 복덕과 지혜의 힘이 있기 때문이다.

어떤 사람이 이기려 하거나 깨뜨리려 한다면 이는 안 될 일이요 도리어 스스로를 파괴하는 일이 된다. 그러므로 말씀하시기를 "가까이하기 어렵다" 하셨다.

---

128) 부처님 당시 무리지어 다니면서 삿된 짓을 하던 6명의 비구를 말한다.

보살이 부처님께 공양하는 이유

【문】 보살들은 어찌하여 부처님께 공양하는가?

【답】 모든 부처님은 으뜸가는 복전이어서 공양하면 큰 과보를 받기 때문이다. 비유하건대 사람이 농사를 많이 지으면 많은 곡식을 얻는 것과 같으니, 보살들은 부처님들을 뵙고 공양하면 부처가 되는 과보를 얻는다. 그런 까닭에 공양드린다.

또한 보살은 항상 부처님을 공경하고 소중히 여기나니, 마치 사람들이 부모를 공경하는 것과 같다. 보살들은 부처님의 설법의 은혜를 입어 갖가지 삼매와 갖가지 다라니와 갖가지 신력을 얻는데, 은혜에 보답하기 위하여 널리 공양하는 것이다.

『법화경(法華經)』에서 이와 같이 전한다.

약왕(藥王)보살이 부처님으로부터 온갖 몸을 변화해 나타내는 삼매를 얻고는 생각했다.

'나는 이제 어떻게 부처님과 법화삼매에 공양드려야 할까.'

그리고는 즉시 천상으로 날아 올라가 삼매의 힘으로써 7보로 이루어진 꽃·향·번기·일산의 비를 내려 부처님께 공양했다.

약왕보살은 삼매에서 나와서도 여전히 마음에 흡족치 않아서 1,200세 동안 뭇 향을 먹고 향기로운 기름을 마신 뒤에 하늘의 흰 천으로 몸을 두르고 자기의 몸에다 불을 지르고는 서원했다.

"내 몸에서 나는 광명이 80항하사의 부처님 세계를 비추리라."

그러자 이 80항하사의 세계 가운데 계시는 부처님들이 찬탄하셨다.

"장하도다. 선남자여, 몸으로써 공양함은 으뜸가는 일이니 나라나 성이나 처자로써 공양하는 것보다 백천만 배나 수승하여 비유할 수조차 없느니라. 천이백 년 동안 몸이 타더라도 꺼지지 않으리라."

이렇게 부처님에 공양한다면 한량없는 명예와 복덕과 이익을 얻고, 온갖 착하지 못한 일이 모두 소멸하고, 온갖 선근이 자라나서 금생과 내생에 항상 공양의 과보를 받으며, 오랜 뒤에는 부처를 이루게 된다.

이와 같이 부처님께 공양하면 갖가지 한량없는 이익을 얻는다. 이런 까닭에 보살들은 부처님께 공양한다.

제3부. 6바라밀을 이야기하다

비바시부처님으로부터 가섭부처님에 이르기까지 그 사이의 91겁 동안 32상의 업의 인연을 다 심어 모으고, 6바라밀을 성취했다.

무엇이 여섯인가? 곧 단(檀)바라밀[129] · 시라(尸羅)바라밀[130] · 찬제(羼提)바라밀[131] · 비리야(毘梨耶)바라밀[132] · 선(禪)바라밀 · 반야(般若)바라밀이다.

1. 보시바라밀

시비왕의 보시바라밀

보시바라밀이란 일체에 능히 베풀어 걸림이 없고, 몸으로써 보시할지라도 아끼는 생각이 없는 것이니, 마치 시비왕(尸毘王)이 비둘기에게 몸을 보시한 것과 같다.

석가모니부처님의 본생은 시비(尸毘)라는 왕이었는데, 그 왕은 귀명구호다라니(歸命救護陀羅尼)를 얻어 크게 정진하되 자비한 마음이 있어 모든 중생 보기를 마치 어미가 자식을 사랑하는 것같이 하였다.

그때 세상에는 부처님이 없으셨는데, 석제환인이 수명이 다해 임종하게 되자 이런 생각을 했다.

'어디서 부처님의 일체지를 갖춘 사람을 찾을 수 있을까?'

곳곳에 물었으나 의문을 풀지 못한 채 모두가 부처가 아님을 알았다. 그러자 곧 하늘로 돌아가 근심에 잠겨 앉아 있었다.

이때에 요술에 능한 비수갈마천(毘首羯磨天)[133]이 물었다.

---

129) 보시바라밀
130) 지계바라밀
131) 인욕바라밀
132) 정진바라밀
133) 제석천(帝釋天)의 신하 중 하나로, 건축 · 조각 · 공예 등을 관장하는 천인이다.

"천주(天主)께서는 어찌하여 근심하고 계십니까?"
석제환인이 대답했다.
"나는 일체지를 갖춘 분을 찾고 있는데 만나지 못했다. 그러므로 근심하고 있다."
제석은 게송으로 말했다.

보살이 큰마음을 일으키는 것,
물고기의 새끼, 암라나무의 꽃,
이 세 가지가 인연하는 때는 많으나
그 결과를 맺는 때는 심히 적다네.

비수갈마가 말했다.
"보시·지계·선정·지혜·대자대비를 갖추신 시비왕이라는 대보살이 계시는데, 그는 오래지 않아 부처님이 되실 것입니다."
석제환인이 비수갈마에게 말했다.
"가서 시험해보면 보살의 모습이 있는지 없는지 알 수 있으리라. 그대는 비둘기가 되라. 나는 매가 되리라. 그대는 거짓으로 겁을 내면서 왕의 겨드랑 밑으로 들어가거라. 내가 그대의 뒤를 쫓으리라."
비수갈마가 말했다.
"그는 대보살인데 어찌 그런 일로써 그를 괴롭히겠습니까."
석제환인이 대답했다.
"나도 나쁜 마음은 아니다. 순금은 시험해야 되듯, 나도 보살을 시험하여 그 마음이 확고히 정해져 있는가를 알련다."
비수갈마는 곧 자신의 몸을 바꾸어 한 마리의 눈과 발이 붉은 비둘기로 변했다. 석제환인도 몸을 바꿔 한 마리의 매로 변하더니 급히 날아 비둘기를 쫓았다. 비둘기는 곧장 날아 왕의 겨드랑 밑으로 들어가서 온몸을 떨면서 눈알을 굴리며 다급한 소리를 질렀다. 마침 매가 날아와 가까운 나무 가지 위에 앉아 시비왕에게 말했다.
"내 비둘기를 돌려주시오. 그것은 나의 몫입니다."
왕이 매에게 말했다.
"내가 먼저 이것을 받았다. 네가 받은 것이 아니다. 내가 처음에 뜻을 세울 때 '이 일체 중생을 받아들여 모두를 제도하리라' 하였느니라."
 매가 따졌다.
 "왕께서 모든 중생을 제도하고자 하셨다면 나 역시 그 일체 중생이 아니겠습니까. 어째서 나만은 가엾이 여기지 않으시고 게다가 내가 오늘 먹을 먹이를 빼앗으십니까?"
 왕이 물었다.
 "그대는 어떤 먹잇감을 찾는가? 내가 일찍이 서원하되 '어떤 중생이 와서 나에게 귀의하면 반드시 그를 구호해 주리라' 했다. 그대는 어떤 음식을 바라는가? 그것 역시 주겠노라."
 매가 말했다.
 "나는 갓 잡은 따뜻한 고기를 원합니다."
 이에 왕이 생각했다.
 '이와 같은 것은 얻기 어렵다. 스스로 산 것을 죽이지 않고서는 얻을 길이 없다. 어찌하면 좋은가. 하나를 죽여서 다른 하나에게 주어야 하겠는가.'
 그리고 생각이 정해지자 이렇게 게송으로 말했다.

 나의 이 육신은
 항상 노·병·사에 속하고
 머지않아 썩어 없어지리니
 그가 요구하니 마땅히 주리라.

 게송을 마치고는 곧 사람을 불러 칼을 가져오게 했다. 그리고는 스스로 다리의 살을 베어 매에게 주니, 매가 말했다.
 "왕께서 비록 더운 고기를 나에게 주셨으나 고기의 무게는 의당 비둘기와 같도록 주셔야 도리에 마땅할 것입니다. 왕께서는 저를 속이지 마십시오."
 왕이 말했다.
 "저울을 가져오너라."
 그리하여 살과 비둘기를 비교하니, 비둘기의 무게는 점점 무거워지는데 왕의 살은 더욱 가벼워졌다.

왕은 다시 사람을 시켜 두 다리의 살을 다 베게 하였으나 역시 가벼워서 모자랐다.

다음에는 두 장딴지·두 팔·두 가슴·목·등을 베어 온몸의 살을 다해도 여전히 비둘기는 무겁고 왕의 살은 가벼웠다.

이때 왕의 가까운 신하들과 친척들은 장막을 쳐서 구경하는 사람들을 보지 못하게 물리쳤다.

"왕의 지금 이런 모습을 보일 수 없다."

시비왕이 말했다.

"사람들을 막지 말라."

왕은 사람들이 들어와서 보도록 허용했다. 그리고는 게송으로 말했다.

하늘과 사람과 아수라들
모두 와서 나를 보거라.
큰 마음, 위없는 뜻으로
불도를 이루기 소원하노라.

누구나 불도를 구하려면
이 큰 고통을 참아야 한다.
그 마음 견고하지 못하면
곧 그 뜻을 쉬어야 하리.

이때 보살이 피 묻은 손으로 저울을 잡고 올라서려 했다. 마음을 집중해 온몸으로 비둘기를 대신하려 했다.

매가 말했다.

"대왕이시여, 이 일은 어렵습니다. 무엇 때문에 그렇게 하십니까? 비둘기를 저에게 돌려주십시오."

왕이 말했다.

"비둘기가 와서 내게 귀의했으니, 절대로 그대에게 줄 수는 없다. 나는 한량없이 몸을 잃었지만, 중생에게 이익을 주지는 못했다. 이제 몸으로 불도를 구해 바꾸고자 한다."

그리고는 손으로 저울을 잡고 매달렸다.

이때 보살은 살이 다하고 힘줄이 끊어져서 자기 몸을 가누지 못했다. 아무리 올라가려 해도 떨어지니, 스스로를 꾸짖어 말했다.
"그대 스스로 견고히 하여 미혹하거나 괴로워 말라. 모든 중생이 근심과 고통의 큰 바다에 빠져있다. 그대 혼자 큰 서원을 세워 모두를 제도하고자 했거늘 어찌하여 게을리하고 괴로워하고 있느냐? 이 고통은 심히 적고 지옥의 고통은 심히 많으니, 이 모습으로 견주어 보건대 16분의 하나에도 미치지 못한다. 나는 이제 지혜·정진·지계·선정이 있건만 그래도 이 고통을 걱정하거늘 하물며 지옥의 지혜 없는 무리들이겠는가."
이때 보살은 일심으로 저울에 오르고자 하여 매달리면서 곁의 사람에게 자신을 부축해 달라고 말했다.
이때 보살은 마음이 결정되어 후회가 없었으니, 모든 하늘·용왕·아수라·귀신·사람들이 모두 크게 칭찬해 말했다.
"한 마리의 작은 새를 위해서 이와 같으니, 이 일은 희유한 일이로다."

그러자 곧 대지가 여섯 가지로 진동했다. 대해에서는 파도가 일고 마른 나무에 꽃이 폈다. 하늘에서는 향기로운 비와 아름다운 꽃이 흩날렸으며, 천녀(天女)들은 노래로써 찬탄하였다.
"반드시 성불하시리라."
이때 사방의 신선들이 모두 모여와서 이렇게 찬탄했다.
"이는 참으로 보살이다. 반드시 일찍 성불하실 것이다."
그러자 매가 비둘기에게 말했다.
"이렇게 시험해 보았으나, 끝내 몸과 목숨을 아끼지 않으니 이는 참으로 보살이다."
그리고는 곧 게송으로 말했다.

자비의 땅에 돋으신
온갖 지혜의 나무를
우리들은 공양할지언정
근심·걱정 드려서는 안 되리라.

비수갈마가 석제환인에게 말했다.

"천주여, 그대는 신통력이 있으니, 이 왕의 몸을 본래와 같이 회복시켜 드리시오."

석제환인이 말했다.

"내 힘을 빌릴 필요가 없다. 이 왕께서는 스스로 서원을 세워 그 마음 몹시 기뻐하며, 일체 중생 모두가 불도를 구할 생각을 일으키게 하신다."

제석이 다시 왕에게 물었다.

"그대는 고통스럽게 살을 베어도 마음이 괴롭고 다하지 않는가?"

왕이 말했다.

"내 마음은 기쁘니, 괴롭지도 않고 다하지도 않는다."

제석이 말했다.

"누가 그대의 마음이 다하지 않는 줄을 믿겠는가?"

이때 보살이 진실한 서원을 세웠다.

"나는 살을 베이고 피가 흘러도 성을 내지 않고 근심하지 않는다. 일심으로 번민함도 없이 불도를 구하는 자이기에 내 몸은 곧 본래와 같이 회복되어지리라."

말을 마치자마자 몸은 다시 본래와 같이 회복되니, 사람과 하늘이 이것을 보고는 모두 크게 감격해 기뻐하면서 말했다.

"처음 보는 일이로다. 이 대보살은 반드시 부처를 이루실 것이다. 우리는 정성을 다하여 공양드려야 하리라. 원하옵건대 빨리 불도를 이루시어 저희들을 헤아려 주시옵소서."

이때 석제환인과 비수갈마는 제각기 하늘 세계로 돌아갔다.

이와 같은 갖가지 모습을 보시바라밀의 원만함이라 한다.

보시의 공덕

【문】 보시바라밀에는 어떤 이익이 있기에 보살이 반야바라밀에 머무르면 보시바라밀을 갖추고 완성하는가?

【답】 단(檀)134)에는 갖가지 이익이 있다. 단은 보배 곳간[寶藏]이니, 항상 사람의 요구에 따른다. 단은 괴로움을 깨뜨리니 능히 사람에게 즐거움을 준다. 단은 능숙한 마부이니, 하늘에 태어나는 길을 열어 보인다. 단은 선부(善府)이니, 모든 선한 사람을 거둔다. 보시는 모든 선한 사람을 거두어 인연이 되어 주기 때문에 거둔다고 말한다. 단은 안온함이니, 목숨을 마칠 때 마음에 두려움이 없다. 단은 자비의 모습이니, 모든 무리를 건진다.

단은 즐거움을 모음이니, 능히 괴로움을 깨뜨린다. 단은 큰 장수이니, 능히 인색함이라는 적군을 무찌른다. 단은 묘한 과보이니, 하늘과 인간이 사랑하는 바이다. 단은 깨끗한 길이니, 현인과 성인이 지나는 곳이다. 단은 선을 쌓음이니, 복과 덕의 문이다. 단은 일을 일으키니, 갖가지 인연을 모은다. 단은 착한 행이니, 사랑스런 결과를 낳는 씨앗이다. 단은 복된 업이니, 선한 사람의 모습이다. 단은 빈궁을 깨뜨리니, 3악도를 끊는다.

단은 복락의 과보를 완전하게 보호한다. 단은 열반의 첫 인연이며, 선한 사람들에게는 요긴한 법이며, 칭찬과 명예를 받는 중심이며, 대중에 들어가도 곤란함이 없게 되는 공덕이며, 마음에 후회 없게 하는 굴택(窟宅)이며, 착한 법의 도를 행하는 근본이며, 갖가지 즐거움의 숲이며, 부귀와 편안함의 복밭이며, 도를 얻어 열반에 이르는 나루터이며, 성인·대사·지혜로운 이들이 행할 바이며, 그 밖의 덕이 모자라고 지식이 얕은 무리들이 본받을 바이다.

또 비유하건대, 불 난 집에서 총명한 사람은 형세를 분명히 알아 불이 미치기 전에 급히 서둘러 재물을 끌어내는 것과 같으니, 비록 집은 탔지

---

134) 보시를 뜻한다.

만 재물은 모두 남았으므로 다시 집을 지을 수 있는 것이다. 보시하기를 좋아하는 사람도 이와 같아서 몸은 위태한 것이고 재물은 무상한 것임을 잘 알아 복 닦기를 때에 맞추되 마치 불 속에서 재물을 끌어내는 것같이 한다. 뒷세상에서 복을 받음이 마치 저 불난 집의 사람이 다시 집을 고치고 복과 경사로 스스로가 만족하는 것과 같다.

 어리석은 사람은 다만 집이 아까운 줄만을 알아 부랴부랴 집을 구하려 한다. 미친 듯이 지혜를 잃은 채 불의 형세도 헤아리지 못한다. 사나운 바람과 치솟는 불꽃에 흙과 돌 등은 잠깐 사이에 쓸어버려 없어져버리니, 집도 구하지 못하고 재물도 다하여 주림과 추위에 시달려 근심과 고통 속에 한평생을 마친다.

 인색한 사람 역시 이와 같으니, 몸과 목숨이 무상하여 잠시도 보전할 수 없는 것임을 알지 못하여 더더욱 거두어 모으고 지키며 아깝게 수호하지만, 죽음이 오는 일 기약 없다가 갑자기 한목숨 끊어지면 몸은 흙이나 나무처럼 흘러 다니고, 재물은 쓰레기와 함께 버려진다. 마치 어리석은 사람이 근심과 고통 때문에 계책을 그르치는 것과 같다.

 크게 지혜로운 사람이나 뜻 있는 이라야 능히 깨달아서 몸은 허깨비 같고, 재물은 보전할 수 없고, 만물은 무상하고, 복만이 믿을만한 것이어서 사람들을 고통에서 건져내고 큰 길로 통하는 것임을 분명히 안다.

 또한, 큰 사람은 큰 마음으로 능히 크게 보시하고, 능히 스스로를 이롭게 하거니와 작은 사람은 작은 마음으로 남을 이롭게 하지도 못하고, 자신을 보호하지도 못한다.

 비유하건대 용맹한 장수는 적을 보면 반드시 소탕해 없애기를 기약하듯이, 지혜로운 사람은 마음이 밝아서 진리를 깊이 깨달았으므로 인색함의 적이 아무리 강하더라도 꺾어버리어 반드시 뜻대로 이루어지게 한다. 좋은 복밭을 만나고 좋은 시절이라 함은 보시할 시기이니, 만나고서도 보시하지 않으면 때를 잃었다 한다. 부처님을 만나면 일을 깨닫고 마음이 응해 능히 크게 보시를 한다.

보시하기를 좋아하는 사람은 남에게 공경을 받는다. 마치 달이 처음 떠오르면 사랑하지 않는 이가 없는 것과 같으니, 좋은 명칭과 좋은 명예가 천하에 퍼져서 사람들의 존경을 받는다. 보시하기를 좋아하는 사람은 귀한 사람에게 아낌을 받고 천한 사람에게 공경을 받으며, 목숨이 마치려 할 때에 그 마음에 두려움이 없다. 이러한 과보는 금생에 얻어지는 것이다. 비유하건대 나무가 무성하면 큰 열매를 맺는 것과 같으니, 뒷세상이 복되다.

생사에 윤회하고 다섯 길에 오가는데 아무도 의지할 친척은 없다. 오직 보시가 있을 뿐이니, 하늘이나 인간에 태어나서 청정한 과보를 받음은 모두 보시 때문이다. 코끼리·말·축생 등의 좋은 이양을 얻는 것도 역시 보시로 인하여 얻어지는 것이다.

보시의 공덕은 부귀와 기쁨이다. 계행을 지니는 사람은 하늘에 태어나며, 선정과 지혜는 마음이 맑아지고 집착함이 없어 열반의 도를 얻는다. 보시의 복은 열반의 길에 좋은 양식이다.

보시를 생각하기에 환희하고, 환희하기에 마음이 하나가 되며, 하나 된 마음으로 생멸이 무상함을 관하고, 생멸이 무상함을 관하기 때문에 도를 얻는 것이다.

마치 어떤 사람이 그늘을 구하기 때문에 나무를 심으며, 혹은 꽃을 구하고 열매를 구하기 위하여 나무를 심는 것과 같다. 보시의 과보를 구함도 이와 같으니, 이 세상과 뒷세상의 즐거움은 마치 그늘을 구함과 같고, 성문이나 벽지불의 도는 꽃을 구함과 같으며, 성불은 열매를 구함과 같다.

이것이 단의 갖가지 공덕이다.

종자를 심기도 전에 싹을 틔우다

사원이나 동산이나 목욕터 등을 가지고 착한 사람에게 베푸니 갚음을 받음이 더욱 많고, 승가에 보시하므로 갚음을 받음이 더욱 많다. 베푸는 이와 받는 이가 모두 덕망이 있으므로135), 갚음을 받음이 더욱 많고, 갖가지 방법으로 받는 이를 공경하므로 복 얻음이 더욱 많고, 얻기 어려운 물건을 보시하므로 복 받음이 더욱 많다.

대월지국(大月支國)의 불가라성(弗迦羅城) 안에 천나(天那)라는 화가가 있었다. 그는 동쪽으로 여러 나라를 다니면서 12년 동안 그림을 팔아 30냥의 금을 얻어 본국으로 돌아왔다.
불가라성에서 북을 치고 큰 모임이 이루어지는 소리가 들리기에 갔다가 승가들의 모임을 보고 신심이 깨끗해져서 곧 유나(維那)136)에게 물었다.
"이 대중에 대하여 얼마나 되는 물건을 가지면 하루의 음식을 준비할 수 있겠소?"
유나가 이렇게 대답했다.
"30냥이면 족히 하루의 음식을 준비할 수 있습니다."
그는 곧 가지고 있던 30냥의 돈을 유나에게 주고는 말했다.
"나를 위해 하루의 음식을 장만해 주시오. 나는 내일 오겠습니다."
그리고는 빈손으로 돌아오니, 부인이 물었다.
"12년 동안 무엇을 얻었습니까?"
그가 대답했다.
"30냥의 금을 벌었소."
"그 30냥의 금은 어디에 있나요?"
"이미 복밭에 씨를 뿌렸소."
"복밭이라뇨?"
"승가에게 공양하였소."

---

135) 원주(原註): 단주(丹注)에 이르기를, 보살과 부처님의 자비로운 마음으로 보시하면, 이것이 곧 베푸는 것[施]이요, 부처님·보살·아라한·벽지불에게 보시하면, 이것이 곧 받는 것[受]이다.
136) 사찰의 여러 가지 일을 지도하고 단속하는 승려.

그 아내는 당장 남편을 결박하여 관청에 보내 죄를 다스리고 일을 밝히고자 했다. 대관(大官)이 물었다.
"무슨 사연인가?"
아내가 대답했다.
"제 남편이 미치고 어리석어서 12년 동안 객지에서 번 30냥의 금을 처자는 생각하지도 않고 몽땅 남에게 주었습니다. 그래서 관제(官制)대로 묶어서 끌고 왔습니다."
대관이 다시 남편에게 물었다.
"그대는 어찌하여 처자식에게는 주지 않고 남에게 주었는가?"
남편이 대답했다.
"저는 전생에 공덕을 닦지 못하여 금생에 가난하고 온갖 고통을 받습니다. 그런데 금생에 복밭을 만났으니, 복의 씨앗을 심지 않으면 내생에도 가난하여 가난함이 끊이지 않고 벗어날 시기가 없을 것입니다. 저는 지금 당장에 가난함을 버리고자 하여 돈을 전부 승가에 베풀었습니다."

그 대관은 우바새[137]로서 부처님에 대한 믿음이 청정했다. 이 말을 듣자 칭찬해 말했다.
"이는 매우 어려운 일이다. 애써서 많지 않은 것을 얻었는데 이제 모두 승가에게 보시하니, 그대는 착한 사람이다."
그리고는 몸에 걸었던 영락을 벗어 주고 타던 말과 마을 하나를 주면서 그에게 말했다.
"그대가 처음으로 승가에게 보시했으나 승가는 아직 음식을 들지 않았소. 그렇다면 이는 곡물의 종자를 아직 심지도 않았는데 싹이 이미 돋아난 것이오. 커다란 과보가 바야흐로 내생에 있을 것이오."

이것으로 보아 얻기 어려운 물건을 모두 보시하면 그 복이 가장 많다고 할 수 있다.

---

137) 남자 재가불자.

위마라 보살이 자신에게 시주하게 된 이유

『아바타나경(阿婆陀那經)』 가운데 다음과 같은 말씀이 있다.

옛날 염부제에 바살바(婆薩婆)라는 왕이 있었다. 이때 위라마(韋羅摩)라는 바라문 보살이 있었는데, 그는 나라의 왕사(王師)로서 왕에게 전륜성왕이 되는 법을 가르쳤다. 위라마는 재물이 한량없고 값진 보물을 갖추고 있었는데, 이런 생각을 했다.

'사람들은 나를 일컬어 부귀한 사람이고 재물이 한량이 없어 중생들을 이롭게 한다고 한다. 지금이 바로 알맞은 때이니, 크게 보시를 하리라. 부귀가 비록 즐거우나 일체가 무상하며, 5가(家)[138]가 공유하니 마음대로 하지도 못하고 사람의 마음만 산란케 하고, 가벼이 치달려 안정치 못함이 마치 원숭이가 잠시도 멈추어 있지 못함과 같다. 사람이 목숨을 마침은 번갯불이 사라지는 것보다 빠르다. 사람의 몸은 덧없어 뭇 고통의 늪이다. 이런 까닭에 베풀어야 하는 것이다.'

그리고는 손수 글을 지어 염부제 안의 모든 바라문과 출가한 사람들께 널리 알렸다.

"대덕들이시여, 부디 저의 집에 왕림하시기 바랍니다. 큰 보시를 베풀어 12년을 채우고자 합니다."

그리고는 배를 띄울 만큼 많은 국을 마련하고, 소락[酪]으로 연못을 채우고, 쌀과 밀가루를 산처럼 쌓고, 소유(蘇油)를 개울처럼 흐르게 하고, 그 밖의 의복·음식·침구·탕약을 모두 지극한 것으로 마련해 12년간 보시를 행하고자 했다.

8만 4천의 흰 코끼리를 물소가죽으로 만든 갑옷[犀甲]과 금으로 장식하고 이름난 보배로 대금당(大金幢)을 세워 네 가지 보배로 장엄했다. 8만 4천의 말을 또한 물소가죽으로 만든 갑옷과 금으로 장식하고 네 가지 보물을 주렁주렁 걸었다. 8만 4천의 수레를 모두 금·은·유리·파리 등의

---

138) 재물을 앗아가는 다섯 가지를 말한다. 즉 재물을 왕(王)·도적·악인에 의해 빼앗기거나, 화마(火魔)·수난(水難)으로 인해 사라지는 것을 말한다.

보배로 장식하고 그 위를 사자·범·이리 등의 가죽으로 덮고 백검(白劍)과 바라(婆羅)와 보배 휘장과 여러 가지 장식으로 장엄했다. 8만 4천의 네 가지 보배로 만든 평상에 갖가지 빛깔을 찬란하게 칠하고 갖가지 보드랍고 매끄러운 요를 펴서 잘 꾸몄으며, 붉은색 베개와 비단 이불을 평상 양쪽 끝에 두고 묘한 옷과 화려한 복장도 모두 갖추어 놓았다. 8만 4천의 황금 발우에 은싸래기를 가득히 담고, 은 발우에는 황금싸래기를 가득히 담고, 유리(琉璃) 발우에는 파리(玻璃) 싸래기를 가득히 담고, 파리 발우에는 유리싸래기를 가득히 담았다. 8만 4천 마리의 젖소가 있어 소마다 젖이 한 섬[石]씩 나오는데, 황금으로 뿔을 장식하고 흰 천으로 옷을 입혔다. 8만 4천의 미녀가 있어 단정하고 복스러운데 모두가 흰 구슬과 유명한 보배를 몸에 걸어 장식했다. 그 요점을 대략 들어봐도 이와 같거니와 세세한 것을 다 기록할 수 없다.

그때 바라바왕과 8만 4천의 여러 작은 왕들과 신하들과 부호와 장자들이 제각기 10만 냥의 옛 금화를 기증해서 공양준비를 도와 법을 설할 집[祠]을 마련하고 공양준비가 완전히 갖추어지자 보시를 마쳤다.

석제바나민(釋提婆那民)이 와서 위라마보살에게 다음과 같이 게송으로 말했다.

천하에서 얻기 어려운 물건들은
모든 사람을 기쁘게 하거늘
그대는 지금 모두 얻고는
불도를 위해 베풀었도다.

그때 정거천인(淨居天人)이 몸을 나투어 이렇게 게송으로 말했다.

문을 활짝 열고 크게 보시하니
그대의 한 일은 옳은 일이다.
중생을 가엾이 여기기 때문에
그들을 위하여 불도를 구하네.

이때 하늘 무리들이 생각했다.

"내가 금병의 구멍을 막아서 물이 나오지 못하게 하리라. 왜냐하면, 그 중의 어떤 시주에게는 복밭이 없기 때문이다."

이때에 마왕(魔王)이 정거천인에게 말했다.

"이 바라문들은 모두가 출가하여 계를 지키고 청정하게 도에 들었거늘 어찌하여 말하기를 '복밭이 없다' 하는가?"

정거천인이 대답했다.

"이 보살은 불도를 위하여 보시하건만 이 여러 사람들은 모두가 삿된 소견을 가지고 있다. 그러므로 나는 복밭이 없다고 했다."

마왕이 정거천에게 물었다.

"이 사람이 불도를 위하여 보시한다는 것을 어떻게 아는가?"

이때 정거천인이 바라문의 몸으로 변화해서는 금병과 금지팡이를 들고 위라마보살에게 가서는 이렇게 말했다.

"그대는 크게 보시하여 버리기 어려운 것을 능히 버렸거늘 무엇을 구하려 하는가? 전륜성왕이 되어서 일곱 가지 보배와 천 명의 아들을 갖추고 네 천하를 통치하려 하는가?"

보살이 대답했다. "그런 것을 구하는 것이 아니다."

"그러면 석제바나민이 되어서 8천 나유타 하늘 아씨의 주인이 되고자 하는가?"

"아니다."

"그러면 6욕천(欲天)의 주인이 되려하는가?"

"아니다."

"그러면 범천왕의 삼천대천세계의 주인이 되어 중생들의 조상이 되고자 하는가?"

"아니다."

"그렇다면 그대는 무엇을 구하는가?"
이때 보살이 다음과 같이 게송으로 말했다.

나는 욕심 없는 경지를 구하고
생·노·병·사를 떠나서
모든 중생들을 제도하고자 하니
이러한 불도(佛道)를 구하노라.

변화한 바라문이 말했다.
"시주(施主)여, 불도는 얻기 어려워서 큰 고통을 겪어야 한다. 그대 마음이 나약해 쾌락에 습관 들었으니 이런 도를 끝내 이루기 어려울 것이다. 내가 먼저 말했듯이 전륜성왕이나 석제바나민이나 6욕천왕이나 범천왕 등은 되기 쉬우니, 이런 것들을 구하는 것만 못하리라."
이에 보살은 "그대는 나의 지극한 서원을 들어보라"고 말하고는 다음과 같이 게송으로 말했다.

설사 뜨거운 무쇠바퀴가
내 정수리 위에서 굴러도
불도를 구하려는 한 생각은
끝내 후회하지 않으리.

설사 3악도나
인간의 몸으로 많은 고통 받아도
불도를 구하려는 한결같은 마음은
끝내 물러서지 않으리.

변화한 바라문이 말했다.

"시주여, 장하십니다. 불도를 구하시는 성의가 그토록 지극하시군요."
그리고는 게송으로 찬탄했다.

그대의 정진의 힘은 위대해서
모든 중생을 가엾이 여기네.
지혜가 걸림이 없으니
불도 이룸이 멀지 않으리.

이때 하늘이 많은 꽃을 흩어 보살에게 공양하고, 정거천들로서 금병의 구멍을 막고 있던 자들은 곧 숨어서 나타나지 않았다.
보살은 바라문 상좌 앞으로 나아가 금병을 들어 물을 부으려 했다. 하지만 물은 갇힌 채 떨어지지 않는 것이었다. 사람들은 궁금히 여겼다.
"이 갖가지 큰 보시가 모두 갖추어지고, 시주한 사람의 공덕도 크거늘 어찌하여 병의 물이 나오지 않을까?"
이에 보살은 생각했다.
'이것은 다른 이유가 아니다. 내 마음이 청정하지 못한 것은 아닌지, 혹은 보시하는 물건이 구족하지 못한 것은 아닌지, 무슨 이유로 이렇게 되었을까.'
스스로 제사에 관한 경전[祠經]인 16종의 책을 살펴보았지만 조금도 흠이 없었다. 이때 많은 하늘의 무리들이 보살에게 말했다.
"그대는 의심하거나 후회하지 마시오. 그대가 충분히 갖추지 못한 것이 아닙니다. 오직 이 바라문들이 악하고 삿되고 부정하기 때문입니다."
그리고는 게송으로 말했다.

이 사람들은 사견에 얽매인 채
번뇌로 바른 지혜 깨뜨리고
모든 청정한 계를 떠났으니

헛수고만 할 뿐 엉뚱한 길에 빠지리라.

그리고는 말하기를 "이런 까닭으로 물이 막히어 내려오지 않는 것입니다"라고 한 뒤 홀연히 사라졌다.

이때 6욕천이 갖가지 광명을 놓아 대중을 비추면서 게송으로 말했다.

삿되고 거친 바다로 가는 자는
그대의 바른 길을 따르지 못하니
보시를 받을 만한 사람들 가운데
그대만한 사람 있을 리 없네.

이렇게 게송을 말하고는 홀연히 숨어 버렸다. 이때 보살은 이 게송을 듣고 생각했다.

"모임 가운데 실제로 나와 같을 이는 없다. 물이 막히어 내려오지 않았던 것은 바로 그 때문이었구나."

그리고는 게송으로 말했다.

시방 천지 어디에라도
좋은 사람 계시어 청정하시면
나 이제 귀명하오며 머리 숙여 경례합니다.
오른손에 물병 들고 왼손에 부으며 서원하니
원하건대 나 한 사람
이런 큰 보시 받게 되기를.

이때 병 속의 물이 허공으로 솟구쳐 올랐다가 다시 내려와서 그의 왼손에 부어졌다. 이때 바살바왕은 이러한 병의 반응을 보고는 공경하는 마음이 생겨 게송을 읊었다.

거룩한 바라문님이시여
맑은 유리빛 물이 위에서
흘러내려 아래로 부어지니
그대의 손 안에 떨어지리다.

이때 대바라문들은 공경하는 마음이 생겨 합장하고 보살께 귀명하니, 보살은 이런 게송을 말했다.

내가 지금 베푸는 것은
삼계의 복을 구함이 아니니
중생들을 위하는 까닭에
그로써 불도를 구하려 함이라네.

이 게송을 말할 때 온갖 땅과 산·개울·숲·나무들이 모두 여섯 번에 걸쳐 진동했다.

위라마는 본래 이 대중이 공양을 받을 수 있다고 생각했기 때문에 베푼다고 했으나 이미 이 대중 가운데 받을 만한 이가 없음을 알았으므로 이제 가엾이 여기어 받은 물건으로 그들에게 베풀었다.

이러한 갖가지 보시에 관한 본생의 인연이 여기에서 자세히 설해지는 것이다. 이것이 외적인 보시이다.

어떤 것이 내적인 보시인가? 곧 목숨을 아끼지 않고 중생들에게 보시하는 것이다.

몸을 등심지로 보시하여 법을 얻다

본생인연(本生因緣)에 이런 이야기가 있다.

석가모니부처님이 본래 보살이었을 때 큰 나라의 왕이 되셨는데, 당시에는 세상에 부처님도 없었고 법도 없었고 비구승가도 없었다. 왕은 사방으로 나아가 불법을 구했으나 끝내 얻지 못했다. 그때 한 바라문이 있었는데, 그는 이렇게 말했다.

"나는 부처님이 설하신 게송을 알고 있으니, 내게 공양한다면 마땅히 그대에게 말해 주리다."

즉시 왕이 물었다. "어떠한 공양을 구하는가?"

바라문이 대답했다. "그대가 능히 몸 위의 살을 찢어서 등심지[燈炷]를 삼아 나에게 공양한다면 그대에게 게송을 일러 주리다."

왕은 생각했다. '나의 이 몸은 위태롭고 약하고 부정하다. 여러 생 동안 고통을 받은 일은 이루 헤아릴 수 없건만 아직 이 몸을 법을 위해 쓴 적은 없다. 이제 비로소 쓸 곳을 얻었으니, 아까울 것이 없다.'

이렇게 생각하고는 곧 전다라(栴陀羅)139)를 불러서는 자신의 상반신을 베어 등불의 심지를 만들었다. 그리고는 흰 천으로 살을 감고 소락 기름을 부은 뒤에 일시에 불을 붙여서 온몸을 태웠다. 불이 타오르자 이윽고 그 바라문은 게송을 하나 일러 주었다.

또한 석가모니부처님은 본래 한 마리의 비둘기가 되어 설산에 있었는데, 때마침 큰 눈이 내렸다. 어떤 사람이 길을 잃고는 곤궁에 빠져 괴로워했다. 굶주림과 추위에 시달린 나머지 목숨이 얼마 남지 않았는데, 비둘기가 이 사람을 보자 즉시 날아가서 불을 구해다가 그를 위해 나무를 모아 불을 붙였다. 그리고는 자신의 몸을 불 속에 던져 이 굶주린 사람에게 베풀었다.

---

139) 최하층 천민을 말한다.

『본생인연경』에는 이와 같이 머리・눈・몸・골수 등으로 중생에게 보시한 갖가지 이야기가 전한다. 이러한 갖가지를 내적인 보시[內布施]라 한다.

이와 같이 안팎의 보시가 한량이 없으니, 이를 보시의 모습[檀相]이라 한다.140)

---
140) 외보시(外布施)는 앞의 위라마 보살의 이야기와 같이 중생에게 재물이나 선행 등을 베푸는 것이다. 내보시(內布施)는 자신의 목숨을 아끼지 않고 중생을 위하는 것이다.

법보시란 무엇인가

【문】무엇을 법보시라 하는가?

【답】어떤 사람이 말하기를 "항상 좋은 말로써 남을 이롭게 하면 이를 법보시라 한다" 하고, 또한 어떤 사람은 말하기를 "부처님들의 말씀을 묘하고 착한 가르침으로써 남에게 연설해주면 이를 법보시라 한다"고 한다.

또한 어떤 사람은 말하기를 "세 가지 법으로써 사람을 교화하는 것이니, 첫째는 수투로(修妒路)141)요, 둘째는 비니142)요, 셋째는 아비담143)이다. 이것을 법시라 한다" 하고,

또한 어떤 사람은 말하기를 "네 가지 법장(法藏)으로써 사람을 교화하는 것이니, 첫째는 수투로장이요, 둘째는 비니장이요, 셋째는 아비담이요, 넷째는 잡장(雜藏)이다. 이것을 법시라 한다" 하고,

또한 어떤 사람은 말하기를 "간략히 말하자면 두 가지 법으로써 사람을 교화하는 것이니, 첫째는 성문의 법[聲門法]이요, 둘째는 보살의 법[菩薩法]이다. 이것을 법시라 한다" 했다.

【문】제바달(提婆達)144)과 가다(呵多)145) 등도 3장(藏)·4장(藏)·성문법·마하연법으로 사람을 교화했거늘 지옥에 들어갔다. 그 일은 어째서인가?

---

141) 경장(經藏)
142) 율장(律藏)
143) 논장(論藏)
144) 데바닷타(Devadatta). 한역 경전에서 '제바달다(提婆達多)', '조달(調達)'이라고도 한다. 석가모니 부처님의 사촌 동생으로, 출가하여 석가모니불의 제자가 되었다. 그러나, 훗날 승단을 이탈하고 부처님을 비방하고 위해하여 무간지옥에 떨어졌다.
145) 가다는 외도와 논설을 할 때, 부정한 것을 다시 긍정하고, 긍정한 것을 다시 부정해서 외도에게 비판을 받았다고 한다. 계율의 "妄語罪"를 정한 계기가 됐다고 한다.

【답】 제바달은 삿된 소견의 죄가 많고, 가다는 거짓말의 죄가 많다. 이는 도를 위한 청정한 법보시가 되지 못하고, 다만 명예와 공경과 공양만을 구하는 일이다. 악심을 품은 죄로 인해 제바달은 산 채로 지옥에 들어갔고 가다는 죽어서 악도(惡道)에 빠졌다.

말로써 설명하는 것만을 일러 법보시라 하지는 않는다. 항상 맑은 마음과 착한 생각으로 일체를 교화하는 것을 법보시라 한다. 비유하건대 재물보시는 착한 마음으로 하지 않으면 복덕이라 할 수 없듯이, 법보시도 그와 같아서 맑은 마음과 착한 생각으로 하지 않는다면 법보시가 되지 못한다.

또한 법을 설하는 이가 능히 맑은 마음과 착한 생각으로 3보를 찬탄하고 죄와 복의 문을 열며, 4제를 내보이고 중생을 교화하여 불도에 들어가게 한다면 이것은 참으로 청정한 법보시이다.

간단히 말하자면 법에 두 종류가 있다. 하나는 중생을 괴롭히지 않고 착한 마음으로 가엾이 여기는 것이니, 이는 불도에 드는 인연이다. 둘은 모든 법이 참으로 공함을 관찰하는 것이니, 이는 열반에 이르는 인연이다. 대중에 대하여 가엾이 여기는 마음을 일으켜 이 두 가지 법을 말하되 명예나 이익이나 공경과 공양을 위하지 않으면 이는 청정한 불도의 법보시가 된다.

법보시로 입에서 향기가 나다

아소카 왕은 하루에 8만 개의 탑을 세웠으며, 비록 도를 깨닫지는 못했으나 불법에 대하여 신심이 있어 날마다 비구들을 궁중으로 청해 공양하고, 날마다 차례로 법사를 남겨 두어 법을 들었다.

이때 젊은 나이에 삼장(三藏)에 통달한 법사가 하나 있었다. 설법할 차례가 되어 왕의 곁에 앉았는데, 그의 입에서 이상한 향취가 났다. 왕이 매우 이상하게 여겨 생각했다.

'점잖지 못하게도 향기로써 궁녀들의 마음을 흔들려 하는구나.'

그는 비구에게 물었다.

"입에 무엇이 들었는가? 입을 열어 보라."

법사가 즉시에 입을 열었으나 아무것도 없었다. 물을 주어 양치질을 하게 하였으나 향취는 여전했다.

왕은 다시 물었다.

"대덕이여, 이런 향취가 갑자기 생긴 것이요, 아니면 원래부터 있던 것이오?"

비구가 대답했다.

"이와 같은 지가 오래입니다. 요즘의 일이 아닙니다."

"그런 지가 얼마나 되오?"

비구가 게송으로 대답했다.

가섭부처님 시절에
이 향기로운 법을 모았으니
이와 같이 오래도록
항상 새로 나는 듯하네.

왕이 말했다.

"대덕이시여, 그렇게 대략 말씀하셔서는 알 수 없으니, 나를 위해 자세히 말씀해 주시오."

비구가 대답했다.

"왕께서는 일심으로 내 얘기를 잘 들어 보십시오. 나는 옛날 가섭부처님의 법 가운데 설법하는 비구가 되어 항상 대중에게 환희하고 연설하며, 가섭 세존의 한량없는 공덕과 모든 법의 실상과 한량없는 법문을 정성껏 찬탄해서 일체 중생을 가르쳐 깨우쳤습니다. 이때부터 항상 묘한 향이 입에서 나와 세세에 끊이지 않으니, 항상 오늘과 같았습니다."
그리고는 게송을 읊었다.

모든 초목과 꽃의 향기보다
이 향취가 훨씬 뛰어나니
능히 일체의 마음을 기쁘게 하여
세세에 항상해 멸하는 일 없네.

그때에 국왕이 부끄러움과 기쁨이 엇갈려 비구에게 말했다.
"처음 보는 일이로소이다. 설법하는 공덕의 과보가 이렇게 크다니 말입니다."
비구가 말했다.
"이는 꽃이라고는 할지언정 아직 과보는 아닙니다."
왕이 물었다.
"그 과보란 어떤 것입니까? 부디 설명해 주시기 바랍니다."
비구가 대답했다.
"간략히 말해 과보에는 열 가지가 있습니다. 대왕께서는 자세히 들어보십시오."
그리고는 곧 게송을 말했다.

큰 명예와 단정함과
즐거움과 공경을 얻고,
위광(威光)이 일월 같아
모두에게 사랑 받는다.

변재에 큰 지혜까지 있고
일체의 번뇌 능히 다하며

괴로움이 멸하고 열반 얻으니
이것이 모두 열 가지라오.

왕이 물었다.
"대덕이시여, 부처님의 공덕을 찬탄한다면 어찌해서 이러한 과보를 얻습니까?"
그러자 비구가 게송으로 대답했다.

부처님의 공덕을 찬양하여
모두가 두루 듣게 하였으니
이러한 과보 있는 까닭에
커다란 명예를 얻는다네.

부처님의 진실한 공덕 찬탄하여
모두가 기뻐하게 하였으니
이러한 공덕 있는 까닭에
세세에 항상 단정하다네.

남에게 죄와 복을 말하여
편안하고 즐거움을 얻게 했으니
이러한 공덕 있는 까닭에
즐거움 누리고 항상 기쁘다네.

부처님의 공덕을 찬탄하여
모두의 마음을 굴복시켰으니
이러한 공덕 있는 까닭에
항상 공경 받는 과보를 얻네.

설법의 등불을 밝게 드러내
중생들을 비추어 깨우쳤나니
이러한 공덕 있는 까닭에

위광이 해처럼 밝다네.

갖가지로 부처님 공덕을 찬탄하여
모두를 기쁘게 하였으니
이러한 공덕 있는 까닭에
항상 남의 사랑 받는다네.

묘한 말로 부처님을 찬탄하여
그 덕이 한량없고 끝없다 했으니
이러한 공덕 있는 까닭에
변재(辯才)가 다하는 일 없네.

부처님의 묘한 법을 찬탄하여
아무도 지닐 이 없다 했으니
이러한 공덕 있는 까닭에
큰 지혜 있고 청정하다네.

부처님의 공덕을 찬탄할 때
사람들의 번뇌 얇아지게 했으니
이러한 공덕 있는 까닭에
번뇌가 다하고 모든 때가 멸하네.

두 가지 번뇌가 다하였기에
열반의 몸 이미 증득했으니
마치 소나기가 퍼부은 뒤에
불은 꺼져 열기조차 없듯이.

이와 같이 갖가지 인연으로 법을 설해서 사람을 제도하는 것을 법보시라 한다.

사리불이 보시바라밀을 이루지 못했던 이유

【문】 어떤 것을 보시바라밀의 원만함이라 하는가?
【답】 단(檀)의 뜻은 앞에서 말한 바와 같다. 바라(波羅)146)밀(蜜)147)이라는 것은 보시의 강을 건너 피안에 이름을 말한다.

【문】 어떤 것을 피안에 이르지 못했다 하는가?
【답】 비유하건대 강을 건너다가 도중에 돌아오는 것을 일러 '피안에 이르지 못했다' 한다.
예컨대, 사리불은 60겁 동안 보살도를 행하면서 보시의 강을 건너려 했는데 어떤 걸인(乞人)이 와서 그의 눈을 달라고 했다. 이에 사리불이 말했다.
"눈을 맡기다니 이는 승낙할 수 없는 일이다. 차라리 내 몸이나 재물이 필요하다면 주겠다."
걸인이 대답했다.
"그대의 몸이나 재물은 필요치 않다. 오직 눈을 얻고자 하니, 그대가 진실로 보시를 행한다면 눈을 달라."
그때 사리불이 눈알 하나를 뽑아 주니, 걸인은 그 눈을 받아들고 사리불의 앞에서 냄새를 맡았다. 그러더니 싫은 냄새가 난다고 하면서 침을 뱉어 땅에 버리고는 발로 밟아 비볐다.
사리불이 생각했다. '이렇게 포악한 사람은 제도할 길이 없겠구나. 눈이 실제로 필요치도 않은데 기어코 달라더니 침을 뱉어 버리고 또한 발로 밟아 버렸다. 어찌 이다지도 포악할 수 있을까. 이런 사람은 제도할 수 없다. 차라리 스스로 닦아 신속히 생사를 벗어나느니만 못하겠도다.'
이렇게 생각하고는 보살도에서 물러나 소승으로 회향하였으니, 이것이 곧 피안에 이르지 못한 것이다.
만일 곧장 나아가서 물러나지 않고 불법을 끝내 성취하였다면 '피안에 이르렀다' 하리라.

---

146) 원주(原註): 진나라 말로 "피안(彼岸)"이라는 뜻이다.
147) 원주(原註): 진나라 말로 "이르다"라는 뜻이다.

마(魔)의 보시, 부처의 보시

보시에는 두 종류가 있으니, 하나는 마(魔)의 보시오, 둘은 부처의 보시이다.
만일 보시하되 번뇌의 도적에게 끄달려 근심하고 걱정한다면 마의 보시이니, 일컬어 이쪽 언덕[此岸]이라 한다. 만일 청정하게 보시하여 번뇌의 도적이 없고 두려움이 없이 불도에 이른다면 이것은 부처의 보시이니, 일컬어 피안에 이르렀다 한다.
이것이 바라밀이다.

『불설독사유경(佛說毒蛇喩經)』에 이런 말씀이 있다.
"어떤 사람이 왕에게 죄를 짓자 왕은 그에게 광주리를 하나 맡기면서 잘 간직하라 분부했다.
그 광주리 안에는 뱀 네 마리가 있었는데 왕이 죄인에게 잘 보살펴 기르라 하니, 이 죄인은 생각했다.
'네 마리의 뱀은 가까이하기가 어렵다. 가까이하면 사람을 해친다. 한 마리도 기르기 어렵거늘 하물며 네 마리이겠는가.'
그리고는 광주리를 버리고 달아났다.
왕은 다섯 사람을 시켜 칼을 뽑아 들고 쫓아가게 했다.
도망가던 중 어떤 사람이 입으로는 달콤한 말을 하나 속으로는 해칠 생각을 품고 말했다.
"이치에 맞게 기르면 괴로울 리가 없다."
하지만 죄인은 그 말의 뜻을 눈치채고는 서둘러 달아나 목숨을 부지했다.
다시 어느 빈 마을에 이르렀는데, 거기에 착한 사람이 하나 있었다. 그는 그에게 방편을 부려 말했다.
"이 마을은 비록 비었으나 도적들이 머무는 곳이다. 그대가 여기에 머문다면 반드시 도적에게 해를 입을 것이니, 행여나 머물지 말라."
이에 그대로 달아나서 어느 큰 강가에 이르렀다. 그 강의 저쪽은 다른 나라였는데, 그 나라는 안락하고 평탄하고 청정하여 아무런 근심거리가 없는 곳이었다.

  그는 온갖 초목을 모아 묶어서 뗏목을 만들었다. 그리고는 손과 발로 저어 건너서 피안에 이르니, 안락하고 근심이 없어졌다.

  여기에서 왕이라 함은 마왕이요, 광주리라 함은 사람의 몸이요, 네 마리의 독사라 함은 4대(大)요, 칼을 뽑아 든 다섯 사람이라 함은 5중(衆, 5온)이요, 입으로는 착하고 마음은 악한 사람이라 함은 물들고 집착됨[染著]이요, 빈 마을이라 함은 6정(情)이요, 도적이라 함은 6진(塵)이요, 가엾이 여겨 말해 준 사람이라 함은 좋은 스승이요, 큰 강이라 함은 애욕이요, 뗏목이라 함은 8정도요, 손과 발로 애써 건넜다 함은 정진이요, 이쪽 언덕이라 함은 세간이요, 피안이라 함은 열반이요, 건넌 자라 함은 누(漏)가 다한 아라한을 말한다.

  보살의 법에도 이와 같아서 보시에 세 가지 장애, 즉 주는 나와 베풂을 받는 자와 재물이 있게 되면 이는 마의 경계에 떨어지고, 아직 온갖 환란을 여의지 못한 것이 되고 만다.

  보살의 보시는 세 가지가 모두 청정하여 이러한 세 가지 장애가 없어야 피안에 이르며, 부처님들에게 칭찬받는다. 이것을 보시[단檀]바라밀이라 한다. 이런 까닭에 '피안에 이른다'고 한다.

  보살의 보시란, 베푸는 일이 나지도 않고 멸하지도 않으며, 무루이고 무위여서 열반의 모습과 같음을 알아 온갖 중생을 위하여 보시하나니, 이를 보시바라밀이라 한다.

  또한 어떤 사람이 말하기를 "모든 물건을 종류를 막론하고 안팎으로 모두 보시하고도 과보를 구하지 않는다면 이것이 보시바라밀이다" 한다.

  또한 다함이 없으므로 보시바라밀이라 한다. 그것은 왜냐하면 보시한 물건은 끝내 공하여 열반의 모습과 같음을 알고, 그러한 마음으로 중생에게 베풀기 때문이다. 그러므로 보시의 과보 역시 다할 수 없으니, 이것을 보시바라밀이라 한다.

보시바라밀을 원만히 한다는 것

【문】 어떻게 업에 매여 나는 몸으로 보시바라밀을 원만히 하는가?

【답】 아직 법신을 얻지 못하고 번뇌가 아직 다하지 않았지만, 능히 온갖 보물과 머리·눈·골수·뇌·나라·재산·처자 등 안팎의 모든 것을 베풀고도 마음에 흔들림이 없는 것이다.

예컨대 수제나(須提拏)라는 태자는 그의 두 아들을 바라문에게 보시하고, 다음은 아내를 보시하고도 그 마음이 흔들리지 않았다.

또한 살바달(薩婆達) 왕은 적국에 나라를 빼앗기자 깊은 숲속에 숨어 있는데 먼 나라의 바라문이 와서 구걸을 했다. 그러나 자신은 나라도 패망한채 몸 하나 숨어 살건만 그가 얼마나 아쉽기에 멀리에서 왔거늘 아무 것도 얻지 못함을 보고는 가엾이 여겨 바라문에게 말했다.

"나는 살바달 왕이다. 새 왕은 사람들을 모아 나를 찾아다니고 있다."

그리고는 스스로를 결박해 그에게 주어 새 왕에게 끌려가니, 그는 많은 재물을 얻었다.

또한 월광 태자(月光太子)가 길을 가는데 나병에 걸린 사람이 그를 보고는 수레를 기다리고 있다가 말했다.

"나는 무거운 병에 걸려 몹시 괴로운데 태자께서는 혼자만 즐겁게 노니십니까? 자비한 마음으로 가엾이 여기사 구제해 주십시오."

태자가 이 말을 듣고 의원들에게 물으니, 그들이 말했다.

"태어나서부터 성인이 되기까지 성낸 적이 없는 사람의 피와 골수를 뽑아 바르고 또한 마시면 나을 수 있습니다."

이에 태자는 생각했다.

'설사 그런 사람이 있다 한들 살기를 원하지 죽기를 바라진 않으리라. 그러니 어찌 얻을 수 있겠는가. 내 몸을 제하고는 얻을 수가 없으리라.'

그리고는 곧 전다라에게 명하여 몸의 살을 베어내고 뼈를 부수어 골수를 뽑아내게 했으며, 그것을 병자에게 바르게 하고 또한 마시게 했다.

이와 같이 갖가지로 몸과 처자를 베풀되 인색함이 없었으니, 마치 초목을 버리는 것과 같이 했다. 보시한 물건은 인연 따라 있었던 것임을 알고, 그 실체를 구하여도 도무지 얻을 수 없고 일체가 청정해서 모두가 열반의 모습과 같음을 알았으며, 마침내는 무생법인을 얻기에 이르렀다. 이것이 업에 매여 나는 몸으로 보시바라밀을 행하여 원만하게 하는 것이다.

어떤 것이 법신보살이 보시바라밀을 행하여 원만히 하는 것인가? 곧 보살이 마지막 몸으로 무생법인을 얻고는 육신을 버리고서 법신을 얻고는 시방의 6도(道) 가운데서 몸을 변화하여 중생을 교화하되 갖가지 보물과 의복과 음식으로 모두에게 보시하기도 하고 또한 머리·눈·골수·뇌·나라·재산·처자 등 안팎의 모든 것을 보시하는 것이다.

예컨대 석가모니부처님께서 일찍이 여섯 어금니의 흰 코끼리이셨을 때, 사냥꾼이 틈을 엿보아 독약을 바른 화살을 쏘니 코끼리들이 화가 나서 달려와 그 사냥꾼을 밟아 죽이려 했다. 이에 흰 코끼리는 몸으로써 그들을 막아 사냥꾼을 보호하여 자식같이 가엾이 여기면서 코끼리들을 타일러 돌려보냈다. 그리고는 사냥꾼에게 천천히 물었다.

"무엇 때문에 나를 쐈는가?"

사냥꾼이 대답했다.

"나는 그대의 어금니가 필요하다."

그는 곧 여섯 어금니를 바위 구멍에 넣고 흔들었다. 그러자 피와 살과 함께 흘러나오자 코로 어금니를 집어 사냥꾼에게 주었다.

비록 코끼리의 몸을 받았으나 마음씨가 이와 같았느니, 이 코끼리는 축생의 과보가 아님을 알 수 있다. 소승의 아라한에게는 도무지 이런 마음이 없으니, 이는 반드시 법신보살임을 알 수 있다.

또한 한때 염부제 사람들은 나이든 이나 유덕한 이에게 인사할 줄을 몰랐는데, 말로써 교화해도 제도할 수 없었다.

이때 보살은 스스로 그 몸을 변화하여 가빈사라(迦頻闍羅) 새가 되었다.

그 새에게는 친한 벗이 둘 있었으니, 하나는 큰 코끼리요, 또 하나는 원숭이였다. 그들은 다 같이 필발라 나무 아래에서 살고 있었는데, 이렇게 상의했다.

"우리 중에는 누가 어른이 되어야 할까?"

코끼리가 말했다.

"내가 옛날에 보니, 이 나무는 내 배 밑에 있었는데 이제 이렇게 컸다. 이것으로 미루어 보면 내가 어른이 되어야 할 것이다."

원숭이가 말했다.

"나는 어릴 적에 땅에 웅크리고 앉아 이 나무 끝을 휘어잡고 놀았다. 이것으로 미루어 보건대 내가 어른이 되어야 마땅하다."

새가 말했다.

"내가 다른 필발라 나무숲에서 나무 열매를 따먹었는데, 씨가 똥에 묻어나와 이 나무가 자라나게 되었다. 이것으로 미루어 보건대 내가 당연히 어른이 되어야 한다."

그리고 새는 다시 말했다.

"먼저 태어난 어른에게는 마땅히 예를 갖추어 공양해야 한다."

그러자 즉시 큰 코끼리는 등을 낮춰 원숭이를 태우고, 새는 원숭이 위에 앉아 숲속을 돌아다니니, 다른 새와 짐승들이 보고는 이상히 여기면서 그들에게 물었다.

"왜들 그러는가?"

그들이 대답했다.

"이렇게 해서 어른을 공경하고 공경하는 것이다."

이 말에 다른 새와 짐승들이 감화를 받아 모두가 예절을 지키고 민가의

밭을 침범하거나 생명을 해치지 않게 되었다.

이때 사람들은 새와 짐승들이 모두 피해를 주지 않는 것을 궁금히 여겼다. 그런데 어느 사냥꾼이 숲에 들어왔다가 코끼리가 원숭이를 지고, 다시 원숭이는 새를 이고 다니면서 공경을 행해 동물들을 감화시키니, 이로 인해 동물들이 모두 선을 닦게 되었다는 사실을 알게 되었다.

이 사실을 나라 사람들에게 알리니, 사람들은 모두가 경사스럽게 여기면서 말했다.

"시절이 크게 태평해지려고 한다. 새와 짐승들조차 어질어지고 있다."

사람들 역시 그것을 본받아서 예의와 공경을 다하게 되었다.

이때부터 지금까지 교화의 힘이 흘러 만 세대에 이르니, 이것이 법신보살이다.

또한 보살의 법신은 잠깐 사이에 한량없는 몸으로 변화하여 시방의 부처님께 공양하고, 일시에 능히 한량없는 재물과 보배를 변화해 내어 중생들에게 공급하며, 능히 일체의 상·중·하의 음성에 따라 잠깐 사이에 모두에게 두루 법을 설하며, 나아가서는 보리수 밑에 앉는다. 이러한 갖가지를 일컬어 법신보살이 보시바라밀을 행하여 원만히 한다고 하는 것이다.

세 가지 보시

단(檀)에는 세 종류가 있으니, 첫째는 재물보시요, 둘째는 공양과 공경의 보시요, 셋째는 법보시이다.

어떤 것이 재물보시인가? 곧 진귀한 보배나 의복·음식·머리·눈·골수 등 이러한 온갖 안팎의 것을 모두 베푸는 것이니, 이를 재물보시라 한다.

공경의 보시라 함은 신심이 청정하여 공경하고 예배하며, 맞이하고 전송하며 찬탄하고 주위를 돌며(繞匝) 공양하는 등 이러한 갖가지를 공경의 보시라 한다.

법보시란, 도덕을 위하여 이야기하고 토론하며 외우고 읽고 강설하고 의혹을 제하기 위하여 문답하며, 남에게 5계를 일러주는 등 이렇듯 갖가지를 불도를 위하는 까닭에 베푸는 것을 법보시라 한다.

이 세 가지 보시가 원만해지는 것을 단바라밀의 원만함이라 한다.

또한 세 가지 인연으로 보시가 생겨나니, 첫째는 신심이 청정함이요, 둘째는 재물이요, 셋째는 복밭[福田]이다.

마음에는 세 종류가 있으니, 가엾이 여김과 공경함과 가엾이 여기면서 공경함이다.

빈궁하고 하천한 이나 축생들에게 베푸는 것은 가엾이 여기는 보시요, 부처님이나 법신 보살 등에게 베푸는 것은 공경하는 보시요, 늙고 병들고 가난한 아라한이나 벽지불에게 베푸는 것은 공경하면서 가엾이 여기는 보시이다.

보시하는 물건이 청정하다고 함은 훔치거나 겁탈한 것이 아니며, 때에 맞추어 베풀되 명예를 구하거나 이양을 바라지도 않는 것이다.

혹은 마음에 의해 복덕을 많이 얻기도 하고, 혹은 복밭에 의해 공덕을 많이 얻기도 하고, 혹은 묘한 물건에 의해 공덕을 많이 얻기도 한다.

첫째의 마음에 의한다 함은 4등심(等心)이나 염불삼매에 의하여 굶주린 범에게 몸을 보시하는 것과 같으니, 이와 같은 것을 '마음에 의해 공덕을 얻는다' 한다.

복밭에 두 종류가 있으니, 첫째는 가엾이 여기는 복밭이요, 둘째는 공경하는 복밭이다. 가엾이 여기는 복밭이라 함은 가엾이 여기는 마음을 내는 것이요, 공경하는 복밭이라 함은 공경하는 마음을 내는 것이니, 마치 아수가(阿輸伽) 즉, 진나라 말로는 무우(無憂)이다. 왕이 국토를 부처님에 바친 것과 같다.

또한 재물보시에 대하여 말하자면, 어떤 여자가 술에 취하여 7보의 영락으로 가섭불의 탑에 보시했는데 그 복덕으로 33천에 태어난 일이 있다. 이러한 갖가지 일을 재물보시라 한다.

보시는 보시 자체를 버리는 것

【문】단(檀)이란 재물을 버리는 일이라 하거늘 어찌하여 말하기를 "버릴 바 없는 법을 구족한다" 하는가?

【답】단에는 두 종류가 있으니, 하나는 세간을 벗어난 것이요, 또 하나는 세간을 벗어나지 못한 것이다. 지금은 세간을 벗어난 보시의 특징 없음[無相]을 말하고 있다. 특징이 없으므로 버릴 바가 없다. 그러므로 '버릴 바 없는 법을 구족한다'고 한다.

또한 재물은 얻을 수 없으므로 '버릴 바가 없다'고 한다. 이 물건이란 미래와 과거는 공하고, 현재의 분별에는 일정한 법이 없다. 그러므로 '버릴 바가 없다'고 한다.

또한 행자가 재물을 희사하면서 마음속으로 '이 보시로 인하여 공덕이 많으리라'고 생각함으로써 교만함과 애결(愛結) 등을 일으킨다. 그러므로 버릴 바가 없다 하나니, 버릴 바가 없으므로 교만함이 없고, 교만함이 없으므로 애결 등이 생기지 않는다.

또한 보시하는 자에는 두 종류가 있으니, 하나는 세간 사람이요, 또한 하나는 세간을 벗어난 사람이다. 세간 사람은 재물은 버리나 보시는 버리지 못한다. 세간을 벗어난 사람은 능히 재물을 버리고 능히 보시를 버린다. 왜냐하면, 재물도 보시하는 마음도 모두 얻을 수 없기 때문이다. 그러므로 '버릴 바 없는 법을 구족한다'고 한다.

재물·베푸는 자·받는 자가 모두 없다

【經】 "(보살마하살은) 버릴 바 없는 법으로써 보시바라밀을 구족하니, 베푸는 이와 받는 이와 베푸는 물건을 모두 얻을 수 없기 때문이니라."

【문】 세 가지 일이 화합함으로써 보시라 말한다. 그런데 이제 말하기를 '세 가지를 모두 얻을 수 없다'고 한다면, 어찌 보시바라밀을 갖추고 원만히 한다 하겠는가? 이제 재물도 있고, 보시하는 이도 있고, 받는 이도 있거늘 어떻게 세 가지를 얻을 수 없는가?

마치 보시한 방석은 실제로 존재하는 것과도 같다. 그것은 왜냐하면 방석이란 이름이 있으면 방석이란 법도 있기 때문이다. 만일 방석이란 법이 없으면 방석이란 이름도 없겠지만 이름이 있으므로 실제로 방석이 있어야 하는 것이다.

또한 방석에는 길고 짧음, 거칠고 고움, 희고 검고 누렇고 붉음 등이 있으며, 인과 연, 지음과 깨짐, 결과와 과보가 있어서 그 특성[法]을 좇아 마음이 생겨난다. 곧 열 자는 길고 다섯 자는 짧으며, 올이 크면 거칠고 올이 가늘면 고우며, 물들임에 따라 빛깔이 있게 되는 것이다.

또한 올이 있음은 인(因)이요 짜는 기계가 있음은 연(緣)이 되나니, 이런 인연이 화합하기에 방석이 된다. 사람이 공을 들이면 지음이 있고, 사람이 훼손하면 깨뜨림이 있으며, 추위와 더위를 막거나 몸을 가리면 과보라 한다.

사람들은 얻으면 기뻐하고 잃으면 몹시 근심함이 있으니, 그러한 것으로써 보시한다면 복을 받고 도(道)에 도움이 된다. 하지만 훔치거나 혹은 겁탈해서 그것을 저자거리에서 깐다고 해도 죽어서 지옥에 들어가게 된다.

이러한 갖가지 인연이 있는 까닭에 이 방석이 있음을 알 수 있다. 이것을 방석의 법이라 하거늘 어찌 보시할 물건을 얻을 수 없다 하는가?

【답】 그대가 말하기를 "이름이 있으므로 그 일이 있다" 했는데, 이는 옳지 못하다. 어떻게 그것을 아는가? 이름에는 두 종류가 있으니, 사실[有實]과 사실이 아님[有不實]이다.

사실이 아닌 이름이란, 마치 어떤 풀의 이름이 주리(朱利)148)이지만, 풀 자체는 훔치거나 겁탈하지 않아 실제로는 도적이 아니거늘 도적이라 불리는 것과 같다.

또한 토끼의 뿔이나 거북의 털처럼 다만 이름만 있고 실제로는 없는 것과도 같다. 방석은 토끼의 풀이나 거북의 털같이 없는 것은 아니나 인연이 모이기 때문에 있고, 인연이 흩어지기 때문에 없는 것이다. 숲이라든가 군대도 모두 이름은 있으나 실제에는 없다. 비유하건대 '나무 사람'이 비록 사람이란 이름은 있으나 사람의 특성[法]을 구할 수 없는 것과 같다. 방석 역시 이름은 있으나 방석의 실체는 구할 수 없다.

방석이란 사람의 마음을 내게 하는 인연이 되나니, 얻으면 기뻐하고 잃으면 근심한다. 이것이 생각의 인연이다. 마음이 생기는 데 두 가지 인연이 있으니, 실제로부터 생기는 것과 실제가 아닌 것으로부터 생기는 것이다.

꿈속에서 본 것과 같고, 물속에 비친 달과 같고, 밤에 말뚝을 보고 사람이라 여기는 것과 같으니, 이러한 것들은 일컬어 '실제가 아닌 것에서 능히 마음을 낸다'고 한다. 이러한 인연이란 일정치 않으니, 마음으로 생겨나 존재하기에 곧 있는 것이라 해서는 안 된다.

만일 마음으로 생겨나는 인연 때문에 존재하고, 다시 실제의 존재를 구하지 말아야 한다면, 이는 마치 눈으로 물속의 달을 보고는 생각을 일으켜 '이것은 달이다'라고 하는 것과 같다. 만약에 마음을 좇아 이 달이 생겨났다면 진짜 달은 없어야 한다.

---

148) 원주(原註): 진나라 말로는 도적(賊)이다.

시체와 몸이 바뀌어도 나라 할 수 있는가?
- 보시는 '나'라는 망상을 버리는 것

어떤 사람이 남의 심부름으로 멀리 가서 빈방에 혼자 머무는데 밤중에 귀신이 송장 하나를 메고 와서 그의 앞에 던졌다. 뒤이어 다른 귀신 하나가 따라 오더니 앞의 귀신을 꾸짖었다.
"이 시체는 나의 것인데 어찌하여 네가 메고 왔느냐."
앞의 귀신은 대꾸하였다.
"내 것이므로 내가 가져 왔다."
마침내 두 귀신은 제각기 시체의 팔 하나씩을 잡고 다투다가 먼저 귀신이 이렇게 제의했다.
"여기 인간이 하나 있으니, 그에게 물어보자."
그러자 즉시 나중의 귀신이 물었다.
"이 시체는 누가 메고 왔는가?"
그 사람은 생각했다.
'이 두 귀신은 힘이 센데 사실대로 말하면 내가 죽음을 당할 것이요, 거짓으로 말해도 죽음을 당할 것이다. 그렇다면 어차피 죽음을 면하지 못할 텐데 거짓말을 해서 무엇하랴.'
그리고는 이렇게 말했다.
"앞의 귀신이 메고 왔다."
이 말에 나중의 귀신은 화가 나서 그 사람의 팔을 뽑아 땅에 던져버리니, 먼저 귀신은 시체의 팔 하나를 뽑아다가 그에게 붙여 주었다.
이와 같이, 두 팔·두 다리·머리·허리 등 온몸이 모두 바뀌어버렸다. 여기에서 두 귀신은 함께 바뀌어버린 사람의 몸을 다 먹고는 입을 닦으면서 어디론가 가버렸다.
이때 그 사람은 생각했다.
'나는 부모가 낳아 주신 몸을 눈앞에서 몽땅 두 귀신에게 먹히고, 나의 이 몸은 남의 몸이다. 그렇다면 나는 지금 몸이 있는 것인가, 몸이 없는 것인가? 몸이 있다고 하자니 이것은 모두 남의 몸이고, 없다고 하자니 지금 이렇게 몸이 있지 않는가?'

이렇게 걱정하기를 마치 미친 사람 같았다. 이튿날 아침에 길을 떠나 가다가 목적한 국토에 이르니, 그곳 불탑에 승려들이 모여 있는 것을 보자 다른 말은 하지 않고 오직 '자신의 몸이 있는가, 없는가'만을 물었다.

비구들이 물었다.
"그대는 누구인가?"
그가 말했다.
"나 역시 스스로 사람인지 사람이 아닌지 모르겠소."
그리고는 승려들에게 지난 일을 자세히 얘기해 주었다.
그러자 비구들은 "이 사람은 '나' 없음의 도리를 잘 알아서 제도하기 쉬울 것이오"라고 서로 얘기한 뒤 그에게 말했다.
"그대의 몸은 본래부터 항상 '나'가 없었다. 새로운 사실이 아니다. 다만 4대가 화합하기 때문에 '내 몸'이라는 계교를 내었을 뿐이다. 그러니 그대 본래의 몸은 지금의 것과 다름이 없다."
비구들이 그를 제도해 주니, 그는 도를 닦아 번뇌를 끊고 곧 아라한을 이루었다.

부처님께서는 다음과 같이 6식(識)을 설명하셨다.
"눈의 의식과 눈의 의식에 서로 응하는 법은 함께 색을 반연하고, 집이나 성곽 등 갖가지 이름을 반연하지 않나니, 귀·코·혀·몸의 의식도 이와 같다. 뜻의 의식과 뜻의 의식에 서로 응하는 법으로는 눈과 색과 눈의 의식을 알며, 나아가서는 뜻과 법과 뜻의 의식까지를 안다."

이 의식이 반연하는 법은 모두가 공하여 '나'가 없나니, 그것은 생멸하기 때문이며, 자재하지 못하기 때문이다. 그러므로 무위의 법에서는 나가 있다고 계교할 수 없나니, 괴로움과 즐거움을 받지 않기 때문이다. 여기에 구태여 '나'라 할 법이 있다면 응당 제7식(識)이 있어서 나를 식별해야 할 터인데 지금은 그렇지 않다.
그러므로 나가 없음을 알 수 있다.
보시바라밀은 곧 이 '나'에 대한 망상을 깨는 최고의 방편이다.

보시가 보시바라밀을 낳는다

보살이 단(檀)바라밀을 행하여 능히 6바라밀을 내면 이때를 일러서 '단바라밀을 구족해 원만히 했다'고 한다.

어찌하여 보시가 단바라밀을 낳는가?

단에는 상·중·하가 있는데, 하품에서 중품이 생기고, 중품에서 상품이 생긴다. 만일 음식 등 거친 물건을 가지고 연한 마음으로 보시하면 이를 하품이라 한다. 보시를 익히고 더욱 늘려서 능히 의복이나 보물을 가지고 보시하면 이것은 하품에서 중품을 낳은 것이 된다. 보시할 마음이 더욱 늘어나서 아낌없이 머리·눈·피·살·나라·재물·처자를 모두 보시한다면 이것은 중품에서 상품을 낳은 것이 된다.

전생에 석가모니부처님께서 처음 발심하셨을 때 광명이라 불리는 국왕이셨는데, 불법을 구하기 위하여 적건 많건 모두 보시하였더니 윤회해서 뒷몸을 받자 옹기장이가 되었다. 그는 목욕하는 도구와 꿀물로써 지금과는 다른 석가모니부처님과 비구들에게 공양하였더니, 다시 몸을 바꾼 뒤에 큰 장자의 딸이 되었다. 다시 등불로써 교진야불(憍陳若佛)에게 공양하였으니, 이러한 갖가지를 보살의 하품의 보시라 한다.

또한 석가모니부처님은 전생에 장자의 아들이었는데, 옷으로써 대음성불(大音聲佛)에게 공양하였으며, 그 부처님이 열반에 드신 뒤에는 90개의 탑을 일으켰다. 뒤에 다시 몸을 바꾸어서는 큰 국왕이 되었는데, 7보의 일산으로 사자불(師子佛)에게 공양했다. 나중에 다시 몸을 바꾸어서는 큰 장자가 되어 묘목불(妙木佛)에게 가장 좋은 정사와 7보의 묘한 꽃으로 공양했다.

이러한 갖가지를 보살의 중품의 보시라 한다.

또한 석가모니부처님은 전생에 선인(仙人)이셨다. 교진야불의 상호가 단정하시고 묘하심을 뵙고는 문득 높은 산 봉우리에 올라가서 부처님 앞으로 몸을 던졌는데, 그 몸이 무사하게 한쪽에 서 있었다.

또한 중생희견보살(衆生喜見菩薩)이 몸으로 등불을 만들어 일월광덕불(日月光德佛)께 공양했다.

이렇게 갖가지로 몸과 목숨을 아끼지 않고 부처님들께 공양했으니, 이것은 보살의 상품의 보시이다. 이것을 보살의 세 종류의 보시라 한다.

어떤 이가 처음으로 불심(佛心)을 내어 중생에게 보시하는 것도 이와 같으니, 처음에는 음식으로 보시하다가 보시할 마음이 차츰 늘어나서 몸이나 살로써 베풀게 된다. 먼저는 갖가지 좋은 음료수를 보시하다가 나중에 그 마음이 차츰 늘어나서 몸의 피를 베풀며, 먼저는 종이나 먹으로 된 경서를 보시하거나 의복·음식 등 네 가지 공양구로 법사에게 공양하다가 나중에는 법신을 얻어 한량없는 중생에게 갖가지 법을 말해 주는 법시(法施)를 하게 된다.

이와 같이 갖가지로 단바라밀에서 단바라밀이 생겨나는 것이다.

보시가 지계바라밀을 낳는다

어떤 것이 보살의 보시에서 시라바라밀(尸羅波羅蜜)149)이 생겨나는 것인가? 보살은 다음과 같이 생각한다.

'중생들은 베풀지 않는 까닭에 후세에 빈궁해진다. 빈궁하기 때문에 훔치려는 생각을 내고, 훔치기 때문에 죽이고 해하게 된다. 또한 빈궁하기 때문에 색(色)에 있어서 충족하지 못하고, 색이 충족하지 못하기 때문에 삿된 음행을 한다. 또한 빈궁하기 때문에 남보다 하천하게 되고, 하천해지면 두려워하고 거짓말을 하게 된다.'

이렇게 빈궁한 인연 때문에 열 가지 불선도[十不善道]를 행한다. 그러나 만일 보시를 행하면 태어났을 때 재물이 있고, 재물이 있기 때문에 법답지 못한 짓을 하지 않는다. 왜냐하면 5욕(欲)이 충족되어 결핍됨이 없기 때문이다.

제바달다(提婆達多)는 전생에 뱀이었는데, 두꺼비와 거북과 함께 한 못에서 친하게 지내고 있었다. 나중에 가뭄이 들어 그 못이 말라버렸다. 굶주림이 극에 달하고 견디기 어렵게 되었건만 구할 곳이 없었다. 이때 뱀은 거북을 보내어 두꺼비를 불렀다. 두꺼비는 다음과 같은 게송으로 대답했다.

빈궁하다고 본심을 잃으면
의리보다 음식을 중히 여긴 것이니
그대는 나의 말을 뱀에게 전하라
두꺼비는 끝내 그대 곁에 가지 않으리니.

만일 보시를 닦았다면 후생에 복이 있어 모자람이 없으니, 곧 능히 계를 지니어 이러한 악한 일들이 없게 된다.

이것이 '보시는 능히 시라바라밀을 낳는다'는 것이다.

---

149) '시라'는 곧 지계를 말한다.

또한 보시할 때엔 능히 계를 파하는 일이나 모든 번뇌가 얇아지게 되고, 계행을 지키려는 마음은 더욱 견고해진다. 이것이 보시한 인연으로 계행이 더욱 견고해지는 것이다.

 또한 보살은 베풀되 언제나 받는 이에게 자비한 마음을 내어 재물에 집착하지 않고, 자기의 물건에 대하여 아까워하지도 않는다. 그러니 하물며 겁탈하거나 훔치겠는가. 받는 이를 자비로써 대하거늘 어찌 해칠 생각이 있겠는가.

 이러한 일들은 능히 파계를 막으니, 이것이 보시가 계행을 낸다는 것이다. 만일 능히 보시한다면 그로써 인색한 마음을 깨뜨리며, 그 뒤에 지계·인욕 등을 행함이 쉬워진다.

 문수사리는 아주 오랜 옛날에 한 비구였을 때에 성에 들어가서 걸식을 하다가 백 가지 맛을 내는 환희환(歡喜丸)을 발우 가득히 얻었다.

 이때 성 안에 있던 어떤 아이가 따라오면서 달라고 하였는데 주지 않고 불탑에까지 이르게 되었다. 그제서야 비구는 손으로 환희환 두 개를 집어 들고는 그에게 이렇게 다짐했다.

 "이 한 알은 네가 먹고 한 알은 스님들께 보시하겠다면 주겠다."

 아이는 곧 그렇게 하겠다 하고는 환희환 한 알을 스님들에게 보시했다. 그 뒤 문수사리에게 계를 받고는 부처를 이루리라고 발심했다.

 이와 같이 보시는 능히 계를 받고 성불할 마음을 내기까지 하게 하나니, 이것이 보시가 시라바라밀을 내는 것이다.

 또한 보시의 과보는 그 마음을 부드럽게 만드니, 마음이 부드러운 까닭에 능히 계율을 지니게 되고, 계율을 지니게 되는 까닭에 착하지 못한 법에서 능히 스스로의 마음을 제어한다.

 이러한 갖가지 인연에 의해 보시로부터 시라바라밀이 생기는 것이다.

보시가 인욕바라밀을 낳는다

어떤 것이 보시에서 찬제바라밀이 생기는 것인가? 보살이 보시할 때에 받은 이가 도리어 꾸짖거나 지나치게 달라거나 때에 맞지 않게 구하거나 바라지 말아야 할 것을 바라거나 한다면, 이때 보살은 이렇게 생각한다.

'내가 지금 보시를 해서 불도를 구하고자 한다. 아무도 나에게 보시를 하라고 한 것이 아니고 내 스스로가 한 것이다. 어찌 화를 내겠는가.'

이렇게 생각하고는 인욕을 행하나니, 이것이 보시에서 찬제바라밀이 생겨나는 것이다.

또한 보살이 보시를 행할 때 받는 이가 성을 내고 괴롭힌다면 스스로 이렇게 생각한다.

"내가 지금 안팎의 재물을 모두 보시하여 버리기 어려운 것을 능히 버렸다. 그러니 하물며 빈 소리를 참지 못하겠는가. 만일 내가 참지 못한다면 보시한 것은 더러워지고 만다. 마치 흰 코끼리가 못에 들어가서 깨끗이 목욕을 하고 나와서는 다시 흙을 몸에 묻히는 것과 같다. 베풀고서 참지 못함도 또한 이와 같으리라."

이렇게 생각하고는 인욕을 행하나니, 이러한 갖가지 보시의 인연에서 찬제바라밀이 생겨난다.

보시가 정진바라밀을 낳는다

어떤 것이 보시에서 비리야바라밀(毘梨耶波羅蜜)150)이 생기는 것인가? 보살은 보시할 때 항상 정진을 행한다. 그것은 왜냐하면 보살이 처음 발심할 때엔 공덕이 크지 못하니, 이때는 두 가지 보시를 행하여 모든 중생의 소원을 채워 주고자 하건만 재물이 부족하기 때문에 재물과 법을 간절히 구하여 그로써 베푸는 것이다.

마치 석가모니부처님께서 전생에 큰 의원이셨는데, 일체의 병을 고쳐 주되 명예나 이익을 구하지 않았으니, 중생을 가엾이 여기기 때문이었다. 병자는 매우 많은데 두루 다 구제하지 못해서 모두를 위해 근심하다가 마음대로 되지 않자 깊이 근심했다. 죽어서 곧 바로 도리천(忉利天)에 태어나서 스스로 생각하기를 '내가 지금 하늘에 태어났으나 복의 갚음을 누릴 뿐 길이 이익되는 바가 없도다'라고 하고는 곧 방편을 써서 몸을 마쳤다.

이 하늘의 수명을 버리고는 사가타(娑伽陀) 용왕의 궁에 태어나 용의 태자가 되니, 그 몸이 훤칠함에 부모의 사랑을 받았다.

다시 죽음을 당하기 위하여 금시조 왕에게 갔더니, 새는 곧 이 용의 태자를 집어서는 사마리(舍摩利)나무 위에 올라가 먹어버렸다. 부모는 애통해하면서 깊이 근심했다.

용의 태자는 죽어서 염부제에 태어났는데 큰 나라의 태자가 되어 능시(能施)라 불렸다. 태어나자마자 말을 하였는데 좌우의 사람들에게 묻기를 "지금 이 나라에 어떤 물건이 있는가? 모두 가지고 오라. 보시에 쓰리라" 하니, 사람들이 듣고 모두가 괴이하게 여기고 두려워하면서 그를 버리고 달아났다.

그러나 어머니만은 가엾이 여겨 혼자 지키고 있노라니, 그는 어머니에게 말했다.

"나는 나찰도 아닌데 사람들이 왜 나를 버리고 달아납니까? 나는 본래부터 보시하기를 좋아했으니, 나는 모든 사람의 단월(檀越)이 되겠습니

---

150) '비리야'는 곧 정진(精進)이다.

다."

어머니가 이 말을 사람들에게 이야기하니 사람들은 다시 돌아왔다. 어머니는 그를 잘 양육해 차츰 장성해지자 자기가 가지고 있던 것을 모두 보시해 버리고는 다시 부왕에게 가서 재물을 요구해 보시했다. 아버지가 자기의 몫을 주었는데 역시 모두 보시에 써 버렸다.

다시 염부제 사람들이 빈궁하고 고달파하는 것을 보고는 보시해 주고 싶었으나 재물이 부족했다. 문득 울면서 사람들에게 묻기를 "어떤 방편을 써야 모두를 만족하게 할 재물을 얻을 수 있겠습니까?" 하니, 여러 노숙[宿人]들이 대답했다.

"듣건대 여의주라는 것이 있어서 그것을 얻기만 하면 마음속에 구하는 것 모두를 반드시 얻는다 합니다."

보살이 이 말을 듣고 바다로 들어갈 생각을 하자 그 부모가 만류하였다.

"우리에게 자식이라고는 너 하나뿐이다. 바다에 들어가면 온갖 환난을 건너기가 어렵거늘 자칫 너를 잃는다면 우리는 어찌 살아가겠느냐. 갈 필요가 없느니라. 지금 우리 창고에는 아직 재물이 남았으니 그것을 너에게 주겠다."

아들이 말했다.

"창고에 있는 것은 한정이 있지만, 저의 뜻은 끝이 없습니다. 저는 재물로써 일체를 충족시켜주어 모자람이 없게 하려는 것입니다. 바라옵건대 허락해 주십시오. 그리하여 본래의 뜻을 이루어 염부제의 사람들 모두가 풍족하게 되도록 하여주옵소서."

부모는 그의 뜻이 원대함을 알고는 더이상 말리지 못한 채 결국 그를 떠나게 했다.

그때 5백 명의 상인이 있었는데 그의 복덕이 위대했기에 그들은 모두 그를 따라가기를 희망했다. 그들은 그가 떠나는 날을 알고는 포구[海道]로 모여 들었다.

보살은 사람들에게 물었다.

"누가 그 용궁으로 가는 물길을 아는가?"

타사(陀舍)라는 맹인이 있었는데, 그는 일찍이 일곱 번이나 바다에 들어갔던 터라 바닷길을 잘 알고 있었다. 보살은 그에게 함께 가기를 청하니 그가 대답했다.

"나는 이미 나이가 늙었고, 두 눈마저 멀었습니다. 비록 전에는 자주 드나들었으나 지금은 갈 수 없습니다."

보살이 다시 간청했다.

"나의 이 길은 나 자신만을 위한 것이 아니라 두루 일체의 중생을 위한 것입니다. 여의주를 얻어서 중생들에게 베풀어 그 몸에 궁핍함이 없게 하려는 것이며, 그리고는 도법의 인연으로써 그들을 교화하려는 것입니다. 그대는 지혜로운 사람이거늘 어찌 사양할 수 있겠습니까. 나의 소원이 이루어진다면 그 어찌 그대의 힘이 아니겠습니까."

타사는 그의 간곡한 말을 듣자 흔연히 생각이 같아져서 보살에게 말했다.

"그렇다면 내가 지금 그대와 함께 바다에 들어가겠는데 나는 분명 온전치 못할 것이오. 그대는 나의 시체를 바다 안의 금모래 섬에 묻어 주시기 바라오."

준비가 모두 끝나고 일곱째 닻줄을 끊으니, 배는 빠르게 나아가 뭇 보배가 있는 갯벌에 이르렀다. 장사꾼들은 앞 다투어 보배를 주워 제각기 만족한 뒤에 보살에게 말했다.

"어째서 보물을 캐지 않으십니까?"

보살이 대답했다.

"내가 구하는 것은 여의보주이다. 이 다함이 있는 물건은 내게 필요치 않다. 그대들은 각각 만족함을 알고 분량을 알아서 배가 무거워 견디기 어렵게 하지 말라."

이때 장사꾼들이 보살에게 말했다.

"대덕(大德)께서는 우리들이 평안히 돌아가도록 축원을 해 주십시오."

그리고는 하직하고 물러갔다.

이때 타사가 보살에게 말했다.

"따로 배 한 척을 남겨 이 별도(別道)를 따라가도록 하십시오. 바람이 7일 동안 분 뒤에 바다 남쪽 기슭으로 밀리어 어느 험한 곳에 이르면, 절벽이 있고 대추숲이 있는데 가지가 온통 물을 덮고 있을 것입니다. 그때 큰 바람이 불어 배를 뒤집을 것이니, 그대는 대추나무 가지에 매달리면 구제될 것이나 나는 눈이 없으니 거기에서 죽게 될 것입니다. 이 기슭을 지나면 황금 모래섬이 있을 터이니, 내 몸을 이 모래 가운데 묻어 주시오. 금모래는 청정할 것입니다. 이것이 나의 소원입니다."

그의 말대로 바람이 불었다 잠잠해지니 이미 절벽에 닿아 있었다. 사타의 말대로 보살은 대추나무 가지를 휘어잡아 환난을 면할 수 있었다. 사타의 시체는 금모래에 묻어 주었다.

그리고는 혼자 찾아가서 그가 미리 일러 준대로 7일간을 깊은 물에 떠 있고, 7일간 목까지 차는 물에 다니고, 7일간 허리까지 차는 물에 다니고, 7일간 무릎까지 차는 물에 다니고, 7일간 진흙밭을 다녔다. 드디어 예쁜 연꽃이 곱고 부드럽게 피어 있는 것을 보고는 스스로 생각했다.

'이 꽃이 부드럽고 약하니, 허공삼매(虛空三昧)에 들어야 되겠구나.'

스스로 몸을 가볍게 하여 연꽃 위를 다니기를 7일, 독사들을 보고 생각했다.

'독을 품은 벌레는 참으로 무섭도다.'

곧 자심삼매(慈心三昧)에 들어 독사의 머리 위로 다니기를 7일, 독사들이 모두 머리를 들어 보살로 하여금 밟고 지나가게 했다.

이런 난관을 지나자 일곱 겹의 보배성이 나왔는데, 주변에는 일곱 겹의 구덩이[塹]가 있고, 구덩이 가운데에는 독사가 가득했으며, 세 마리의 큰 용이 문을 지키고 있었다.

용들은 보살의 용모가 단정하고 상호에 위엄이 있으며, 그 어려운 난관들을 지나서 거기까지 온 것을 보고 생각했다.

'이는 범부가 아니다. 반드시 보살의 대공덕을 지닌 사람일 것이다.'

그리고는 지름길로 나아가 용왕의 궁전에 들어가도록 허용했다.

이때 용왕 부부는 아들을 잃은 지 오래지 않았다. 때문에 아직도 눈물을 흘리며 울다가 보살이 오는 것을 보았다. 용왕 부인은 신통으로 자기의 아들이었음을 알자 두 젖에서는 젖이 흘러내리는 것이었다. 부인이 물었다.

"너는 내 아들이었는데 나를 버리고 죽어서 어디에 태어났느냐?"

보살 또한 숙명통으로 부모임을 알고는 어머니에게 말했다.

"나는 염부제에 태어나 큰 나라의 태자가 되었습니다. 가난한 이들이 춥고 배고프고 고달파서 자유롭지 못함을 보고 여의보주를 구하기 위하여 여기까지 왔습니다."

어머니가 말했다.

"네 아버지 머리 위에 그 여의보주가 있기는 하나 머리장식이므로 얻기가 매우 어려울 것이다. 아마도 너를 데리고 보물창고에 들어가서 네가 원하는 대로 마음대로 가져가라 하시리니, 너는 대답하기를 '그런 잡된 보물은 제가 원하지 않습니다. 오직 대왕의 머리 위의 보주만을 원합니다. 저를 불쌍히 여기신다면 그것을 저에게 주옵소서' 하라. 그러면 얻을 수 있을 것이다."

곧 아버지에게로 가니, 아버지는 슬픔과 기쁨이 한없이 복받쳤다. 그 아들이 험난한 길을 거쳐 멀리 온 것을 가엾이 여겨 묘한 보물이 있는 곳을 가리키면서 말했다.

"그대가 원하는 대로 주리라. 필요한 것이 있다면 가지거라."

이에 보살이 말했다.

"제가 멀리 온 뜻은 대왕을 뵙고 대왕의 머리 위에 놓인 여의보주를 구하기 위함입니다. 저를 불쌍히 여기시거든 마땅히 그것을 주시옵소서. 만일 주지 않으신다면 다른 것은 필요치 않습니다."

용왕이 대답했다.

"나는 오직 이 보주 하나만으로 머리장식을 삼고 있다. 염부제 사람들은 복이 얇고 천박해서 여의주를 볼 수 없느니라."

보살이 다시 말했다.

"저는 그 때문에 멀리서 험난한 길을 지나서 죽음을 무릅쓰고 온 것입니다. 염부제 사람들이 복이 얇고 빈천하기 때문에 여의보주를 가지고 그들의 소원을 만족시켜 주기 위해서입니다. 그런 뒤에 불도의 인연으로 교화하려 합니다."

마침내 용왕은 보주를 주면서 이렇게 말했다.

"내가 이 보주를 너에게 주노니, 네가 세상을 뜨게 되거든 나에게 돌려주어야 하느니라."

보살이 대답했다.

"대왕의 말씀대로 하겠습니다."

보살은 보주를 받아들고는 허공으로 날아올라 팔을 한번 굽혔다 펴는 사이에 염부제에 이르렀다.

인간 왕의 부모는 아들이 무사히 돌아온 것을 보고는 기뻐 어쩔 줄 모르며 껴안고 물었다.
"너는 무엇을 얻었느냐?"
보살이 대답했다.
"여의보주를 얻어왔습니다."
"어디에 있느냐?"
"이 옷자락 속에 있습니다."
"어찌 그리 작으냐?"
"신비한 공덕은 커야만 되는 것이 아닙니다."
그리고는 부모에게 말했다.
"마땅히 성에 명을 내려 성의 안팎을 깨끗이 청소하고, 향을 사루고, 비단 번과 일산을 달고, 가지런히 계를 지녀야 합니다."

다음날 아침 긴 장대를 세우고 보주를 끝에 달아 표시를 하고는 보살은 스스로 서원을 세웠다.
"제가 불도를 이루어 일체 중생을 제도할 수 있다면, 마땅히 제가 원하는 대로 여의보주에서 일체의 보물이 나와서 사람들이 필요로 하는 바를 좇아 모두가 충족되게 하소서."

이때 구름이 온 하늘을 두루 덮으면서 갖가지 보물과 의복·음식·와구·탕약 등을 비처럼 내렸다. 사람들이 필요로 하는 것이 모두 구족되니, 그들의 수명이 다하기까지에 항상 갖추어져 끊어지는 일이 없었다.
이와 같은 것을 일컬어 '보살의 보시가 정진바라밀을 낸다' 한다.

보시가 선정바라밀을 낳는다

어떻게 해서 보살의 보시가 선정바라밀을 내는가? 보살이 보시할 때 능히 인색함과 탐냄을 제거한다. 인색함과 탐냄을 제한 뒤에는 이 보시에 의하여 일심으로 행한다면, 점차 5개(蓋)151)를 제하게 된다. 능히 5개를 제한다면, 이것을 일컬어 선(禪)이라 한다.

나아가 마음은 보시에 의해 초선(初禪) 내지는 멸정선(滅定禪)152)에 든다. 어떻게 보시에 의지하는가? 만일 선을 닦는 사람에게 베풀 때에는 스스로 생각하기를, '나는 지금 이 사람이 선정을 닦는다 하여 맑은 마음으로 공양한다. 그런데 어찌 내가 지금 선에서 물러서려 하는가' 하고는 생각을 거두어 모우고 사유해 선정을 닦는다.

만일 가난한 사람에게 보시할 때에는 이 사람의 숙명을 생각하기를, '전생에 온갖 착하지 못한 짓을 하였고, 마음을 한결되게 구하지 않았고, 복스러운 업을 닦지 않아서 금생에 빈궁하다' 하고는 이 까닭에 스스로 힘써 선(善)을 닦아 마음을 한결같이 해서 선정에 든다.

이런 이야기가 있다.

희견전륜성왕(喜見轉輪聖王)에게는 8만 4천의 작은 왕이 조공하러 오되 모두가 7보의 묘한 물건을 가지고 와서 바쳤다.

그러자 왕이 사양하며 말했다.

"나는 필요치 않으니, 그대들 각자 가지고 가서 제각기 복을 닦으라."

여러 작은 왕들은 생각했다.

'대왕께서 받지 않으신다 해도 우리들 또한 사사로이 쓸 수는 없다.'

---

151) 마음을 덮어 청정심이 나타나는 것을 가로막는 다섯 가지 장애, 즉 탐냄·성냄·게으름·들뜸·의심을 말한다.
152) 선정의 아홉 단계 가운데 멸진정(滅盡定)을 말한다.

다 같이 7보의 궁전을 세우고, 7보의 나무를 심고, 7보의 못을 만들었다. 궁전 안에는 8만4천 개의 7보 누각을 세우고, 누각 안에는 모두 7보의 평상을 마련하였으며, 갖가지 색깔의 이부자리와 목침을 평상의 양쪽에 두고, 비단 번기와 일산을 달고, 향훈을 땅에 바르는 등 모든 일을 갖춘 뒤에 대왕에게 말했다.

"바라옵건대 법전(法殿)·보배 나무·목욕터를 받아주시옵소서."

왕은 잠자코 받아들이고는 생각했다.

'나는 지금 이 새 궁전에 먼저 들어가서 스스로 즐길 것이 아니라 먼저 착한 사람들, 즉 사문이나 바라문들을 찾아 먼저 들어가게 하여 공양한 뒤에야 머물러야 하리라.'

그리고는 곧 착한 사람들을 모아 먼저 보배 궁전에 들게 하여 갖가지로 공양하고 미묘하게 구족하게 했다.

사람들이 모두 나오자, 그제서야 왕은 보배 궁전에 들어가서 금 누각에 올랐다. 그리고 은 평상에 앉아 보시를 억념해 5개(蓋)를 제하고, 6정(情)을 거두고, 6진(塵)을 물리쳐 기쁨과 즐거움을 감수하는 초선(初禪)에 들었다.

다음은 은 누각에 올라 금 평상에 앉아 2선에 들었다.

다음은 유리 누각에 올라 파리 보배 평상에 앉아 3선에 들었다.

다음은 파리 보배 누각에 올라 유리 평상에 앉아 4선에 들었다.

이렇게 홀로 앉아 사유하기 석 달에 이르니, 옥녀(玉女) 보후(寶后)가 8만4천의 시녀들과 함께 모두 흰 구슬과 이름난 보배로 그 몸을 장식하고는 대왕에게 와서 말했다.

"오랫동안 뵙지 못해서 감히 문안드리기 위해 왔습니다."

왕이 시녀들에게 말했다. "누이들이여, 그대들은 제각기 마음을 단정히 하여 선지식이 될지언정 나의 원수가 되지는 말라."

옥녀 보후가 눈물을 흘리면서 말했다.

"대왕이시여, 어찌하여 저를 누이라 하시는지요. 반드시 딴 생각이 있으실 터이니, 그 뜻을 듣기를 소원합니다. 어찌하여 '선지식이 될지언정 원수가 되지 말라' 하시옵니까?"

왕이 말했다.

"너희들이 나를 세상의 인연으로 여기어 음욕의 일을 함께 행하면서 즐긴다면 이는 나의 원수가 되는 것이요, 만일 덧없음을 깨닫고, 몸이 환(幻) 같음을 알고, 복을 닦고 선을 행하며 욕정을 끊어버린다면 이는 선지식이 되느니라."

옥녀들이 대답했다. "삼가 왕의 말씀대로 하겠나이다."

그리고는 이 같은 말이 끝나자 각자 여자들을 돌려보냈다.

여자들이 떠난 뒤에 왕은 금 누각에 올라 은 평상에 앉아 자삼매(慈三昧)를 행했다. 다시 은 누각에 올라 금 평상에 앉아 비삼매(悲三昧)를 행하고, 비유리 누각에 올라 파리 평상에 앉아 희삼매(喜三昧)를 행하고, 파리 보배 누각에 올라 비유리 평상에 앉아 사삼매(捨三昧)를 행했다. 이것이 곧 보살의 보시가 선바라밀을 낳는 것이다.

보시가 반야바라밀을 낳는다

어떻게 해서 보살의 보시가 반야바라밀을 낳는가?

보살이 보시할 때, 이 보시에는 반드시 과보가 있음을 알아 의심치 않으며 능히 삿된 소견과 무명을 깨뜨린다. 이것이 곧 보시가 반야바라밀을 낳는 것이다.

또한 보살이 보시할 때는 능히 이런 일을 분별해 안다. 곧 계를 지니지 않는 사람이 채찍으로 때리거나 고문하거나 가두고, 법을 어기고 재물을 얻었지만 보시를 짓는다면 코끼리·말·소로 태어나나니, 비록 축생의 모습을 받아 무거운 짐을 지고 채찍을 맞고 굴레에 얽매이고 사람을 태우지만 항상 좋은 우리와 좋은 먹이를 받으며, 사람들이 소중히 여기고 사람들의 시중을 받는다는 것을 안다.

또한 악인으로서 성냄을 품는 일이 많고 마음은 굽어 단정치 못하지만, 보시를 행한다면 용의 무리에 태어나서 7보의 궁전과 좋은 음식과 좋은 모양을 얻는다는 것을 안다.

또한 교만한 사람이 교만한 생각과 성내는 마음이 많더라도 보시를 한다면 금시조 가운데 태어나 항상 자재하고 여의보주로 몸치장거리를 삼으며, 구하는 것 모두가 얻어지고 하고자 하는 일은 뜻대로 되며, 변화가 만 가지여서 이루지 못할 일이 없다는 것을 안다.

또한 높은 벼슬에 있는 사람이 백성들을 함부로 침해하여 치법(治法)을 따르지 않는다 해도 재물을 거두어 보시에 쓴다면 귀신 가운데 태어나 구반다귀(鳩槃茶鬼)가 되어 갖가지로 5진(塵)을 변화해 스스로 즐기게 될 것을 안다.

또한 심술이 많고 술과 고기를 즐기는 사람일지라도 보시를 행한다면 땅에서 사는 야차귀 가운데 태어나서 항상 갖가지 환락과 음악과 음식을 얻게 될 것을 안다.

또한 성질이 강하고 포악한 사람일지라도 수레나 말을 보시하여 걸음을 덜어 준다면 날아다니는 야차 가운데 태어나며, 큰 힘이 있어 가는 곳마다 바람과 같음을 안다.

또한 질투하는 마음으로 다투기를 좋아하면서도 좋은 방이나 침구나 의복이나 음식으로 보시하는 까닭에 궁전이나 누각을 날아다니는 야차 가운데 태어나서 갖가지 노리개와 장식품을 갖게 될 것을 안다.

이와 같이 갖가지 보시할 때에 대해 잘 분별해 아나니, 이것이 곧 보살의 보시가 반야를 낳는다는 것이다.

또한 음식을 보시하면 힘과 목숨과 혈색이 보기 좋은 과보를 얻으며, 의복을 보시하면 태어날 적마다 부끄러움을 알고, 위덕 있고 단정하며 몸과 마음이 편안하게 된다.

방과 집을 보시하면 갖가지 7보를 얻고 궁전이 저절로 나타나 5욕을 마음껏 즐기게 된다.

우물이나 샘이나 갖가지 좋은 음료수를 보시하면 태어나는 곳마다 주림과 목마름이 없고 5욕이 구족하게 된다.

다리나 배나 신발을 보시하면 태어날 적마다 갖가지 거마(車馬)가 구족하게 된다.

공원이나 숲을 보시하면 호귀하고 존귀함을 얻어 일체의 의지처가 되며, 몸이 단정하고 마음은 즐거워 근심이 없게 된다.

이러한 갖가지들은 인간의 인연으로 보시에 의해 얻는 바이거니와 어떤 사람이 보시하면서 복덕의 업을 짓고, 유위의 업을 짓는 일과 생활하기를 좋아하지 않으면 사천왕처(四天王處)에 태어난다.

어떤 사람이 보시하면서 부모나 삼촌이나 형제·자매에게 공양하며, 성내거나 원망하지 않으며, 다투기를 좋아하지 않고 다투는 일을 보기도 좋아하지 않는다면 이 사람은 도리천·야마천·도솔천·화자재천·타화자재천에 태어난다.

이와 같이 갖가지로 분별해서 보시하니, 이것이 곧 보살의 보시가 반야를 낳는 것이다.

어떤 사람이 보시를 행하되 마음이 물들지 않고 세간을 싫어하여 열반의 즐거움을 구한다면 이는 벽지불과 아라한의 보시가 된다. 어떤 사람이 보시를 행하되 불도를 위하거나 중생을 위해서라면 이는 보살의 보시가 된다.

이렇게 갖가지 보시 가운데 분별해 아니, 이것이 곧 보시가 반야바라밀을 낳는 것이다.

또한 보살이 보시할 때에는 위에서 말한 바와 같이 세 가지 참모습을 깊이 생각하는데, 이처럼 안다면 이것이 곧 보시가 반야바라밀을 낳는 것이다.

또한 **일체의 지혜와 공덕의 인연은 모두가 보시를 말미암아 구족된다**. 천(千) 부처님이 처음 발심하실 때에도 갖가지 재물로 여러 부처님께 보시하나니, 혹은 꽃이나 향 혹은 의복 혹은 이쑤시개[楊枝]를 보시해 그로써 뜻을 일으킨다.

이와 같이 갖가지로 보시하니, 이것이 곧 보살의 보시가 반야바라밀을 낳는 것이다.

2. 지계바라밀

지계바라밀이란 좋은 행의 길로 나아가는 것

【經】죄와 죄 아님을 찾을 수 없는 까닭에 시라바라밀을 구족한다.

시라(尸羅)153)라 함은 착한 길을 가는 것을 좋아하여 스스로 방일치 않는 것이니, 이것을 시라라고 한다. 또는 계를 받고 선을 행하거나 혹은 계를 받지 않고 선을 행하거나 모두가 시라라 부른다.154)

시라라 함은 간략히 말하건대 몸과 입의 율의(律儀)로서 여덟 가지가 있다. 곧 괴롭히거나 해치지 않고, 겁탈하거나 훔치지 않고, 삿된 음란에 빠지지 않고, 거짓말하지 않고, 이간질하지 않고, 욕설하지 않고, 꾸밈말하지 않고, 술 마시지 않으며 깨끗하게 생활하는 것이다. 이것을 계상(戒相)이라 한다. 잘 지키지 못한 채 놓아버린다면 이를 파계(破戒)라 하나니, 파계한 자는 3악도(惡道)에 떨어진다.

만일 하품의 중생이 계를 지니면 인간에 태어나고, 중품의 중생이 계를 지니면 6욕천(欲天) 가운데 태어나고, 상품의 중생이 계를 지니면서 4선(禪)과 4공정(空定)을 닦는다면 색계·무색계의 청정한 하늘 가운데 태어난다.

상품으로 계를 지님에는 세 등급이 있다. 곧 하등의 청정으로 계를 지

---

153) 원주(原註): 진나라 말로는 성선(性善)이라고 한다.
154) "시라"는 곧 계를 말한다. 용수보살이 그 뜻을 풀이하였듯이, 계는 선한 행위를 하는 것을 좋아하고 게을리 하지 않는 것이다. 이것을 일상의 차원에서 풀이하자면, 곧 좋은 습관을 들인다는 것이다. 여기서 무엇이 "좋고 선함"인가, 그리고 어떤 행위를 해야하는가에 대한 불교적 판단이 바로 "계"인 것이다. 따라서 계는 감내해야할 것이 아닌 즐거운 것이며 우리의 참다운 삶을 위한 강력한 무기이다. 그런 이유로 경전에서 이르길 "계를 지닌다[持戒]"라고 하는 것이다. 계를 마치 일종의 "금기", 또는 "금지"로 생각한다면, 이 또한 계에 대한 올바른 이해가 아니다.

니면 아라한이 되고, 중등의 청정으로 계를 지니면 벽지불이 되고, 상등의 청정으로 계를 지니면 불도를 이룬다. 집착하거나 기대거나 깨뜨리거나 이지러지지 않음은 성인께서 칭찬하시는 바이다. 이와 같은 것들을 일컬어 상등의 청정으로 계를 지닌다 한다.

만일 중생을 가엾이 여기기 때문이거나 중생을 제도하기 위해서나 계율의 참뜻을 아는 까닭에 마음으로 기대거나 집착하지 않으면서 이처럼 계를 지닌다면 장차 사람들을 불도에 이르게 한다. 이와 같은 것을 일컬어 위없는 불도의 계를 얻는다고 한다.

만일 어떤 사람이 큰 이익을 구하거든, 굳건히 계를 지니되 마치 소중한 보물을 지키듯 자기의 목숨을 아끼듯 해야 한다. 왜냐하면 마치 대지 가운데 일체의 만물과 형상 있는 것들은 모두 땅에 의지해 머무니, 계율도 그와 같아서 계는 일체의 선법이 머무는 곳이 되기 때문이다.

또한 발이 없이 가고자 하거나 날개가 없이 날고자 하거나 배가 없이 건너고자 한다면 이는 불가능하듯이 계가 없이 좋은 결과를 얻으려는 것도 이와 마찬가지이다.

어떤 사람이 비록 높고 큰 집에 살면서 호의호식한다 해도 능히 이 계를 행한다면 좋은 곳에 태어나며 나아가 도과(道果)를 얻는다. 귀하거나 천하거나 크거나 작거나 능히 이 청정계를 행한다면 모두가 큰 이익을 얻거니와 이 계를 깨뜨린다면 귀천과 대소를 막론하고 모두 마음대로 좋은 곳에 태어날 수 없다.

또한 사람이 비록 가난하고 천해도 능히 계행을 지킨다면 부귀한 자보다 수승하다. 계를 파한 자의 꽃향기·나무향기는 멀리 도달하지 못하거니와 계를 지니는 사람의 향기는 시방에 두루한다.

수타수마 왕의 지계바라밀

지계바라밀은 몸과 목숨을 아끼지 않고 청정한 계법을 보호해 지니기를 마치 수타수마(須陀須摩) 왕이 겁마사파타(劫磨沙波陀) 대왕 때문에 목숨을 버리게 되었더라도 금계(禁戒)를 범하지 않는 것과 같다.

옛날에 수타수마 왕이 있었는데, 이 왕은 정진하고 계율을 지키며 항상 진실한 말을 했다. 어느 날 새벽에 수레를 타고 궁녀들을 데리고 동산에 가서 노닐려 했다. 성문을 나서는데 어떤 바라문이 와서는 구걸하며 왕에게 말했다.

"왕께서는 큰 복덕을 지니신 분이시고 저는 빈궁한 자이니, 가엾이 여기시어 적당히 베풀어 주옵소서."

왕이 말했다.

"좋다. 그대가 요구하는 대로 주리라. 그러나 내가 나갔다가 돌아오기를 기다려라."

이렇게 말을 남기고 동산에 들어가서 목욕을 하면서 즐기는데, 이때 녹족(鹿足)이라 불리는 두 날개 가진 왕이 허공으로 날아와서 궁녀들 사이에서 왕을 잡아가니, 마치 금시조가 바다에서 용을 잡아가는 것 같았다. 궁녀들이 통곡하니 온 동산이 진동하고 성 안팎이 깜짝 놀라 슬픔에 잠겼다.

녹족은 왕을 지고 허공으로 날아가서는 머무는 곳에 이르러 99명의 왕들 사이에 놓으니, 수타수마 왕은 비 오듯 눈물을 흘렸다.

녹족왕이 말했다.

"위대한 찰리왕이여, 그대는 어찌하여 어린 아기처럼 울고 있는가? 사람이 나면 죽음이 있고 만나면 이별이 있는 것이다."

수타수마 왕이 대답했다.

"나는 죽음을 두려워하는 것이 아니다. 신용을 잃는 것을 몹시 두려워한다. 나는 태어나면서부터 거짓말을 한 적이 없는데 오늘 아침 성문을 나올 때 어떤 바라문이 와서 나에게 구걸하기에 돌아오거든 주겠노라고 했다. 항상할 수 없음[無常]을 생각하지 못한 채 그의 마음을 저버려서 스스로 남을 속이는 죄과를 초래하고 말았다. 그 때문에 우는 것이다."

녹족왕이 말했다.

"그대의 뜻이 그처럼 거짓말을 한 것을 두려워하니, 그대를 다시 돌아가도록 허락하노라. 7일 동안 바라문에게 보시를 하고 나서 다시 돌아오라. 만일 7일이 지나도록 돌아오지 않으면 나에게는 두 날개의 힘이 있으니, 그대를 잡아가는 일이 어렵지 않다."

수타수마 왕은 본국으로 돌아와서 마음껏 보시를 하고 태자에게 왕위를 넘겨 준 뒤에 백성들을 모두 모아 놓고 참회의 말을 했다.

"나의 지혜가 온 백성에 두루하지 못하고 다스리는 법이 법답지 않았다. 다만 진심으로 헤아려 주기를 바란다. 지금 나의 몸은 내 것이 아니다. 나는 지금 떠나노라."

온 나라의 백성들과 친척들이 머리를 조아리며 만류했다.

"원컨대 대왕이시여, 의지를 굳게 하시어 이 나라를 자비로써 보호하소서. 녹족귀왕(鹿足鬼王) 같은 이의 말을 개의치 마시고 무쇠 집을 짓고 날랜 군사를 배치하셔야 합니다. 녹족이 비록 신이라 하더라도 두려울 것이 없습니다."

왕이 말했다.

"그렇지 않다."

그리고는 게송으로 말했다.

진실한 말은 으뜸가는 계율이요,
진실한 말은 하늘에 오르는 사다리다.
진실한 말은 작지만 크고
거짓말은 지옥에 빠진다.

나는 이제 진실한 말을 지키니
설사 몸과 목숨을 잃을지라도
후회하는 마음이 없다.

이렇게 생각하고는 곧 길을 떠나 녹족왕에게 이르렀다. 녹족은 멀리서 보고 기뻐하면서 이렇게 말했다.

"그대는 진실한 말을 하는 사람이구나. 신용을 잃지 않았다. 일체의 사람은 모두 몸과 목숨을 아끼는데 그대는 죽음에서 벗어남을 얻었거늘 다시 신용을 지키러 왔구나. 그대는 큰 사람이다."

이때 수타수마 왕이 진실한 말로 찬탄했다.

"진실한 말을 하면 사람이요, 진실치 못한 말을 하면 사람이 아니다."

이와 같이 갖가지로 진실한 말을 찬탄하고 거짓말을 나무라니, 녹족왕이 듣고 신심(信心)이 깨끗해져서 수타수마 왕에게 말했다.

"그대는 지금 이 법문을 잘 말해 주었다. 이제 그대를 놓아주노니, 그대는 이미 풀려났다. 그리고 99인의 왕들도 그대에게 주겠으니, 마음대로 제각기 본국으로 돌아가라."

이렇게 말하자 백 명의 왕이 제각기 자기의 나라로 돌아가니, 이러한 갖가지 본생의 모습이 지계바라밀의 원만함이다.

교만으로 복덕의 병을 깨뜨리다

계행을 지니는 사람은 얻지 못함이 없고, 파계한 사람은 모든 것을 잃는다. 비유하건대 마치 하늘에 공양한 사람과도 같다.

어떤 사람이 빈궁했기에 지극한 마음으로 하늘에 공양하기를, 12년 동안 오직 부귀하기만을 구했다.

하늘 사람은 그를 가엾이 여겨 그 앞에 몸을 나투더니 이렇게 물었다.

"무엇을 원하느냐?"

그가 대답했다.

"나는 부귀를 구합니다. 마음으로 원하는 것을 모두 얻고 싶습니다."

하늘 사람은 그에게 덕병(德甁)이라는 그릇을 하나 건네주면서 말했다.

"그대가 구하는 물건이 이 병에서 나오리라."

병을 받아든 그는 마음으로 원하는 것을 모두 얻게 되었다. 그는 자신의 뜻이 이루어지자 좋은 집과 코끼리·말·수레·7보 등을 가득 갖추고, 공양거리를 풍족하게 마련하여 모자람이 없이 빈객을 대접했다.

이에 어떤 객이 물었다.

"그대는 전에 가난했는데 오늘은 어찌하여 이렇게 부유하게 되었는가?"

"나는 하늘의 병을 얻었는데 병에서 이러한 갖가지 물건이 나와서 이렇게 부자가 되었소."

"그렇다면 그 병과 거기에서 나온 물건을 보여 주시오."

그는 곧 병을 꺼내어 갖가지 재물들을 내보였는데, 그러면서 우쭐하고 교만한 생각이 들어서 병에 올라서서 춤을 추었다. 그러자 병은 곧 깨져버리고 물건들도 모두 일시에 사라지고 말았다.

계행을 지니는 사람도 이와 같아서 갖가지 묘한 즐거움이 원하는 대로 다 얻어지지만, 만약에 사람이 계를 파하고 스스로 방일하거나 교만해지면 그 사람은 병이 깨지고 물건을 잃는 것과 같다.

생명을 소중히 하라[不殺生]

【문】 무엇을 일컬어 계상(戒相)이라 하는가?
【답】 악(惡)을 그쳐 다시는 짓지 않는 것이다. 마음에서 우러났거나 입으로 말하거나 남의 지시를 받아 몸과 입의 악을 그친다면 이것이 계상이 된다.

어떤 것이 악(惡)인가? 실제로 이 중생을 중생인 줄 알고서 고의로 죽이려 하고 그의 생명을 빼앗아 신업(身業)을 일으키는 지음의 모양(作色)이 있다면 이를 살생의 죄라 한다. 그 밖에 가두거나 결박하거나 때리면 살생을 돕는 법이 된다.

또한 남을 죽이면 살생의 죄가 된다. 자살한 것이 아닌, 마음속으로 중생인 줄 알면서 죽이면 이는 살생죄이다. 이른바 야밤에 사람을 보고는 말뚝인 줄 알고 죽이는 것과는 달리 고의로 산목숨을 죽이면 살생죄에 해당한다. 고의가 아닌 것은 해당치 않는다. 하지만 아무렇지도 않게 산목숨을 죽이면 살생의 죄에 해당한다. 성한 정신으로 목숨을 끊으면 살생죄에 해당한다.

상처를 내는 것은 해당치 않으나 신업(身業)은 곧 살생죄이다. 단지 입으로 말한 것은 해당치 않으나, 입으로 명령하여 죽이면 살생의 죄가 된다. 단지 마음으로 악을 일으키는 것은 해당치 않는다.

이러한 것들을 살생죄의 모습[相]이라 하거니와 이러한 것들을 짓지 않는 것을 일컬어 계라 한다.

만일 어떤 사람이 계를 받은 뒤 마음으로 일으키고 입으로 말하기를 "나는 오늘부터 다시는 살생하지 않겠다" 하거나 몸도 움직이지 않고 입으로 말하지도 않은 채 속으로만 맹세하기를 "나는 오늘부터 다시는 살생하지 않겠다" 한다면 이것을 불살생계라 한다.

【문】 사람은 능히 힘으로 다른 사람이나 나라를 이기어 원적을 죽이며, 혹은 사냥하여 얻은 가죽과 살은 생활에 크게 도움이 된다. 그렇다면 살생치 않게 하면 어떤 이익을 얻는가?

【답】 두려움 없음을 얻고 안락함과 두려움 없음을 얻는다. 내가 그를 해치지 않았으므로 그도 나에게 해롭게 하지 않는다. 그러므로 공포가 없고 두려움이 없는 것이다.

살생을 좋아하는 사람은 지위가 극히 높아 왕의 지위에 이르렀을지라도 편안치 못하거니와 계를 지키는 사람은 혼자서 다니더라도 두렵거나 어려운 일이 없다.

또한 살생을 좋아하는 사람은 생명 있는 무리가 모두 보기를 싫어하거니와 살생을 좋아하지 않으면 일체 중생이 모두 의지해 기대기를 좋아한다.

또한 계행을 지키는 사람은 임종할 때에 마음이 안락하여 의심과 후회가 없으며, 하늘이나 인간에 태어나면 항상 장수를 누리나니, 이것이 도를 얻는 인연이며, 나아가 부처가 되어 머무는 수명이 한량이 없다.

또한 살생하는 사람은 금생과 내생에 갖가지 몸과 마음의 고통을 받거니와 살생치 않는 사람은 이러한 갖가지 고난이 없나니, 이것이 큰 이익이다.

또한 수행자는 생각하기를 '나는 스스로 몸을 아끼고 목숨을 아낀다. 저 역시 그러하니 나와 어찌 다름이 있으랴. 그러므로 살생을 하지 말아야 하겠다' 한다.

또한 어떤 사람이 살생을 하면 착한 사람의 꾸지람을 받고 원수들의 질투를 받는다. 남의 생명을 빼앗은 까닭에 항상 두려움에 떨고, 남들에게 증오 받으며, 죽을 때엔 마음으로 후회하고 지옥이나 축생에 떨어진다. 설사 사람으로 태어나더라도 반드시 단명하리라.

또한 설사 내생에 죄가 없고 착한 사람에게 꾸지람 받거나 원수진 이에게 미움 받지 않더라도 고의로 남의 목숨을 빼앗아서는 안 된다. 왜냐하면 선한 모습을 지닌 사람이 행해서는 안 되는 바이기 때문이다. 그러니 하물며 두 세상에 죄가 있고 악에 가리어진 과보이겠는가.

또한 살생은 죄 가운데서도 그 죄가 무겁다. 그것은 왜냐하면 사람이 불시에 죽음을 맞이하면 소중한 보물도 아끼지 않고 오직 목숨을 보전하는 것으로 우선을 삼기 때문이다.

비유하건대 어느 장사꾼의 경우와도 같으니, 그가 바다에 들어가서 보물을 캐 가지고 나오려 할 때에 그 배가 갑자기 부서져서 보물을 몽땅 잃었는데 오히려 기뻐하면서 손을 흔들고 말했다.
"하마터면 큰 보물을 잃을 뻔했다."
사람들이 이상히 여겨 물었다.
"그대는 재물을 잃고 알몸으로 벗어났는데 어찌 기뻐하면서 말하되 하마터면 큰 보물을 잃을 뻔했다 하는가?"
그러자 그는 대답했다.
"모든 보물 가운데서 사람 목숨이 제일이다. 사람은 목숨 때문에 재물을 구하지 재물 때문에 목숨을 구하지는 않는다."

그러므로 부처님께서 말씀하셨다.
"열 가지 착하지 못한 길 가운데서 살생이 가장 앞에 오며, 다섯 가지 계율 가운데에도 가장 앞에 온다. 만약에 어떤 사람이 갖가지 방법으로 복덕을 닦으나 불살생계가 없으면 이익이 없다. 그것은 왜냐하면 비록 부귀한 곳에 태어나 세력이 있고 호강하더라도 수명이 짧다면 누가 그 즐거움을 누리리오. 이런 까닭에 모든 죄 가운데서 살생의 죄가 가장 중하고, 다른 모든 공덕 가운데서 불살생계가 제일임을 알 수 있는 것이다. 세상에서는 목숨을 아끼는 일이 가장 으뜸이다. 어째서 그런 줄 알겠는가? 일체의 세상 사람들이 갖은 형벌과 고문을 달게 받는 것은 목숨을 아끼기 때문이다."

또한 어떤 사람이 계를 받고 생각하기를 '오늘부터는 일체의 중생을 죽이지 않으리라' 한다면 이는 이미 한량없는 중생들에게 자기가 아끼고 소중히 여기던 물건을 베풀어준 것이니, 얻는 공덕 또한 한량이 없으리라.
부처님께서 말씀하시기를 "다섯 가지 큰 보시가 있다. 무엇이 다섯인가? 첫째는 불살생이니, 이것이 가장 큰 보시이다. 훔치지 않는 일·사음하지 않는 일·거짓말 하지 않는 일·술 마시지 않는 일 등도 역시 이와 같다" 하셨다.
또한 자비의 삼매를 행하면 그 복이 한량이 없어서 물불이 해치지 못하고, 칼과 무기로도 상하게 하지 못하며, 온갖 악독(惡毒)으로 중독 시키지 못하나니, 다섯 가지 큰 보시를 한 까닭에 얻는 것이 이와 같다.

또한 3세와 시방 가운데 거룩하기로는 부처님이 으뜸이시니, 부처님께서 난제가(難提迦) 우바새에게 말씀하셨다.
"살생을 하면 열 가지 죄가 있다. 무엇이 열 가지인가? 첫째는 마음에 항상 독을 품어 세세에 끊이지 않고, 둘째는 중생들이 증오하여 눈으로 보려 하지 않고, 셋째는 항상 나쁜 생각을 품어 삿된 일을 생각하며, 넷째는 중생들이 그를 겁내기를 마치 범이나 호랑이를 보듯 피하고, 다섯째는 잘 때에 두렵고 깨어서도 편안치 않으며, 여섯째는 항상 악몽에 시달리며, 일곱째는 임종할 때에 미쳐 두려워하면서 추하게 죽고, 여덟째는 단명할 업과 씨앗을 심고, 아홉째는 몸이 무너진 뒤에 지옥에 떨어지고, 열째는 다시 사람으로 태어나도 항상 단명하리라."

또한 행자는 이렇게 생각한다.
'모든 생명 있는 것은 곤충까지라도 모두 제 몸을 아끼거늘 어찌 의복이나 음식 때문에 자신을 위하여 중생들을 죽이리오.'
또한 행자는 큰 사람의 법을 배워야 한다. 모든 큰 사람 가운데서 부처님이 으뜸이시다. 그것은 왜냐하면 온갖 지혜를 성취하셨고, 10력이 구족하시고, 중생을 제도하시고, 항상 자민(慈愍)함을 행하시고, 불살생계를 지니시어 스스로가 부처를 이루시고는 제자들에게도 이 자민을 행하게 가르치시기 때문이다. 행자가 큰 사람의 행을 배우고자 하거든 역시 살생을 해서는 안 되는 것이다.

【문】나를 해치지 않는다면 죽일 생각을 쉴 수 있겠지만 만일 나를 침해하거나 강제로 빼앗거나 핍박하다면 어떠한가?

【답】경중을 헤아려야 한다. 어떤 사람이 자기를 죽이려 하거든 먼저 '계행을 온전히 보전하는 것이 중한가, 몸을 온전히 보존하는 것이 중한가. 계를 파하는 것이 손해인가. 몸을 잃는 것이 손해인가' 생각해 보아야 한다.
이렇게 생각하고는 곧 계행을 지니는 것이 중하고, 몸을 보전하는 것이

가벼운 일임을 안다. 만일 구차하게 죽음을 면하여 몸을 보전한들 몸은 무슨 이익이 있겠는가. 이 몸은 노·병·사의 덤불이니, 반드시 무너질 것이다. 만일 계행을 지니기 위하여 몸을 잃는다면 그 이익은 매우 중할 것이다.

또한 이렇게 생각한다.

'내가 앞과 뒤에 몸을 잃은 것이 여러 생에 걸쳐 한량이 없다. 혹 나쁜 도적이나 짐승의 몸을 받았었으나 오직 재물의 이익을 위해 착하지 못한 일을 했다. 이제는 청정한 계율을 지니게 되었으니 이 몸을 아끼지 않고 목숨을 버리고 계를 지키는 것은 계를 범하고서 몸을 보전하는 것보다 백·천·만 배나 뛰어나고 나아서 비유할 수 없도다.'

이렇게 마음을 결정하면 응당 몸을 버리어 깨끗한 계를 지켜야 하리라.

어떤 수다원이 백정의 집에 태어났다. 그는 나이가 차서 응당 그 가업을 이어야 하게 되었으나 살생을 좋아하지 않았다. 그의 부모는 칼과 염소 한 마리를 주어 집안에 다 함께 가두면서 말했다.

"만일 이 염소를 죽이지 않으면 네가 다시 나와서 해·달을 보거나 음식을 먹지 못하게 하겠다."

그러자 아이는 생각하기를 '내가 만일 이 염소를 죽인다면 끝내 이 업을 짓는 것이니, 내 어찌 몸 때문에 이런 큰 죄를 지으리오'라며 칼을 들어 자결했다.

부모가 문을 열고 보니, 소는 한쪽에 서 있고 아들은 이미 죽은 뒤였다. 아들은 자살하는 즉시에 천상에 태어났다.

이 같은 사람이 곧 목숨을 아끼지 않고 계를 깨끗이 지키는 것이다.

이와 같은 것을 일컬어 불살생계라 한다.

훔치지 말라[不偸盜]

　주지 않는 것을 갖는다 함은 남의 물건인 줄 알면서도 훔칠 생각을 내어 물건을 가져가서 본래의 자리를 벗어나 물건이 나에게 속하도록 하는 것이니, 이를 도적이라 한다. 이런 짓을 하지 않으면 훔치지 않는다 한다.
　그 밖에 다른 방편으로 계교하거나 나아가서는 손으로 잡되 아직 자리를 벗어나지 않았다면 이를 도적을 돕는 가르침[法]이라 한다.
　재물에 두 종류가 있으니, 남에게 속한 것과 남에게 속하지 않은 것으로, 남에게 속한 물건을 가지면 이는 훔치는 죄가 된다. 남에게 속한 물건에도 두 종류가 있으니, 하나는 마을 안의 것이요, 둘은 빈 땅의 것이다. 이 두 군데의 물건을 훔칠 마음을 내어 취한다면 훔치는 죄를 얻게 된다.
　만일 물건이 빈 땅에 있거든 살펴보아 그 물건이 어느 나라에 가까운지를 알아야 한다. 이 물건이 응당 주인이 있다면 취하지 말아야 한다. 비니 가운데서 갖가지로 훔치지 않는 일을 말씀하시듯이 이를 훔치지 않는 모습이라 한다.

　【문】 훔치지 않으면 어떠한 이익이 있는가?

　【답】 사람의 목숨에는 두 종류가 있으니, 하나는 안의 것이요 둘은 밖의 것이다. 만일 재물을 빼앗으면 이는 밖의 목숨을 빼앗는 것이 된다. 왜냐하면 목숨은 음식·의복 등을 의지하여 사는 까닭이다. 만일 위협하거나 빼앗으면 이는 밖의 목숨을 빼앗는다 한다.
　게송으로 말하리라.

　일체의 중생들이
　옷과 밥으로 살아가는데
　빼앗거나 위협해 취한다면
　이는 목숨을 빼앗는 일이라네.

이런 까닭에 지혜가 있는 사람이라면 겁탈해서는 안 된다.
또한 스스로 다음과 같이 생각해야 하리라.
"겁탈해서 물건을 얻고 그로써 스스로 공양한다면, 비록 몸은 충족할지라도 마침내는 죽을 것이요, 죽어서는 지옥에 들리라. 집안 식구들이 함께 즐겼지만 나 혼자서 죄를 받게 되고 또한 나를 구해주지 못할 것이다."
이미 이같이 관찰했다면 응당 훔치지 않을 것이다.
또한 주지 않는 것을 갖는 일에는 두 가지가 있으니, 하나는 훔치는 것이요, 둘은 겁탈하는 것이다. 이 두 가지를 모두 주지 않는 것을 갖는다 하거니와 주어지지 않는 것을 취하는 일 가운데에서도 훔치는 죄가 가장 무겁다. 왜냐하면 일체의 사람들은 재물로써 살아가기 때문이다. 그럼에도 숨어 들어가서 훔쳐 취한다면 이는 가장 부정한 짓이 된다. 왜냐하면 힘이 뛰어난 사람은 죽음을 두려워하는 일도 없이 훔쳐 취하기 때문이다.
그러므로 겁탈 가운데에서도 훔치는 죄가 무거운 것이다.
게송으로 말하리라.

굶주림에 몸이 바싹 여위고
죄를 받아 몹시 괴로우니
남의 물건을 범할 수 없음이
마치 큰 불덩이와도 같다.

남의 물건을 훔치면
그 주인은 울며 괴로워하나니
가령 천왕(天王)일지라도
역시 괴롭게 여기리라.

살생을 한 사람의 죄는 비록 무거울지라도 죽음을 당한 사람에게만 도적이다. 하지만 도적질을 하는 사람은 물건을 가진 모든 사람에게 도적이 된다. 혹은 그 밖의 계를 범한 것은 죄로 여기지 않는 특이한 나라도 있지만, 도적질을 한 사람은 어느 나라에서도 죄로 다스리지 않는 일이 없다.

【문】겁탈하는 사람에 대하여 요즘 어떤 이는 그의 용맹스러움을 찬미하기도 한다. 이러한 겁탈에 대해 무엇 때문에 하지 말라 하는가?

【답】주지 않는 것을 훔치는 것은 착하지 못한 모습이다. 겁탈하고 훔치는 일에 차별이 없지는 않으나 모두가 착하지 못한 짓이다. 비유하건대 맛난 음식에 독을 섞고 거친 음식에도 독을 섞는다면, 비록 맛있는 맛과 거친 맛은 단절된다고 해도 독이 섞여 있음은 다르지 않다.

또한 낮에 불을 밟는 것과 밤에 밟는 것이 다르기는 하나 발을 데이는 것에는 다를 바 없는 것과도 같다.
요즘 어리석은 사람들은 죄와 복의 두 세상의 과보를 알지 못한 채 인자한 마음이 없어 사람들이 힘으로써 서로 침해하고 남의 재물을 강탈하는 것을 보면 세다고 칭찬한다. 하지만 부처님과 성현들은 일체에 대해 인자하시며, 3세의 재앙이 부수어지지 않는 것임을 잘 아시므로 칭찬하시지 않는다.
그러므로 겁탈하고 훔치는 죄는 모두가 착하지 못하니, 착한 사람이나 수행자가 해서는 안 되는 일임을 아는 것이다.
부처님께서는 다음과 같이 말씀하셨다.
"주지 않는 것을 가지면 열 가지 죄가 된다. 열 가지란 무엇인가? 첫째는 물건 주인이 항상 화를 냄이요, 둘째는 무거운 의심을 받음이요,(단주에 말하기를 '무거운 죄는 사람들에게 의심받는다' 했다.) 셋째는 적절하지 못한 때에 행해 잘 살피지 못함이요, 넷째는 악인과 패거리를 삼고 현명하고 착한 이를 멀리함이요, 다섯째는 착한 모습을 깨뜨림이요, 여섯째는 관청에 죄를 얻음이요, 일곱째는 재물이 다해 없어짐이요, 여덟째는 빈궁한 업의 인연을 심음이요, 아홉째는 죽어서 지옥에 들어감이요, 열째는 지옥에서 다시 나와 사람이 되어서는 애써 재물을 구하여도 오가(五家)와 함께 써야 한다. 곧 왕·도적·불·물 혹은 미운 자식에게 이용 당하거나 설사 땅에 묻어 두더라도 역시 잃어버리게 된다."

삿된 음행을 하지 말라[不邪婬]

삿된 음행이라 함은 어떤 여인이 부모·형제·자매·남편·아들·세간의 법·국왕의 법에 의해 보호되고 있거늘 이를 범한다면 이를 삿된 음행이라 한다.

설령 지키는 이가 없는 사람일지라도 법으로써 지킴을 삼는다. 무엇이 법으로써 지키는 일인가? 모든 출가한 여자나 집에 있는 여자로서 단 하루의 계라도 받은 이라면 이를 법으로써 지키는 이라 한다. 힘이나 재물로써 범하거나 혹은 속여 유혹하거나 혹은 자신의 아내일지라도 계를 받았거나 임신을 했거나 아기에게 젖먹일 때나 제 길이 아닌 곳[非道]을 범하는 등 이와 같은 것을 일컬어 삿된 음행이라 한다.

마찬가지로 갖가지 물건과 나아가서는 꽃타래를 음녀에게 주면서 원하니, 이와 같이 범하는 것을 일컬어 삿된 음행이라 하며, 이처럼 갖가지를 범하지 않는다면 불사음(不邪淫)이라 한다.

【문】 사람이 지키고 있거늘 범한다면 사람이 성을 낼 테고, 법으로 지키고 있거늘 범한다면 정의[法]가 무너지는 것이니, 응당 삿된 음행이라 불러 마땅하다. 그렇지만 자신의 아내이거늘 어찌 삿되다 하는가?

【답】 이미 하루의 계를 받아 법 가운데 있다면 비록 본래는 부인이어도 지금은 마음대로 하지 못한다. 계를 받는 기간이 지나면 법에 의해 지켜지지 않는다.

임신한 아내는 그 몸이 무거워서 본래 익숙한 습성도 싫어하며 또한 태아를 상하게 하기 때문이다.

아기에게 젖먹일 때에 음행을 하면 엄마의 젖이 곧 말라붙으며, 또한 음욕에 마음이 집착되어 아기를 보호하지 못하기 때문이다.

제 길이 아닌 곳[非道]이란 여자의 근(根)이 아닌 곳이니, 여자는 마음으로 원하지 않은 것을 강제로 무리하게 범하기 때문에 삿된 음행이라 부른다. 이런 짓을 범하지 않음을 일컬어 불사음이라 한다.

【문】남편이 몰랐고 보지 못했고 괴로워하지 않는다면 무슨 죄가 있겠는가?

【답】삿되기 때문에 이미 일컬어 삿되다고 했으며, 이는 바르지 못한 것이 된다. 그러므로 죄가 있는 것이다.

또한 여기에는 갖가지 허물이 있나니, 부부의 정이란 몸은 다르나 같은 몸이거늘 남이 사랑하는 바를 빼앗고 그의 근본 마음을 깨뜨린다면 이를 일컬어 도적이라 하는 것이다.

또한 무거운 죄가 있으니, 나쁜 이름과 추한 소문이 있고 남에게 미움 받으며, 즐거움은 적고 두려움이 많으며, 형벌을 두려워하며, 남편이나 다른 사람에게 알려질까 두려워하여 여러 가지로 거짓말을 하게 된다. 이는 성인께서 꾸짖는 바이니, 죄 가운데 죄이다.(단주에 말하기를 "음행의 죄는 사음과 파계 때문에 죄가 운데도 죄라 한다" 했다.)

또한 음행에 빠진 사람은 반드시 이렇게 스스로 생각해 보아야 한다.

'내 아내와 남의 처가 모두 같은 여자여서 골격과 형태가 피차 다르지 않거늘 나는 어찌하여 까닭 없이 미혹한 마음을 내어 삿된 뜻으로 삿된 음행을 하는 사람을 뒤쫓아 (단주에 말하기를 "좋은 소문, 명예, 신심의 안락은 금생에 얻으며, 생천·득도·열반의 이익은 후생에 얻는다" 했다.) 금생과 내생의 즐거움을 무너뜨리고 잃어버리는가.'

또한 자신의 입장을 바꾸어 그로써 스스로의 마음을 제어해야 한다. 만일 남이 나의 아내를 범한다면 나는 곧바로 분개하리라. 내가 만일 남을 범한다면 남인들 어찌 다르랴. 자신을 헤아리고 스스로 절제하는 까닭에 마땅히 그런 일은 짓지 말아야 한다.

또한 부처님께서 말씀하셨듯이 삿된 음행을 하는 사람은 나중에 검수지옥(劍樹地獄)에 떨어져서 뭇 고통을 골고루 받게 된다. 나중에 벗어나서 사람이 되더라도 집안이 화목치 못하며, 항상 음탕한 아내를 만나 삿되게 치우치고 해치고 도적질 하고 삿된 음행을 하는 환난을 당한다. 마치 뱀과도 같고 큰 불과도 같으니 서둘러 피하지 않으면 재앙이 미치게 된다.

부처님께서 말씀하셨듯이 삿된 음행을 하면 열 가지 죄가 있게 된다. 첫째는 항상 상대의 남편이 그를 해치려고 하며, 둘째는 부부가 화목치 않아 항상 싸우고, 셋째는 온갖 착하지 못한 일[法]이 나날이 늘어나고 온갖 착한 일이 나날이 줄어들고, 넷째는 몸을 지키지 못한 채 처자가 외롭게 되며, 다섯째는 재산이 날마다 줄며, 여섯째는 온갖 나쁜 일이 있어 항상 남의 의심을 받으며, 일곱째는 친척과 친지들이 좋아하지 않으며, 여덟째는 원수를 맺는 업의 인연을 심게 되며, 아홉째는 죽은 뒤에 지옥에 떨어지며, 열째는 만일 다시 나와서 여자가 되면 많은 사람을 동시에 남편으로 섬기고 남자가 되면 아내가 정결치 못하다.

이러한 갖가지 인연을 짓지 않는다면 이를 일러 불사음이라 한다.

거짓말을 하지 말라[不妄語]

　거짓말[妄語]이라 함은 부정한 마음으로 남을 속이려 하며, 사실을 숨겨 다른 말을 하여 입의 업을 내는 것이니, 이를 거짓말이라 한다.
　거짓말의 죄는 말소리를 서로 알아들음으로써 생기나니, 서로 알아듣지 못한다면 비록 진실된 말이 아닐지라도 거짓말의 죄가 안 된다.
　이 거짓말이란 아는 것을 모른다 하고 모르는 것을 안다고 하며, 본 것을 보지 못했다 하고 보지 못한 것을 보았다 하며, 들은 것을 듣지 못했다 하고 듣지 못한 것을 들었다 하는 것이니, 이를 거짓말이라 한다.
　만약에 이 같은 일을 짓지 않는다면 이를 일러 불망어(不妄語)라 한다.

　【문】 거짓말에는 어떤 죄가 있는가?

　【답】 거짓말을 하는 사람은 먼저 자신을 속인 뒤에 남을 속이나니, 사실을 거짓이라 여기고 거짓을 사실이라 하여 사실과 거짓이 뒤바뀌어 착한 법을 받아들이지 못한다. 비유하건대 엎질러진 병에 물이 다시 들어갈 수 없듯이 거짓말을 하는 사람은 마음에 부끄러움이 없어 하늘의 길[天道]과 열반의 문을 막아버린다. 이러한 죄를 보아서 아는 까닭에 거짓말을 하지 않아야 한다.
　또한 진실한 말의 이익이 매우 넓음을 보아서 안다. 진실한 말의 이익은 자기에게서 나오니, 매우 얻기 쉽다. 이것이 모든 출가한 사람들의 힘이다. 이러한 공덕은 집에 있거나 집을 떠난 이나 다 함께 그 이익이 있으며, 착한 사람의 특징이 된다.
　또한 진실한 말을 하는 사람은 그 마음이 단정하고 곧나니, 그 마음이 단정하고 곧다면 쉽게 괴로움을 면하게 된다. 비유하건대 빽빽한 숲에서 나무를 끌면 곧은 나무는 끌어내기 쉬운 것과도 같다.

　【문】 거짓말에 그러한 죄가 있다면 사람들은 어찌하여 거짓말을 하는가?

【답】 어떤 사람은 어리석고 지혜가 모자라서 괴롭고 위태로움을 만나면 거짓말을 해서 벗어나기를 구하는데, 일의 발단을 알지 못한 채 이 세상에서 죄를 지으면 내생에 큰 죄보가 있음을 알지 못하기 때문이다.

또한 어떤 사람은 거짓말의 죄를 알기는 하나 탐냄·성냄·어리석음이 많은 까닭에 거짓말을 하기도 한다.

또한 어떤 사람은 비록 탐내고 성내지는 않으나 거짓으로 남의 죄를 입증하기 위하여 사실이라 하다가 죽어서는 지옥에 떨어진다.

예컨대 제바달다의 제자 구가리(俱伽離)는 항상 사리불과 목건련의 허물을 찾았다. 이때 두 사람은 하안거를 마치고 여러 나라로 다니다가 때마침 큰 비를 만나 옹기장이의 집에 들어가서 옹기를 쌓아 둔 헛간에서 잠을 잤다.

그런데 이 헛간에는 어떤 여자가 먼저 와 있었는데, 어둠 속에서 자고 있었기에 두 사람은 알지 못했다. 이 여자는 그날 밤 꿈속에서 부정물(不淨物)을 흘리고는 새벽에 물가로 가서 빨래를 하고 있었는데 때마침 구가리가 지나다가 이를 보았다.

구가리는 사람들이 정을 통하는 정상(情狀)을 능히 아는 재주가 있었으나 꿈에서 한 것과 꿈 밖에서 한 것을 구분해 알지 못했다.

이때 구가리는 자기의 제자들을 돌아보면서 말했다.

"이 여자는 지난밤에 남과 정을 통했구나."

그리고는 곧 여자에게 물었다.

"그대는 어디에서 잤는가?"

"나는 옹기장이의 헛간에서 잤습니다."

"누구와 잤는가?"

"두 비구와 잤습니다."

이때 두 사람이 헛간에서 나왔다. 구가리는 이를 보고 나서 점을 치더니, "두 사람은 반드시 부정한 짓을 했을 것이다"라며 질투를 일으켰다.

그가 이런 일을 보고는 온 성을 두루 돌면서 떠들다가 다시 기원정사로 가서는 이 나쁜 소리를 퍼뜨렸다.

그러는 동안 범천왕이 부처님을 뵙고자 내려왔다. 부처님께서는 조용한 방에 들어가 고요한 마음으로 삼매에 들어계셨으며, 비구들도 각기 자기 방에서 삼매에 들어 깨울 수가 없었다. 그러자 그는 생각했다.
'나는 부처님을 뵈러 일부러 왔는데 부처님께서 삼매에 들어 계시니, 일단 돌아가야겠다.'
그리고는 다시 생각했다.
'부처님께서 선정에서 일어나실 시간이 오래지 않으리라.'
여기에서 잠시 머물다가 구가리의 방 앞에 이르러 문을 두드리고 이렇게 말했다.
"구가리여, 사리불과 목건련은 마음이 맑고 부드러우니 그대는 공연히 그를 비방하다가 영원한 고통을 받지 않도록 하라."
구가리가 물었다.
"그대는 누구인가?"
"나는 범천왕이다."
"부처님께서 말씀하시기를 그대는 아나함의 지위를 얻었다 하셨는데 어찌하여 여기에 왔는가?"
왕은 마음속으로 이런 게송을 읊었다.

　　한량없는 법을 헤아리고자 하면
　　형상으로써 취하지 말지니라.
　　한량없는 법을 헤아리고자 해도
　　이 어리석은 사람[野人]은 법에 묻혀버리리라.

이런 게송을 읊고는 부처님께 가서 이 일을 자세히 말씀드리니, 부처님께서 말씀하셨다.
"훌륭하구나, 참으로 훌륭하구나. 흔쾌히도 이 게송을 읊어주었구나."
그리고 세존께서도 거듭 이 게송을 말씀하셨다.

　　한량없는 법을 헤아리고자 하면
　　형상으로써 취하지 말지니라.
　　한량없는 법을 헤아리고자 해도
　　이 어리석은 사람은 묻혀버리고 말리라.

범천왕은 부처님의 말씀을 듣고는 홀연히 사라져서는 천상으로 돌아갔다.

그때 구가리가 부처님께 나아가 머리 숙여 발아래에 절하고 물러서서 한쪽에 서니, 부처님께서 말씀하셨다.

"구가리야, 사리불과 목건련은 마음이 깨끗하고 부드러우니, 그대는 공연히 비방하다가 영원한 고통을 받지 않도록 하라."

구가리가 부처님께 말씀드렸다.

"제가 부처님의 말씀을 믿지 않을 수는 없사오나 제 눈으로 똑똑히 보았사온데, 이 두 사람은 분명히 부정한 짓을 한 것을 똑똑히 아옵니다."

마찬가지로 부처님께서는 세 차례 꾸짖으셨으나 구가리 역시 세 차례나 받아들이지 않고 자리에서 일어났다. 그런데 자신의 방으로 돌아오자 온몸에 종기가 나기 시작했다.

처음에는 겨자씨 같더니, 차츰 자라나서 콩같이 되고 대추같이 되고 밤같이 되었다. 결국 참외만 하게 커지더니 갑자기 터졌다. 마치 큰 불에 덴 것 같았으니, 울부짖고 날뛰다가 그날 밤 죽어서 대연화지옥(大蓮華地獄)으로 떨어졌다.

이때 어떤 범천(梵天)이 내려와서 부처님께 말씀드렸다.

"구가리가 이미 죽었습니다."

다시 어떤 범천이 내려와서 말씀드렸다.

"대연화지옥에 떨어졌습니다."

그 밤이 지나자 부처님께서 대중을 모아놓고 말씀하셨다.

"너희들은 구가리가 떨어진 지옥의 수명이 얼마나 긴지 알고 싶더냐?"

비구들이 대답했다.

"듣기를 원합니다."

부처님께서 말씀하셨다.

"예순 섬의 참깨가 있는데, 어떤 사람이 백년 만에 한 번씩 참깨 한 알을 가져가서 다 없어지면, 그것이 아부타(阿浮陀)지옥의 수명인데 아직 다하지 못하였나니, 20 아부타지옥의 수명이 한 니라부타(尼羅浮陀)지옥의 수명이요, 20 니라부타지옥의 수명이 한 아라라(阿羅羅)지옥의 수명이요,

20 아라라지옥의 수명이 한 아바바(阿婆婆)지옥의 수명이요, 20 아바바지옥의 수명이 한 휴휴(休休)지옥의 수명이요, 20 휴휴지옥의 수명이 한 구파라(漚波羅)지옥의 수명이요, 20 구파라지옥의 수명이 한 분타리가(分陀梨迦)지옥의 수명이요, 한 분타리가지옥의 수명이 한 마하파두마(摩訶波頭摩)지옥의 수명이니라. 구가리는 지금 이 마하파두마지옥에 떨어졌는데, 큰 혀를 빼내어 백 개의 못을 박고 5백 개의 보습으로 갈고 있느니라."

그리고 세존께서는 다음과 같은 게송으로 말씀하셨다.

사람이 살아가는데
도끼가 입에 있나니
자신을 죽게 함은
거친 말 때문이니라.

꾸짖을 곳에 칭찬하고
칭찬할 곳에 꾸짖어서
입으로 모은 죄악 때문에
마침내 즐거움을 못 본다.

마음과 입으로 나쁜 업 지어
니라부타지옥에 떨어져서는
백·천 생을 지나도록
온갖 고통을 골고루 받는다.

아부타지옥에 태어나면
36생을 깍듯이 채우고
다시 다섯 생을 지나면
온갖 고통을 모두 받는다.

마음이 삿된 소견을 의지해
성현의 말씀을 거슬러 범하니
대나무에 열매가 생겨나듯이

스스로 자신을 멸망케 한다.

이와 같이 마음에 의혹과 비방을 내어 마침내 결정하기에 이르나니, 이것 또한 거짓말 때문이다. 거짓말을 하는 사람은 부처님의 말씀까지도 믿고 따르지 아니하나니 그가 받는 죄가 이러하다. 그러므로 거짓말을 하지 말아야 한다.

또한 부처님의 아들인 라후라가 아직 나이가 어려 말조심을 할 줄 모를 때, 어떤 사람이 와서 묻기를 "부처님께서 계시는가?" 하면 "안 계십니다"라며 거짓을 말하였고, 안 계실 때 사람이 와서 묻기를 "부처님 계시느냐?" 하면 또한 라후라는 "계십니다"라며 거짓말을 했다.
사람들이 이 사실을 부처님께 알리니, 부처님께서 라후라에게 말씀하셨다.
"대야에 물을 떠다가 내 발을 씻겨다오."
발을 씻고 나서 다시 말씀하셨다.
"이 대야를 엎어 놓아라."
라후라가 말씀대로 엎어 놓으니, 부처님께서는 "그 엎어진 대야 위에다 물을 부어라" 하셨다.
다시 라후라가 분부대로 하니, 부처님께서는 물으셨다.
"물이 들어가느냐?"
라후라가 대답했다.
"들어가지 않습니다."
부처님께서 말씀하셨다.
"창피를 모르는 사람은 거짓말이 마음을 가려서 도법이 들어가지 못함이 이와 같으니라."

또한 부처님께서 말씀하셨다.
"거짓말에 열 가지 허물이 있나니, 첫째는 입에서 냄새가 나며, 둘째는 선신(善神)이 멀리하고 그릇된 사람이 기회를 얻으며, 셋째는 아무리 참말을 해도 남이 믿지 않으며, 넷째는 지혜로운 사람들의 토론에 항상 참예하지 못하며, 다섯째는 항상 비방을 받아 추악한 소문이 천하에 가득하며, 여섯째는 사람들의 공경을 받지 못해 비록 분부를 내려도 사람들이 복종치 않으며, 일곱째는 근심이 많으며, 여덟째는 비방의 업을 지으며, 아홉째는 죽은 뒤에 지옥에 떨어지며, 열째는 다행히 나와서 사람이 되더라도 항상 남의 비방을 받느니라."

 이러한 갖가지 일을 하지 않는 것을 거짓말을 않는다 하나니, 이것이 입의 착한 율법이다.

술을 마시지 말라[不飮酒]

【문】 술은 능히 추위를 없애고 몸을 이롭게 하며, 마음을 즐겁게 하거늘 어찌하여 마시지 못하게 하는가?

【답】 몸을 이롭게 하는 것은 극히 적은데 해롭게 하는 것은 매우 많다. 그러므로 마시지 말아야 한다. 비유하건대 마치 보기 좋은 음료수에 독이 섞인 것과 같다.

독약이란 어떤 것인가? 부처님께서는 난제가(難提伽) 우바새에게 이렇게 말씀하셨다.
"술에는 서른다섯 가지 허물이 있느니라. 첫째는 이 세상의 재물이 헛되이 사라지나니, 그것은 왜냐하면 사람이 술을 마셔 취하면 마음에 절제가 없어져서 법도가 없이 돈을 써버리기 때문이다. 둘째는 뭇 병의 문이 되고, 셋째는 싸움의 근본이 되고, 넷째는 벌거벗고도 부끄러움이 없고, 다섯째는 더러운 소문이 나서 사람들이 공경치 않고, 여섯째는 지혜가 가리워지고, 일곱째는 얻을 물건을 얻지 못한 채 이미 얻은 물건을 잃고, 여덟째는 숨겨야 할 일을 모두 남에게 발설하고, 아홉째는 갖가지 사업을 이루지 못하고, 열째는 취중에 많은 실수를 저지르고는 깬 뒤에 부끄러워하는 까닭에 근심의 근본이 되고, 열한째는 몸의 힘이 차츰 줄어들고, 열두째는 몸의 빛깔이 무너져가고, 열셋째는 아버지를 공경할 줄 모르고, 열넷째는 어머니를 공경할 줄 모르고, 열다섯째는 사문을 공경할 줄 모르고, 열여섯째는 바라문을 공경치 않고, 열일곱째는 취중에 황홀해져서 분별력을 잃은 까닭에 백부·숙부 등의 어른을 공경치 않고, 열여덟째는 부처님을 공경치 않고, 열아홉째는 법을 공경치 않고, 스무째는 스님들을 공경치 않고, 스물한째는 나쁜 자와 어울리고, 스물두째는 어진 이를 멀리 여의고, 스물셋째는 파계한 사람이 되고, 스물넷째는 부끄러움을 모르고, 스물다섯째는 여섯 감정을 지키지 못하고, 스물여섯째는 색을 따라 방종하고, 스물일곱째는 남들이 미워하여 보기 싫어하고, 스물여덟째는 귀중한 친척과 친지들의 물리침을 받고, 스물아홉째는 착하지 못한 법을 행하고, 서른째는 착한 법을 버리고, 서른한째는 술로 인해 방일한 까닭에 밝은 사람과 지혜로운 어른의 신용을 받지 못하고, 서른두째는 열반을 멀리 여의고, 서른셋째는 미치광이의 씨앗을 심고, 서른넷째는 죽은 뒤에 고통스런 지옥에 떨어지고, 서른다섯째는 다시 사람이 되더라도 태어나는 곳마다 항상 미치광이가 되느니라."

이러한 갖가지 허물이 있으므로 마시지 않아야 한다.
게송으로 말하리라.

술은 맑은 정신 잃게 하고
몸빛은 탁하고 보기 싫어지며
지혜로운 맘 어지러이 흔들리고
부끄러움 이미 사라져버리네.

바른 생각 잃고는 심술만 늘고
기쁨을 잃고는 종족을 비방하네.
그러니 마시는 게 이롭다 하나
실은 독약을 마시는 것이라네.

화내지 않을 일에 화내고
웃지 않을 일에 웃어대고
울지 않을 일에 통곡하고
때리지 않을 일에 때리네.

입을 다물 곳에 말을 하니,
흡사 미치광이를 닮아서
온갖 착한 공덕 모두 죽이니
부끄러움 안다면 술 마시지 말라.

이처럼 네 가지 죄를 짓지 않는다면, 이것이 곧 몸의 착한 율의(律儀)155)요 거짓말을 하지 않는다면 이는 곧 입의 착한 율의이니, 이를 우바새의 다섯 가지 율의라 한다.

1일 지계의 공덕과 즐거움

【문】재가자가 집에 살면서 지킬 것은 이 5계뿐인가? 아니면 다른 가르침이 있는가?

【답】일일계(一日戒)가 있으니, 6재일에 지키면 공덕이 한량이 없다. 또 12월 1일에서 15일 사이에 이 계를 지키면 그 복이 매우 많다.

【문】어떻게 일일계를 받는가?

【답】일일계를 받는 법은 길게 꿇어앉아 합장하고 이렇게 말한다.

"나 아무개는 오늘 하루낮 하룻밤 부처님께 귀의하고, 법에 귀의하고, 스님들께 귀의합니다."

이처럼 두 번, 세 번 거듭하고는 다시 이렇게 말한다.

"나 아무개는 부처님께 귀의를 마쳤고, 법에 귀의를 마쳤고, 스님들께 귀의를 마쳤습니다."

이처럼 두 번, 세 번 거듭하고는 다시 이렇게 말한다.

"나 아무개는 몸의 착하지 못한 업이나 입의 착하지 못한 업이나 뜻의 착하지 못한 업으로 탐욕·성냄·어리석음을 범했으므로 이 세상이나 지난 세상에 이러한 죄업이 있었는데 오늘 지극한 마음으로 참회하여 몸이 청정하고 입이 청정하고 뜻이 청정하오매 여덟 가지 계법을 받들어 행하려 합니다.156)

---

155) 不殺生, 不偸盜, 不邪婬, 不飮酒를 말한다.

부처님들께서 수명이 다하도록 살생하시지 않으셨듯이, 나 아무개도 하루낮 하룻밤 동안 살생치 않겠습니다.

부처님들께서 수명이 다하도록 훔치지 않으셨듯이, 나 아무개도 하루낮 하룻밤 동안 훔치지 않겠습니다.

부처님들께서 수명이 다하도록 음행하지 않으셨듯이, 나 아무개도 하루낮 하룻밤 동안 음행치 않겠습니다.

부처님께서 수명이 다하도록 거짓말을 않으셨듯이, 나 아무개도 하루낮 하룻밤 동안 거짓말을 하지 않겠습니다.

부처님들께서 수명이 다하도록 술을 마시지 않으셨듯이, 나 아무개도 하루낮 하룻밤 동안 술을 마시지 않겠습니다.

부처님들께서 수명이 다하도록 높고 큰 평상에 앉지 않으셨듯이, 나 아무개도 하루낮 하룻밤 동안 높고 큰 평상에 앉지 않겠습니다.

부처님들께서 수명이 다하도록 꽃이나 영락(瓔珞)을 지니지 않으시고, 향을 몸에 바르거나 옷에 뿌리지 않으셨듯이, 나 아무개도 하루낮 하룻밤 동안 꽃이나 영락을 지니지 않고, 향을 몸에 바르거나 옷에 뿌리지 않겠습니다.

부처님들께서 수명이 다하도록 스스로 노래를 부르거나 춤을 추거나 풍악을 울리지 않으시고, 또한 찾아가 구경하지 않으셨듯이, 나 아무개도 하루낮 하룻밤 동안 스스로 노래를 부르거나 춤을 추거나 풍악을 연주하지 않겠으며, 찾아가서 구경을 하지도 않겠습니다."

이와 같이 여덟 가지 계를 받고는 다시 이렇게 말씀드린다.

"부처님들께서 수명이 다하실 때까지 한낮이 지나면 음식을 들지 않으셨듯이, 나 아무개도 하루 낮 하룻밤 동안 한낮이 지나면 먹지 않겠습니

---

156) 이것을 포살이라 하는데 포살은 함께 산다는 뜻이다.

다.

나 아무개는 여덟 가지 계법을 받들어 행하고 부처님들의 법을 따르며 배우오니, 바라건대 이 포살을 지닌 공덕으로 태어날 적마다 3악도와 여덟 가지 어려움이 있는 무리에 태어나지 않게 되리다.

나는 전륜성왕이나 범왕이나 제석이나 천왕 등 세상의 즐거움을 바라지 않으니, 바라건대 모든 번뇌가 다하여 마침내는 살바야(薩婆若)157)에 이르러 불도를 이루게 되리다."

【문】 5계와 일일계 중 어느 쪽이 수승한가?158)

【답】 제각기 인연이 있으므로 두 가지 계가 모두 동등하다. 단 5계는 평생동안 지니고, 8계는 하루만 지닌다.

또한 5계는 항상 지니므로 시간은 많으나 계목은 적고, 일일계는 시간은 적으나 계목이 많다.

또한 만일 큰 마음이 없으면 평생토록 계를 지켜도 큰 마음을 갖춘 이가 하루 동안 계를 지킨 것만 못하다. 비유하건대 나약한 사람이 장수가 되면 비록 장수로서 일생을 마칠지라도 지혜와 용기가 부족하여 아무런 공도 세우지 못하지만, 만일 영웅이라면 용기를 한 번 낼 때에 재화(災禍)와 어지러움이 당장에 가라앉아 하루의 공이 천하를 덮는 것과 같다.

이러한 두 가지 계를 집에 있는 우바새의 법이라 한다.

---

157) 일체지(一切智), 즉 모든 것에 대한 법을 아는 지혜를 말한다.
158) 5계는 계사(戒師) 스님 앞에서 5계를 수지할 것을 선언하고 받는다.

독룡의 지계

【문】 시라(尸羅)의 모습은 이미 알았거니와 어떤 것이 지계바라밀(尸羅波羅蜜)인가?

【답】 어떤 사람이 말하기를 "보살이 계행을 지니되 차라리 자신의 몸을 잃어버릴지언정 조그마한 계도 범하지 않는다면, 이것이 지계바라밀이다" 한다.

『소타소마왕경(蘇陀蘇摩王經)』에 의하면, 몸과 목숨을 아끼지 않고 금계(禁戒)를 온전히 지킨 이야기가 있다. 곧 보살은 전생에 힘센 독룡(毒龍)이었는데, 어떤 중생이 그 앞에 있으되 몸의 힘이 약한 자는 눈으로 쳐다만 보아도 곧 죽어버리고, 힘이 센 자는 정신이 돌아 죽어버렸다.

그 용이 일일계를 받고, 집을 떠나 고요를 구해 숲속으로 들어가서 사유했는데, 너무 오래 앉아 있었기에 피로해져서 잠이 들었다.

용이란 잘 때는 그 모습이 마치 뱀과 같고, 몸에 무늬가 있는데 7보의 빛깔로 뒤섞여 있다.

사냥꾼이 그것을 보고 놀랄 듯이 기뻐하며 말했다.

"이 희유한 가죽을 국왕께 헌상하여 옷감으로 쓰게 하면 좋지 않을까."

그리고는 곧 작대기로 그 머리를 누르고 칼로 그 가죽을 벗기기 시작했다.

용은 생각했다.

"내 힘이 자재하여서 이 나라를 뒤집기를 마치 손바닥 뒤집듯 할 수 있거늘 이 사람은 극히 작은 물건인데 어찌 나를 괴롭히는가. 내가 지금 계를 지키기 때문에 이 몸을 생각지 않고 부처님의 말씀만을 따라야 하리라."

여기에서 스스로 참아 눈을 감고 보지 않고, 기운을 막아 숨을 쉬지 않은 채 그 사람을 가엾이 여겼다. 계를 지키려는 까닭에 한결같은 마음으로 껍질이 벗겨지면서도 후회하지 않았다.

이미 가죽을 잃고는 붉은 살이 땅에 놓였는데, 때마침 햇살이 몹시 뜨거워 땅 위를 꿈틀거리면서 큰물을 찾으려 했으나 작은 벌레들이 와서 그의 살을 물어뜯었다. 하지만 계행을 지니는 까닭에 감히 움직이지 못하고 생각했다.

"나는 지금 이 몸을 벌레들에게 보시하는 것은 불도를 구하는 까닭이다. 지금 살로써 보시하여 그들의 몸을 살찌우게 해 주고, 나중에 성불하거든 다시 법으로 보시하여 그들의 마음을 이롭게 해 주리라."

이렇게 맹세하자 몸이 마르고 목숨이 끊어져 둘째 하늘인 도리천에 태어났다.

그때의 독룡은 석가문불이시고, 사냥꾼은 제바달 등의 여섯 외도이고, 작은 벌레의 무리들은 석가모니 부처님께서 처음으로 법의 바퀴를 굴리실 때 도를 얻은 8만의 하늘 무리들이다.

보살이 계행을 지니되 몸과 목숨을 아끼지 않고 결정코 후회하지 않음이 이와 같았으니, 이를 지계바라밀이라 한다.

지계가 6바라밀을 낳는다

(1) 어떻게 지계가 능히 계를 내는가?

곧 5계로 인하여 사미계를 얻고, 사미계로 인하여 율의계(律儀戒)를 얻고, 율의계로 인하여 선정의 계를 얻고, 선정의 계로 인하여 무루의 계를 얻나니, 이것을 일컬어 계에서 계가 생긴다고 한다.

(2) 어찌하여 지계가 능히 보시[檀]를 내는가?

곧 보시에 세 종류가 있으니, 첫째는 재물보시[財施]요, 둘째는 법보시[法施]요, 셋째는 무외보시[無畏施]이다.

계행을 지니어 스스로를 단속하고 모든 중생의 재물을 침해하지 않는다면, 이것을 재물보시라 한다. 중생들이 보고는 그의 행을 흠모하거나 그들에게 법을 설해 주어 깨닫게 하거나 또한 스스로 생각하기를 '나는 맑은 계행을 굳게 지니어 일체 중생을 위해 공양의 복밭이 되어 주고, 중생들로 하여금 무량의 복을 얻게 하리라' 하나니, 이러한 갖가지는 법보시이다.

일체 중생은 모두 죽음을 두려워하는데, 계행을 지니어 해치지 않는다면, 이것이 곧 무외보시이다.

또한 보살은 이렇게 생각한다.

'나는 계행을 지니고, 이 지계의 과보로써 중생들을 위하여 전륜성왕이 되거나 염부제의 왕이 되거나 혹은 천왕(天王)이 되어서 중생들로 하여금 재물이 만족하여 모자람이 없게 하리라. 그런 뒤에야 보리수 밑에 앉아서 마군을 항복받고, 마군을 무찔러 위없는 도를 이루고는 중생들을 위하여 청정한 법을 설해 주어 한량없는 중생들로 하여금 늙음·앓음·죽음의 바다를 건너게 하리라.'

이것을 일컬어 지계의 인연으로 보시바라밀을 낸다고 하는 것이다.

(3) 어떤 것이 지계로부터 인욕이 생기는 것인가?

곧 계를 지니는 사람은 이렇게 생각한다.

"내가 지금 계를 지니는 것은 마음을 다스리기 위한 것인데, 만약 계를 지니면서도 인욕이 없다면 지옥에 떨어질 것이다. 비록 계를 파하지는 않았더라도 인욕하는 마음이 없기에 악도를 면치 못하리니, 어찌 분한 생각을 따라 스스로 마음을 억제하지 못하겠는가. 오직 마음 때문에 3악취(惡趣)에 든다. 그러므로 스스로 힘써서 부지런히 인욕을 닦아야 하리라."

또한 행자(行者)가 계행의 공덕을 견고히 하고자 한다면, 인욕바라밀을 닦아야 한다. 그것은 왜냐하면 인욕은 큰 힘이 있어서 계행을 더욱 굳건히 하여 흔들리지 않게 하기 때문이다. 그래서 다시 이렇게 생각하는 것이다.

"나는 지금 출가하여 모습이 속인과 다르거늘 어찌 마음을 방종히 하여 세상 사람들의 법과 같이 하겠는가. 마땅히 스스로 힘써서 참음으로써 마음을 조절하고, 몸과 입으로 참음으로써 마음으로도 역시 인욕을 얻어야 하리라. 만일 마음이 참지 못한다면 몸과 입도 역시 그러할 것이다."

그러므로 행자는 몸과 입과 마음으로 인욕해 모든 분노와 원한을 끊어야 한다.

또한 이 계를 간략히 말하면 8만 가지요 자세히 말하면 한량이 없나니, 어찌 내가 이 한량없는 계법을 다 지니겠는가? 오직 인욕으로써 뭇 계법이 저절로 얻어진다.

비유하건대 마치 어떤 사람이 왕에게서 형벌을 받는 것과 같으니, 왕은 죄인을 칼수레[刀車]에다 싣고 여섯 쪽에 날카로운 칼을 세우되 몸과 조그만치의 사이도 뜨지 않게 한 뒤에 험한 길을 분별없이 마구 달리게 한다. 이때에 몸을 잘 가눈다면 칼 때문에 몸을 상하지 않게 되나니, 이는 죽이되 죽지 않는 것이다. 계를 지니는 사람도 그와 같아서 계는 날카로운 칼날이요, 인욕은 몸을 지탱하는 것이니, 만약에 인욕하는 마음이 견고하지 못하면 계율 역시 사람을 상하게 하는 것이다.

다시 비유하건대 노인이 밤길을 가는데 지팡이가 없으면 넘어지는 것과 같다. 인욕은 계행의 지팡이여서 사람을 부축하여 도에 이르게 하는데,

복락의 인연은 요동치 않는 것이다.

이러한 것들을 일컬어 지계가 인욕바라밀을 낳는다고 한다.

(4) 무엇을 일컬어 지계가 정진을 낳는다고 하는가?

계를 지니는 사람은 방일(放逸)을 제거하고, 스스로의 힘으로 부지런히 위없는 법을 닦아 익히며, 세간의 쾌락을 버리고 선한 도에 들어가 열반 구하기에 뜻을 두어 모든 중생을 제도하며, 큰 마음으로 게을리 하지 않아 부처 구하는 것으로 본분을 삼는다. 이것을 일컬어 지계가 능히 정진을 낳는다고 하는 것이다.

또한 계를 지니는 사람은 세상의 고통과 늙음·앓음·죽음의 과환(過患)을 싫어하고 정진할 마음을 내어 스스로 벗어나려 하고 남도 제도하려 한다. 비유하건대 마치 야간(野干: 들여우)이 숲속에서 사자나 범·이리 등을 따라다니면서 그들이 남긴 고기를 얻어먹고 살아가는 것과 같으니, 간혹 헛탕을 치면 밤중에 성을 넘어 인가(人家) 깊숙이 들어가서 고기를 찾다가 얻지 못할 경우 으슥한 곳에서 잠시 잠에 들어 쉰다. 모르는 결에 새벽이 되었음을 깨닫고는 깜짝 놀라 갈피를 잡지 못한다. 달아나자니 벗어날 길이 없는 것이 걱정이요, 머물러 있자니 죽음의 고통이 두렵다. 그는 문득 죽은 듯이 땅에 엎드려 있기로 결심하고 있는데 어떤 사람이 지나다가 보고는 "나는 야간의 귀가 필요하다"고 말하며 귀를 베어낸다. 이에 야간은 생각했다.

'귀를 베이니 아프기는 하나 몸만은 보전케 하리라.'

다시 어떤 사람이 "나는 야간의 꼬리가 필요하다"고 말하면서 꼬리를 베어 가니, 야간은 다시 생각했다.

'꼬리를 베이니 아프기는 하나 아직은 작은 일이다.'

다시 어떤 사람이 "나는 야간의 어금니가 필요하다"라고 말하자, 야간은 속으로 생각했다.

'베어가는 자가 점점 많아지니, 혹 나의 머리를 끊는 자가 있다면 살아날 길이 없다.'

그리고는 곧 땅에서 벌떡 일어나더니 그의 지력을 다하여 트인 길을 찾아 용맹스럽게 빠져나가 겨우 살아났다.

수행자의 마음이 고난에서 벗어나려 하는 것도 이와 같나니, 늙음이 이르를 때엔 그래도 너그러워서 정성스럽게 결단을 내려 정진하지 않고, 병이 들어도 그러하다가 죽음이 이르려 할 때에야 더 바랄 것이 없음을 알고는 문득 스스로 힘써서 과감하게 성의를 다하여 크게 정진을 닦아 죽음에서 벗어나 마침내는 열반에 이르게 되는 것이다.

또한 계행을 지니는 법은 마치 활쏘기와 같아서 먼저 평평한 땅을 만나야 하나니, 땅이 평평하여야 마음이 안정되고, 마음이 안정되어야 마음껏 활을 당기며, 마음껏 활을 당겨야 깊이 꽂히는 법이다. 계율은 평평한 땅이요, 안정된 마음[意]은 활이요, 힘껏 당기는 일은 정진이요, 화살은 지혜요, 도적은 무명이니, 만약에 능히 이와 같이 힘써 정진하면 반드시 큰 도에 이르러 중생을 제도하리라.

또한 계를 지니는 사람은 능히 정진으로써 5정(情)을 스스로 제어하여 5욕을 받지 않나니, 마음이 흩어지면 거두어서 다시 돌아오게 한다. 이것이 곧 지계에 의해 능히 모든 감관을 잘 보호하게 된다는 것이다. 모든 감관을 잘 보호하면 선정이 생기고, 선정이 생기면 지혜가 생기고, 지혜가 생기면 불도에 이르게 된다. 이것을 일컬어 지계에서 비리야바라밀이 생겨난다고 한다.

(5) 무엇을 일러 지계가 선(禪)을 낳는다 하는가?

곧 사람에게는 3업이 있으니, 만약에 몸과 입의 업이 선하다면, 뜻의 업도 자연히 선해진다. 예를 들어 굽은 풀이 마(麻) 가운데서 자라면 떠받혀주지 않더라도 스스로 곧아지는 것과 같다. 지계의 힘은 능히 모든 번뇌[結使]를 약하게 만든다.

그렇다면 어떻게 능히 약하게 만드는 것인가? 만약에 계를 지니지 않는다면 성냄이 찾아왔을 때 죽이고자 하는 마음이 일어나고, 욕망의 대상을 만나면 곧 음심이 드러난다. 만약에 계를 지닌다면 비록 미세한 성냄이 일어난다고 해도 살심(殺心)이 일어나지 않으며, 비록 음심이 있다고 해도 음사(陰事)를 저지르지는 않는다. 이것을 일컬어 지계로써 능히 모든 번뇌를 약하게 만든다고 하는 것이다.

모든 번뇌를 약화시키기 때문에 선정을 얻기 쉽다. 비유하건대 늙고 병들어 기운을 잃으면 죽음이 오기 쉽듯이 결사가 약해지는 까닭에 선정도 얻기 쉬운 것이다.

또한 사람의 마음은 쉬지 않고 항상 즐거움을 구한다. 수행자는 계를 지니어 세상의 복을 버리고 마음이 방일하지 않으니, 이 때문에 선정을 얻기 쉬운 것이다.

또한 계를 지니는 사람은 사람 가운데 태어나고, 6욕천에 태어나고, 색계에 이른다. 만약 물질의 모습[色相]을 파한다면, 무색계에 태어나게 된다.

계를 지니고 청정해 모든 결사를 끊는다면 아라한의 경지를 얻는다. 보리심[大心]으로 계를 지키고 중생을 연민한다면, 이것이 보살이다.

또한 계로써 거친 것을 단속하고, 선으로써 세밀한 것을 포섭한다.

또한 계는 몸과 입을 포섭하고, 선은 산란심을 그치게 한다. 사람이 지붕에 오를 때, 사다리가 아니면 오를 수 없듯이 계라는 사다리가 없다면 선정 역시 서지 못한다.

또한 계를 파한 사람은 결사의 바람이 강해서 그 마음이 산란해진다. 그 마음이 산란해지면 곧 선을 얻지 못한다.

계를 지니는 사람은 번뇌의 바람이 부드러워 마음이 크게 산란해지지 않아 선정을 얻기 쉽다.

이와 같은 종종의 인연이 있다면, 이것을 일컬어 지계로써 선바라밀을 낳는다 하는 것이다.

(6) 어떻게 지계로써 능히 지혜를 낳는가?

계를 지니는 사람은 이 계의 모습이 어디에서 생기는가를 관찰하여 뭇 죄를 좇아 생겨남을 안다. 만일 뭇 죄가 없다면 계도 없다. 계의 모습도 이와 같아서 인연을 좇아 있는 것이다. 그렇다면 무슨 까닭에 집착을 낳는가? 비유하건대 연꽃이 더러운 진흙에서 나오는 것과 같으니, 비록 빛깔은 아름다우나 나온 곳은 깨끗하지 못하다.

이것으로써 마음을 깨달아 집착을 내지 않게 한다면, 이것을 일컬어 지계로써 반야바라밀을 낳는다 하는 것이다.

다시 계를 지니는 사람은 이렇게 생각한다.

'나는 계를 지니는 것을 귀히 여기어 취하고 계를 파하는 것을 천히 여기어 버린다고 한다면, 만일 이런 마음이 있으면 반야에 응하지 못한다. 지혜로써 헤아려 마음으로 계를 집착하지 않고 취하거나 버리지도 않는다면, 이것을 일컬어 지계로써 반야바라밀을 낳는다는 것이다.'

다시 계를 지니지 않는 사람은 비록 날카로운 지혜가 있어도 세상의 갖가지 업무를 경영하면서 생업을 구하려 하기 때문에 지혜의 근기가 점점 둔해진다. 비유하건대 예리한 칼로 진흙을 가르면 마침내 무딘 칼이 되는 것과 같다. 만약에 출가해서 계를 지니고 세상일을 경영하지 않고 항상 모든 법의 참모습은 상이 없는 것임을 관찰한다면, 비록 먼저는 둔했으나 차츰차츰 날카로워진다.

이러한 갖가지 인연을 일컬어 지계로써 반야바라밀을 낳는다고 한다.

이와 같은 것을 일컬어 시라바라밀로써 6바라밀을 낳는다고 하는 것이다.

3. 인욕바라밀

인욕바라밀이란 무엇인가

【經】 마음이 요동치 않는 까닭에 찬제바라밀(羼提波羅蜜)을 구족한다.

【문】 무엇을 찬제(羼提)라 하는가?
【답】 찬제는 인욕(忍辱)이라 한다.
인욕에는 두 종류가 있으니, 생인(生忍)과 법인(法忍)이다.

공경하고 공양하는 모든 중생과 화내고 괴롭히고 음욕스러운 사람들에 대하여 잘 참는 것을 **생인(生忍)**이라 하고, 공경 공양하는 법과 성내고 괴롭히고 음욕스러운 법을 잘 참는 것을 **법인**이라 한다.

보살은 생인을 행해 무량의 복덕을 얻고, 법인을 행해 무량의 지혜를 얻는다. 복덕과 지혜, 두 가지를 구족하는 까닭에 원하는 바를 다 이룰 수 있다. 마치 사람이 눈과 발이 있으면 뜻하는 대로 갈 수 있는 것과 같다.

보살이 혹은 거친 말과 매도하는 말을 만나고, 혹은 폭력을 당한다고 해도 사유를 통해 죄와 복의 인연을 알고, 모든 법의 안팎이 끝내 공하여 나와 내 것이 없다고 하고, 세 가지 법인[三法印]으로 모든 법을 대조[印]하기 때문에 비록 힘으로 능히 당할 수 있으나 악심을 내지 않고 거친 말을 하는 업을 일으키지 않는다.

이때 마음에 속하는 법[心數法]이 생하는 것을 일컬어 인(忍)이라 한다.

이 참음의 특성[法]을 얻는 까닭에 인의 지혜 역시 견고해진다. 마치 채색으로 그림을 그릴 때 아교를 섞으면 견고하게 붙는 것과 같다.

【문】 무엇을 생인이라 하는가?

【답】 두 종류의 중생이 보살에게 오나니, 첫째는 공경하고 공양하기 위해서이며, 둘째는 화내어 꾸짖고 때리기 위해서이다. 이때 보살은 그 마음을 능히 참아서 공경하고 공양하는 중생이라고 애착하지 않으며, 해[惡]를 가하는 중생이라고 화를 내거나 하지 않나니, 이것을 일컬어 생인이라 한다.

【문】 어찌하여 공경·공양을 해도 그에 대해서 참는다 하는가?

【답】 두 가지 번뇌[結使]가 있으니, 첫째는 애착에 속하는 번뇌요, 둘째는 성냄에 속하는 번뇌이다. 비록 공경·공양은 화를 일으키지는 않지만 마음으로 하여금 애착케 하나니, 이를 부드러운 도적[軟賊]이라 한다. 그러므로 마땅히 이에 대해 스스로 잘 참아서 집착하지 말고 애착하지도 말아야 한다.

제바달다가 인욕하지 못한 과보

【문】 그렇다면 어떻게 능히 참는가?

【답】 곧 그 덧없음을 관찰하여 이것이 곧 번뇌가 일어나는 곳이라고 보는 것이다.

부처님께서 이렇게 말씀하셨다.

"이양(利養)이라는 종기가 깊어짐은 마치 가죽을 뚫고 살에 이르고, 살을 뚫고 뼈에 이르며, 뼈를 뚫고 골수에 이르는 것과 같다. 사람이 이양에 집착되면 지계(持戒)의 가죽을 부수고, 선정의 살을 끊고, 지혜의 뼈를 깨뜨리며, 미묘한 선심(善心)의 골수를 잃는다."

경에서 이런 이야기를 전한다.

부처님께서 처음에 가비라바국(迦毘羅婆國)[159]으로 유행하셨을 때, 1250인의 비구와 함께하시니, 모두가 범지(梵志)의 몸으로서 불[火]을 공양하는 까닭에 형색이 초췌했으며, 음식을 끊고 고행하는 까닭에 몸이 여위고 피부는 검었다. 이에 정반왕은 생각했다. "내 아들의 시종들이 비록 마음이 깨끗하고 청결하나 모두가 용모가 모자라니, 나는 가문이 번성하고 자손이 많은 집을 골라서 집집마다 한 사람씩을 내게 하여 불제자로 만들어야 하리라."

이렇게 생각하고는 온 나라에 칙령을 내려 "여러 석가족이나 귀족의 자제 가운데 공고에 맞는 사람을 간택해서 모두 출가케 하라" 했다.

이때 곡반왕(穀飯王)의 아들인 제바달다(提婆達多)가 출가하여 도를 배워 6만의 가르침[法聚]을 외우고 부지런히 수행해 12년을 채웠다.

그 뒤 공양의 이로움을 얻기 위해 부처님께 와서 신통 배우기를 구하니, 부처님께서 말씀하셨다.

---

[159] 석가모니 부처님의 본국인 카필라국을 말한다.

제3부. 6바라밀을 이야기하다(인욕바라밀)

"교담(憍曇)160)아, 너는 5음의 무상함을 관찰하면 도를 얻을 수 있을 것이며 신통도 얻을 수 있으리라."

그리고 더이상 신통 얻는 법을 자세히 말씀하시지는 않으시니, 그는 나와서 사리불과 목건련 및 5백 명의 아라한을 구했으나, 아무도 신통 얻는 법을 말해 주지 않은 채 다만 말하기를, "그대가 5음의 무상함을 관찰하기만 하면 도를 얻고 신통도 얻을 것이다" 했다.

구하는 것을 얻지 못하여 슬피 울면서 아난에게 가서 신통 얻는 법을 가르쳐 주기를 원했다. 아난은 아직 타심통을 얻지는 못했지만, 그 형을 공경하기 때문에 부처님께서 말씀하신 것과 같이 가르쳐 주었다.

그는 신통 얻는 법을 얻은 뒤에 깊은 산으로 들어가서 오래지 않아 5신통을 얻었다.

5신통을 얻고는 생각했다.

"누가 나의 단월이 되어주겠는가? 아사세(阿闍世) 왕자는 대왕의 상호가 있으니, 그와 친해져야 되겠다."

그리고는 하늘에 올라가서 하늘 음식을 취하고, 다시 울단월(鬱旦越)에 들러 저절로 생긴 쌀[粳米]을 구하고, 다시 염부숲에 들러 염부 열매를 따 가지고 와서는 아사세 장자에게 주었다. 어느 때는 스스로의 그 몸을 변화하여 코끼리·말·보배가 되어 그의 마음을 현혹시켰으며, 혹은 어린아기가 되어 그의 무릎에 앉기도 했는데, 왕자는 안고 입을 맞추거나 핥아 줄 때면 가끔 자기의 이름을 말해서 태자로 하여금 알게 하며, 갖가지 변태를 부려 그 마음을 흔들었다.

왕자는 홀딱 반해서 나원(柰園) 안에다 큰 정사를 지어 바치고 네 가지 공양과 갖가지 물건을 공양하여 구비되지 않은 것이 없게 하였다. 그로써 제바달다에게 공양하고 날마다 대신들을 거느리고 가는 한편 스스로 5백 개의 솥에 국과 밥을 보냈다.

제바달다는 많은 공양은 얻었으나 무리가 적은 것을 섭섭해 하면서 생각했다.

---

160) 제바달다의 성(姓)이다.

"나에게는 서른 가지 상호가 있으니, 부처님과는 불과 둘밖에 차이가 나지 않는다. 다만 제자가 모이지 않기 때문인데 만일 대중이 둘러싸 준다면 부처님과 무엇이 다르겠는가?"

이렇게 생각하고는 승단을 깨뜨려 5백 명의 제자를 얻었으나 사리불과 목건련이 다시 이들을 설법하고 교화하여 승단은 재차 화합하게 되었다.

이때, 제바달다는 더욱 나쁜 마음을 내어 산을 밀어 부처님을 압사시키려 했으나 금강역사(金剛力士)가 금강저(金剛杵)로 산을 멀리 던져버렸다. 하지만 부서진 돌조각이 날아와 부처님은 발가락에 상처를 입고 마셨다.

이를 본 화색(華色) 비구니가 그를 꾸짖으니, 그는 주먹으로 비구니를 때렸는데, 비구니가 눈알이 빠져 죽음으로써 세 가지 극악한 죄를 지었다.

그는 다시 나쁘고 삿된 스승인 부란나(富蘭那) 외도 등과 친교를 맺어 온갖 나쁜 짓을 하면서도 뉘우치는 마음이 없었다.

또한 독약을 손톱에 묻혔다가 부처님께 예배하는 기회에 해치려 했으나, 아직 왕사성에 채 이르기도 전에 땅이 저절로 갈라지고 불수레[火車]가 마중을 나오더니 산 채로 지옥으로 들어갔다.

제바달다는 몸에 서른 가지 거룩한 모습이 있지만, 그 마음을 항복시키지 못하여 공양 때문에 큰 죄를 짓고 산 채로 지옥에 들어갔다.

그러므로 말하기를 "이양(利養)은 깊은 종기여서 가죽을 뚫고 골수에 이른다" 하였으니, 마땅히 나에게 공양하는 사람을 애착하는 마음을 버려야 한다.

이것을 일컬어 '보살은 참는 마음으로 공경하고 공양하는 사람에게 애착하지 않는다'고 하는 것이다.

내가 아닌 공덕에 대한 공양

만약에 금생의 공덕으로 공양을 얻었다면 마땅히 이렇게 생각해야만 한다.

'나는 지혜로써 모든 법의 실다운 모습을 알고 혹은 번뇌를 능히 끊었다. 이런 공덕 때문에 이 사람들이 공양하지만 나와는 관계가 없는 일이다.'

이와 같이 사유해 그 마음을 굴복시킨다면 스스로 교만해지지 않는다. 이는 실로 공덕을 좋아할 뿐 나에 애착하는 것이 아니다. 마치 계빈(罽賓)의 어떤 삼장(三藏) 비구가 아란야법(阿蘭若法)을 행하고 왕사(王寺)로 갔는데, 때마침 절에 큰 모임이 열리고 있었다. 들어가려 했으나 문지기는 그의 의복이 남루한 것을 보고 문을 막아 들어가지 못하게 하였다. 이렇게 하기를 여러 차례 거듭했으나 의복이 누추하기 때문에 번번이 들어가지 못하게 되므로 방편을 써서 좋은 의복을 빌려 입고 오니, 문지기는 막지 않고 들여보내 주었다. 모임에 이르러 자리에 앉자 갖가지 음식이 나왔는데, 그는 먼저 음식을 옷에 부어 버렸다.

사람들이 이상히 여겨 그 까닭을 물었다.

"무슨 이유로 그러시오?"

그러자 그는 대답했다.

"나는 요즘 이곳에 자주 왔으나 번번이 들어오지 못했소. 이제 이 옷 덕분에 들어와서 여기에 앉아 이렇게 좋은 갖가지 음식을 얻게 되었으니, 실로 이 옷 때문에 얻은 것이요. 그래서 그것을 먼저 옷에다 부어 주는 것이요."

수행자는 수행의 공덕과 지계와 지혜 때문에 공양을 얻거든 이렇게 생각한다.

'이는 공덕을 위한 일이요, 나를 위함이 아니다.'

이와 같이 사유하여 능히 스스로 마음을 굴복시킨다면 이를 일컬어 인욕[忍]이라 한다.

만일 허망하고 거짓되게 공양을 얻는다면 이는 스스로를 해치는 것이니, 가까이하지 말아야 한다. 응당 생각하기를 '만일 내가 이런 허망한 것으로 공양을 얻는다면 도적이나 강도가 밥을 얻는 것과 다를 바가 없다. 이는 거짓으로 속이는 죄를 범할 뿐이다'고 해야 한다.

욕망에 대한 인욕

보살은 여인이 와서 유희로 유혹하려 할 때, 스스로 마음을 조복시키고 참아서 욕망이 일어나지 않게 하느니, 마치 석가모니 부처님께서 마왕을 물리치심과 같다.

석가모니부처님께서 보리수 밑에 앉아계실 때, 마왕이 근심이 되어 세 딸을 보냈으니, 첫째는 낙견(樂見)이요, 둘째는 열피(悅彼)요, 셋째는 갈애(渴愛)였다. 그들은 와서 몸을 나타내어 갖가지 교태를 부리면서 보살을 무너뜨리려 하였다. 이때 보살은 마음이 흔들리지 않고 잠시도 눈을 주지 않으셨다. 이에 세 여자들은 생각했다.

'사람의 마음은 같지 않아 좋아하는 바가 각각 다르다. 젊은이를 좋아하거나 혹은 중년에 애착하며, 키가 큰 이를 좋아하거나 혹은 키가 작은 이를 좋아하며, 피부가 희거나 혹은 검은 사람을 좋아한다. 이렇듯 갖가지로 좋아함이 다르다.'

이때 세 여인은 각각 5백 명의 미녀로 변화했는데, 하나하나의 변화한 여자는 다시 한량없는 교태를 나타내며 숲에서 나왔으니, 마치 먹구름에서 잠시 번개가 나타나는 것 같았다.

혹은 눈썹을 드날리거나 눈길을 주거나 어리광을 부리거나 눈을 가늘게 떠 홀리며, 갖가지 풍악을 울리는 등 온갖 교태를 부리면서 보살에게 다가와서 교태로운 몸으로 보살에게 접촉하려 했다. 이때 밀적금강역사(密迹金剛力士)가 눈을 부릅뜨며 그들을 꾸짖었다.

"이 분이 누구이신데 너희들이 감히 음탕한 교태로 접근하려 하느냐."

그리고 밀적은 게송으로써 그들을 꾸짖었다.

너희들은 천명(天命)을 모르는구나.
예쁜 모습 잃으면 머리카락 변하니
큰 바닷물 맑고 아름다웠으나
오늘엔 모두가 쓰고 짜게 변한 줄을.

그대들은 날로 줄어드는 도리를 모르는구나.
바수(婆數)의 하늘들도 나쁜 길에 떨어지고
불이 본래는 하늘의 입이었으나
지금은 모든 것을 삼켜버리는 것을.

이어 말하기를 "너희들은 이런 이치를 알지 못한 채 이 성인을 가벼이 여기는구나" 하였다.

그때 여자들이 머뭇거리다가 조금 물러서서 보살에게 말했다.

"지금 이 여인들은 모두가 단정하고 예쁨이 견줄 이 없으니 즐겨보실 만합니다. 우두커니 앉아서 무엇 하시렵니까."

보살이 말씀하셨다.

"너희들은 부정하고 더럽도다. 물러가 헛되이 말을 걸지 말라."

그리고 곧 게송으로 말씀하셨다.

이 몸은 더러움의 숲
부정하고 부패한 무더기이니
실로 걸어다니는 뒷간이라 하리니
무엇이 즐거울 게 있으랴.

여자들은 이 게송을 듣고는 생각했다.

'이 사람은 우리들이 청정한 하늘의 몸임을 모르는 채 이런 게송을 읊고 있구나.'

그리고는 곧 몸을 변하여 본래의 형태로 돌아가 찬란한 빛으로 숲을 비추고 하늘의 기악을 연주하며 보살에게 말했다.

"우리들의 몸이 이러하거늘 어찌 꾸짖을 수 있습니까?"

"때가 오면 스스로 알 것이니라."

"그게 무슨 말씀이옵니까?"
그러자 보살은 게송으로 대답하셨다.

하늘나라 동산 숲에
7보의 연꽃 피는 연못가에서
하늘사람이 서로 어울려 즐기나
잃을 때가 되면 너희들 스스로 알리라.

이때 무상이 나타나면
하늘의 즐거움 모두 고(苦)가 되니
그대들은 마땅히 욕락을 싫어하고
바르고 참된 도를 사랑해야 하리라.

여자들이 이 게송을 듣고 생각했다.
"이 사람은 큰 지혜가 한량이 없다. 하늘의 즐거움이 청정하거늘 오히려 그 삿됨을 알고 있으니, 당할 수가 없도다."
그리고는 즉시 사라졌다.
보살은 이와같이 음욕의 즐거움을 관찰하고는 스스로 마음을 제어하고 인내해 요동치 않는 것이다.

찬제 선인의 인욕

【문】성내는 사람에게는 어떻게 하여야 참을 수 있는가?

【답】곧 응당 이렇게 생각해야 한다.
'모든 중생은 죄지은 인연이 있어서 서로 침해한다. 나 또한 지금 시달림을 받는 것도 전생의 행위[本行]의 인연일 것이다. 비록 금생에 지은 것은 아니지만 이것은 내가 전생에 저지른 나쁜 갚음을 받는 것이니, 의당 달게 받아야 한다. 비유하건대 빚을 지는 것과도 같으니, 빚 주인이 달라고 하면 응당 기쁜 마음으로 갚을지언정 화를 내어서는 안 된다.'

찬제(羼提)라는 이름의 선인이 큰 숲에서 인욕을 닦고 자비를 행하였다. 어느날 가리왕(迦利王)이 궁녀들을 데리고 숲으로 들어가 놀다가 음식을 먹고 왕이 잠시 잠을 청했다. 그 사이 궁녀들이 꽃나무 사이로 구경을 다니다가 수행중인 찬제선인을 보았다. 궁녀들은 그를 공경하여 절을 하고 한쪽에 섰다. 선인은 궁녀들에게 자비와 인욕을 찬양하며 설법하였는데, 그 음성이 아름답고도 미묘하여 듣는 이가 싫증을 내지 않고 오랫도록 돌아갈 줄을 몰랐다. 가리왕이 깨어나 보니 궁녀들이 보이지 않자 그들을 찾아 숲을 돌아다녔다. 마침내 그녀들이 선인 앞에 모여있는 것을 보자 갑자기 교만과 질투가 복받쳤다.

왕은 눈을 부릅뜨고 화를 내며 칼을 뽑아 겨누고서 물었다.

"너는 무엇 하는 자이냐?"

선인이 대답했다.

"나는 여기서 인욕을 닦고 자비를 실천하고 있습니다."

왕이 말했다.

"그렇다면 내가 지금 그대를 시험해 보리라. 이 칼로 네 귀를 베고, 코를 자르고, 손발을 끊겠다. 그래도 성을 내지 않는다면 그대가 인욕을 닦는다고 알겠노라."

선인이 대답했다.

"마음대로 하십시오."

왕은 곧 칼을 들어 그의 귀와 코를 베어내고 손발을 끊고 나서 물었다.

"이래도 네 마음이 흔들리지 않느냐?"

선인이 대답했다.

"나는 자비와 인욕을 닦아 마음이 흔들리지 않습니다."

왕이 다시 말했다.

"네 한 몸만이 남아 있어 아무런 세력도 없거늘 아무리 입으로는 흔들리지 않는다 해도 누가 그 말을 믿겠느냐."

이때 선인은 발원을 했다.

"내가 실로 자비와 인욕을 닦았다면, 피가 젖이 되게 해 주옵소서."

그러자 즉시에 피가 젖으로 변했다. 이에 왕은 크게 놀라며 채녀들을 데리고 떠나버렸다.

이때 숲속에 있던 용신이 이 선인을 위해 천둥과 벼락을 내리니, 왕은 그 독해(毒害)를 입고는 궁으로 돌아가지도 못한 채 죽어버리고 말았다.

보살의 생인(生忍)

  보살은 자애의 마음을 닦고 행하는데, 일체 중생은 항상 뭇 고통이 있으니, 태내에 있을 때엔 옹색해서 온갖 고통을 받고, 나올 때엔 옹색함에 눌리어 뼈와 살이 부서지는 듯하고, 찬바람이 몸에 닿는 고통이 칼로 베이는 것보다 심하다.
  그러므로 부처님께서 말씀하시되 "모든 고통 가운데서 태어나는 고통이 가장 무겁다" 하셨다. 이와 같이 늙음·앓음·죽음의 고통과 갖가지 고액이 있으니, 어찌 수행자가 다시 그들에게 고통을 보태어 주랴. 이는 종기에다 다시 칼을 대어 흠집을 내는 것이다.

  또한 보살은 이렇게 생각한다.
  "나는 다른 사람들과 같이 항상 생사의 흐름을 따를 것이 아니라. 마땅히 생사의 흐름을 거슬러서 그 근원을 다하여 열반[泥洹]의 길에 이르리라. 일체의 범부들은 침해를 당하면 곧 화를 내고, 이익을 만나면 곧 기뻐하며, 두려운 곳에서는 곧 겁을 먹는다. 하지만 나는 보살이거니 그들과 같을 수는 없도다.
  비록 아직 번뇌의 씨앗을 다 끊지는 못했으나 스스로 억제하여 인욕을 닦되 해치더라도 화를 내지 않고, 공경과 공양을 하더라도 기뻐하지 않으며, 뭇 고통과 어려움을 두려워하지 않으리라. 오직 중생들을 위하여 큰 자비심을 일으키리라."

  또한 보살은 어떤 중생이 와서 괴롭히거든 스스로 이렇게 생각한다.
  '이는 나의 친구이며 나의 스승이다" 하고는 더욱 친애하고 공경하는 마음으로 대해야 하리라.' 왜냐하면 그가 온갖 괴로움을 가해 나를 괴롭히지 않는다면 나는 인욕의 행을 이룰 수 없기 때문이다. 그러므로 "이는 나의 친한 친구이며 또한 나의 스승이다"라고 말하는 것이다.

  또한 보살은 명심해야 하나니, 부처님께서도 말씀하시기를 "중생들은 시작이 없고 세계는 한계가 없으니, 5도(道)를 오가며 끝없이 헤맨다. 나도 일찍이 중생들의 부모 형제가 되었고, 중생들도 나의 부모형제가 되었으며, 앞으로도 또한 그러하리라" 하셨다. 이로써 미루어보건대 삿된 마음으로 성내고 해하려는 마음을 품지 말아야 한다.

또한 이렇게 생각해야 한다.
'중생들 가운데는 부처의 종자가 매우 많으니, 내가 화를 내어 그들을 대한다면 이는 곧 부처님께 화를 내는 것이다. 만약에 내가 부처님께 화를 낸다면 이미 끝난 것이다. 말씀하셨듯이 비둘기도 마땅히 부처를 이루리니, 지금은 비록 새이지만 가벼이 할 수 없다.'

또한 모든 번뇌 가운데서 성냄이 가장 무거우며, 착하지 못한 과보 가운데 성냄의 과보가 가장 크다. 다른 번뇌에는 이런 중한 죄가 없다.

예컨대 석제바나민(釋提婆那民)이 부처님께 게송으로 물은 바와 같다.

어떤 것을 죽이면 안온해지고
어떤 것을 죽이면 후회가 없으며
어떤 것이 독의 근본이 되어서
모든 선근을 죽여 버리나이까?
어떤 것을 죽이면 칭찬 받으며
어떤 것을 죽이면 근심이 없습니까.

부처님께서 게송으로 대답하셨다.

성내는 마음을 죽이면 안온하고
성내는 마음을 죽이면 후회가 없으며
성냄이 독의 근본이어서
성냄은 일체의 선근을 멸해 버린다.
성냄을 죽이면 부처님들이 칭찬하시고
성냄을 죽이면 곧 근심이 없어진다.

다시 보살은 이렇게 생각한다.

'나는 지금 연민[悲]을 행해 중생들로 하여금 즐거움을 얻게 하고자 한다. 성냄은 모든 선근을 멸하고 모든 것을 독으로 해치거늘 내 어찌 이 중한 죄를 범하겠는가. 만일 화를 낸다면 스스로 즐거움과 이익을 잃어버리니, 어떻게 중생들로 하여금 즐거움을 얻게 하겠는가.'

또한 불보살들은 대비(大悲)로써 근본을 삼는다. 그러니 성을 낸다면 대비를 멸하는 독이 되고 마니, 특히나 안 될 일이다. 만일 대비의 근본을 무너뜨린다면 어찌 보살이라 하며, 보살이 어디로부터 나오랴. 그러므로 인욕을 닦아야 한다.

만일 어떤 중생이 온갖 성냄의 고통[瞋惱]을 가하더라도 그 공덕을 생각해야 한다.

'지금 이 중생이 비록 한 가지 죄가 있으나 달리 묘한 여러 공덕들이 있을 것이니, 그 공덕 때문이라도 그에게 화를 내지 말아야 한다.'

나아가 이렇게 생각한다.

'이 사람이 욕하거나 때리더라도 그것은 나를 다듬는 것이 된다. 마치 금쟁이가 금을 정련하면 티는 불을 따라 없어지고 순금만 남는 것과 같다. 이 또한 이와 같으니, 내게 죄가 있다면 그것은 전생의 인연 때문이니, 이제 마땅히 그것을 갚아야 한다. 화를 내지 말고 인욕을 닦으리라.'

또한 보살은 인자한 마음으로 중생들을 마치 갓난아기같이 여기어 다음과 같이 생각한다.

'염부제 사람들은 근심 걱정은 많고 즐거운 날이 없으므로 혹 와서 꾸짖고 모함하거나 혹은 중상을 가해 스스로 즐거워한다면, 이 즐거움은 얻기 어려운 것이니 네 마음대로 꾸짖으라. 왜냐하면 내가 본래 발심한 것은 중생들을 기쁘게 하기 위해서였느니라.'

'세간의 중생들은 항상 모든 병고에 시달리고, 또한 항상 죽음의 도적이 그를 쫓아 엿보니, 마치 원수가 항상 안부를 묻는 것과 같다. 그러니 어찌 착한 사람으로서 사랑하여 가엾이 여기지 않겠는가.'

'고통을 주고자 하나 고통이 그에게 미치기 전에 먼저 내가 해를 받을 것이다.'

이와 같이 사유해서 저들에게 화를 내지 말고 인욕을 닦아야 한다.

또한 마땅히 이렇게 관찰해야 한다.
'성냄은 그 허물이 가장 깊어서 삼독 가운데서 이보다 깊은 것이 없다. 98사(使) 가운데서 이것이 가장 견고하고, 모든 마음의 법 가운데 가장 고치기 어렵다. 성내는 사람은 착한 것도 모르고, 착하지 않은 것도 모르며, 죄와 복도 관찰하지 못하고, 이익과 손해도 알지 못한 채 스스로 억념하지도 못하다가 스스로 악도에 떨어진다. 착한 말을 망실하고 명예를 아끼지 않으며, 남의 괴로움을 모르고 자기의 몸과 마음이 피로하고 지치는 줄도 모른 채 성냄에 지혜의 눈을 가려 오로지 남을 괴롭히는 짓만을 한다.'
어떤 5통선인(通仙人)이 화를 냈기 때문에 비록 청정한 행을 닦았으나 한 나라 사람을 다 죽이기를 마치 전다라와 같이 했다.

또한 화를 내는 사람은 마치 삵과 같아서 함께 머물기 어려우며, 마치 악성 종기와도 같아서 쉽게 화를 내고 쉽게 무너진다.
화를 내는 사람은 마치 독사와도 같아서 사람들이 보기 싫어하며, 화를 쌓은 사람은 악심이 점점 커져서 이르지 못할 데에 이르러 아비도 죽이고 임금도 죽이며 악의를 품은 채 부처님께 향한다. 성내는 죄는 이와 같아서 부처님의 말씀까지도 듣지 않는다. 이런 까닭에 반드시 성냄을 제거하고 인욕을 닦아야 한다. 능히 인욕을 닦는다면 자비를 얻기 쉽고, 자비를 얻으면 곧 불도에 이르게 된다.

겁쟁이란 비난보다 참지 않는 죄가 더 크다

【문】 인욕하는 법이 모두 좋기는 하나 단 한 가지만은 옳지 못하다. 곧 소인배들이 가벼이 여겨 말하기를 '겁을 낸다' 한다. 이런 까닭에 모두 참을 수는 없다.

【답】 만일 소인들이 가벼이 여겨 '겁낸다'고 하는 까닭에 참지 않으려 한다면 참지 않는 죄는 이보다 심하다.
 왜냐하면 참지 못하는 사람은 현성의 착한 이들이 가벼이 여기시고, 인욕하는 사람은 소인들이 가벼이 여기나니, 그렇다면 두 가지 가벼이 여김 가운데서 차라리 어리석은 자에게 업신여김을 받을지언정 성현들의 천대를 받을 수는 없기 때문이다.
 왜냐하면 어리석은 자들은 업신여겨서는 안 될 것에 업신여기고, 성현은 천히 여길만한 것을 천히 여기기 때문이다.
 이런 까닭에 인욕을 닦아야 한다.

 또한 인욕하는 사람은 비록 보시와 선정을 행하지 않더라도 항상 미묘한 공덕을 이루어 하늘이나 인간에 태어나며 나중에는 불도를 얻는다. 왜냐하면 마음이 부드럽기 때문이다.

 또한 보살은 이렇게 생각한다.
 '어떤 사람이 금생에 나를 괴롭히고 욕보이며, 이익을 빼앗고, 업신여기고, 꾸짖고, 속박하더라도 우선은 참아야 한다. 만일 내가 참지 못한다면 지옥에 떨어져서 무쇠기둥·무쇠담·뜨거운 땅에서 한량없는 고통을 받으리니, 태우고 삶고 굽는 등 고통이 이루 다 말할 수 없으리라.'
 소인들은 지혜가 없어서 비록 보잘것없는 것도 귀하게 여기며, 참지 못하여 위맹을 부려서 비록 상쾌한 일이나 천하게 여긴다. 그러기에 보살은 인욕해야 하는 것이다.

 또한 보살은 이렇게 생각한다.

'내가 처음 발심해 중생들의 마음의 병을 다스려 주고자 맹세했거늘 어찌 그들 때문에 자신이 병들 수 있겠는가. 마땅히 인욕해야 하리라.'
　마치 약사(藥師)가 모든 병을 고치는 것과 같으니, 귀신이 붙어 미친병이 들어 칼을 뽑아들고, 헐뜯으며 좋고 나쁨을 알지 못해도 의원은 귀신의 병인 줄 알기 때문에 오직 고쳐 주기만 할 뿐 화를 내지 않는다. 보살 역시 이와 같아서 만약 어떤 중생이 화를 내어 꾸짖으면 그 화 내는 자가 번뇌의 병에 끄달리고 미친 마음에 시달린 줄을 잘 알아 방편으로 고쳐줄지언정 싫어함이 없다.

　또한 보살은 일체를 기르고 사랑하기를 마치 아들과 같이 하나니, 어떤 중생이 보살에게 화를 내며 괴롭힐지라도 보살은 가엾이 여기어 화를 내거나 꾸짖지 않는다. 마치 인자한 아버지가 자손을 어루만져 기르지만 자손이 어려서 아무것도 모르기에 때로는 꾸짖기도 하고 매를 들기도 하며, 공경할 줄도 두려워할 줄도 모르더라도 그 아버지는 그의 어리석음을 가엾이 여기어 더욱 사랑하며 설사 허물이 있더라도 성내거나 꾸짖지 않는다. 보살의 인욕도 이와 같다.

　또한 보살은 이렇게 생각한다.
'만일 어떤 중생이 나에게 화를 내고 괴롭히더라도 나는 인욕해야 하리라. 만일 내가 참지 않으면 금생에 후회하고 나중에 지옥에 들어가서 한량없는 고통을 받을 것이요, 만일 축생이 되면 독한 용이나 뱀·사자·범·이리 따위가 될 것이요, 만일 아귀가 되면 입에서 불이 나올 것이니, 마치 사람이 불에 데며, 데일 때는 차라리 조금 아프지만 나중에 더욱 아파지는 것과 같으리라.'

　또한 보살은 이렇게 생각한다.
'나는 보살이 되어 중생을 이롭게 해야 한다. 만일 내가 인욕하지 못한다면 보살이라 할 수 없고 오히려 악인이 되리라.'

　또한 보살은 이렇게 생각한다.
'세상에는 두 종류가 있으니, 첫째는 중생 무리[衆生數]요, 둘째는 중생

아닌 무리[非衆生數]이다. 나는 처음 발심해 모든 중생을 위하리라고 맹세했다. 만일 중생 아닌 무리, 즉 산과 돌·나무·들·바람·추위·서늘함·더위·물·비 따위가 침노해 오더라도 오직 피하려 할 뿐 처음부터 화를 내지 말아야 한다. 그런데 지금 이 중생들은 내가 위해야 할 대상이다. 나를 해친다고 해도 나는 마땅히 그것을 받아들여야 하거늘 어찌 화를 내리오.'

또한 보살은 여러 겁 이전부터 인연이 화합하여 거짓으로 사람이라 했을 뿐 실로 사람이라 할 법이 없음을 안다. 그러니 누가 감히 꾸짖을 수 있겠는가. 오직 뼈·피·가죽·살이 있을 뿐이다. 마치 벽돌을 쌓은 것과 같으며, 마치 나무로 만든 인형[木人]의 기관이 움직여 가고 오는 것과도 같다. 이와 같음을 안다면 화를 내지 말아야 한다. 만일 자신이 화를 낸다면 이는 어리석은 짓으로, 스스로 죄와 고통을 받게 된다. 이런 까닭에 인욕을 닦아야 한다.

또한 보살은 이렇게 생각한다.
'과거에 한량없으며 항하의 모래수같이 많은 부처님들께서 보살도를 닦으실 때에 모두가 먼저 생인(生忍)을 행하시고 나중에 법인(法忍)을 수행하셨다. 나도 이제 불도를 배우려 한다면 의당 부처님들이 행하신 법과 같이 할지언정 화를 내어 악마의 법과 같이 되지는 말아야 할 것이다.'

이런 까닭에 인욕을 닦아야 한다.
이러한 갖가지 한량없는 인연에 의하여 능히 참으니, 이것을 생인(生忍)이라 한다.

법인(法忍)이란 법을 잘 감당하는 것

【문】무엇을 법인(法忍)이라 하는가?

【답】공경하고 공양하는 모든 중생과 화내고 괴롭히고 음욕스러운 중생들에 대하여 잘 참는 것을 생인(生忍)이라 하고, 공경·공양하는 법과 성내고 괴롭히고 음욕스러운 법을 잘 참는 것을 법인이라 한다.

또한 법인이란 안의 6정(情)161)에 집착하지 않고 밖의 6진(塵)을 받아들이지 않고, 이 두 가지에 분별을 내지 않는 것이다. 왜냐하면 안 모양이 바깥과 같고 바깥 모양이 안과 같아서 두 모습을 모두 얻을 수 없기 때문이다. 한 모습이기 때문이고 인연으로 화합하기 때문이며, 그 실체가 공하기 때문이다. 일체법의 모습이 항상 청정하기 때문이고, 여(如)·진제(眞際)·법성(法性)의 모습이기 때문이며, 둘이 아니기 때문에 비록 둘이 아니지만 또한 하나도 아니다.

이와 같이 모든 법을 관찰하여 마음으로 믿어 물러나지 않으면 이를 법인이라 한다.

『비마라힐경(毘摩羅詰經)』162)에서 법주(法住)보살163)이 말했다.

"생과 멸은 둘이요, 불생불멸은 곧 불이(不二)로 들어가는 법문이다."

나아가 문수사리보살이 말했다.

"듣지도 않고 보지도 않아 일체의 마음이 멸하고, 말하지도 이야기하지도 않는 이것이 불이로 드는 법문이다."

비마라힐은 잠자코 말이 없었다. 여기에서 보살들이 찬탄하며 말했다.

---

161) 6근(根)
162) 유마경을 말한다.
163) 유마힐 거사를 말한다.

"실로 훌륭하십니다. 이는 참된 '불이로 드는 법문입니다.'"

일체법에 두 종류가 있으니, 첫째는 중생이요, 둘째는 모든 법이다. 보살이 중생 가운데서 참는 것은 앞에서 말한 바와 같거니와 이제는 법 가운데서 참는 일을 말하리라.

법에는 두 종류가 있으니, 마음의 법[心法]과 마음 아닌 법[非心法]이다.

마음 아닌 법에는 안의 것과 밖의 것이 있는데, 밖에는 추위·더위·바람·비등이 있고, 안에는 주림·목마름·늙음·앓음·죽음 등이 있다. 이러한 갖가지를 마음 아닌 법이라 한다.

마음의 법에 두 종류가 있으니, 첫째는 성냄·근심·의심 등이요, 둘째는 음욕·교만 등이다. 이 두 가지를 마음의 법이라 한다. 보살은 이 두 법에 대해 참고 동요되지 않으니, 이를 법인이라 한다.

환경에 대한 인욕(外法忍)

【문】 중생에게 만약 성을 내거나 목숨을 해치면 죄를 받고 가엾이 여기면 복을 얻거니와 추위·더위·바람·비에는 이익도 손해도 없거늘 어찌 참는가?

【답】 비록 이익도 손해도 없지만 스스로 뇌란과 근심을 내어 보살도를 해치나니, 이런 까닭에 참아야 한다.

또한 단지 중생을 죽이거나 괴롭히는 까닭에 죄가 되는 것이 아니다. 삿된 마음 때문에 인연을 짓는 까닭에 죄가 되는 것이다. 그것은 왜냐하면 비록 중생을 죽였더라도 무기의 마음(無記心)이었다면 죄가 없기 때문이다. 중생을 사랑해 주면 비록 준 것은 없더라도 큰 복을 얻는다. 비록 추위·더위·바람·비가 이익이나 손해를 주지는 않더라도 능히 악의(惡意)를 일으키기 때문에 죄를 받게 된다. 그러므로 참아야 한다.

또한 보살은 스스로 전생에 쌓은 죄의 인연에 의해 이 괴로운 곳에 태어났음을 안다.

'이는 내가 스스로 지은 것이다. 그러므로 나는 마땅히 스스로 감수해야 하리라.'

이와 같이 사유하며, 그래서 능히 참는 것이다.

또한 보살은 이렇게 생각한다.

'국토에는 두 종류가 있으니, 깨끗한 곳과 더러운 곳이다. 만약 보살이 더러운 국토에 태어난다면 이러한 괴로움과 주림과 추위 등 온갖 고통을 받으면서 스스로 청정한 서원을 세워 〈내가 성불하거든 내 국토에는 이런 괴로움들이 없어지리다〉고 하리라. 이 국토가 비록 깨끗하지 않으나 나에게는 이익인 것이다.'

또한 보살은 이렇게 생각한다.

'세간의 여덟 가지 법은 성현도 면치 못하는 바이거늘 하물며 나이겠는가. 그러므로 마땅히 참아야 하리라.'

또한 보살은 이렇게 생각한다.

'이 인간의 몸은 견고함도 없고 강함도 없어서 늙음·병듦·죽음에 쫓김을 안다. 비록 하늘의 몸이 청정하여 늙음·병듦이 없다 하더라도 하늘의 쾌락에 집착된다. 마치 취한 사람과 같으니, 도와 복을 닦고 출가해 애욕을 여의지도 못한다. 그러므로 이 인간의 몸에서 스스로 참아서 복을 닦고, 중생을 이롭게 해야 하리라.'

또한 보살은 이렇게 생각한다.

'내가 이 4대와 5중의 몸을 받았으니 응당 갖가지 괴로움이 있을 것이다. 몸을 받고서 괴롭지 않은 이가 없다. 부귀하거나 빈천하거나 혹은 집에 있거나 집을 떠났거나, 어리석거나 지혜롭거나 밝거나 어둡거나 아무도 면할 자가 없다. 왜냐하면 부귀한 사람은 항상 두려움으로 재물을 지키나니, 마치 살찐 염소는 일찌감치 도살장으로 끌려가는 것과 같으며, 고기를 문 새를 뭇 새들이 쫓는 것과도 같다. 빈천한 사람에게는 주리고 추운 고통이 있다. 집을 떠난 사람은 금생에 괴로움이 있으나 후생에 복을 받아 도를 얻는다. 집에 머물러 있는 사람은 금생에 비록 즐거우나 후생에 괴로움을 받는다.'

어리석은 사람은 먼저 이 세상의 즐거움을 구하거니와 무상이 이르면 나중에는 괴로움을 받는다. 지혜로운 사람은 무상의 괴로움을 사유하고, 나중에 즐거움을 받는다.

이렇듯 몸을 받은 사람으로서 괴로움 없는 자가 없다. 그러므로 보살은 인욕을 닦아야 한다.

또한 보살은 이렇게 생각한다.

'일체의 세간은 모두 괴로운데 나는 어찌하여 거기에서 즐거움을 구하려하는가.'

또한 보살은 이렇게 생각한다.

'나는 한량없는 겁 동안 항상 온갖 고통을 받으면서 아무런 이익이 없이 일찍이 법을 위하지 못했었다. 오늘은 중생을 위하여 불도를 구하니, 비록 이런 고통을 받으나 의당 큰 이익을 얻을 것이다. 그러므로 안팎의 모든 고통을 능히 참고 감수해야 하리라.'

또한 보살은 커다란 마음으로 이렇게 서원한다.

'아비지옥의 고통이라도 참아야 하거늘 하물며 작은 고통을 참지 못하겠는가. 사소한 고통을 참지 못하면서 어찌 능히 큰 고통을 참겠는가.'

이와 같이 갖가지 밖의 법에 대해 참는 것을 법인이라 한다.

번뇌에 대한 인욕(內法忍)

【문】 어찌하여야 안 마음의 법을 참을 수 있는가?

【답】 보살은 생각하기를 '내가 비록 도는 얻지 못하고 아직 모든 번뇌를 끊지 못했으나 참지 못한다면 범부와 다를 것이 없으니, 보살이 아니다'고 한다. 또한 '만일 내가 도를 얻고, 번뇌를 끊었다면 곧 참아야 할 법도 없을 것이다'라고 생각한다.

'주림·갈증·추위·더위 등은 밖의 마요, 매듭의 번뇌는 안의 마군인데 나는 이 두 가지 마군을 깨뜨려 불도를 이루리라. 만일 그렇지 못하다면 불도를 이루지 못하리라'고 생각한다.

전하는 말에 의하면, 부처님께서 6년간 고행하시는데, 마왕이 와서 말했다.

"찰리(刹利)[164]의 귀인이여, 그대의 목숨은 이제 천분의 일밖에 남지 않았다. 속히 일어나 집으로 돌아가서 보시하고 복을 닦아 금생과 후생에서 인간과 하늘의 즐거움을 받을 수 있겠지만 도는 얻을 수 없다. 그대는 공연한 수고를 하고 있구나. 그대가 만일 말을 듣지 않고 열중하여 일어나지 않는다면 내가 큰 마군의 무리를 이끌고 와서 그대를 쳐부수리라."

보살이 말했다.

"나는 지금 그대의 큰 힘을 지닌 내군(內軍)을 무찔러야 하거늘 하물며 밖의 군사이겠는가."

마군이 물었다.

"어떤 것이 나의 내군인가?"

그러자 보살은 게송으로 대답했다.

욕망은 너의 첫 군사요
근심은 둘째 군사요
주림과 갈증은 셋째요

---

[164] 인도의 카스트 신분제도 중 두 번째인 전사계급이자 통치계급을 말한다.

갈애는 넷째 군사이다.

졸음은 다섯째 군사요
두려움은 여섯째요
의심과 후회는 일곱째요
성냄은 여덟째 군사이다.
이양과 헛된 명칭은 아홉째요
교만하여 남을 업신여김은 열째이다.

이러한 군대의 무리가
출가한 사람을 홀려 빠뜨리니
나는 선정과 지혜의 힘으로
너의 이 군사들을 무찌르고
불도를 이룬 뒤에는
모든 사람들을 제도하리라.

보살은 이때 아직 모든 군사들을 다 굴복시킬 계위에 이르지 못했으나, 인욕의 갑옷을 걸치고 지혜의 검을 잡고 선정의 방패를 들고서 번뇌의 화살을 막았으니, 이것을 안의 인욕[內忍]이라 한다.

보살은 번뇌를 인욕하되 번뇌를 끊지 않는다

보살은 모든 번뇌에 대해 인욕을 닦되 번뇌[結]를 끊지는 않는다. 왜냐하면 번뇌를 끊으면 잃는 바가 매우 많으니, 아라한의 길에 떨어져서 근(根)이 무너진 자와 다름이 없기 때문이다. 그러므로 막기만 하고 끊지는 말아야 하니, 인욕을 닦으면 번뇌[結使]에 떨어지지 않는다.

【문】 어찌하여 번뇌를 끊지 않고서도 능히 따르지 않게 되는가?

【답】 바르게 사유하는 까닭에 비록 번뇌가 있으나 능히 따르지 않게 된다.

또한 사유하여 공하고 무상한 특징[相]을 관찰하기 때문에 비록 매우 좋은 5욕이 있으나 모든 번뇌[結]를 일으키지 않는다.

예컨대 어떤 국왕의 대신이 자신의 죄를 숨기고 있는데도 아무도 알지 못하는 것과도 같다. 왕이 말했다.

"기름기 없는 염소고기를 가져오라. 네가 만일 그것을 가져오지 못하면 너에게 벌을 내리리라."

대신은 지혜가 많았으므로 큰 염소 한 마리를 매어두고 풀과 곡식으로 잘 양육하는 한편 날마다 세 차례씩 이리를 몰아다가 겁을 주었다. 염소는 비록 좋은 음식은 얻었으나 기름이 지지 않았다. 염소를 끌어다가 왕에게 바치니, 왕은 사람을 시켜 잡았는데, 과연 살은 쪘으나 기름기가 없었다. 왕이 물었다.

"어찌하여 그렇게 되었느냐?"

그러자 대신은 위의 사실로써 자세히 대답했다.

보살도 그와 같아서 무상함과 괴로움과 공함이란 이치를 봄으로써 모든 번뇌의 기름이 사라지고 공덕의 살이 찌는 것이다.

또한 보살의 공덕과 복된 과보가 한량이 없으므로 그 마음이 부드럽고, 모든 번뇌의 매듭이 엷어져서 인욕을 닦기가 쉽다. 비유하건대 사자왕이 숲속에서 포효하는데 어떤 사람이 보고 머리를 숙여 애걸하면 놓아 주거니와 범이나 이리는 그렇게 하지 못한다. 그것은 왜냐하면 사자는 귀한 짐승이어서 지혜로운 분별이 있거니와 범이나 이리는 미천한 짐승이어서 분별할 줄 모르기 때문이다.

또한 무너진 군대는 대장을 만나면 살 수 있거니와 졸병을 만나면 죽게 되는 것과 같다.

또한 보살은 지혜의 힘으로 성냄에는 갖가지 죄악이 있음을 관찰하고, 인욕에는 갖가지 공덕이 있음을 관찰한다. 그러므로 번뇌[結使]를 인내하는 것이다.

또한 보살은 마음에 지혜의 힘이 있으므로 능히 번뇌의 매듭을 끊을 수 있으나 중생을 위하기 때문에 오랫동안 세상에 머무르되 번뇌[結使]가 곧 도적임을 안다. 그러므로 인내할 뿐 따르지 않는다. 보살은 이 매듭의 도적을 결박하여 풀려나지 못하게 하고서 공덕을 행하나니, 비유하건대 도적일지라도 인연 때문에 죽이지 않고 한 곳에 가두어 놓고 스스로는 사업(事業)을 닦는 것과 같다.

번뇌도 삿되지 않고 공덕도 묘하지 않다

보살은 실로 모든 법의 모습을 알기 때문에 모든 번뇌를 삿되다 하지 않으며, 공덕을 묘하다 하지도 않는다. 그러므로 번뇌에 대하여 성내지도 않고 공덕에 대하여 애착하지도 않는다. 이러한 지혜의 힘 때문에 인욕을 닦나니, 게송에서 말하는 바와 같다.

보살은 모든 불선을 끊어 버리어
아주 적은 티끌도 남기지 않나니
큰 공덕의 복은 한량이 없고
이루는 사업에 이루지 못함이 없다.

보살은 큰 지혜의 힘 때문에
모든 번뇌의 매듭에 시달리지 않나니
그러므로 모든 법의 모습을 알고
생사와 열반이 하나요, 둘이 아님을 안다.

이러한 갖가지 인연 때문에 비록 도를 얻지는 못했으나 모든 번뇌의 법에 대하여 능히 참나니, 이것을 법인이라 한다.

또한 보살은 일체법에 대하여 한 모습이어서 둘 아님을 안다. 일체법은 분별할 수 있는 모습이기 때문에 하나라고 하니, 눈의 의식(眼識)으로 색을 알고, 나아가 뜻의 의식으로 법을 안다. 이는 분별할 수 있는 모습의 법이다. 때문에 하나라 한다.

또한 일체법은 알 수 있는 모습이기 때문에 하나라 한다. 고법지(苦法智)·고비지(苦比智)는 고제를 알고, 집법지·집비지는 집제를 알고, 멸법지·멸비지는 멸제를 알고, 도법지·도비지는 도제를 알며 나아가 선한 세간지[世智] 역시 고집멸도와 허공과 지혜의 반연이 아닌 멸을 안다. 이것이 알 수 있는 모습의 법이다. 때문에 하나라고 말한다.

또한 온갖 법은 반연할 수 있는 모습이기 때문에 하나라 한다. 눈의 의식과 눈의 의식에 상응하는 법은 색을 반연하고, 귀의 의식·코의 의식·혀의 의식·몸의 의식 역시 이와 같다. 뜻의 의식과 뜻의 의식에 상응하는 법은 또한 눈을 반연하고 색을 반연하고 눈의 의식을 반연하며 나아가 뜻을 반연하고 법을 반연하고 뜻의 의식을 반연한다. 곧 일체법은 반연할 수 있는 모습이기에 하나라 하는 것이다.

또한 어떤 사람은 이렇게 말했다.
"일체법은 각기 하나이다. 하나에 다시 하나가 있는 것을 둘이라 하고, 셋으로 된 하나를 셋이라 한다. 마찬가지로 천만에 이르기까지가 모두 하나이건만 거짓으로 천만이라 하는 것이다."

또한 일체법 가운데에는 모습이 있으므로 하나라 하고, 한 모습이기에 하나라 한다. 일체의 사물을 일컬어 법이라 하는데, 법의 모습이기 때문에 하나라 한다. 이와 같이 한량없는 하나의 법문[門]으로 차별된 모습을 깨뜨리고, 하나에도 집착하지 않는 것을 법인이라 한다.

또한 보살은 일체법을 관찰해 둘로 본다. 무엇이 둘인가? 둘이란 안팎의 모습을 말한다. 안팎의 모습이기 때문에 안은 밖의 모습이 아니요, 밖은 안의 모습이 아니다.

또한 일체법은 유무의 모습이기 때문에 둘이 된다. 공함과 공하지 않음, 항상함과 항상하지 않음, 나와 나 아님, 색과 색 아님, 볼 수 있음과 볼 수 없음, 대할 수 있음과 대할 수 없음, 유루(有漏)와 무루(無漏), 유위(有爲)와 무위(無爲), 마음의 법과 마음 아닌 법, 마음에 속하는 법(心數法)과 마음에 속하지 않는 법, 마음에 응하는 법(心相應法)과 마음에 응하지 않는 법 등이다.

이렇듯 한량없는 둘의 법문으로 하나를 깨뜨리고 둘에도 집착되지 않는 것을 법인이라 한다.

또한 보살은 일체법을 관찰해 셋으로 본다. 어떤 것이 셋인가? 아래·중간·위와 선함·불선함·무기(無記)와 유·무·비유비무와 견제단(見諦斷)·사유단(思惟斷)·무단(無斷)과 유학·무학·비학비무학과 과보·과보 있음·과보도 아니고 과보가 있지도 않음 등 이렇듯 한량없는 셋의 법문으로 하나를 깨뜨리고 차별에도 집착되지 않는 것을 법인이라 한다.

또한 보살은 비록 무루의 도를 얻지 못하고 결사를 다 끊지 못하였더라도 능히 무루의 성스러운 법과 세 가지 법인(法印)을 아나니, 첫째는 온갖 유위의 생법은 무상하다는 등의 법인이요, 둘째는 일체법은 무아(無我)라는 법인이요, 셋째는 열반은 진실한 법이라는 법인이다.

득도한 성현들은 스스로 얻고 스스로 안다. 보살은 비록 도는 얻지 못하였더라도 능히 믿고 수긍하나니, 이를 법인이라 한다.

세상의 끝을 알기 전에 독화살부터 뽑아라

또한 14난(難)165)에 대하여 대답하지 못하는 법 가운데서 항상함과 무상함 등의 장애 없이 중도(中道)를 잃지 않음을 관찰하고, 이 법을 능히 참는다면, 이것을 법인이라 한다.

어떤 비구가 이 14난에 대하여 생각하고 관찰하여도 통달하지 못하자 참을 수 없는 마음이 생기어 의발(衣鉢)을 들고 부처님께로 가서 말씀드렸다.

"부처님이시여, 저를 위해 14난을 해명해주시어 제가 이해할 수 있게 하신다면, 저는 마땅히 부처님의 제자일 것입니다. 그러나 만약에 해명해 주지 못한다면 나는 이제 다른 길을 찾겠습니다."

부처님께서 말씀하셨다.

"그대 어리석은 사람아, 네가 처음에 나에게 올 때, '이 14난에 대답해 주면 내 제자가 되겠다'고 맹세하였더냐?"

비구가 대답했다. "아니옵니다."

부처님께서 다시 말씀하셨다.

"그대는 어리석은 사람이구나. 지금 어째서 말하기를 '내게 대답해 주지 못하면 제자가 되지 않겠다' 하느냐? 나는 늙고 병들고 죽는 사람을 위해 법을 설해주어 제도하거늘, 이 열네 가지 질문은 다투고 논쟁하는 법이다. 법에 대해 이익이 없고 오직 희론일 뿐이다. 물어서 무엇하리오. 만일 네게 대답해 주더라도 그대는 요달하지 못하니라. 죽을 때까지 알지

---

165) 열네 가지 어려운 형이상학적인 질문을 말한다. 곧 세상의 존속성, 세간의 공간적 한계, 몸과 마음, 깨달은 이[如來]의 사후 존속에 관한 질문을 말한다. 곧 ①세계는 항상한가 ②무상한가 ③항상하면서 무상한가 ④항상하지도 않고 무상하지도 않은가 ⑤세계는 끝이 있는가 ⑥끝이 없는가 ⑦끝이 있기도 하고 없기도 한가 ⑧끝이 있는 것도 아니고 없는 것도 아닌가 ⑨몸과 마음은 하나인가 ⑩다른 것인가 ⑪여래는 사후에 존재하는가 ⑫존재하지 않는가 ⑬존재하기도 하고 존재하지 않기도 한가 ⑭존재하는 것도 아니고 존재하지 않는 것도 아닌가이다. 이 열네 가지 질문에 대한 부처님의 입장이 곧 14무기(無記)이다. 여기에서 무기(avyākṛta)란 '대답되지 않거나 혹은 설명될 수 없는 것'을 뜻한다.

못한 채 생로병사를 벗어나지는 못할 것이다.

비유하건대, 마치 어떤 독화살을 맞은 사람의 경우와 같으니라. 곧 친척들이 의원을 불러 화살을 뽑고 약을 바르려고 했지만 그가 말하기를 '화살을 뽑아서는 안 된다. 나는 먼저 그대의 성명과 부모와 나이를 알아야 되겠고, 다음은 화살이 어느 산의 어떤 나무, 어떤 깃이며, 활촉은 누가 만들었으며, 어떤 쇠인가를 알아야겠다. 또한 활은 어느 산의 나무이며, 어떤 짐승의 뿔인가를 알아야 되겠다. 또한 약은 어디서 난 것이며, 그 이름은 무엇인지를 알아야 되겠다. 이러한 갖가지 일을 모두 안 뒤에야 그대가 화살을 뽑고 약을 바르게 하겠다' 했느니라."

부처님께서 다시 비구에게 물으셨다.

"이 사람이 이런 일을 다 안 뒤에 화살을 뽑아야 되겠는가?"

비구가 대답했다. "다 알 수가 없습니다. 만일 다 알기를 기다린다면 그는 이미 죽은 뒤가 될 것입니다."

부처님께서 말씀하셨다.

"그대 역시 이와 같으니라. 삿된 소견의 화살에 애욕의 독약이 발라진 채 이미 네 마음 깊숙이 박혔기에 너는 이 화살을 뽑기 위해 내 제자가 되었다. 그렇거늘 화살은 뽑으려 하지 않고 도리어 세상이 항상함과 무상함, 끝 있음과 끝없음 등을 구하려 한다. 그것을 구해도 얻지 못한 채 혜명(慧命)을 잃고 축생과 마찬가지로 죽어서는 스스로가 어둠으로 뛰어들고자 하는구나."

비구는 부끄러이 여기면서 부처님의 말씀을 똑똑히 이해하고는 아라한의 도를 얻었다.166)

보살이 일체를 아는 자[一切智人]가 되고자 한다면, 마땅히 일체법을 추구하여 그 참 모습을 알아야 한다. 열네 가지 질문에 대하여 막히지도 않고 장애받지 않으며, 이것은 곧 이 마음의 중한 병이 됨을 바로 알아 능

---

166) 여기서 부처님은 공부의 선후를 말하심이다. 우선 독화살과 같은 생사의 번뇌를 조복해야 그 다음이 보이는 것이다. 그렇지 않고서는 14난의 질문도 그저 희론일 뿐이라는 말씀이다. 6바라밀을 닦으면 생사 번뇌가 조복되고, 반야 지혜를 구족한다.

히 벗어나고 능히 참는다면, 이것을 법인이라 한다.

또한 불법은 심히 깊고 청정미묘하거늘 갖가지 한량없는 법문을 잘 펴 내어 한결같은 마음으로 믿어 받들어 의심도 후회도 없으면 이를 법인이라 한다.

부처님께서 말씀하셨듯이 모든 법이 비록 공하나 또한 단절되거나 멸하지 않는다. 모든 법은 인연으로 상속하여 생기며 또한 영원한 것도 아니다. 비록 모든 법에 주재자[神]가 없으나 죄와 복을 잃지도 않는다. 잠깐 사이에 몸의 모든 법과 모든 감관과 모든 지혜가 전멸(轉滅)하여 멈추지 않으니, 뒷생각으로 이어지지 않은 채 새록새록 생멸하나 역시 한량없는 세상 가운데 인연의 업을 잃지도 않는다.

온[衆]·처·계 안은 모두 공하여 주재자가 없으나, 중생들은 5도 가운데 윤전하면서 생사를 받는다.

이렇듯 갖가지 심히 깊고 미묘한 법에 대해 아직 불도를 얻지는 못했으나 능히 믿고 받들어 의심치 않고 후회하지 않는다면 이것이 법인이다.

반야바라밀에 머물러 인욕바라밀을 구족한다

【문】 어떻게 모든 법의 실상을 관하는가?

【답】 모든 법은 티[瑕]도 틈[隙]도 없어서 깨뜨리거나 무너뜨릴 수 없으니, 이것이 법의 실상임을 관찰해서 안다.

일체법에 두 종류가 있으니, 색법(色法)과 무색법(無色法)이다. 색법은 분석해서 미진(微塵)에 이르면 흩어져 멸해 남음이 없으니, 이미 단바라밀품(檀波羅蜜品)에서 보시할 물건을 파하는 데서 말한 바와 같다.

무색법은 다섯 감정으로는 알 수 없는 바이기 때문이고, 뜻과 감정이 생기고 머물고 멸할 때에 관찰하기 때문에 마음에 몫[分]이 있음을 안다. 몫이 있기 때문에 무상하고, 무상하기 때문에 공하고, 공하기 때문에 있지 않나니, 손가락을 튀기는 사이에 예순 시각이 있으며, 낱낱 시각 가운데 마음에 생멸이 있다. 상속되어 생하는 까닭에 탐내는 마음, 성내는 마음, 어리석은 마음, 믿는 마음, 청정하고 지혜로운 선정의 마음임을 안다.

수행자는 마음의 생멸을 관찰하기를 마치 흐르는 물의 등잔불같이 하니, 이것을 공(空)의 지혜의 문에 들어간다고 한다. 만일 한때엔 생겼다가 다른 때엔 멸한다면 생멸한다고 생각하는 이 마음은 응당 항상해야 할 것이다. 왜냐하면 이 지극히 짧은 시각 가운데에는 멸함이 없기 때문이다. 만약에 일시에 멸함이 없다면 끝끝내 멸함이 없어야 할 것이다.

또한 부처님께서 말씀하시기를 "유위의 법에는 모두 세 가지 모습이 있다"하셨다.

만일 극히 짧은 시간에 생겨나서는 멸함이 없다면 유위의 법이 아닐 것이요, 만일 극히 짧은 시간에 마음이 생하고 머물고 멸한다면 어째서 단지 먼저 생겼다가 나중에 멸한다고만 말하고 먼저 멸했다가 나중에 생긴다고 하지는 않는가?

또한 만일 먼저부터 있던 마음이 나중에 생기는 것이라면, 마음이 생기기를 기다리지 말아야 할 것이다. 그것은 왜냐하면 이미 먼저부터 마음이 있었기 때문이다. 만일 먼저부터 생함이 있었다면 생이 일어날 바가 없을 것이다.

또한 생과 멸은 성품이 서로 다르니, 생에는 멸이 있을 수 없고, 멸에는 생이 있을 수 없다. 그러므로 동시[一時]라고도 할 수 없고 다르다고도 할 수 없다. 그렇다면 생함이 없다. 만일 생함이 없다면 머물고 멸함도 없다. 생함과 머무름과 멸함이 없다면, 곧 마음에 속하는 법도 없다. 마음에 속하는 법이 없다면 마음에 상응하지 않는 법이 없게 된다.

모든 행(行)에 색도 없고 무색법도 없는 까닭에 무위법 역시 없다. 왜냐하면 유위(有爲)를 인함으로써 무위(無爲)이기 때문이다. 만약에 유위가 없다면, 곧 무위 역시 없는 것이다.

또한 만들어진 법이 무상함을 보기 때문에 만들어지지 않은 법이 항상한 것임을 알 수 있다. 그렇다면 지금의 만들어진 법이 존재하는 법이라고 본다면, 만들어지지 않은 법은 마땅히 없는 법이어야 한다. 그러므로 항상한 법이란 있을 수 없는 것이다.

또한 외도와 부처님 제자들이 항상하는 법을 말함에 같음[同]과 다름[異]이 있다. 같은 것은 허공과 열반이다. 외도는 "신아(神我)·시간·방위·미진·명초(冥初)가 있다"고 하는데, 이와 같은 것이 다름이다.

또한 불제자들이 말하기를 "비수연진(非數緣盡)은 항상하다" 하고, 다시 말하기를 "인연을 멸하는 법이 항상하며, 연연으로 생한 법은 무상하다" 한다.

마하연(摩訶衍)에서는 항상한 법은 법의 성품·진여[如]·진제(眞際)이니, 이 같은 갖가지를 일컬어 '항상한 법은 허공과 열반'이라고 한다. 앞의 「찬보살품」에서 말한 바와 같다. 신아·시간·방위·미진 역시 앞에서 얘기한 바와 같다. 그러므로 모든 법이 있다고 말할 수 없다.

만일 모든 법이 없다고 한다면 두 가지가 있으니, 첫째는 항상함이 없음이요, 둘째는 단멸인 까닭에 무가 되는 것이다.

만일 먼저는 있다가 지금은 없거나 지금은 있다가 나중에는 없어진다면 이는 단멸이니, 그렇다면 인연이 없는 것이다. 인연이 없다면 한 물건에서 온갖 물건이 나와야 되며, 또한 온갖 물건에서 아무것도 나오지 않기도 하여야 한다.

미래의 세계에 대해서도 그와 같아서 만일 죄와 복의 인연을 끊는다면 곧 빈부귀천의 차이 및 악도 축생에 떨어지는 일도 없어야 한다.

만일 항상함이 없다면 고집멸도도 없어야 한다. 만약에 이 4제가 없으면 법보(法寶)도 없을 것이요, 여덟 가지 현성의 길도 없을 것이다.

또한 법보와 승보(僧寶)가 없으면 불보(佛寶)도 없을 것이니, 그렇다면 삼보가 깨어질 것이다.

또한 일체법이 실로 공하다면 죄와 복도 없을 것이며, 부모도 없고 세상의 예법도 없고, 선악도 없을 것이다. 그렇다면 선과 악이 같은 종류이며, 옳고 그름이 한 꾸러미이어서 모든 물건이 다 없어져서 마치 꿈속에 보는 것과 같으리라.

만일 실로 없다고 말한다면, 이 같은 과실이 있게 되니, 이러한 말을 누가 믿으랴.

만일 '전도(顚倒)된 까닭에 있다고 본다'고 한다면, 어찌하여 한 사람을 볼 때에 두 세 사람을 보지 않는가? 그것이 실제에는 없는 것이나 전도되어 보기 때문이다.

만일 이러한 유무의 견해에 떨어지지 않는다면 중도(中道)의 실상을 얻는다.

어찌 실상인 줄 아는가? 과거의 항하의 모래수같이 많은 부처님들과 보살들이 알고 말씀하신 바, 미래의 항하의 모래수같이 많은 부처님들과 보살들이 알고 말씀하실 바, 현재의 항하의 모래수같이 많은 부처님들과 보살들이 알고 말씀하고 계신 바와 같다. 믿음이 크기 때문에 의심치 않고 후회하지 않으며, 믿음이 크기 때문에 능히 지니고 능히 받으니, 이를 법인(法忍)이라 한다.

또한 선정의 힘으로 마음이 부드럽고 청정해지면 모든 법의 실상을 듣고는 마음에 계합되고 깊이 믿어 의심 없고 후회가 없다. 그것은 왜냐하면 의심과 후회는 곧 욕계에 얽매이는 법으로 거칠고 악하기에 부드러운 마음 가운데에 들지 못하기 때문이다. 이것을 법인이라 한다.

또한 지혜의 힘 때문에 일체법에 대해 갖가지로 관찰하되 한 법도 얻을 수 없으니, 이 법을 능히 참고 능히 받아들여 의심치 않고 후회하지 않는다면 이를 법인이라 한다.

또한 보살은 이렇게 생각한다.
'범부들은 무명의 독 때문에 일체법에 대하여 뒤바뀐 모습을 짓나니, 항상함이 아닌데 항상하다고 생각하며, 괴로운 데 즐겁다고 생각하며, 나가 없는데 나가 있다고 생각하며, 공한데 실하다고 생각하며, 없는데 있다고 생각하며, 있는데 없다고 생각한다. 이러한 갖가지 법 가운데서 뒤바뀐 모습을 만든다.'
성스럽고 진실한 지혜를 얻어 무명의 독을 깨뜨리고 모든 법의 실상을 알아 무상함·괴로움·공함 나 없음의 지혜를 얻고 사견을 버리어 집착하지 않으면서 이 법을 능히 참는다면, 이것을 법인이라 한다.

또한 일체법을 관찰하건데, 모든 법은 본래부터 공하고 지금도 공하니, 이 법을 능히 믿고 능히 받아들인다면, 이것을 법인이라 한다.

【문】만약에 본래부터 공하고 이제도 공하다 한다면, 이는 잘못되고 삿된 견해이다. 어찌 법인이라 말하는가?
【답】만일 모든 법이 끝내 공함을 관찰하면서 형상을 취하고 마음으로 집착한다면 이것은 잘못된 견해이다. 만일 공을 관찰하되 집착하지도 않고 삿된 소견을 내지도 않는다면 이것이 법인이니, 게송으로 설명하리라.

모든 법의 성품은 항상 공하지만
마음이 공에 집착하지 않으니
이와 같이 법을 능히 참으면
이는 불도(佛道)에 드는 첫 모습이다.

이처럼 갖가지로 지혜에 들어가 모든 법의 실상을 관찰하여 마음이 물러나지 않고 후회하지 않고 다른 관법을 따르지도 않고 근심하는 바도 없어 자리(自利)와 이타(利他)를 얻게 된다면, 이것을 법인이라 한다.

이 법인에 세 종류가 있다. 곧 행이 청정하여 인욕의 법을 보지 않고, 자기 몸을 보지 않고, 욕하는 사람을 보지 않아서 모든 법에 희론치 않는 것이니, 이때를 청정한 법인이라 한다.

이런 까닭에 말하기를 "보살이 반야바라밀 가운데 머물러서 능히 찬제바라밀을 구족한다"고 말하는 것이다. 그것은 동요되지 않고 물러서지 않기 때문이다.

그렇다면 어떻게 동요되지 않고 물러서지 않는가? 성냄을 일으키지 않고 거친 말을 내지 않으며, 몸으로 남에게 악한 짓을 하지 않고 마음에 의심하는 바가 없는 것이다.

보살은 반야바라밀다의 실상을 알아 모든 법을 보지 않으며, 마음에 집착하는 바가 없기 때문에 어떤 사람이 와서 욕하고 독극물로 살해하고자 해도 일체를 능히 참아낸다.

그러므로 말하기를 "반야바라밀다에 머물러서 찬제바라밀을 구족한다"고 한 것이다.

4. 정진바라밀

정진 바라밀

【經】몸과 마음으로 정진하여 게으르거나 쉬지 않는 까닭에 비리야바라밀을 구족한다.

비리야(毘梨耶)는 정진(精進)이다.
보시·지계·인욕은 큰 복덕이면서 평안하고 즐겁고 좋은 명예가 있으며, 바라는 바를 얻게 된다. 이미 이러한 복덕의 맛을 알게 되었다면, 이제 다시 정진을 더해 더욱 묘하고 뛰어난 선정과 지혜를 얻고자 한다. 비유하건대 우물을 파는데 물기가 보인다면, 더욱 노력을 가해 반드시 물을 얻고자 희망하는 것과 같다. 또한 불을 켜는데 연기가 나기 시작한다면, 더욱 부지런히 비벼서 반드시 불을 얻고자 희망하는 것과도 같다.

불도를 이루고자 하는 데 무릇 두 문이 있으니, 하나는 복덕이요 둘은 지혜의 문이다.
보시와 지계와 인욕을 행하는 것은 복덕의 문이요, 모든 법의 실상인 마하반야바라밀을 아는 것은 지혜의 문이다. 보살은 복덕문에 들어가서 일체의 죄업을 제거하고 원하는 바를 모두 얻는다. 소원을 이루지 못하는 것은 죄업의 때[罪垢]에 차단당했기 때문이다.
지혜의 문에 들어가더라도 생사를 싫어하지 않고 열반도 즐기지 않게 된다. 두 일이 하나이기 때문이다.
이제 마하반야바라밀을 낳고자 하는데, 반야바라밀은 반드시 선정문(禪定門)을 인하며, 선정문은 반드시 대정진의 힘을 필요로 한다. 왜냐하면 산란한 마음으로는 모든 법의 실상을 볼 수 없기 때문이다. 비유하건대 바람 속에서 등불을 켜면 물건을 비출 수 없지만 밀실(密室)에다 등을 켜면 밝게 타올라 반드시 물건을 비추는 것과 같다.

이 선정의 지혜는 복덕이나 소원만으로 구할 수 없으며, 또한 거친 관법으로도 얻을 수 없다. 반드시 몸과 마음으로 부지런히 닦아 게을리 하지 않아야 비로소 이루게 된다.

　부처님께서 말씀하시기를 "피·살·기름·골수가 모두 다하고 오직 가죽·뼈·심줄만 남도록 부지런히 정진하라. 이렇게 한다면 비로소 선정과 지혜를 얻을 수 있다. 이 두 일을 얻으면 모든 일이 다 이루어진다" 하셨다.

　그러므로 정진이 네 번째가 되니, 정진을 일컬어 선정과 참지혜의 근본이라 하는 것이다.

게으름은 모든 공덕을 태우는 큰불이다

보살은 갖가지 인연으로 게으른 마음을 꾸짖고 정진을 즐기게 만든다. 게으름의 먹구름은 온갖 밝은 지혜를 덮고, 모든 공덕을 삼키어 멸하며, 불선(不善)을 자라나게 한다. 게으른 사람은 처음에는 조금 즐거울지 몰라도 나중에는 크게 고통 받는다. 마치 독이 든 음식이 처음에는 향기롭고 맛있으나 시간이 지나면 곧 사람을 죽이는 것과 같다.

게으른 마음은 모든 공덕을 태우니, 마치 큰불이 숲과 들을 태워버리는 것과 같다. 게으른 사람은 모든 공덕을 잃으니, 마치 도적을 맞아 아무것도 남은 것이 없는 것과 같다.

게송으로 말하리라.

응당히 얻을 것을 얻지 못하고
이미 얻은 것은 다시 잃는다.
스스로 그 몸을 가벼이 여기면
다른 이들도 공경치 않네.

항상 큰 어두움 속에 있어서
위덕도 존귀함도 없고
지혜의 법도 없으니
이러한 것들을 영원히 잃어버리네.

묘한 길에 관한 가르침을 들어도
자신을 이롭게 하지 못하니
이러한 허물들은 모두가
게으름에서 생겨나네.

설사 이로운 법을 듣더라도
위로 미칠 수 없으니

이러한 죄과는 모두가
게으름에서 생겨나네.

업을 낳고 도리를 닦지 않고
도법에 들지 않으니
이 같은 과실은 모두가
게으름에서 생겨나네.

높고 지혜로운 분에게 버림받고
중간 사람은 가끔 가까이하며
못난 바보들은 거기에 빠져서
돼지가 시궁창을 즐기는 것과 같네.

세간에 있는 사람이라면
세 가지 일을 모두 잃나니,
욕락과 재산을 잃고
복덕 또한 사라지네.

출가한 사람이라면
두 일을 얻지 못하나니,
곧 생천·열반과 명예
두 가지를 모두 잃네.

이 모든 허물의 이유 알고 보면
이는 바로 게으름이니,
모든 도적 가운데
이를 지나는 것은 없네.

이러한 여러 허물 있으니
게으른 마음 짓지 말라.
마정(馬井) 등의 두 비구는

게으름 때문에 악도에 떨어졌으니,
부처님을 뵙고 법을 들었으나
또한 스스로 면하지 못했네.

이렇게 갖가지로 게으름의 허물을 관찰하고는 정진을 증장시킨다.

모든 도와 공덕이 정진으로 얻어진다

【문】 보살은 정진에 어떤 이익이 있음을 관찰하기에 부지런히 닦아서 게을리 하지 말라 하는가?

【답】 금생과 내생의 도와 공덕의 이익이 모두 정진에 의해서 얻어진다.

또한 어떤 사람이 자기 스스로를 제도하고자 하여도 마땅히 부지런히 서둘러 정진해야 되거늘 하물며 보살로서 모든 중생을 제도하려고 서원한 사람이겠는가.

정진을 찬탄한 게송에 이런 것이 있다.

어떤 사람이 몸을 아끼지 않고
지혜로운 마음이 결정되어서
법답게 정진을 행한다면
구하는 일 어려움 없으리.

농부가 부지런히 힘쓰면
수확이 반드시 풍부한 것과 같고
먼 길을 가려는 자가 부지런히 걷는다면
반드시 이르는 것과 같네.

하늘에 태어나거나
열반의 즐거움 얻으니
이 인연은
정진의 힘이니

하늘의 힘도 원인 없음도 아니네.
스스로 짓는 까닭에 스스로 얻는 것이니
어느 지혜로운 사람이

스스로 힘쓰지 아니하리오.

삼계의 불이 타오름은
마치 맹렬한 불꽃 같으니
지혜롭고 결단 있는 이라야
비로소 면하고 여의게 되리라.

부처님께서 아난에게 말씀하셨으니
바르게 정진해
이처럼 게을리 하지 않는다면
곧장 불도에 이르리라.

힘써 부지런히 땅을 판다면
능히 샘으로 통하니
정진도 역시 이와 같아서
구하면 얻지 못할 것 없네.

능히 행도(行道)의 법과 같이 하여
정진하여 게을리 하지 않으면
한량없는 과보 반드시 얻어지고
이 과보는 끝내 잃지 않으리.

정진의 이익을 관찰하건대 금생과 내생의 불도와 열반의 이익은 모두가 정진을 말미암는다. 보살은 모든 법이 다 공해서 아무것도 없음을 알지만 열반을 증득하지 않고 중생을 가엾이 여기어 온갖 착한 법을 모으나니, 이것이 정진바라밀의 힘이다.

정진의 법은 모든 착한 법의 근본이어서 능히 일체의 도법과 나아가서는 아뇩다라삼먁삼보리를 낳는다. 그러니 하물며 작은 이익이겠는가. 율장 가운데 말하기를 "모든 선법 및 아뇩다라삼먁삼보리가 모두 게으르지 않는 정진에 의하여 생겨난다" 했다.

또한 정진은 능히 전생의 복덕을 발동하게 하니, 마치 비가 종자를 적시어 반드시 싹이 트게 하는 것과 같다. 이 일도 그와 같아서 비록 전생의 복덕의 인연이 있다고 해도 정진이 없으면 생겨날 수가 없으며 나아가 금생의 이익도 얻을 수 없다. 그러니 하물며 불도이겠는가.

또한 대보살들은 중생들을 짊어지고 온갖 괴로움에서 아비지옥의 괴로움을 받더라도 게을리 하지 않나니, 이것이 정진이다.

모든 일은 정진이 없으면 이룰 수 없다.

욕망에서 정진으로, 정진에서 불방일로

정진에 대하여 부처님께서 때로는 욕(欲)이라 하시고, 때로는 정진이라 하시고, 때로는 불방일(不放逸)이라 하셨다.

비유하건대 어떤 사람이 먼 길을 가려는데 처음 떠나려고 생각하는 것을 욕망이라 한다.

출발해서 멈추지 않는 것을 정진이라 한다.

스스로를 격려해서 나아감을 멈추지 않게 하는 것을 불방일167)이라 한다.

이런 까닭에 알게 되니, 욕망에서 정진이 생기고, 정진이 생기는 까닭에 불방일이 있고, 불방일이 있는 까닭에 능히 모든 법을 낳게 하며 나아가서는 불도를 이루게 되는 것이다.

또한 보살이 생·노·병·사를 벗어나고자 하고, 또한 중생들을 제도하고자 한다면 마땅히 한결같은 마음으로 정진하여 방일하지 말아야 한다. 이는 마치 어떤 사람이 기름잔을 들고 사람들 사이로 걸어다니는 것과 같으니, 현전에서 일심으로 불방일하기에 큰 이익을 얻는다.

또한 외지고 험한 길을 새끼줄에 매달리거나 혹은 산양(山羊)을 타고 가는 것과 같으니, 이러한 모든 악도(惡道)에서는 일심으로 불방일하기에 몸의 안온을 얻으며, 금생에서는 크게 명리를 얻게 된다.

도를 구해 정진하는 것도 역시 이와 같으니, 한결같은 마음으로 게을리하지 않으면 소원이 모두 이루어진다.

다시 예를 들어 흐르는 물에 돌이 패이듯이 게으르지 않고 정진하는 마음도 그와 같아서 오로지 방편을 닦아 항상 행하기를 그만두지 않는다면 능히 번뇌와 모든 결사의 산을 무너뜨린다.

---

167) 불방일(불방일)이란, 단순히 게으름 없이 부지런할뿐 아니라, 마음이 일심으로 흐트러짐이 없음을 말한다.

스스로 정진하여 과보를 얻는다

또한 보살은 세 가지 생각을 한다.

'내가 하지 않으면 과보를 얻지 못한다. 내가 스스로 하지 않으면 다른 곳에서 오지 않는다. 내가 하면 끝내 잃지는 않는다.'

이렇게 생각하고는 반드시 정진을 닦나니, 불도를 위하는 까닭에 부지런히 닦아 게을리 하지 않는다.

어떤 이가 조그마한 아란야에서 혼자 좌선을 하다가 게으름을 일으켰다. 숲속에 신이 있었는데 그는 부처님의 제자였다. 어떤 시체의 뼈 속에 들어가서 노래하고 춤추며 와서는 이런 게송을 읊었다.

숲속의 작은 비구야,
어째서 게으름을 부리느냐.
낮에 왔을 때 두려워하지 않으면
밤에도 이렇게 오리라.

이 비구가 깜짝 놀라서 일어나 앉아 생각하다가 밤중에 다시 잠에 떨어졌다. 그 신이 다시 나타났는데 머리는 열이요, 입에서 불이 나오고, 어금니와 손톱은 칼 같고 눈은 붉은 불꽃 같았다. 졸개들을 돌아보면서 말했다.

"이 게으른 비구를 잡아라. 여기는 게으름을 부릴 곳이 아닌데 어째서 그러느냐?"

이때 비구가 크게 놀라며 생각했다. 전일하게 법을 생각하여 아라한의 도를 얻었으니, 이것을 일컬어 '스스로 정진하여 불방일의 힘을 기른다면 능히 도과를 얻는다'고 하는 것이다.

또한 이 정진은 스스로의 몸을 아끼는 것이 아니라 과보를 아끼는 것이다. 몸의 네 가지 위의, 곧 다니고 앉고 멈추고 누움에 있어서 항상 부지런히 정진하며, 차라리 스스로가 몸을 잃을지언정 도업은 그치게 하지 않는다. 마치 불을 끄기 위해 법의 물을 던져 넣는 것은 마음이 오직 불을 끄는 데 있을 뿐, 법을 아끼지 않는 것과 같다.

어떤 선인이 제자를 가르치기 위해 이런 게송을 읊었다.

결정된 마음 거뜬하면
대과보를 얻은 듯하니
원하는 일 이루어진 뒤에야
이것이 가장 묘한 줄을 안다.

이와 같이 갖가지 인연으로 정진의 이익을 관찰해 능히 정진을 늘리고 더해야 한다.

정진의 다섯 가지 모습

【문】어떤 것이 정진의 모습[精進相]인가?

【답】반드시 이룬다는 마음이 있으며, 시작을 어려워하지 않고, 의지가 굳건하고, 마음에 피로함이 없으며, 일의 끝[究竟]을 추구하여야 하나니, 이러한 다섯 가지를 정진의 모습이라 한다.

부처님께서 말씀하셨듯이 정진의 모습이란 몸과 마음이 쉬지 않는 것이기 때문이다. 예컨대 부처님께서는 전생에 객주(客主)였는데 여러 상인들을 데리고 험난한 길을 지나게 되었다. 이때 나찰 귀신이 나타나서 손으로 막으면서 말하기를 "너는 꼼짝 말라. 네 앞길을 막노라" 하니, 객주는 곧 오른손을 들어 그를 쳤다. 하지만, 주먹이 붙어 당겨도 떨어지지 않았다. 다시 왼손으로 쳤으나 역시 떨어지지 않았다. 오른발로 찾으나 발까지 붙었고, 다시 왼발로 찼으나 역시 마찬가지였고, 머리로 받았으나 머리마저 붙어버렸다.

이에 귀신이 물었다.
"네가 지금 이렇게 되었는데 다시 무엇을 하자는 것이냐. 마음이 쉬었느냐?"
객주가 대답했다.
"비록 다섯 활개가 묶였으나 끝내 너 때문에 쉴 수는 없다. 반드시 정진의 힘으로써 너에게 반격을 하리니, 결코 그만두지 않겠다."
이때 귀신은 기뻐하면서 '이 사람의 담력(膽力)이 대단하구나'라고 생각하고는 곧 그에게 말했다.
"네 정진의 힘이 커서 결코 그칠 것 같지 않으니 너를 보내주겠노라."

수행자도 그와 같아서 착한 법에 대하여 초저녁·밤중·새벽에 경을 읽고 좌선하여 모든 법의 실상을 구하고 모든 번뇌에 얽매이지 않고 몸과 마음을 게을리 하지 않으면 이를 정진의 모습이라 한다.

정진에서 정진바라밀로 나아가라

　모든 착한 법에 대하여 게으르지 않고 부지런히 닦는 것을 정진의 모습이라 한다.
　5근(根)에서는 정진근(精進根)이라 부른다. 근(根)이 늘어나는 것을 정진력(精進力)이라 하고, 마음을 깨우치는 것을 정진각(精進覺)이라 하고, 불도의 완성인 열반성(涅槃城)에 이르는 것을 정정진(正精進)이라 한다.
　4념처(念處)에 부지런히 마음을 모으는 것이 정진분(精進分)이다. 4정근(精勤)에서는 정진문(精進門)이고, 4여의(如意)에서는 욕정진(欲精進)이 곧 정진바라밀이며, 6바라밀에서는 정진바라밀이다.

【문】그대는 먼저는 정진을 찬탄하더니, 이제는 정진의 모습을 이야기한다. 이는 어느 정진을 말하는가?
【답】온갖 착한 법에 속하는 정진의 모습이다.

【문】지금은 마하반야바라밀을 이야기하는 과정이니, 응당 정진바라밀을 말해야 되거늘 어찌하여 온갖 착한 법 가운데의 정진을 말하는가?
【답】처음 발심한 보살이 모든 착한 법 가운데서 정진해 차츰차츰 정진바라밀을 얻기 때문이다.

【문】모든 착한 법 가운데 정진이 많으니, 지금 정진바라밀을 말할 때 이미 온갖 착한 법의 정진에 들어간 것이다.
【답】**불도를 구하기 인하여 정진함을 바라밀이라 한다.** 그 밖의 모든 착한 법에 대한 정진은 그냥 정진이라 할지언정 바라밀이라 하지는 않는다.

【문】모든 착한 법에 대하여 부지런한 것은 어찌하여 정진바라밀이라 하지 않고 오직 보살의 정진만을 바라밀이라 하는가?
【답】바라밀이란 피안에 도달함을 말한다. 세상 사람과 성문·벽지불은

모든 바라밀을 구족해 행할 수 없다. 그러므로 정진바라밀이라 하지 않는다.

또한 이 사람들은 대자대비가 없어 중생을 버리고, 10력(力)·4무소외(無所畏)·18불공법(不共法)·일체지(一切智) 및 무애해탈(無碍解脫)·무량신(無量身)·무량광(無量光)·무량음성(無量音聲)·무량지계(無量持戒)·선정·지혜를 구하지 않는다. 이런 까닭에 이러한 사람들의 정진은 바라밀이라 하지 않는 것이다.

보살은 정진하여 쉬거나 멈추지 않고 한결같은 마음으로 불도를 구하나니, 이와 같이 행한다면 일컬어 정진바라밀이라 한다. 예컨대 호시보살(好施菩薩)은 여의주(如意珠)를 구해 큰 바닷물에 들 때 뼈와 힘줄이 끊어지더라도 끝내 쉬지 않고 마침내 여의주를 얻어 중생들에게 베풀고 그 몸의 괴로움도 제해 주었다. 보살도 그와 같아서 하기 어려운 일을 능히 하나니, 이것이 보살의 정진바라밀이다.

또한 보살은 정진의 힘으로 으뜸을 삼아 다섯 가지 바라밀을 행하나니, 이런 때를 일컬어 보살의 정진바라밀이라 한다. 비유하건대 여러 가지 약초가 화합하여 중병을 고치는 것과 같다. 보살의 정진도 그와 같아서 정진만 행하고 다섯 바라밀을 행하지 못한다면, 이는 보살의 정진바라밀이라 부르지 않는다.

보살의 정진은 재리(財利)나 부귀·세력을 구하기 위함도 아니고 그 몸을 위함도 아니며, 하늘에 태어나거나 전륜왕이 되거나 범왕·제석천왕이 되기 위함도 아니다. 또한 스스로 열반을 구하기 위한 것도 아니니, 오직 불도를 구하여 중생을 이롭게 하기 위한 것이다.
이와 같은 모습을 일컬어 보살의 정진바라밀이라 한다.

또한 보살은 정진하되 온갖 착한 법을 닦고 대비를 으뜸 삼는다. 마치 인자한 아버지가 자식을 사랑하되 외아들이 중병에 걸리면 일심으로 약을 구해 치료해 주는 것과 같으니, 보살이 정진을 닦되 자비로써 으뜸을 삼는 것도 그와 같아서 일체를 구하고 치료해 주되 잠시도 마음에서 버리지 않는다.

정진바라밀이 6바라밀을 낳는다

보살은 정진하되 실상(實相) 지혜로써 으뜸을 삼아 6바라밀을 행하나니, 이것을 보살의 정진바라밀이라 한다.

보살은 이렇게 관찰한다.

"삼계와 6도의 중생들이 각각 즐길 바를 잃었다.

무색계 하늘의 즐거움을 결정된 마음으로 집착하여 깨닫지 못하다가 목숨이 다한 뒤엔 욕계에 떨어져서 새나 짐승의 몸을 받는다. 색계의 모든 하늘들도 그와 같아서 청정한 곳에서 떨어져서는 도리어 부정한 것 가운데서 음욕을 받으며, 욕계의 여섯 하늘들은 5욕에 즐겨 집착하다가 도리어 지옥에 떨어져서 온갖 고통을 받는다.

인간의 길을 보건대, 열 가지 착한 복의 갚음으로 사람의 몸을 받았으나 사람의 몸은 괴로움이 많고 즐거움은 적으며, 수명이 다한 뒤에는 악취(惡趣) 가운데 떨어진다.

축생들을 보니, 온갖 고통을 받는데 채찍에 맞아 시달리고 무거운 짐을 지고 먼 길을 가며, 목덜미가 패이고 뜨거운 무쇠로 지져진다. 이들은 사람으로서 전생에 인연을 지을 때에 중생들을 결박하고 채찍과 매로 중생들을 괴롭혔으니, 이러한 갖가지 인연으로 코끼리·말·소·염소·사슴 등 짐승의 몸을 받는다."

보살은 이런 것을 보고는 생각한다.

"이 괴로운 업의 인연은 모두가 무명과 모든 번뇌에서 생긴 것이니, 나는 마땅히 정진하고 부지런히 6도(六度)를 닦아 모든 공덕을 모으며, 모든 중생들의 5도의 고통을 끊어 주리라."

그리고는 위대한 연민을 일으켜 더욱 정진한다. 마치 자신의 부모가 옥에 갇혀 갖은 고문과 매를 맞는 것을 보고는 근심걱정이 만 가지가 되어 방편으로 구제하고자 하되 잠시도 마음에서 놓지 않듯이, 보살은 모든 중생이 다섯 길의 고통을 받는 것을 보고 걱정하기를 아버지의 고충과 같이 여기는 것이다.

보살의 정진은 세세(世世)에 부지런히 닦아 모든 재물과 보배를 구하여 중생들에게 베풀어 주되 아끼거나 그만두려는 마음이 없고, 스스로가 가지고 있는 재물을 모두 베풀어 주는 마음 역시 게을리 하지 않는다.

또한 부지런히 계를 지키되 크건 작건 모두를 다 받아들이고, 모두를 다 지니어 털끝만치도 헐거나 범하지 않으며, 설사 어기어 잃는 일이 있더라도 곧 뉘우쳐서 애초부터 숨기는 일이 없다.

또한 인욕을 부지런히 닦되 어떤 사람이 칼을 휘두르고 몽둥이로 때리며 헐뜯고 욕설하거나 혹은 공양한다고 해도 모두를 능히 참아 받아들이지도 집착하지도 않으며, 깊은 법에 대하여 그 마음이 빠지지도 않고 의심치도 않는다.

또한 한마음으로 전일하게 선정을 닦아 잘 머무르고 잘 지키며, 5신통 및 4등심(等心)·승처(勝處)·배사(背捨)168)와 열 가지 일체처(一切處)를 얻어 모든 공덕을 갖추며, 4념처(念處)와 모든 보살들이 부처님을 뵙는 삼매를 얻는다.

또한 보살은 부지런히 법을 구하되 몸과 마음을 게을리 하지 않고, 힘을 다해 법사에게 공양하되 갖가지로 공경하고 공급하고 시중들어 처음부터 잃음이 없으며, 물러서지도 않고 생명을 아끼지도 않는다. 법을 위하는 까닭에 읽고 외우고 묻고 대답하되 초저녁과 밤중과 새벽에 깊이 생각하고, 기억하고 헤아리고 분별하며, 그 인연을 구하고 같음과 다름을 선택하여 실상을 알고자 한다. 모든 법의 자상(自相)·이상(異相)·총상(總相)·별상(別相)·일상(一相)·유상(有相)·무상(無相)·여실상(如實相) 및 여러 불보살의 한량없는 지혜를 알고자 하며 마음이 위축되거나 물러나지 않는다면 이것을 일컬어 보살의 정진이라 한다.

이러한 갖가지 인연이 능히 갖가지 착한 법을 내기도 하고 끝내기도 하나니, 그러므로 정진바라밀이라 한다.

---

168) 색(色)과 무색(無色), 즉 물질과 마음에 대한 탐욕을 등지고[背], 버리는[捨]는 선정법으로 여덟 가지가 있어 8배사, 또는 8해탈이라고도 한다.

몸의 정진, 마음의 정진

【문】 무엇이 정진바라밀의 성취인가?

【답】 보살은 생신(生身)과 법성신(法性身)에 능히 공덕을 갖추었나니, 이것이 정진바라밀의 성취이다. 몸과 마음으로 정진하여 쉬지 않기 때문이다.

【문】 정진은 마음에 속하는 법[心數法]이거늘 어찌하여 경에서는 몸의 정진을 말하는가?

【답】 정진이 마음에 속하는 법이기는 하나 몸의 힘에서 나오기 때문에 몸의 정진이라 한다. 마치 느낌[受]이 마음에 속하는 법이기는 하나 다섯 의식과 상응하는 느낌을 몸의 느낌[身受]라 부르고, 의식(意識)과 상응하는 느낌을 마음의 느낌[心受]이라 부르는 것과 같다. 정진도 그와 같아서 몸의 힘으로 부지런히 닦되 손으로 보시를 하거나 입으로 법의 말씀을 외우거나 법을 강설하는 등은 몸과 입의 정진이라 한다.

또한 보시와 지계는 몸의 정진이라 하고, 인욕과 선정과 지혜는 마음의 정진이라 한다.

또한 밖의 일을 부지런히 닦는 것을 몸의 정진이라 하고, 스스로 내적으로 전일한 것을 마음의 정진이라 한다.

거친 수행을 몸의 정진이라 하고, 섬세한 수행을 마음의 정진이라 한다.

복덕을 위하는 것을 몸의 정진이라 하고, 지혜를 위하는 것을 마음의 정진이라 한다.

보살이 처음 발심함으로부터 무생법인(無生法忍)을 얻기까지의 중생을 몸의 정진이라 하니, **생신**을 버리지 않고서 무생인을 얻었기 때문이다. 육신(肉身)을 버리고 **법성신**을 얻어 부처를 이루기까지를 마음의 정진이라 한다.

또한 보살이 처음에 발심했을 때엔 공덕을 아직 갖추지 못하기 때문에 세 가지 복이 되는 인연을 심는다. 곧 보시·지계·선심(善心)으로써 차츰 복스러운 과보를 얻어 중생에게 보시한다. 아직 중생들에게 흡족하지 못하거든 다시 널리 복을 닦고 대비의 서원을 일으킨다.

"중생들은 재물이 부족하므로 온갖 죄악을 많이 짓는데 나는 재물이 적어서 그 뜻을 만족시키지 못한다. 그 뜻을 만족시키지 못하면 정성껏 가르침을 받지 않고 도법을 받아들이지 않으며 생·노·병·사의 고통도 벗어나지 못한다. 나는 큰 방편을 써서 재물을 풍족하게 주어서 그들로 하여금 만족하게 하리라."

재물·보물을 모아서 보시에 쓰면 몸의 정진이요, 이렇게 보시한 공덕으로 불도에 이르면 이는 마음의 정진이다.

생신의 보살이 6바라밀을 행하면 몸의 정진이요, 법성신의 보살이 6바라밀을 행하면 마음의 정진이다. 아직 법신을 얻지 못했기에 마음이 곧 몸을 따른다. **이미 법신을 얻었다면 곧 마음이 몸을 따르지 않으니, 몸이 마음에 연루되지 않는 것이다.**

또한 모든 법을 모두 능히 이루고 끝내어 목숨을 아끼지 않는 것이 몸의 정진이며, 온갖 선정과 지혜를 구할 때에 마음에 게으름 없는 것이 마음의 정진이다.

또한 몸의 정진이란 모든 수고와 괴로움을 받아들여 끝내 게으르지 않는 것이다.

사슴왕의 몸 정진

　보살(석가모니 부처님)의 본생경(本生經)에서 전하는 갖가지 인연의 모습이 몸의 정진이며, 모든 착한 법을 즐기는 믿음으로 의혹을 내지 않고 게으르지도 않으며 위로는 모든 성현으로부터 아래로는 범부에게까지 법을 구하기에 싫어함과 만족함이 없어 마치 바다가 강을 삼키듯 하면 이는 보살의 마음의 정진이다.

　바라내(波羅柰)169) 나라의 범마달왕(梵摩達王)이 숲속으로 사냥을 다니다가 두 무리의 사슴떼를 보았는데 무리마다에 각각 우두머리가 있었다. 그 중 한 우두머리에게는 5백의 무리가 있었으며, 또한 한 우두머리는 몸이 7보로 되어 있었다. 이 7보의 몸을 지닌 우두머리는 석가모니보살이었고, 다른 우두머리는 제바달다였다. 보살인 사슴왕은 인간의 왕과 왕의 무리들이 자기들의 무리를 마구 죽이는 것을 보자 가엾은 생각을 일으켜 곧장 인간의 왕에게로 나아갔다. 왕과 사람들이 앞을 다투어 활을 쏘니 화살이 비 오듯 날아왔다. 왕은 이 사슴이 곧장 걸어 나오면서도 아무런 거리낌도 없는 것을 보자 여러 사람들에게 명령하기를 "활을 거두어 그가 오는 뜻을 끊지 않게 하라" 했다.
　사슴의 왕은 인간의 왕에게 이르자 꿇어앉아서 말했다.
　"왕께서 기쁨을 위하여 작은 일을 즐기는 까닭에 여러 사슴들이 일시에 모두가 죽을 고통을 받습니다. 만일 반찬을 위해서라면 저희들이 차례를 정하여 날마다 사슴 한 마리씩을 왕의 주방으로 보내겠습니다."
　왕은 그의 말에 "좋다" 하며 그의 뜻을 받아들였다.
　두 사슴왕은 무리를 모아놓고 순서를 정하여 날마다 차례가 된 사슴을 보내기 시작했다. 이때 제바달다의 사슴 무리 가운데 새끼를 밴 사슴이 있었는데, 자신의 왕에게 가서 말했다.
　"나는 오늘 죽으러 가야할 차례입니다만 애기를 배었습니다. 아기는 차

---
169) 지금의 인도 바라나시이다.

례가 아니오니 바라건대 잘 헤아리시어 죽을 자를 바꿔주시어 앞으로 태어날 자로 하여금 액난을 만나지 않게 해 주옵소서."

그러자 사슴 왕은 성을 내어 말했다.

"누가 죽음을 싫어하지 않겠느냐. 차례가 왔거든 그냥 가거라. 어찌 핑계를 대는가."

암사슴은 생각했다.

"우리 왕은 인자하지 못해서 이치에 맞는 용서를 베풀지 못한 채 나의 말을 살피지도 않고 화만 내니 말을 할 필요가 없다."

여기에서 그녀는 보살왕에게로 가서 사정을 말했다.

그러자 보살왕이 그 사슴에게 물었다.

"그대의 왕은 무슨 말을 하더냐?"

사슴이 대답했다.

"저의 왕은 인자하지 못합니다. 일의 형편을 헤아려 보지도 않은 채 성만 냅니다. 하지만 대왕의 인자함은 일체에 미치기에 이렇게 와서 귀의하는 것이옵니다. 오늘 같은 경우 비록 천지가 넓다고 하나 제 사정을 호소할 곳이 없습니다."

보살은 생각했다.

"이는 대단히 불쌍한 일이로다. 만약에 자신의 이치에 맞지 않는다고 어찌 도리를 굽히어 새끼 사슴을 죽게 하겠는가. 만약에 다음 차례가 아닌 자를 다음으로 바꾼다 해도 어찌 차례가 오지 않은 자를 보낼 수 있겠는가. 그렇다면 오직 내 자신이 그것을 대신할 뿐이다."

그리고 곧 결심을 하고는 자신의 몸을 대신 보내고 어미 사슴은 돌아가게 했다.

"내가 이제 너를 대신하노라. 그대는 걱정할 것 없다."

사슴왕은 인간 왕의 문에 도착했다. 많은 사람들이 이것을 보고는 사슴왕이 스스로 찾아온 것을 이상히 여겨 왕에게 보고했다.

왕 역시 이를 이상히 여겨 앞으로 데려오게 하고는 물었다.

"이제 사슴들이 모두 없어졌는가? 어째서 그대가 온 것이더냐?"

사슴왕이 말했다.

"대왕께서 보살펴주심이 모든 사슴들에게 미치어 어느 하나 범하는 자가 없습니다. 무성한 풀이 있거늘 어찌 다 하겠습니까. 저의 다른 무리 가운데 새끼를 밴 사슴이 한 마리 있습니다. 새끼가 곧 태어날 텐데 어미 사슴을 죽여 배를 갈라 버리면 그 새끼 역시 목숨을 잃게 됩니다. 그녀는 그 일을 저에게 말하기 위해 왔습니다. 저는 불쌍한 생각이 들었습니다만, 아직 순서가 되지 않은 자를 다음에 오도록 바꿀 수는 없는 일입니다. 그렇다고 어미 사슴을 돌려보내 구해주지 않는다면, 이는 목석이나 다를 바가 없습니다. 저의 몸은 영원하지 않고, 결코 죽음을 면할 수가 없습니다. 고액을 불쌍히 여겨 구해준다면 그 공덕은 이루 헤아릴 수가 없습니다. 이 경우 누군가 자비가 없다면, 이는 호랑이나 승냥이와 다를 바가 없을 것입니다."

왕은 이 말을 듣고는 곧 자리에서 일어나 이렇게 게송을 읊었다.

나는 실로 이 축생이고 금수이니
인간의 머리를 한 사슴이라 불리리라.
그대는 비록 사슴의 몸을 하고 있건만
사슴의 머리를 한 인간이라 불리리라.

도리에서 본다면 결코
모양을 보고 인간이라 할 것 아니니,
비록 짐승이라도 자비롭다면
실로 이것이 인간이라네.

오늘부터 나는
일체의 고기를 삼가리니
두려움 없도록 베풀고
그대의 마음 편안케 해 주리라.

사슴들은 안온을 얻고, 왕은 인자함과 신임을 얻게 되었다.

꿩의 몸 정진

  옛날에 들불이 일어나 숲을 태웠는데, 숲속에 한 마리의 꿩이 있다가 있는 힘을 다하여 물속으로 날아 들어가서는 날개를 적셔 와서 그 불을 끄려했다. 불은 크고 물은 적으니, 가고 오기에 피로가 심하였으나 고통으로 여기지 않았다. 이때 제석천왕이 와서 물었다.
  "너는 여기서 무엇을 하고 있느냐?"
  꿩이 대답했다. "제가 이 숲을 구하고 있는 것은 중생들을 가엾이 여기기 때문입니다. 이 숲은 나무 그늘에서 쉴 곳이 넓고 서늘하며 즐거운 곳입니다. 우리들 같은 종류들과 친구들을 비롯해 살아 있는 것들이 모두 여기에 의지해서 사는데 내가 아직 힘이 있거늘 어찌 불끄기를 주저해 구제하지 않겠습니까."
  제석천왕이 다시 물었다.
  "그대는 그처럼 온 힘을 다 쏟고 있거늘, 언제까지 견딜 수 있겠느냐?"
  꿩이 대답했다.
  "죽을 때까지입니다."
  제석이 다시 물었다. "네 마음이 그렇다지만 누가 증명하겠느냐?"
  그러자 꿩은 서원했다. "내 마음이 실로 정성스러워서 거짓되지 않다면 이 불이 곧 꺼질 것이다." 그러자 불이 곧 꺼졌다.
  이때 정거천(淨居天)이 보살인 꿩의 넓고 큰 서원을 알고서는 곧 불을 꺼 준 것이다. 그 뒤로는 지금까지 이 숲만이 항상 울창하여 불에 탄 적이 없었다.

  보살은 이러한 갖가지 전생의 수행을 하기 어려운 것을 능히 하였고, 목숨이나 나라·재물·처자·코끼리·말·7보 및 머리·눈·뼈·골수도 아끼지 않고 부지런히 보시하여 게으르지 않았다.
  "보살은 중생들을 위하여 하루 동안에 천 번을 죽고 천 번을 산다"고 한다. 보시·지계·인욕·선정 그리고 지혜 바라밀에서 행함도 이와 같다.
  　　　　　　　　　　　　　　　　　　　　　　　　- 『대지도론』 제16권

대시보살의 정진바라밀

정진바라밀을 원만하게 하는 것은, 어떤 이가 큰 마음으로 부지런히 힘쓰기를 마치 대시보살(大施菩薩)이 모든 중생을 위하여 이 한 몸으로 큰 바다를 퍼서 다 마르게 하되, 마음이 확고해 게으름 피우지 않거나, 혹은 불사부처님[弗沙佛]을 찬탄하면서 7일 7야 동안 한 발을 들고 눈을 깜박이지 않은 것같이 하는 것이다.

※ 현우경 제8권 '대시서해품(大施抒海品)'

부처님께서 사리불에게 말씀하셨다.
"옛날 한량없는 아승기겁 전에 큰 나라 왕이 있었다. 그는 이 염부제의 8만 4천 작은 나라와 80억 촌락을 거느렸고, 그 왕이 사는 성은 바루시사(婆樓施舍)였다.
그때에 그 성 안에는 니구루타(尼拘樓陁)라는 바라문이 있었다. 그는 총명하고 재주가 뛰어나서 모든 왕들이 그를 존경하고 스승으로 섬겼다. 그 바라문은 부귀하기가 왕과 다를 바 없었으나 한가지, 좀처럼 대(代)를 이어갈 자식을 얻지 못하였다.
12년이 지나, 마침내 큰 부인에게 태기가 생겼다. 열 달이 차서 사내아이를 낳으니, 몸은 자금색이요, 머리털은 검푸르며 얼굴은 단정하고 뛰어나 사람 중에 보기 드문 상을 갖췄다. 관상가들이 아이를 자세히 살펴보고 처음 보는 상이라 찬탄하였다.
'이 아기 상호는 복덕이 크고 넓어 천하가 우러러보되, 마치 자식이 그 어머니를 보고 힘을 얻는 것과 같을 것입니다.'
바라문은 매우 기뻐하고는, 관상가의 권유에 따라 아이 이름을 '마하사가번(摩訶闍迦樊)' 즉 '대시(大施)'라고 지었다.

그 아이가 차츰 자라자, 아버지는 매우 사랑하여 따로 궁정을 짓되, 철에 따라 세 궁전을 지었다. 겨울에는 따뜻한 궁전, 여름에는 시원한 궁전, 봄과 가을에는 그 중간 궁전에서 살게 하고, 많은 시녀들을 두고 모시게 하여 그것으로 즐기게 하였다.

그 아이는 총명하고 학문을 좋아하여 세속의 경전 18부를 외우되, 문장에 통할 뿐만 아니라 그 뜻도 잘 알았다. 그리고 온갖 기술을 배워 통하지 않은 것이 없었다.

어느날 대시(大施)는 아버지에게 아뢰었다.
'오랫동안 깊은 궁중에 있었더니 밖에 나가 놀고 싶습니다.'
아버지는 그 말을 듣고 신하들에게 분부하였다.
'내 아들 대시가 밖에 나가 놀고 싶어한다. 거리를 깨끗이 쓸어 온갖 더러운 것을 치우고 여러 가지 기를 세우고 꽃을 뿌리고 향을 사루고 길을 장엄하여 아주 깨끗하게 하라.'
준비는 끝났다. 이에 대시는 일곱 가지 보배로 장식한 흰 코끼리를 타고 나갔다. 종을 치고 북을 울리며 풍류를 잡았다. 1대의 수레와 1만 마리 말은 앞뒤로 호위하면서 큰 길을 지나 성 밖으로 나갔다.
그때 온 나라 인민들은 누각 뒤에서나 혹은 길 양쪽을 끼고, 서로 다투어 구경하였으나 싫증이 나지 않았다.
그들은 각기 찬탄하였다.
'참으로 놀랍고 장하다. 그 위엄스런 모양은 마치 범천 같구나.'

행차는 앞으로 나아갔다. 여러 거지들이 헤진 옷을 입고 부서진 그릇을 들고 비굴한 말로 구걸하였다.
'조금 적선하십시오.'
대시는 그것을 보고 그들에게 물었다.
'너희들은 왜 그처럼 고생하느냐?'
어떤 이는 대답하였다.
'내게는 부모도 형제도 처자도 없으며, 빈궁하고 고독하여 의지할 곳이 없습니다.'
어떤 이는 대답하였다.
'내게 오랜 병이 있어서 노동할 수 없어 살아갈 길이 없습니다.'
또 어떤 이는 대답하였다.

'나는 불행하여 여러 번 파산을 당하고 빚만 잔뜩 져서 입을 것과 먹을 것이 절박하여 살아갈 방법이 없습니다. 그래서 구걸하고 다니면서 남은 목숨을 부지하고 있습니다.'

대시는 이 말을 듣고 탄식하면서 떠났다.

다시 앞으로 나아가다가 여러 백성들이 짐승을 잡아 껍질을 벗기고, 살을 베어 저울에 달아 파는 것을 보았다. 대시는 물었다.
'아, 어찌하여 그런 일을 하는가?'
그들은 모두 말하였다.
'우리는 조부 때부터 백정질로 직업을 삼았습니다. 만일 이 일을 그만두면 살아갈 길이 없습니다.'

대시는 탄식하고 거기서 떠났다. 다음에는 농부들을 보았다. 보습으로 밭을 갈 때에 벌레가 흙 속에서 나오면 개구리가 그것을 집어먹었다. 그 뒤에는 뱀이 와서 개구리를 잡아먹고, 다음에는 공작이 날아와서 그 뱀을 쪼아먹었다. 대시는 그들을 보고 물었다.
'그것은 무엇하는 것이냐?'
그들은 대답하였다.
'땅을 갈아 거기에 종자를 뿌려야 뒤에 곡식을 거두어 그것으로 살아가고, 또 그것을 실어다 왕가에 바칩니다.'
대시는 그 말을 듣고 깊이 한숨짓고 떠났다.

다시 앞으로 나아가다가 여러 사냥꾼을 만났다. 그들이 그물을 치고 덫을 놓으니, 짐승들은 그물과 덫 속에 떨어졌으며, 제가 당기고 제가 늦추면서 벗어나지 못하고 슬피 울고 서로 부르며 두려움에 떨고 있었다.
대시는 사냥꾼들을 보고 '왜 그런 짓을 하느냐?' 하고 물었다.
그들은 대답하였다.
'우리는 이 사냥질로 업을 삼고 있습니다. 만일 이렇게 하지 않으면 살아갈 길이 없습니다.'
대시는 그 말을 듣고 못내 마음 아파하면서 떠났다.

다시 앞으로 나아가다가 어부들을 보았다. 그들은 그물을 놓아 고기를 많이 잡아 육지에 쌓아 두었는데, 고기들은 아직도 펄펄 뛰었다. 대시는 그들에게 물었다.
'아, 어찌하여 그런 짓을 한단 말이냐?'
그들은 대답하였다.
'우리는 조부 때부터 살아갈 다른 직업이 없었고, 오직 이 고기를 잡아 팔아, 입고 먹고 살아갑니다.'
대시는 이런 것들을 보고 몹시 가엾게 여기면서 가만히 생각하였다.
'저 중생들은 모두 빈궁하여 의식이 모자라기 때문에, 저런 나쁜 업을 행하여 중생을 죽이면서 한껏 기뻐하고 있다. 그리하여 목숨을 마친 뒤에는 반드시 세 갈래 나쁜 세계[三塗]에 떨어져 어두움에서 어두움으로 들어갈 것이니, 얼마나 괴이한 일인가.'
이렇게 생각하고는 수레를 돌려 궁중으로 돌아왔다.

대시는 궁궐 밖에서 본 일들이 마음에 걸려 근심에 잠겨 있다가 아버지를 가서 뵙고 한 가지 원을 요구하였다.
'전날 밖에 놀러 나갔다가 저 백성들을 보았습니다. 그들은 의식을 구하기 위하여 몸과 마음을 괴롭히며 서로 죽이고 속이면서 온갖 나쁜 업을 짓고 있었습니다. 저는 그들을 매우 가엾게 여겨 구제하려고 생각합니다. 원컨대 은혜를 드리워 저에게 큰 창고를 주시고, 마음대로 베풀어 저 가난한 이들을 구제하게 하소서.'
아버지는 말하였다.
'내가 재보를 모은 것은 모두 너를 위해서이다. 그러므로 네가 그렇게 하고자 하는데 어떻게 내가 거절하겠는가.'
아들은 아버지의 허락을 받고 곧 모든 인민들에게 영을 내렸다.
'지금 대시는 큰 보시를 행하려 한다. 모자라는 것이 있는 사람은 모두 와서 가져가라.'
이렇게 영을 내리자, 사문과 바라문과 빈궁한 이·빚진 이·외로운 이·앓는 이들이 모든 성의 도로를 메우면서 앞을 다투어 모여들었다. 그 인민들은 백 리·2백 리·3백 리·4백 리·5백 리·천 리 밖에서 오는 이도 있었고, 또 3천 리·5천 리·만 리 밖에서 오는 이도 있었다는데, 강한 이와 약한 이들이 서로 부축하며 사방에서 구름처럼 모여들었다.

그리하여 대시는 그들에게 모든 것을 나누어 그 원을 채워 주었다. 옷을 청하는 이에게는 옷을 주고, 밥을 청하는 이에게는 밥을 주며, 금·은의 일곱 가지 보배와 수레·말·가마와 동산·밭과 여섯 가지 짐승들을 청하는 대로 주었다. 이렇게 보시하여 몇 시간이 지나는 동안 여러 창고의 물건은 3분의 2가 줄어졌다.

그때 창고지기는 그 부왕에게 가서 아뢰었다.

'대시님이 보시한 뒤로 창고 물건은 3분의 2가 줄었습니다. 장차 여러 왕들의 사자들이 오갈 때가 있을 것이니, 깊이 생각하시어 꾸지람을 당하지 않도록 하소서.'

부왕이 말했다.

'나는 내 아들을 사랑하기 때문에 그 청을 거절할 수 없다. 차라리 창고를 비울지언정 어떻게 중단할 수 있겠는가.'

다시 몇 시간이 지나자, 창고에 남은 물건의 3분의 2가 또 줄어들었다. 대시가 가지고 나온 재물들을 모두 나눠주고 다시 창고에 가니, 어찌된 일인지 창고문이 잠겨 있고, 창고지기는 어디에도 보이지 않았다.

대시는 가만히 생각하였다.

'지금 이 조그만 아전이 어찌 감히 제 힘으로 내 명령을 거역하겠는가. 그것은 아버지 뜻을 받들어 일부러 그렇게 한 것일 게다. 또 사람의 아들 된 도리로 부모의 창고를 모조리 비우는 것은 옳지 않다. 지금 이 창고에는 남은 물건이 얼마 되지 않을 것이다. 내가 어떻게 하면 재물을 많이 얻어 내 마음에 만족하도록 중생들을 구제할 수 있을까?'

이렇게 생각하였다. 그리고 여러 사람들에게 물어 보았다.

'지금 이 세상에서 어떤 사업을 하여야 재물을 많이 얻어 아무리 써도 떨어지지 않겠는가.'

어떤 사람은 말하였다. '다섯 가지 곡식을 많이 심어 농장을 잘 다루면 많은 재물을 얻을 수 있다.'

어떤 사람은 말하였다. '여섯 가지 가축을 많이 길러 때를 따라 번식시키면 많은 재물을 얻을 수 있다.'

또 어떤 사람은 말하였다. '위험을 무릅쓰고라도 멀리 나가 장사하면 가장 많은 재물을 얻을 수 있다.'

혹 어떤 사람은 말하였다.

'오직 바다에 들어가 보배를 캐야 가장 많은 재물을 얻을 수 있다.'

대시는 이런 말을 듣고 혼자 말하였다. '농사 짓고 가축 기르기와 멀리 나가 장사하는 것은 내게 적당하지 않을 뿐 아니라 이익을 얻는 때도 얼마 되지 않을 것이다. 그러므로 바다에 들어가는 그 계책만은 따를 만하다. 나는 기어코 힘써 이 일을 성취하리라.'"

(대시보살은 바다로 나가 갖은 고초 끝에 많은 보물을 얻었다. 그리고 더 많은 중생에게 구제하려는 마음으로 용궁으로 가서 전타마니 보주와 여의주를 얻고자 했다.)

"그때 대시는 여러 사람들과 이별한 뒤에 앞으로 나아가 물에 들어갔다. 물은 무릎에 찼다. 거기서 이레 동안 앞으로 나아가니 물은 차츰 깊어지면서 사타구니에 찼다. 거기서 다시 이레 동안 나아가니 물은 허리에 찼다. 다시 이레 만에 목에 찼으며, 거기서는 이레 동안 늘 떠서 어느 산기슭에 이르렀다.

그는 두 손으로 나무를 더위잡고 산을 기어올라 이레 만에 산꼭대기에 이르렀다. 산 위에서는 이레 동안 편편하게 걸어 도로 산을 내려가 이레 만에 산 밑에 닿아 물가에 이르렀다. 물 가운데는 금빛 연꽃이 가득 찼고, 독기가 왕성한 온갖 독사들은 모두 몸으로 연꽃 뿌리를 감고 있었다.

보살[大施]은 그것을 보고 곧 단정히 앉아 마음을 잡아매고 생각을 거두어 자삼매(慈三昧)에 들어갔다. 거기서 '저 독사들이 전생에 모두 탐욕과 성냄과 질투로 말미암아 저기서 태어나 저런 나쁜 형상을 받았다'고 생각하면서 지극히 사랑[慈]하는 마음으로 그들을 가엾이 여겼다. 사랑하는 마음이 원만해지자 그 독사들의 독기가 모두 사라져 없어졌다. 대시는 곧 일어나 연꽃을 밟으면서 이레 동안 걸어가 비로소 독사에서 벗어나게 되었다.

다시 얼마를 가다가 여러 나찰들을 만났다. 그들은 사람 냄새를 맡고 모두 몰려와 사람을 찾았다. 대시는 그것을 보고 마음을 거두어 사랑으로 관(觀)하였다. 그들은 공경하는 마음이 저절로 생겨 부드러운 말로 다가와서 물었다.

'어디로 가고자 하십니까?'

대시는 대답했다.
'여의주를 구하고자 한다.'
그들은 기뻐하면서 가만히 생각하였다.
'이러한 복덕을 가진 사람이 저 용궁까지 가려면 아직도 길이 멀다. 어떻게 저이를 그런 고생을 겪게 하겠는가. 우리가 저를 껴잡고 그 험난한 곳을 지나게 하자.'
그들은 곧 그를 껴잡고 4백 유순을 지나 도로 땅에 내려 놓았다.

대시는 다시 앞으로 나아가다가 희고 깨끗한 한 은성(銀城)을 보았다. 그는 그것이 용왕의 성임을 알고 기뻐하면서 나아갔다. 그 성 밖에는 일곱 겹 해자가 있었고, 그 해자들 속에는 모두 독사가 있었는데, 그 독기는 사납고 왕성하였으며, 보기에도 징그러웠다.
대시는 '저 독사들은 모두 전생에 성내고 해칠 마음이 많았기 때문에 저런 흉한 형상을 받았다' 생각하고, 사랑하고 가엾이 여기기를 갓난아기를 보는 것과 같이 하였다. 그리하여 사랑하는 마음이 원만해지자 독사들의 독기는 모두 사라져 없어졌다.
그는 뛰어 일어나 용성으로 갔다. 두 마리 용이 몸으로 성을 감고, 문지방에 머리를 맞대고 있다가 대시를 보자 깜짝 놀라면서 머리를 쳐들고 물끄러미 바라보았다. 대시는 곧 다시 자삼매에 들었다. 용의 독기는 이내 사라지고, 용은 머리를 떨어뜨리고 바라보지 않았다.

성 안에는 한 용이 일곱 가지 보배로 된 궁전에 앉아 있다가 멀리서 보살을 보고 놀라 일어나면서 가만히 생각하였다.
'지금 내 성 밖에는 일곱 겹 해자가 있고, 그 해자에는 독사들이 있어서 어떤 용이나 야차도 감히 함부로 넘어오지 못하거늘 저 이는 어떤 사람이기에 여기까지 올 수 있었는가.'
그는 곧 나와 맞이하여 예배하고 공경하면서 앉기를 청하여 일곱 가지 보배로 된 평상에 앉히고, 갖가지 맛있는 음식을 공양하였다.
공양을 마치고 이야기하다가, 그는 보살이 온 뜻을 물었다. 보살은 말하였다.
'염부제 사람들은 빈궁에 시달리며 재보를 구하여 의식을 이어가기 때문에 서로 죽이고 속이면서 온갖 악업을 짓고는, 목숨을 마친 뒤에는 세 갈래 나쁜 길[三惡道]에 떨어지오. 나는 그들을 못내 가엾이 여겨 구제하려고 위험을 무릅쓰고 멀리서 왔소. 이제 대왕을 뵈었으니 전타마니(栴陁摩尼)를 얻어 그것으로 저들을 구제하고, 또 그 공덕을 쌓아 맹세코 불도를 구하려 하오. 거절하지 말고 주시기 바라오.'

용왕은 대답하였다.

'전타마니는 얻기 어려운 보배인데 당신은 그것을 위해 일부러 멀리까지 왔습니다. 만일 마음을 늦추어 한 달 동안 여기 머무르면서 보잘 것 없는 공양이나마 받고 나를 위해 설법해 주시면, 전타마니는 얻을 수 있을 것입니다.'

보살은 '좋다' 하였다. 용왕은 날마다 온갖 맛있는 음식과 풍류를 베풀며 보살을 공양하였다. 보살은 4념처(念處)의 지혜를 자세히 해설하고, 한 달이 지난 뒤, '돌아가야겠다'고 하직하였다.

용왕은 기뻐하여 상투에 꽂은 보배 구슬을 빼서 바치면서 말하였다.

'큰 선비님의 자비스런 마음으로 널리 구제하는 데에는 따르기 어렵습니다. 굳세고 모진 그 뜻은 반드시 불도를 이룰 것입니다. 나는 당신의 지혜로운 제자가 되기를 원합니다.'

보살은 '좋다' 하고 이내 물었다.

'그대 구슬은 어떤 능력이 있는가.'

그는 대답하였다.

'이 구슬은 2천 유순 안의 일체 필요한 것을 모두 낼 수 있습니다.'

보살은 생각하였다.

'이 구슬이 좋기는 하나, 아직 내가 널리 구제하려는 큰 일은 성취시키지 못할 것이다.'

대시는 다시 앞으로 계속 나아가 유리성 용궁과 금성 용궁을 차례로 들렀고, 그들에게 법을 알려주어 **전타마니와 여의보주**를 얻을 수 있었다.

보살은 그들과 작별하고 돌아서 가면서 구슬을 쥐고 서원을 세웠다.

'만일 이것이 참으로 전타마니라면, 내 몸이 허공을 날게 하라.'

이렇게 서원하자, 그 몸을 솟구치고 허공을 날아 바다 밖으로 나갈 수 있었다. 그래서 바다를 무난히 건너 조금 쉬다가 잠이 들었다.

그때 바다 가운데 있던 여러 용들은 서로 의논하였다.
'우리 바다 가운데는 이 세 개의 구슬이 있어 그 덕이 매우 커서 견줄데가 없었는데, 이 사람이 그것을 모두 구해 가지고 갔다. 이 구슬은 참으로 아깝다. 도로 빼앗아 가지자.'
이렇게 의논하고는 가만히 구슬을 풀어 가지고 갔다.
보살은 잠을 깨어 구슬이 없어진 것을 발견하고 생각하였다.
'여기 다른 사람은 없다. 이것은 반드시 바다 용이 내 보배를 가지고 간 것이다. 나는 이 구슬을 얻기 위해 멀고 험한 길을 걸어 이제 소원을 이루어 본국으로 돌아가려는데, 저들이 아무리 내 구슬을 가져 갔더라도 나는 결코 놓아 주지 않으리라. 그리고 있는 힘을 다해 이 바닷물을 다 퍼내어 말리고 말 것이다.'
이렇게 굳은 마음으로 맹세하고 다시 여기서 목숨을 마치더라도 구슬을 찾지 않고는 결코 그대로 돌아가지 않으리라 생각을 정하고는 곧 바닷가로 나갔다.

거기서 거북 껍질 하나를 얻어 두 손으로 움켜 쥐고, 바닷물을 푸려고 하였다. 그러자 바다신이 그 뜻을 알아채고 와서 말했다.
'바닷물은 깊고 넓어 3백36만 리입니다. 가령 일체 인민들이 모두 와서 함께 푸더라도 그것을 줄일 수 없거늘, 어떻게 당신 혼자서 그 일을 할 수 있겠습니까?'
보살은 말하였다.
'만일 사람이 지극한 마음으로 무슨 일을 하려고 하면 안 될 일이 없을 것이다. 나는 이 보배를 얻어 일체 중생을 이익되게 하고, 그 공덕으로 불도를 구하려 한다. 내 마음만 게으르지 않으면 무슨 일인들 못하겠는가.'

그때 수타회천(首陁會天)은 멀리서 보살이 혼자서 일심으로 괴로워하면서 일체 중생을 건져 안락하게 하려는 것을 보고 말하였다.
'우리가 어떻게 가서 저 이를 돕지 않을 수 있겠는가.'
그리하여 서로들 말을 전해 모두 거기로 왔다. 보살이 물그릇을 물에 내릴 때에는 그 하늘들은 모두 하늘옷[天衣]으로 물을 덮어 쌌다가 보살이 물그릇을 올릴 때에는 하늘들은 옷을 들어 다른 곳에 물을 버리었다. 그리하여 바닷물을 한번 푸면 바다는 40리가 줄고, 두 번 푸면 80리가 줄며, 세 번 푸면 1백20리가 줄었다.

용들은 당황하여 그에게 와서 말하였다.
'그치시오, 그치시오. 바닷물을 푸지 마십시오.'
보살은 이내 그쳤다. 용은 와서 그에게 물었다.
'당신은 이 보배를 구해 무엇 하려 하십니까?'
'그것으로 일체 중생들을 구제하려 한다.'
'당신 말대로 한다면 우리 바다 가운데에도 중생이 많은데, 그들에게는 주지 않고 기어이 가져 가려 하십니까?'
'바다 가운데 중생도 중생은 중생이다. 그러나 그들은 그다지 괴롭지 않다. 저 염부제 중생들은 돈이나 재물을 위하여 서로 죽이고 속이면서 열 가지 악을 짓고, 죽어서는 세 갈래 나쁜 길에 떨어진다. 나는 그 인류들에게 법의 교화를 알리기 위해 이 보배를 구하는 것이다. 그리하여 우선은 그 가난을 구제하고 다음에는 열 가지 착한 일을 가르치고 권하려는 것이다.'
용은 그 말을 듣고 구슬을 도로 내어 주었다.
그때 바다 신은 그의 꾸준하고 부지런한 노력을 보고 맹세하였다.
'당신은 지금 그처럼 쉬지 않고 노력하여 반드시 불도를 이룰 것이니, 나는 당신의 노력하는 제자가 되기를 원합니다.'

보살은 구슬을 가지고 다시 날아 바다로 같이 들어왔던 상인 동무들을 먼저 보고 곧 땅으로 내려왔다. 동무들은 그를 보고 한량없이 놀라고 기뻐하면서 모두 찬탄하였다.
'참으로 놀랍고 장한 일이다.'
그들은 계속 앞으로 나아가 방발성(放鉢城)에 이르렀다. 가비리 바라문은 보살이 바다에서 무사히 돌아왔다는 말을 듣고 기뻐 뛰면서 마중 나와 안부를 묻고, 또 그의 동무들을 청하고 갖가지 맛있는 음식을 장만하여 잔치를 베풀었다. 그리고 잔치를 마치고는 보살은 도중에서 겪은 고생들을 모두 이야기하였다.

그때 보살이 그 보배 구슬을 가지고 그 집을 돌아다니면서 가리키자, 그 바라문 집안의 여러 창고들은 모두 보배로 가득 찼다. 모인 이들은 그것을 보고, 일찍이 없었던 일이라고 찬탄하였다.

보살이 가리비의 딸과 그 동행을 다스려 수레를 타고 길을 떠났다. 성 안의 인민들은 모두 나와 그 행차를 배웅하였다. 그는 풍악을 잡히고 앞뒤의 호위를 받으면서 본국으로 돌아갔다.

대시의 부모는 그 아들을 보낸 뒤로 근심하고 번민하며 울면서 너무 슬퍼하다가 두 눈이 멀어 아무 것도 보지 못하였다. 아들은 집에 돌아와 예배하고 문안하였다. 부모는 그 음성만 듣고 손으로 어루만지다가 비로소 대시가 돌아온 줄을 확실히 알고, 슬픔과 기쁨에 엇갈려 그 아들을 꾸짖었다.

'너는 참으로 무정하여 우리를 버리고 바다에 들어가 우리를 괴롭혔다. 우리 모진 목숨이 살아는 있다마는, 너는 바다에 들어가 어떤 물건을 얻었느냐?'

보살은 구슬을 내어 부모에게 드렸다. 부모는 그것을 받아 쥐고 물었다.

'지금 우리 창고에도 이런 돌 따위는 적지 않은데, 무엇 하러 고생하여 이것을 얻었는가?'

보살은 구슬을 집어 부모 눈을 가리켰다. 눈은 갑자기 밝고 깨끗해져 마치 바람이 구름을 걷는 것과 같았다. 부모는 눈이 도로 밝게 되자 마음이 즐거워져 그 구슬의 덕을 느끼고, 참으로 기이한 일이라 찬탄하고는 말하였다.

'네가 비록 고생은 하였으나 그 공은 헛되지 않았구나.'

보살은 다시 구슬을 쥐고 원을 세웠다.

'만일 이것이 전타마니라면, 우리 부모가 앉는 곳에는 저절로 일곱 가지 보배로 된 진기하고 묘한 평상이 있고, 위에는 일곱 가지 보배로 된 아주 깨끗한 큰 일산이 있게 하라.'

말을 마치자 모두가 그 말대로 되었다. 보살은 다시 구슬을 쥐고 원을 세웠다.

'우리 부모와 왕과 시민들의 모든 창고가 다 가득 차게 하라.'

그러면서 그 구슬을 가지고 사방을 향해 돌기를 마치자, 그 말대로 창고들은 모두 가득 찼다. 그들은 모두 놀라고 기뻐하였다.
 그는 다시 사람을 보내어 하루 8천 리 달리는 코끼리를 타고, 염부제의 일체 인민들에게 알렸다.
 '마하사가번(摩訶闍迦樊)은 바다에서 구슬을 얻어 가지고 무사히 돌아왔다. 그 구슬은 공덕이 뛰어나다. 지금부터 이레 뒤에는 그 구슬로 하여금 일체 보배와 의식을 퍼붓게 할 것이니, 사람들은 그 필요한 것을 따라 마음대로 가져라. 그러므로 모두 재계하고 그때를 기다려라.'

 이렇게 두루 알린 지 이레가 되었다. 대시보살은 깨끗이 목욕한 뒤에 조촐한 새 옷을 입고 평탄한 곳에 이르러 구슬을 높은 깃대 꼭대기에 두고는, 손에 향로를 들고 사방을 향해 원을 세웠다.
 '염부제 사람들은 빈궁하여 고생하기 때문에 그들을 구제하여 모자람이 없게 하려 한다. 만일 이것이 참으로 전타마니라면, 온갖 필요한 것을 차례로 내려라.'
 이렇게 원을 마치자, 사방에 구름이 끼고 바람이 일어나 온갖 더러운 티끌과 똥과 오줌을 치워 버리고, 다음에는 보슬비를 내려 먼지를 적신 뒤에는 온갖 맛있는 음식을 내리고, 다음에는 다섯 가지 의복과 갖가지 진기한 일곱 가지 보배를 차례로 내려 염부제 안에는 온갖 보배가 가득 찼다. 그리하여 인민들은 마음대로 가졌지마는, 훌륭한 의복과 음식은 차고도 넘쳐 남았으며, 사람들은 보배 보기를 기왓장이나 조약돌처럼 보게 되었다.

 그때에 보살은 인민들의 소원이 충족된 것을 보고, 사방에 신하를 보내어 온 염부제 안의 인민들에게 전하여 모두 듣고 알게 하였다.
 '너희 인민들은 전에는 궁핍으로 말미암아 의식과 재보(財寶)를 얻으려고 마음대로 서로 속이고 죽이면서 이익을 보면 의리를 잊고 죄와 복을 생각하지 않다가, 목숨을 마친 뒤에는 세 갈래 나쁜 길에 떨어졌다. 그리하여 어둠에서 나와 어둠으로 들어가면서 오랜 겁 동안 죄를 받았다.
 나는 그것을 보고 가엾이 여겼으나 구제할 길이 없었기 때문에 몸의 괴로움을 잊고 위험을 무릅쓰고 바다로 들어가 이 보배 구슬을 얻어 가지고 돌아와서 구제하였다. 너희들은 이제 다시는 모자람이 없게 되었다.

그러므로 그것을 생각하여 스스로 힘쓰되, 열 가지 착한 일을 부지런히 닦아 몸과 말과 뜻을 잘 단속하여 인자하고 효순(孝順)하며, 부지런히 뜻을 단속하여 방탕한 생각을 가지지 말라. 그리고 갖가지 방편으로 널리 권하여 선을 받들게 하라.'

다시 문서를 만들어 여러 왕과 대신들에게 분부하였다.

'그 법의 가르침을 기록하여 모두 들어 알게 하고, 또 서로 권하고 독려하여 함부로 잘못을 저지르지 말라.'

그때 염부제 안의 모든 인민들은 그의 큰 은혜와 사랑의 비를 맞고 모두 생각하였다.

'무슨 방법으로 저 지극한 덕을 갚을까?'

그리고 또 선을 닦게 하는 높은 분부를 받고는 모두 그 의리를 사모하여 사랑과 공경을 오로지 익히고, 몸과 마음과 뜻을 단속하여 함부로 잘못을 범하지 않았다. 그리하여 목숨을 마친 뒤에는 모두 천상에 나게 되었느니라.

사리불이여, 알고 싶은가? 그때의 그 아버지 바라문 니구루타는 바로 지금의 내 아버지 정반왕이요, 어머니는 지금의 내 어머니 마하마야이며, 그 대시는 지금의 이 내 몸이요, 은성 안의 용은 지금의 사리불이요, 그 유리성 안의 용은 지금의 목건련이며, 그 금성 안의 용은 지금의 아난이요, 바다 신은 지금의 저 이월(離越)이니라."

5. 선정바라밀

선정바라밀을 닦는 이유

【經】 어지럽지 않고 맛들이지 않는 까닭에 선(禪)바라밀을 구족한다.

선정을 얻어야 진실한 지혜가 생긴다. 그러므로 보살은 비록 중생을 떠나서 멀리 조용한 곳에 있더라도 선정을 얻으면 선정이 청정한 까닭에 지혜도 청정해진다.

비유하건대 기름의 심지[油炷]가 깨끗하기 때문에 그 광명도 깨끗한 것과 같나니, 그러므로 청정한 지혜를 얻고자 하거든 이 선정을 행하여야 된다.

또한 세간의 가까운 일을 구하더라도 마음이 청정하지 못하면 사명을 이루지 못하거늘 하물며 깊디깊은 불도를 구하는데 어찌 선정이 필요하지 않겠는가.

선정이란 모든 어지러운 마음을 쉬는 것이라 하나니, 어지러운 마음이 가벼이 나부끼기는 기러기 털보다 가볍고, 달리고 흩어짐이 멈추지 않기는 빨리 지나가는 바람과 같고, 제지하기 어렵기는 원숭이보다 더하고, 잠시 나타났다가 이내 사라지기는 번개보다 빠르다.

마음의 모습도 이와 같아서 멈추게 할 수 없나니, 그것을 제어하려거든 반드시 선정이어야만 한다.

이런 게송이 있다.

선정은 지혜를 지키는 창고[藏]이고
공덕을 지닌 복밭이며

선정은 청정한 물이어서
모든 욕망의 티끌을 씻어주네.

선정은 금강의 투구여서
번뇌의 화살을 막아주나니
무여(無餘)열반은 얻지 못해도
열반의 기분은 이미 얻는다네.

금강삼매를 얻어
번뇌의 산을 부수고
6신통의 힘 얻어
한량없는 인간무리 제도하네.

어지러운 티끌이 태양을 가릴지라도
큰 비가 능히 씻어버리고
각관(覺觀)의 바람이 마음을 산란시키나
선정으로 능히 가라앉히네.

상사리 선인의 선바라밀

【문】 선바라밀은 어떻게 하면 성취되는가?

【답】 마치 온갖 외도들이 선정 속에서 자재를 얻는 것과 같다. 또한 상사리선인(尙闍梨仙人)이 좌선할 때는 들고나는 호흡이 없어져서 새가 상투 속에다 새끼를 쳐도 요동치 않았고, 나아가서는 새끼가 날아가기까지 요동치 않았다.

석가모니불은 본래 나계선인(螺髻仙人)이었는데, 이름이 상사리(尙闍利)였다. 항상 제4선을 행해 들고나는 호흡을 끊고, 한 나무 밑에 앉아서 우뚝 움직이지 않고 있으니, 새들이 이와 같은 일을 보고는 나무로 여겨 곧 상투 속에 알을 낳았다.

이 보살은 선정에서 깨어나자 머리에 새알이 있음을 알고는 생각했다.

'내가 만일 일어나서 움직이면 반드시 어미 새가 오지 않을 것이요, 어미 새가 오지 않으면 새알은 죽고 말 것이다.'

그리고는 곧 다시 선에 들어갔으니, 그로부터 알이 부화하고 자라나 날아가게 되자 선에서 일어났다.

선정바라밀을 얻는 방편

【문】 어떤 방편을 행하여야 선정바라밀을 얻는가?

【답】 다섯 가지 일[事]을 물리치고, 다섯 가지 법(法)을 제하고, 다섯 가지 행을 실천해야 한다.

어떻게 다섯 가지 일을 물리치는가? 다섯 가지 일은 곧 5욕이다. 5욕이라 함은 묘한 색·소리·냄새·맛·촉감이니, 선정을 구하려는 이는 응당 모두 버려야 한다. 반드시 5욕을 꾸짖되 이렇게 생각한다.

'가엽도다. 중생들은 항상 5욕에 시달리면서도 오히려 구하기를 마지않는구나.'

이 5욕이란 것은 얻을 수록 더욱 심하니 마치 종기를 불로 뜨는 것과 같다. 5욕은 이익이 없으니 마치 개가 마른 뼈를 핥는 것 같고, 5욕은 다툼을 더하니 마치 새가 고기를 다투는 것 같고, 5욕은 사람을 태우나니 마치 맞바람에 횃불을 잡은 것 같고, 5욕은 사람을 해치나니, 마치 독사를 밟은 것 같고, 5욕은 진실이 없으니, 꿈에 얻은 바와 같고, 5욕은 오래 가지 않으니 마치 잠시 빌린 것 같거늘 세상 사람들은 어리석고 미혹하여 5욕을 탐내되 죽음에 이르기까지 버리지 않다가, 그 때문에 오는 세상에 한량없는 고통을 받는다. 마치 어리석은 사람이 좋은 과일을 탐내어 나무에 올라가서 따먹다가 때에 맞추어 내려오지 않았는데 다른 어떤 사람이 그 나무를 베어 나무가 쓰러지자 몸과 머리가 깨어지고 아픔에 시달리다가 죽는 것과 같다.

또한 이 5욕은 얻을 때는 잠깐 즐겁다가 잃을 때는 몹시 괴롭나니, 마치 꿀을 바른 칼날을 핥으면 단맛에 빠져 혀를 상하는 줄은 알지 못하는 것과 같다.

5욕의 법은 축생들과 똑같이 가지고 있나니 지혜로운 이는 알고서 능히 멀리 여읜다.

만일 5욕(欲)을 꾸짖으면 5개를 제하고, 다섯 가지 법, 즉 의욕[欲]·정진·기억[念]·공교로운 지혜[巧慧]·한마음[一心]을 행할 수 있으리니, 이 다섯 가지 법을 행하면 5지(支)를 성취하여 초선(初禪)을 얻는다.

의욕이라 함은 욕계에서 벗어나서 초선천을 얻고자 하는 것이다.

정진이라 함은 집을 떠나 계를 지니며 초저녁부터 새벽까지 전일하게 정진하여 게으르지 않으며, 절제 있게 먹고 마음을 거두는 것이다.

기억이라 함은 초선천의 즐거움을 기억하되 욕계는 더럽고 미친 듯 어리둥절하고 미천하며 초선천은 존중하고 귀한 줄을 아는 것이다.

공교로운 지혜라 함은 욕계의 즐거움과 초선천의 즐거움을 관찰하고 헤아려서 가볍고 무거움과 얻고 잃음을 아는 것이다.

한마음이라 함은 마음을 항상 대상 가운데 매어 두어 나뉘거나 흩어지지 않게 하는 것이다.

색을 물리침

어떻게 색을 버리는가?

곧 색의 근심을 관찰하는 것이다. 어떤 사람이 색에 집착되면 모든 번뇌결사의 불길이 불붙어서 사람의 몸을 태워 버리니, 마치 불이 금이나 은을 태우는 것과 같다. 달구어져 끓는 꿀은 비록 모양과 맛은 있으나 몸을 태우고 입을 데이나니, 급히 버려야 하는 것이다.

어떤 사람이 묘한 색과 아름다운 맛에 집착되는 것도 이와 같다.

좋고 나쁨은 사람에게 있고 색은 일정함이 없다. 어떻게 그런 줄 아는가? 예컨대 멀리서 사랑스런 사람을 보면 곧 기쁘고 애착하는 마음을 내고, 멀리서 미워하는 사람을 보면 곧 성내는 마음과 싫어하는 마음을 내며, 그 중간 정도의 사람을 보면 성을 내지도 않고 기뻐하지도 않는다.

만일 이러한 기쁨과 성냄을 여의고자 하면 삿된 생각과 색욕을 제거해 둘을 동시에 버려야 한다.

비유하건대 금을 녹인 물에 몸을 데인 것과 같으니, 뜨거움을 제하려는데 불만을 제하고 금은 그대로 둘 수는 없는 일이다. 곧 금과 불을 모두 없애 버려야 하는 것이다.

예컨대 빈비사라(頻婆娑羅)왕은 색욕 때문에 자신이 적국에 들어가서 홀로 아범바라(阿梵婆羅) 음녀의 방에 있었고, 우전왕(憂塡王)은 색욕 때문에 5백 선인의 손과 발을 잘랐다. 이러한 갖가지 인연을 일컬어 색을 꾸짖는다 하는 것이다.

소리를 물리침

어떻게 소리를 꾸짖는가?

소리의 모습은 머물지 않아서 잠깐 들렸다가는 곧 사라지거늘 어리석은 사람들은 소리의 모습이 무상하게 변하여 없어지는 것임을 알지 못하기 때문에 음성에 대하여 망녕되이 '좋다,' '즐겁다'라는 생각을 내고, 이미 지나간 소리를 생각하며 집착을 낸다.

예컨대 5백 사람의 선인들이 산중에서 머물고 있었는데, 견타라(甄陀羅) 아가씨가 설산 기슭의 못에서 목욕을 하면서 노래를 부르는 것을 듣자 곧 선정을 잃고 마음이 취하여 미친 듯이 헤매며 스스로를 지탱하지 못한 일이 있다.

비유하건대 큰바람이 불어 숲속의 나무들을 요동치게 한 것과 같으니, 견타라 아가씨가 부르는 묘하고 부드럽고 맑은 노래 소리를 듣고는 삿된 생각을 내었기 때문에 자신의 마음이 미쳐 있는 것을 눈치 챌 수 없었다. 그들은 금생에서는 모든 공덕을 잃어버리고 내생에는 악도에 떨어지게 될 것이다.

지혜 있는 사람은 소리가 생각마다 생멸하여 앞과 뒤의 소리가 함께하지 못하며 서로 미치지도 못하는 것임을 관찰하나니, 이렇게 알면 더러운 집착을 내지 않는다. 이런 사람은 여러 하늘들의 음악도 그의 마음을 흔들지 못하거늘 하물며 인간의 소리이겠는가.

이러한 갖가지 인연을 일컬어 소리의 욕망을 꾸짖는다 한다.

냄새를 물리침

어떻게 냄새를 꾸짖는가? 사람들은 생각하기를 '냄새에 집착되는 것은 죄가 없다' 하고는 냄새에 물들고 애착되어 번뇌의 문을 여나니, 비록 백년 동안 계행을 지니다가도 일시에 몽땅 무너뜨린다.

예컨대 어떤 아라한이 항상 용궁에 들어가서 밥을 먹고 돌아와서 사미(沙彌)에게 발우를 주어 씻으라 했다. 발우에는 남은 밥풀 몇 알이 있었는데, 사미가 냄새를 맡아 보니 몹시 향기로웠고 먹어보니 매우 맛이 좋았다.

그는 곧 꾀를 써서 스승의 승상(繩床)170) 밑으로 들어가서 두 손으로 침대 다리를 꼭 쥐고 있었다. 그리고 그 스승이 갈 때가 되자 침대에 붙어 함께 용궁으로 들어가게 되었다.

용왕이 사미가 함께 온 것을 발견하고 물었다.

"이 아이는 아직 도를 얻지 못했는데 어찌하여 데리고 왔습니까?"

스승이 대답하길, "나도 모를 일입니다"라고 하였다.

결국 사미는 밥을 얻어먹게 되었다. 문득 용녀를 보았는데 매우 예쁘고 견줄 데 없이 묘한 향취를 내었다. 그 향에 취한 사미는 크게 마음이 애착된 나머지 속으로 다짐하였다.

'내가 복을 지어서 이 용의 궁전을 빼앗아 살리라.'

그때 용이 말했다.

"다시는 이 아이를 데리고 오지 마시오."

사미는 돌아오자 일심으로 보시와 지계에 힘쓰면서 소원하는 일이 빨리 이루어지기를 애써 구하여 빨리 용이 되기만을 기다렸다.

어느 때 사미가 절을 도는데 자기의 발바닥에서 물이 나오는 것을 보자 틀림없이 용이 될 것을 확신했다. 그러자 곧장 자신의 스승이 전부터 용궁으로 들어가던 큰 못가로 가서 가사자락으로 머리를 덮고는 물로 뛰어들었다.

---

170) 새끼나 줄로 엮은 보잘 것 없는 침대를 말한다.

그동안 쌓은 복덕의 힘이 컸기에 그는 죽어서 곧 용이 되었다. 그리고 용궁으로 가서 본래의 용을 죽이니 온 못이 피로 붉게 변해버렸다.

이렇게 되기 전부터 여러 스승들과 대중이 사미를 꾸짖었지만 사미는 그때마다 말했다.

"내 마음은 이미 결정되었고, 이제 그 조짐이 보이고 있습니다."

이때 스승은 여러 승려들을 데리고 못으로 가서 그 모양을 보았다.

이러한 인연은 냄새에 집착되었기 때문이다.

또한 어떤 비구가 숲속 연못가를 거닐다가 연꽃 향기를 맡았는데, 좋아하는 마음이 지나쳐 애착심을 일으키게 되었다. 이때 못의 신[池神]이 그에게 말했다.

"그대는 어찌하여 저 숲속에 조용히 앉아 참선하던 자리를 버리고 와서 나의 향기를 훔치느냐."

왜냐하면 향기에 집착하는 까닭에 모든 결사가 일어나기 때문이었다.

어느 때 다시 다른 사람이 와서 못에 들어가 그 꽃을 많이 꺾고 그 뿌리를 캐어 아주 어지럽게 해놓고는 가버렸다. 그런데 지신은 아무런 말도 하지 않았다. 이에 비구가 말했다.

"저 사람은 그대의 못을 파괴하고 그대의 꽃을 꺾어가도 그대는 아무런 말도 없으면서 어찌하여 나는 못 가에서 걷기만 하였는데도 '나의 향기를 훔치느냐'며 꾸짖는가?"

지신이 대답했다.

"세상의 악인들은 항상 죄악의 분노 속에 빠져 더러움이 머리까지 묻었으므로 나는 그들에게 말하지 않는다. 그러나 그대는 선정을 닦는 훌륭한 사람인데 이 냄새에 집착해 그대의 좋은 일을 무너뜨리고 있다. 그러므로 그대를 꾸짖는 것이다. 비유하건대 희고 고운 비단에 더러운 것이 한 점만 묻어도 여러 사람이 다 보거니와 저 악인은 마치 검정 옷에 먹을 떨어뜨린 것과 같아서 누구에게도 보이지 않는다. 그러니 누가 묻겠는가."

이러한 갖가지 인연을 일컬어 '냄새의 욕심을 꾸짖는다' 하는 것이다.

맛을 물리침

어떻게 맛을 꾸짖는가? 마땅히 스스로 이렇게 각오해야 한다.
"나는 맛난 맛을 탐내고 집착하기 때문에 뭇 괴로움을 받으며, 구리 녹인 물을 마시거나 뜨겁게 달군 무쇠알을 먹게 되리라. 만일 바르게 먹는 법을 관찰하지 않고 즐기는 마음만으로 굳게 집착되면 더러운 구더기[不淨虫]로 태어나게 되리라."

예컨대 항상 타락[酪]을 매우 좋아하는 사미가 있었다. 시주들이 스님들께 타락 공양을 올릴 때면 사미는 의례 남은 찌꺼기를 얻을 수 있었다. 사미가 이렇게 타락을 몹시 좋아하여 그 곁을 떠나지 못하더니, 목숨이 다하여 그 타락 찌꺼기가 있는 병 속에 태어났다.
나중에 사미의 스승이 아라한의 도를 얻었는데 대중이 타락을 나눌 때마다 말했다.
"조심조심해서 이 타락을 즐기는 사미를 다치지 않게 하라."
사람들이 물었다.
"이것은 벌레인데 어찌하여 타락을 즐기는 사미라 하십니까?"
이에 스승이 대답했다.
"이 벌레는 본래 나의 사미였는데 타락 찌꺼기를 탐내고 애착했기 때문에 이 병 안에 태어난 것이다."
스승이 자기 몫의 타락을 얻으면 벌레가 병 안에 있다가 나타나는데, 스승은 "타락에 애착하던 사람아, 무엇하러 왔느냐"라고 말하며 타락을 주는 것이었다.

또한 월분(月分)이라는 국왕에게 태자가 있었다. 그는 향기로운 맛을 몹시 좋아하니, 왕의 정원을 지키는 사람이 있어 날마다 좋은 과일을 따서 보내 주었다.
그 과수원 안에는 큰 나무가 있었는데, 나무 위에 새가 둥지를 짓고 새끼를 기르고 있었다. 어미 새는 항상 향산(香山)으로 날아가서 좋고 향기로운 과일을 물어다가 새끼를 먹였다.

어느 때 새끼들이 다투다가 과일 하나를 땅에 떨어뜨리니, 정원지기는 이른 아침에 나왔다가 그것을 보고 매우 신기하게 여겨 곧 왕에게로 보냈다.

왕은 이 과일의 빛과 냄새가 매우 이상한 것을 소중히 여겼다. 그런데 태자가 보자마자 달라고 했다.

왕은 자식을 사랑하는 까닭에 주었더니, 태자는 그 과일을 먹자 맛에 반해 물들은 마음으로 깊이 집착되어 날마다 달라고 했다.

왕은 정원지기를 불러 그 과일의 출처를 물으니, 정원지기가 대답했다.
"이 과일은 종자가 없습니다. 그저 땅에서 얻었을 뿐 온 곳은 모릅니다."

태자는 더욱 울면서 음식을 먹지도 않으니, 왕은 정원지기를 재촉했다.
"그대가 그것을 구해다오."

과수원지기가 본래 과일 얻은 자리에 가서 살펴보다가 새 둥지가 있는 것을 보고는 새가 물고 온 것임을 알았다. 그는 곧 몸을 숨기고 나무로 올라가서 몰래 빼앗으려고 기다렸다.

그리고는 어미 새가 돌아오자마자 즉시 그 과일을 빼앗아 왕에게 보냈다.

날마다 이렇게 하니, 화가 난 어미 새는 향산으로 가서 독기 있는 과일을 가져왔는데, 향기와 맛과 빛깔이 앞의 것과 완전히 같았다.

정원지기는 그것을 빼앗아 왕에게 보냈고, 왕은 태자에게 주었다. 태자가 그것을 먹자 오래지 않아 몸이 붓고 뭉그러지더니 죽어버렸다.

맛에 집착되면 이렇게 몸을 잃는 고통이 있는 것이다.

이러한 갖가지 인연을 일컬어 '맛의 욕심에 집착함을 꾸짖는다' 하는 것이다.

닿음(접촉)을 물리침

어떻게 닿임[觸]을 꾸짖는가?

이 닿임은 모든 허물을 내는 원인이며, 마음을 속박하는 근본이다. 왜냐하면 나머지 네 감정은 제각기 자기의 몫이 있지만, 이 닿임은 온몸에 두루하여 생기는 곳이 넓기 때문에 물들은 집착을 많이 내기 때문이다. 이 집착은 여의기 어렵다.

어떻게 그런 줄 아는가? 예컨대 어떤 사람이 몸의 부정한 36종의 관법을 닦아서 싫어하는 마음을 내면서도 닿임에 의해 집착하는 마음을 내었다. 비록 그것이 부정함을 알면서도 그 보드랍고 연함을 탐내므로 아무리 부정함을 관찰하여도 이익이 없었다. 그러므로 여의기 어렵다.

또한 버리기 어렵기 때문에 항상 무거운 죄를 짓다가 지옥에 떨어진다. 지옥에는 두 부분이 있는데 하나는 한빙(寒氷)이요, 또한 하나는 염화(焰火)이다. 이 두 큰 지옥에는 모두가 몸의 닿임 때문에 죄를 받아 고통이 만 갈래나 되나니, 이 닿임은 매우 어두운 곳[大黑闇處]이라 하며 위험하고 험난한 곳이라 한다.

『라후라모본생경(羅睺羅母本生經)』에 이런 얘기가 있다.

석가모니 보살에게는 두 부인이 있었으니, 한 사람은 구비야(劬毘耶)요, 또한 한 사람은 야수다라(耶輸陀羅)였다. 야수다라는 라후라의 어머니이다. 구비야 부인은 보녀[寶女]이었기에 아이를 배지 못했다.

야수다라 부인은 보살이 출가하시는 날 저녁에 태기를 느꼈다. 보살이 출가해서 6년 동안 고행하였는데 야수다라 또한 6년 동안 임신한 채 몸을 풀지 않았다.

이에 석가족 사람들이 따져 물었다.

"보살은 출가하셨는데 어째서 이런 일이 있는가?"

"나는 죄가 없습니다. 내가 가진 아기는 분명히 태자의 아기입니다."

"어째서 오래도록 아기를 낳지 않았는가?"

"나도 모를 일입니다."

이에 석가족 사람들이 모여 의논한 끝에 왕에게 알리고 법답게 다스릴 것을 건의했다.
　이때 구비야 부인이 왕에게 사뢰었다.
　"관대히 용서하시옵소서. 제가 항상 야수다라와 거처했으니 저는 그녀의 죄 없음을 증명합니다. 아기를 낳은 뒤 아비를 닮았는지 여부를 살피신 뒤에 다스려도 늦지 않으실 것입니다."
　그러자 왕도 관대히 미루어 두었다.

　부처님께서 6년간의 고행을 마치시고 성불하시던 날 저녁에 라후라도 탄생했다. 왕은 그 아기가 아비를 닮은 것을 보자 사랑스럽게 여겨 모든 근심을 잊고 여러 신하들에게 말했다.
　"내 아들은 떠났지만 이제 그의 자식을 얻으니, 아들이 곁에 있는 것과 다름이 없다."
　야수다라 부인은 비록 벌은 면했으나 나쁜 소문이 온 나라에 퍼져 있었으므로 야수다라는 그 나쁜 소문을 불식시키고 싶었다.

　부처님께서 도를 얻으신 뒤 카필라성에 돌아와 석가족 사람들을 제도하셨는데, 이때 정반왕과 야수다라 부인은 매일 부처님을 궁 안으로 청하여 공양을 올렸다.
　이때 야수다라 부인은 발우에다 아주 맛난 환희환(歡喜丸)을 담아 라후라에게 주면서 부처님께 갖다 드리라 했다.
　이때 부처님께서는 신통력으로 5백 아라한들의 모습을 모두 부처님과 똑같아 차이가 없게 하셨다. 그러나 라후라는 이때 일곱 살이었지만, 환희환을 들고 곧장 부처님 앞으로 나아가더니 바쳤다. 이때 부처님께서 신통력을 거두시어 비구들은 제모습으로 돌아가게 하시니, 모두가 빈 발우로 앉았는데 부처님의 발우에만 환희환이 가득했다.
　야수다라는 왕에게 말했다.
　"이것을 보건대 저의 무죄가 증명되옵니다."

　이어 부처님께 여쭈었다.
　"제가 무슨 인연으로 6년 동안이나 아기를 배고 있었는지요?"
　부처님께서는 이렇게 대답하셨다.

"그대의 아들, 라후라는 아주 오랜 옛날에 국왕이었는데 5신통을 얻은 어떤 선인이 그 왕국에 들어와서는 '왕법은 도적을 벌주시니, 부디 저의 죄를 다스려 주십시오'라고 말했느니라.
이에 왕이 물었느니라.
'그대에게 무슨 죄가 있는가?'
'저는 왕의 나라에 들어와서 주지 않는 것을 가졌습니다. 왕의 물을 마셨고 왕의 양지(楊枝)로 이를 닦았습니다.'
'내가 준 것이거늘 무슨 죄가 있겠는가. 내가 왕위에 오를 때에 물과 양지 모두를 여러 사람에게 쓰도록 허락했노라.'
'왕께서 비록 주신 것이지만, 제가 마음속에 품은 죄는 없어지지 않습니다. 바라건데 저를 벌주시어 다음에 다시 죄가 생기지 않게 하여 주시옵소서.'
이에 왕이 하기를 '그대가 꼭 그렇게 원한다면 내가 잠시 안에 들어갔다가 나올 때까지 기다리거라'라고 하였다. 그리고는 궁으로 들어가서 6일 동안이나 나오지 않았으니, 선인은 왕의 뜰에서 6일 동안을 아무것도 마시거나 먹지 못했느니라. 이에 선인은 '이 왕께서 바로 이것으로 나의 죄를 다스리시는구나'라고 생각했느니라. 그런데 왕은 6일이 지나서야 나오더니 선인에게 '내가 깜박 잊었을 뿐이니 탓하지 마시오'라며 사과했느니라.
이런 인연으로 5백 생 동안 3악도의 죄를 받았고, 5백 생 동안 항상 어머니의 뱃속에 6년간을 있었으니, 이런 증거에 의하여 야수다라에게 죄가 없음이 입증됐느니라."

이때 세존께서 공양을 마치고 자리를 떠서 나가시니, 야수다라는 섭섭한 생각이 들었다.
'이렇게 좋으신 분은 세상에서도 만나기 어려운데 내 이제 만났다가 다시 영원히 잃는구나.'
세존께서 앉으셨을 때엔 똑바로 쳐다보며 눈도 깜박이지 않았고, 나간 뒤에는 그 뒤를 좇아 지켜보다가 멀리 사라진 뒤에야 멈추고서는 크게 한탄했다. 서운한 생각이 일어날 때마다 땅에 쓰러져 기절하니, 곁의 사람들이 물을 부어 주어야 다시 깨어났다.

항상 혼자서 골똘히 생각하기를, '천하에서 누군가 나를 위해 주술(呪術)을 잘 부려서 그 마음을 돌려 본래의 마음으로 돌아오게 해서 전과 같이 즐겁게 만들어 주지 않겠는가' 하고는 7보의 값진 구슬을 풀어 황금소반 위에 놓고 그것으로 사람을 모집했다.

이때 어떤 범지가 나서서 말했다.
"제가 능히 주술을 써서 그의 마음을 돌리겠습니다. 백 가지 맛을 내는 환희환을 지어서 약초에다 섞고 주문을 외우면 그 마음이 곧 돌아서서 반드시 다시 오실 것이 틀림없습니다."
야수다라는 그의 말대로 해 놓고, 사람을 부처님께 보내어 여러 성인들과 함께 왕림해 주시기를 청했다. 부처님께서 왕궁에 드시자 야수다라는 곧 백 가지 맛을 내는 환희환을 내어 부처님의 발우에 넣어드렸다.
야수다라는 부처님께서 잡수신 뒤 소원이 이루어져서 처음과 같이 되기를 바랐으나, 부처님은 잡수신 뒤에도 아무런 이상도 없이 마음과 눈이 맑고 고요하기만 했다. 야수다라는 생각했다.
'아무 변화가 없는 것은 아직 약효가 나타나지 않기 때문일 것이다. 약효가 발동하면 반드시 내 소원은 이루어지리라.'
부처님께서 공양 드시기를 마치신 후 축원을 해주시고 자리에서 일어나 떠나버리시니, 야수다라는 생각했다.
'약의 힘이 저녁때가 되어 해가 지면 나타나서 반드시 궁으로 돌아오시리라.'
하지만 부처님은 공양하신 뒤 여전히 아무런 이상도 없었다. 이튿날 비구들은 밥을 먹을 시간이 되자 옷을 입고 발우를 들고 성으로 들어가서 걸식을 하다가 이 사실을 자세히 듣고는 더욱 공경하여 말했다.
"부처님의 힘은 한량이 없으시고 신통한 마음씨는 헤아릴 수도 없으니, 말이나 생각으로 따질 수 없다. 야수다라의 약인 환희환은 그 힘이 매우 크건만 세존께서는 잡수시고도 몸과 마음에 아무런 이상이 없으시다."

비구들이 돌아와 이 일을 자세히 부처님께 말씀드리니, 부처님께서 말씀하셨다.
"야수다라는 지금만 환희환으로 나를 흘리는 것이 아니다. 지난 세상에도 환희환으로 나를 홀린 적이 있느니라."
그때 세존께서는 비구들에게 다시 지난 생의 인연을 다음과 같이 들려주셨다.

아주 오랜 옛날에 바라내국(婆羅捺國)의 어느 산중에 선인(仙人)이 있었는데, 봄날 목욕탕에서 사슴들이 모여 어울리는 것을 보자 순간 음심이 발동한 나머지 목욕대야에 정액을 흘리고 말았다. 암사슴이 그 정액을 핥아먹고 곧 태기가 있더니 달이 차서 새끼를 낳았는데, 형상은 사람 같으나 머리에 뿔 하나가 있고 발은 사슴을 닮았다. 어미 사슴은 새끼가 사람을 닮았다 하여 새끼를 선인의 암자에 놓고 떠나버렸다. 선인이 나와서 이 사슴의 새끼를 보고 자기의 지난 일을 관찰해 보니, 자신의 자식임을 알았다. 선인이 새끼를 키우게 되었는데, 차츰 자라남에 따라 부지런히 학문을 가르쳐 18종의 경서[171])에 통달했다. 또한 선정을 배우고 4무량심을 행하니, 곧 5신통을 얻었다.

이 외뿔선인이 어느 날 산에 올라갔다가 큰비를 만났다. 그런데 질척한 진흙땅에 발이 미끄러지는 바람에 물병을 깨뜨리고 발을 크게 다쳤다. 그는 너무 화가 난 나머지 주술로 축원하여 비가 오지 못하도록 했다. 그 선인의 위력으로 귀신들이 모두 비가 내리지 못하게 하니, 오곡과 오과가 익지 못하고 백성들은 가난에 시달려 살 길이 막막해졌다.
바라내국의 왕은 근심에 젖어 대신들을 모아 비 내리는 방안을 의논하게 했는데, 그중 밝은 이가 있어 말했다.
"제가 일찍이 들건대, 선인들이 사는 산중에 뿔 하나를 가진 선인이 있다고 합니다. 그가 불편한 다리로 산을 오르다가 그만 미끄러져 발을 다치고는 화가 나서 비가 오지 못하도록 주문을 내렸는데, 12년 동안 비가 내리지 않게 했다고 합니다."
왕은 생각했다.
'12년이나 비가 오지 않는다면, 내 나라는 끝장이다. 백성들은 없어지리라.'

---

171) 바라문의 18가지 주요경전을 말한다.

왕은 공고를 내렸다.

"누구든지 그 선인으로 하여금 신통을 잃고 내게 돌아오게 한다면 내 나라의 반을 나누어 주리라."

이때 바라내국에 선타(扇陀)라는 창녀[淫女]가 있었는데 단정하기 짝이 없었다. 왕의 모집에 응해 온 그녀는 사람들에게 물었다.

"그는 사람입니까, 아니면 사람이 아닙니까?"

"선인이 낳은 사람입니다."

"만일 사람이라면 내가 능히 무너뜨려 주겠소."

그리고는 금쟁반에다 훌륭한 보물을 담아 가지고 와서 국왕에게 이렇게 말했다.

"제가 그 선인의 목에 무등을 타고 오겠습니다."

음녀는 곧 5백 대의 수레를 구하여 5백 명의 미녀를 태우고, 5백 대의 사슴수레에는 갖가지 환희환을 실었다. 환희환에는 갖가지 약초를 섞어 조합하고 다양한 과일 모양을 내도록 채색했으며, 갖가지 큰 위력과 맛을 지닌 술을 준비하고는 색깔과 맛이 마치 물처럼 보이도록 만들어 놓았다. 그리고는 나무껍질로 된 옷과 풀로 엮은 옷을 입고 숲 사이를 거닐면서 선인의 행색으로 선인의 암자 근처에다 초암을 짓고 살았다.

어느날 외뿔선인이 밖을 거닐다가 이것을 발견하자, 여자들이 모두 나와서 맞이하며 아름다운 꽃과 좋은 향으로 선인에게 공양했다. 선인이 매우 기뻐하니, 여자들은 모두 예쁜 말씨로 공경히 문안을 드렸다.

선인이 방으로 들어오자 훌륭한 평상에 앉게 하고는 맛난 술을 주니 맑은 물이라 여기고, 환희환을 주니 좋은 과일로 여겼다.

그는 배불리 먹고 나서는 여자들에게 말했다.

"나는 이 세상에 태어난 뒤 처음으로 이렇게 좋은 과일과 좋은 물을 먹어 봤소."

여자들이 말했다.

"우리들이 일심으로 착한 일을 행하였기 때문에 하늘이 우리의 소원을 들어주시어 이 좋은 과일과 좋은 물을 주신 것입니다."

선인이 다시 물었다.

"어째서 피부가 그렇게도 풍만한가?"

여자들이 대답했다.

"우리들은 이 좋은 과일을 먹고 좋은 물을 마신 까닭에 이처럼 풍만해졌습니다."

여자들이 다시 선인에게 물었다.

"당신께서는 어찌하여 이곳에서 살지 않습니까?"

이에 선인은 대답했다.

"왜 살지 못하겠느냐."

이 말에 여자들이 "함께 목욕이라도 합시다"라고 권하니 그는 곧 허락을 했다.

여자들의 보드라운 손길이 연하게 건드리자 마음이 흔들리더니, 다시 여러 미녀들이 번갈아 문지르고 씻어주니 음심이 더욱 발동하여 급기야는 음행을 범하고 말았다.

그는 곧 신통을 잃었으며, 하늘은 마침내 비를 내렸다.

선인과 여인들은 7일 7야에 걸쳐 함께 즐기며 먹고 마셨다.

7일 뒤 술과 과일이 다하였기에 산의 물과 나무의 과일로 대신하니, 그 맛이 전과 같지 못했다. 전과 같은 것을 찾으니, 여자는 대답하기를 "다 떨어졌습니다. 지금 함께 가시면 여기서 멀지 않은 곳에서 얻으실 수는 있습니다" 하였다.

선인은 "좋도록 하라" 하고는 곧 따라 나섰다.

여자는 성이 이제 멀지 않음을 알자 문득 길바닥에 누우면서 말했다.

"나는 힘이 다해 더이상 갈 수가 없습니다."

선인이 말했다.

"그대가 더이상 갈 수 없다면 내 목을 타거라. 내가 그대를 목에 태우고 가리라."

음녀는 미리 전언을 왕에게 보내어 "왕께서는 나의 지략을 구경해 보십시오"라며 말해 둔 터였다.

왕이 행차를 갖추고 나와 보고는 물었다.

"어떻게 이리 되었느냐?"

음녀가 말했다.

"저의 방편의 힘으로 지금은 이렇게 되었지만 더이상 할 수 있는 바가 없습니다. 그를 성 안에 머물게 하면서 잘 공양하고 공경하며, 다섯 가지 욕망을 충족시켜 주십시오."

왕은 외뿔선인을 대신으로 임명했다. 그런데 그는 성에 머무른 지 며칠 안 되어 몸이 더욱 여위고 수척해지면서, 선정을 생각하면 즐겁고 이 세상의 욕망을 싫어했다.

왕이 선인에게 물었다.

"그대는 어찌하여 즐거워하지 않고 몸만 점점 수척해지는가?"

선인이 대답했다.

"제가 비록 5욕락을 얻었으나 숲속의 고요한 곳을 항상 생각하여 선인들의 수행하는 곳이 마음에서 떠나지 않기 때문입니다."

왕은 생각했다.

'내가 만일 강제로 그의 뜻을 어긴다면 뜻을 어겼기 때문에 괴로워하고, 괴로움이 극에 달하면 죽을 것이다. 내 본래의 뜻은 가뭄을 제하려는 것이었는데 이제 이미 이루었거늘 다시 무슨 이유로 그의 뜻을 억지로 빼앗으랴.'

그리고는 곧 그를 놓아 주니, 그는 산으로 돌아와 다시 정진하여 오래지 않아 다시 5신통을 얻었다.

부처님께서 비구들에게 말씀하셨다.

"외뿔선인은 바로 나의 전생이요, 음녀는 야수다라이니라. 그때에도 환희환으로 나를 홀렸는데, 내가 미혹을 끊지 못했었기에 홀림을 당했다. 지금 또한 환희환으로 홀리려 하나 안 될 것이다."

이것으로 미루어 보건대 곱고 부드러운 촉감은 능히 선인들의 마음까지도 요동시키거늘 하물며 어리석은 범부이겠는가.

이러한 갖가지 인연을 일컬어 '보드라운 촉감의 욕망을 꾸짖는다' 한다.

다섯가지 가림[5蓋]을 제거하라

이와 같이 5욕을 꾸짖는 것은 5개(蓋)를 제거하는 것이다.

(1) 성냄의 가림
성냄의 가림은 모든 착한 법을 잃는 근본이고 악도에 떨어지는 원인이다. 모든 즐거움의 원수이고, 착한 마음의 큰 도적이며, 모든 나쁜 소리가 모이는 곳이다.
부처님께서 제자들의 성냄을 경책하신 게송에 다음과 같은 것이 있다.

그대여, 생각해 보라.
몸을 받을 때나 태에 있을 때
더럽고 나쁜 고통에 갇혔고
태어난 뒤에도 어려움은 많네.

이런 도리 생각하고서도
다시 성냄을 끊지 않으면
이 사람은 분명코
마음 없는 무리이리라.

아무런 죄보와 결과도 없고
꾸짖거나 책망하는 이 없어도
응당 참아야 되거늘
하물며 괴로운 과보가 심한 때이랴.

늙음과 앓음과 죽음을
아무도 면하지 못함을 관하여
자비한 마음을 일으켜야 되거늘
어찌하여 중생에게 악을 가하랴.

중생들 서로가 원적을 맺어
베고 찌르며 고통을 받거니와
어찌하여 선을 닦는 사람이
덩달아 괴롭히는 짓을 더하랴.

항상 자비를 행하여
안정된 마음으로 선을 닦을지니
삿된 마음 품어
누구 하나 해치지 말라.

만일에 도법을 부지런히 닦으면
해치려는 마음 요동치 않나니
선과 악은 세력이 병존치 못하니
마치 물불이 서로 등지는 것 같네.

성냄이 마음을 덮으면
좋고 나쁨 알지 못하고
이로움과 해로움도 모르며
악도의 고통 두려워할 줄 모르네.

남의 괴로움을 헤아리지 못하고
몸과 마음의 피로함도 느끼지 못하면
먼저 자신이 괴로움의 인을 받고
나중에 딴 사람에게도 미치네.

성냄을 멸하고자 하거든
인자한 마음을 생각하면서
홀로 밝고 한가롭게 있으면
사태는 쉬어지고 인연도 멸하리.

노·병·사를 두려워하면
아홉 가지 성냄이 제거되나니
이렇게 인자함을 생각하면
성냄의 독을 멸할 수 있으리.

이러한 갖가지 인연으로 성냄의 가림을 제거한다.

(2) 수면의 가림
수면의 가림이란 능히 금세의 세 가지 일, 즉 욕락, 이락(利樂), 복덕을 깨뜨리며, 능히 금세와 후세의 완전한 즐거움을 깨뜨려서 죽은 이와 다름이 없으되 겨우 숨만 남은 것 같다.
다음과 같은 게송이 있다.

그대는 일어나라.
역겨운 몸을 안고 누워 있지 말라.
갖가지 부정하게 모인 것을
사람이라 부를 뿐이다.

마치 중병에 걸린 것 같고
화살이 몸에 박힌 것 같아서
모든 고통이 모여드는데
어찌 잠을 잘 수 있으랴.

모든 세간에는
죽음의 불길이 치솟나니
너는 벗어나기를 구할 것이어늘
어찌 잠을 잘 수 있으랴.

어떤 사람이 결박되어
죽음의 땅으로 가는 것 같아서

재앙이 곧 이르거늘
어찌 잠을 잘 수 있으랴.

도적을 묶어 제거하지 않는 한
재앙은 완전히 없어지지 않듯
독사들과 한 방에서
잠을 자는 듯하고,

또는 전쟁터에서
칼날을 맞대고 선 것 같거니
그런데 어찌하여
잠을 잘 수 있으랴.

잠은 큰 어두움이어서
아무것도 안 보이나니
날마다 침노하여
사람의 밝음을 빼앗는다.

잠이 마음에 덮이면
보이는 것이 없나니
이렇게 큰 허물이 있거늘
어찌 잠을 잘 수 있으랴.

이러한 갖가지 인연으로 수면의 가림을 제한다.

(3) 들뜸의 가림

들뜸[掉]이라는 것은 수행자의 마음을 깨뜨린다. 사람들은 마음을 거두어 모아도 머무르지 못하거늘 하물며 들뜨고 산란해지는 경우이겠는가.
들뜨고 산란한 사람은 마치 고삐 없는 취한 코끼리 같고, 코를 잘린 낙타와 같아서 제지할 수가 없다. 이런 게송이 있다.

그대 이미 머리 깎고
물들인 옷 입었으며
발우를 손에 들고
걸식을 다니거늘

어찌하여 장난삼아
들뜨는 법에 집착하는가.
법의 이익은 없어지고
세간의 즐거움 잃게 되리라.

(4) 후회의 가림

뉘우침[悔]이란 큰 죄를 범한 사람이 항상 두려워하는 생각을 품는 것 같으니, 뉘우침의 화살이 마음에 스며들면 뽑을 수 없다.
이런 게송이 있다.

하지 말아야 할 일을 하고
할 일을 하지 않으면
뉘우침의 불길에 태워져서
후세에는 악도에 떨어지네.

사람이 죄를 뉘우치면
뉘우친 뒤에는 놓아버리라.
그러면 마음이 안락하리니
두고두고 생각하지 말지니라.

두 종류의 뉘우침이 있나니
하지 않았거나 이미 한 것이나
이런 뉘우침이 마음에 걸리면
이는 어리석은 사람의 모습이네.

마음을 뉘우치지 않음으로써
하지 말아야 할 일을 하나니
모든 나쁜 일 이미 했으면
하지 않았다고 할 수는 없으리.

이러한 갖가지 인연으로 들뜸과 후회의 가림을 꾸짖는다.

(5) 의심의 가림

의심의 가림이란 의혹이 마음을 덮었기 때문에 모든 법에서 안정된 마음을 얻지 못하나니, 안정된 마음이 없으므로 불법에 대하여 아무것도 얻는 바가 없다. 마치 어떤 사람이 보물산에 들어갔으되 손이 없으면 아무것도 얻지 못하는 것과 같다.

의심의 뜻을 설명한 게송이 있다.

어떤 사람이 험준한 길에서
의심하면 가지 못하듯
모든 법의 실상을 배움에도
의심하면 그 허물 이와 같도다.

의심 때문에 모든 법의 실상을
부지런히 구하지 못하나니,
이 의혹은 어리석음에서 생긴 것
죄악 가운데서도 가장 나쁘다네.

착한 법과 착하지 못한 법,
생사와 열반 사이에
반드시 진실로 참되게 있는 법,
그에 대해 의혹을 내지 말지니라.

그대들, 의심하는 마음을 내면
죽음의 옥졸에게 결박되리니
마치 사자가 사슴을 덮치듯
벗어나 풀려나기 어려우리라.

세상을 사노라면 의혹이 있겠지만
묘하고 선한 법을 따라 가거라.
마치 갈림길에서 망설이는 이가
이롭고 좋은 쪽을 따라가듯이.

이러한 갖가지 인연 때문에 의혹의 가림을 버려야 한다.

이 다섯가지 가림을 버리면 마치 빚을 진 이가 빚에서 벗어나듯이, 중환자가 쾌차하듯이, 굶주리는 지역을 벗어나 풍요한 나라를 만나듯이, 옥에서 풀려나듯이, 흉한 도적들 틈에서 벗어나 편안하고 근심 없게 되듯 하리라. 수행자도 그와 같아서 5개를 제거하면 그 마음이 편안하고 청정하고 즐거우리라.

비유하건대 해와 달에 다섯 가지, 즉 햇무리·연기·구름·티끌·안개가 덮이거나 나후아수라(羅候阿修羅)가 손으로 막으면 밝게 비추지 못하는 것 같다.

사람의 마음도 그와 같아서 5개에 덮이면 자신도 이롭게 하지 못하고 남도 이롭게 하지 못한다.

다섯가지 지지[支]를 성취하라

만일 5욕(欲)을 꾸짖으면 5개를 제하고, 다섯 가지 법, 즉 의욕[欲]·정진·기억[念]·공교로운 지혜[巧慧]·한마음을 행할 수 있으리니, 이 다섯 가지 법을 행하면 5지(支)를 성취하여 초선(初禪)을 얻는다.

의욕이라 함은 욕계에서 벗어나서 초선천을 얻고자 하는 것이다.
정진이라 함은 집을 떠나 계를 지니며 초저녁부터 새벽까지 전일하게 정진하여 게으르지 않으며, 절제 있게 먹고 마음을 거두는 것이다.
기억이라 함은 초선천의 즐거움을 기억하되 욕계는 더럽고 미친 듯 어리둥절하고 미천하며 초선천은 존중하고 귀한 줄을 아는 것이다.
공교로운 지혜라 함은 욕계의 즐거움과 초선천의 즐거움을 관찰하고 헤아려서 가볍고 무거움과 얻고 잃음을 아는 것이다.
한마음이라 함은 마음을 항상 대상 가운데 매어 두어 나뉘거나 흩어지지 않게 하는 것이다.

또한 초선천을 오로지 구하여 욕락을 버려야 하나니, 비유하건대 원수 때문에 괴로워하는 이가 항상 그 생각을 없애버리고자 한다면, 곧 원수의 해를 당하지 않는 것 같다. 부처님께서 욕락에 집착된 바라문에게 이렇게 말씀하셨다.

"나는 본래 욕락을 관찰했다. 욕락은 두려움·근심·괴로움의 인연이며, 욕락은 즐거움은 적고 괴로움은 많다. 욕락이란 악마의 그물에 걸린 것 같아 벗어나기 어렵다.

욕락은 모든 즐거움을 태우고 말리는 것이 마치 숲의 사방에서 불이 일어나는 것과 같다. 욕락은 불구덩이에 떨어진 것 같아서 매우 두렵고, 독사에게 쫓기는 것 같고, 원수가 칼을 품은 것 같고, 나찰과 같고, 나쁜 독약이 입에 든 것 같고, 구리 녹인 물을 삼킨 것 같고, 세 갈래 개울의 미친 코끼리 같고, 크고 깊은 구덩이에 빠진 것 같고, 사자가 앞을 막은 것 같고, 마갈어(摩竭魚)가 입을 연 것 같으니, 모든 욕락이 이와 같아서 매우 두렵느니라."

집착된 욕락은 사람들을 번거롭고 괴롭게 만든다. 욕락에 집착된 사람은 마치 옥에 갇힌 죄수와도 같다. 또한 우리 안의 사슴과 같고, 그물에 걸린 새와 같고, 낚시를 삼킨 고기와 같고, 이리에게 붙잡힌 개와 같고, 새매떼 속의 참새와 같고, 들돼지를 만난 뱀과 같고, 고양이들 속에 갇힌 쥐와 같고, 벼랑 끝에 선 소경 같고, 뜨거운 기름에 빠진 파리와 같고, 싸움터에 선 병든 이와 같고, 서지 못하는 이가 불을 만난 것 같고, 끓는 소금강에 뛰어든 사람과도 같다. 또한 꿀 묻은 칼을 핥는 것 같고, 네거리에 놓인 산적 같고, 얇은 천으로 칼숲[刀林]을 가린 것 같고, 꽃으로 더러운 것을 덮은 것 같고, 풀을 독약 항아리에 바른 것 같고, 독사를 담은 광주리 같다. 또한 꿈인 듯 거짓되고 빌린 것 같아서 돌려주어야만 하는 것 같고, 허깨비가 아이들을 속이는 것 같고, 아지랑이가 실제가 없는 것 같고, 큰 물에 빠진 것 같고, 마갈어의 입으로 들어간 배와 같고, 곡식을 해치는 우박과 같고, 사람에게 다가오는 벼락과도 같다.

모든 욕락이 그와 같아서 거짓되고 실다움이 없다. 견고함도 굳음도 없으며, 즐거움은 적고 괴로움이 많다.

욕락은 마구니이니, 모든 착한 공덕을 파괴하고, 항상 중생들을 포박해서 해치기 때문이다.

이러한 갖가지 비유를 들어 5욕을 꾸짖나니, 5개를 제하고, 다섯 가지 법을 행하면 초선천에 이르게 된다.

초선은 아비담에서 이렇게 말한다.

"초선에는 네 종류가 있으니, 첫째는 맛[味]이 상응함이요, 둘째는 정(淨)이요, 셋째는 무루(無漏)요, 넷째는 초선에 속하는 과보로서 얻어지는 5중(衆)이다."

여기에서 수행자는 맑은 무루[淨無漏]에 들어간다.

2선·3선·4선 역시 그와 같다.

선정에 집착하여 삵이 된 선인(仙人)

보살은 일체법의 어지러움과 안정된 모습을 모두가 둘 아닌 모습[不二相]으로 관찰하지만, 다른 사람들은 어지러움을 제하고서 안정을 구하려 한다. 왜냐하면 어지러운 법에 대하여는 성냄의 생각을 일으키고, 안정된 법에 대하여는 애착하는 생각을 내기 때문이다.

울타라가(鬱陀羅伽) 선인은 5신통을 얻고서 날마다 왕궁으로 날아가서 음식을 먹었다. 이때 왕의 대부인(大夫人)이 그 나라의 국법에 따라 선인의 발을 잡고 절을 하였는데 부인의 손이 닿자마자 신통을 잃었다.

신통을 잃어 날수 없게 된 선인은 왕에게 말과 수레를 달라고 하여 거마를 타고 돌아가야 했다. 본래 살던 아란야로 돌아온 선인은 숲속으로 들어가서 다시 5신통을 구하는데 일심으로 전일하게 애를 썼다.

이제 막 신통이 얻어지려는 무렵에 새가 나무 위에서 급하게 울어 그의 생각을 어지럽혔다. 그는 나무를 버리고 다시 물가로 갔다.

그러나 그곳에는 물고기들이 싸워 물을 흔드는 소리가 들렸다. 그는 선정을 구해도 얻을 수 없게 되자 벌컥 성을 내었다.

"새와 물고기를 모두 죽여 버릴 테다."

그 사람은 얼마 뒤에 사유해서 정(定)을 얻으니, 비유상비무상처(非有想非無想處)에 태어났다. 거기에서 수명이 다하자, 아래 세상에 날아다니는 삵으로 태어나서 물고기와 새를 다 죽여 한량없는 죄를 짓고는 3악도에 떨어졌다.

이것이 선정에 집착의 마음을 일으킨 인연이다.

삼매로 유희자재하다

【經】 유희하며 백천 가지 삼매를 냈다.

보살들은 선정으로 마음이 조복되어 청정한 지혜와 방편의 힘 때문에 능히 갖가지 삼매를 낸다. 어떤 것이 삼매인가? 곧 **착한 마음이 한 곳에 머물러 요동치 않는 것을 삼매라 한다.**

또한 세 가지 삼매가 있으니, 유각유관(有覺有觀)삼매와 무각무관(無覺無觀)삼매와 무각유관(無覺有觀)삼매이다.

또한 네 가지 삼매가 있으니 욕계에 얽매인 삼매와 색계에 얽매인 삼매와 무색계에 얽매인 삼매와 얽매이지 않은 삼매이니, 이 가운데서 부리는 보살의 삼매는 앞서 말한 바와 같거니와 부처님의 삼매에 대해서는 아직 원만하지 못하여 부지런히 행하고 닦는 까닭에 '능히 낸다'고 한다.

【문】 보살들은 무슨 까닭에 이 백천 가지 삼매를 내고 또한 유희하는가?

【답】 중생들이 한량없고 마음씨[心行]도 한결같지 않아서 근기가 예리한 이도 있고 둔한 이도 있으며, 번뇌가 얇은 이도 있고 두터운 이도 있다. 그러므로 **보살은 백천 가지 삼매를 행하여 그 번뇌[塵勞]를 끊게 한다.**

비유하건대 가난한 사람들을 큰 부자로 만들어 주려거든 반드시 갖가지 재물과 온갖 것을 갖춘 뒤에야 가난한 사람들을 모두 구제할 수 있는 것과 같다.

또한 어떤 사람이 모든 병을 고쳐 주려거든 반드시 갖가지 약을 준비한 뒤에야 고칠 수 있듯이 보살들도 그와 같아서 **널리 중생을 제도하기 위한 까닭에 갖가지 백·천 삼매를 행한다.**

【문】 다만 이 삼매를 내기만 하면 될 것이거늘 어찌하여 또한 그 가운데서 유희하는가?

【답】 보살이 마음으로 모든 삼매를 내며 기쁜 마음으로 들고나기를 자유롭게 하는 것을 **희(戱)**라 한다. 이는 애착에 결박된 유희가 아니다. 유희자재라고 함은 마치 사자가 사슴들 가운데서 자재롭고 두려움 없는 것과 같음을 말한다. 따라서 희라고 하는 것이다.

이 보살들이 삼매에 대하여 자재로운 힘이 있어서 능히 나오고 들 수 있음도 또한 이와 같다.

다른 사람들은 삼매에 대하여 자재롭게 들어가나 자재롭게 머무르거나 나오지 못하며, 자재롭게 머무르나 자재롭게 들고나지 못하며, 자재롭게 나오지만 자재롭게 머무르거나 들지 못하며, 자재롭게 들고 머무르지만 자재롭게 나오지 못하며, 자재롭게 머무르고 나오지만 자재롭게 들지 못하는 경우가 있다. 하지만 이 보살들은 세 가지에 능히 자재로운 까닭에 "백천 가지 삼매에 능히 유희하기도 하고 내기도 한다"고 한다.

선바라밀은 어지럽지 않고 맛 들이지 않는 것

【문】 "어지럽지 않고 맛 들이지 않으므로 선바라밀"이라 했는데, 무엇을 어지럽다 하는가?

【답】 어지러움에는 두 종류가 있으니, 하나는 미세한 것이요, 둘째는 거친 것이다. 다시 미세한 것에 세 종류가 있으니, 첫째는 애욕이 많음이요, 둘째는 교만이 많음이요, 셋째는 소견이 많음이다.
 무엇을 애욕이 많다 하는가? 곧 선정의 즐거움을 얻고는 그 마음이 즐기는 데 집착되어 맛에 애착하는 것이다.
 무엇을 교만이 많다 하는가? 곧 선정을 얻을 때에 생각하기를 '어려운 일을 이미 얻었다' 하고는 스스로가 높은 체하는 것이다.
 어떤 것을 소견이 많다 하는가? 곧 '나'라는 소견 등으로 선정에 들어가서 분별하여 모습을 취하고는 '이것만이 진실이요 나머지는 거짓되다' 하는 것이다.
 이 세 가지를 미세한 어지러움이라 한다. 이 인연에 의해 선정에서 물러나 삼독의 마음을 일으키니, 이를 거친 어지러움이라 한다.
 맛들인다 함은 처음으로 선정을 얻고는 일심으로 선정에 애착하니, 이것이 맛들임이다.

【문】 일체의 번뇌가 모두 능히 물들이고 집착하게 하거늘 어찌하여 애욕만을 맛들인다 하는가?

【답】 애욕과 선정은 비슷하다. 왜냐하면, 선은 마음을 거두어 굳게 머무는 것인데, 애욕 또한 오로지 집착하여 버리기 어렵기 때문이다.
 또한 처음으로 선정을 구할 때는 마음이 오로지 얻기만을 원하고, 그에 애착함을 본성으로 삼으며 욕락하여 오로지 구하니, 애욕과 선정은 서로 어긋나지 않는다.
 이미 선정을 얻었더라도 깊이 집착하여 버리지 않으면 선정을 무너뜨린다. 비유하건대 남에게 물건을 보시하고 반드시 그 보답을 바란다면 복덕이 없어지는 것과 같다.

  선에 있어서도 맛에 애착하고, 선 그 자체에 애착하는 것 역시 이와 같다. 그러므로 애욕만을 맛들인다 하고, 다른 번뇌[結]는 맛들인다 하지 않는다.

선정의 게송

『선경(禪經)』에 이러한 선게(禪偈)가 있다.

욕락과 삿된 법을 여의면
각(覺)도 있고 관(觀)도 있으며
생사를 여의어 기쁘고 즐거우니
이것이 초선정에 드는 것이다.

음욕의 불길을 여읜 뒤에는
시원한 선정을 얻게 되나니
사람이 매우 뜨겁고 괴로울 때
서늘한 못에 들면 기쁜 것과 같다.

가난한 이가 보물을 얻으면
매우 기쁜 느낌이 마음을 움직여
분별하면 그것을 관이라 하니
초선정에 든 것도 그러하니라.

두 법이 마음을 흔드는 줄 알면
비록 착한 법이라도 여의어야 하나니
마치 바닷물이 맑고 고요하면
물결조차 보이지 않는 것 같다.

마치 어떤 이가
편안히 누어 깊이 잠들었을 때
곁에서 누군가가 크게 부르면
그 마음 대단히 어지럽듯이

마음 모아 선정에 들어갔을 때
각과 관이 도리어 번거롭나니
그러므로 각과 관을 제해버려야
한 의식의 경지에 들어가리라.

속마음이 청정하기 때문에
선정이 생기어 기쁨을 얻나니
이 두 선정에 들어간 뒤엔
기쁘고 용맹하여 매우 기쁘리.

마음 거두는 일이야말로 으뜸가는 정이니,
적연(寂然)히 아무것도 생각지 않아
근심도 기쁨도 버리려 함이
각과 관을 버리는 마음과 같네.

느낌 때문에 기쁨이 있고
기쁨을 잃으면 근심을 내니
기쁘고 즐거운 느낌을 여의고
생각도 방편도 모두 버리네.

성인이라야 버릴 수 있고
다른 이는 버리기 어렵나니
즐거움이 근심인 줄 알 수 있으면
견해가 요동치 않아 매우 편하리.

근심과 기쁨은 이미 제했고
괴로움과 즐거움도 이제 끊어서
생각을 끊은 청청한 마음은
제4선에 들어가리라.

제3선 속의 즐거움은
덧없이 움직이기에 괴로우니
욕계 가운데 근심을 끊고
초선과 2선에서 기쁨을 제하네.

그러므로 불세존께서도
제4선에 대해 말씀하셨으니
먼저는 근심과 기쁨을 끊고
지금은 괴로움과 즐거움을 제한다네.

6. 반야바라밀

반야바라밀이란 무엇인가

【經】일체법에 집착되지 않는 까닭에 반야바라밀을 구족한다.

【문】무엇을 반야바라밀이라 하는가?
【답】보살들이 처음 발심한 뒤로부터 일체종지(一切種智)를 구하되 그 중간에 모든 법의 실상(實相)을 아는 지혜를 반야바라밀이라 한다.

【문】그렇다면 바라밀이라 하지는 말아야 할 것이다. 왜냐하면 보살은 아직 지혜의 끝[智慧邊]에 이르지 못했기 때문이다.
【답】부처님께서 얻으신 지혜는 실로 바라밀이다. 이 바라밀로 인하는 까닭에 보살이 행하는 바를 역시 바라밀이라 한다. 곧 원인 가운데에서 결과를 말하기 때문이다.
이 반야바라밀은 부처님의 마음에서는 온갖 종자 지혜라 바꾸어 부르나니, 보살은 지혜를 행하여 피안(彼岸)에 이르기를 구하는 까닭에 바라밀이라 하고, 부처님은 이미 피안에 이르렀기 때문에 일체종지라 하는 것이다.

【문】부처님은 일체의 번뇌와 습기[習]172)를 이미 끊고 지혜의 눈이 밝아졌으니, 모든 법의 실상을 실답게 아셨을 것이다.
모든 법의 실상이 곧 반야바라밀일 것이나 보살은 아직 모든 번뇌[漏]가 다하지 못하고 지혜의 눈도 밝아지지 못했거늘 어떻게 모든 법의 실상을 알겠는가?
【답】여기에서는 이 도리를 간략히 말하겠다. 예컨대 사람이 바다에 들

---

172) 업의 소산으로 쌓인 기운과 기질을 말한다. 우리가 일상에서 말하는 습관도 이에 속한다. 훈습(熏習)이라고도 하는데, 마치 향내가 오래도록 베여서 현재 향이 없어도 향내가 나는 것과 같기 때문이다. 습을 끊기 위해서는 머리로만이 아닌 부단한 행이 있어야 가능한데, 6바라밀을 실천함으로써 오랜 악습을 끊어낼 수 있는 것이다.

어가는 경우와 같아서, 들어가려고 시작하는 이도 있고, 그 밑바닥까지 간 이도 있을 것이다. 비록 깊고 얕음은 다르나 모두가 '들어갔다'고 한다.

부처님과 보살도 그와 같아서 부처님은 그 밑바닥까지 가신 분이나, 보살은 모든 번뇌와 습기를 끊지 못해서 세력이 약하므로 깊이 들어가지 못한다.

비유하건대 어떤 사람이 어두운 방에다 등불을 켜서 물건들을 비추면 모두가 분명히 보이거니와 다시 더 큰 등을 켜면 더욱 밝아지는 것과 같다.

비록 나중의 등이 깨뜨린 어둠은 앞의 등과 함께 머물고 앞의 등은 어둠과 함께 머물지만, 능히 사물을 비추는 것이다. 만약에 앞 등에 어두움이 없었다면, 나중의 등으로 더 밝아지는 일도 없음을 알게 된다.

보살들의 지혜 역시 그와 같아서 보살의 지혜가 비록 번뇌와 습기와 합쳐 있으나 능히 모든 실상을 얻을 수 있으니, 이는 마치 앞의 등도 역시 능히 사물을 비추는 것과 같다.

부처님의 지혜는 모든 번뇌의 습기를 다하였고, 또한 모든 법의 실상도 얻었나니, 마치 나중의 등이 몇 배나 밝은 것과 같다.

【문】 어떤 것이 모든 법의 실상인가?
【답】 뭇 사람들이 제각기 모든 법의 실상을 말하면서 자기가 진실하다고 말한다. 하지만 지금 여기에서 말하는 실상은 파괴할 수도 없고, 항상 머물러 변하지 않으며, 능히 만들어 내는 이도 없다.

예컨대 부처님께서 수보리에게 말씀하시기를 "만약에 보살이 일체법은 항상함도 아니고 무상함도 아니며, 괴로움도 아니고 즐거움도 아니며, 나 있음도 아니고 나 없음도 아니며, 있음도 아니고 없음도 아니라고 관찰하며, 또한 긍정하는 관법[是觀]도 짓지 말라. 이것을 일컬어 보살이 반야바라밀다를 행한다 하느니라"고 하셨다.

이 이치는 일체의 관을 버리고, 일체의 언어를 멸하며, 모든 심행(心行)을 여의면 본래 불생불멸이어서 마치 열반의 모습 같으니, 일체의 법의 모습이 역시 그와 같다는 것이다.

이것을 모든 법의 실상이라 부른다.

보살은 반야바라밀의 행을 실천한다

【經】 부처님께서 사리불에게 말씀하셨다.

"보살마하살은 머무르지 않는 법으로써 반야바라밀 가운데 머무르고, 버릴 바 없는 법으로써 보시바라밀을 구족하니, 베푸는 이와 받는 이와 베푸는 물건을 모두 얻을 수 없기 때문이니라."

【문】 반야바라밀이란 어떤 법인가?

【답】 어떤 사람이 말하기를 이렇게 말한다.

"무루지혜[無漏慧]173)의 뿌리가 반야바라밀의 모습이다. 왜냐하면, 일체의 지혜 가운데 으뜸가는 지혜를 반야바라밀이라 하는데, 무루지혜의 뿌리가 곧 으뜸이기 때문이다. 이런 까닭에 무루지혜의 뿌리를 반야바라밀이라 한다."

【문】 보살이 아직 번뇌[結]를 끊지 못했다면 어떻게 무루의 지혜를 행할 수 있겠는가?

【답】 보살이 비록 번뇌를 모두 끊지 못했으나 행하는 모습[行相]은 무루의 반야바라밀을 닮아 있다. 그러므로 '무루의 반야바라밀을 행한다'고 한다.

비유하건대 성문의 사람이 난법(煖法)·정법(頂法)·인법(忍法)·세간제일법(世間第一法)을 행함에도 먼저 비슷한 무루의 법을 행하면 나중에 고법지인(苦法智忍)이 생기기 쉬운 것과 같다.

또 어떤 사람은 이렇게 말한다.

---

173) '루(漏)'는 '흐르다' 혹은 '새어나오다'라는 뜻으로, 번뇌로 인하여 온갖 악업을 행하고 그 결과 고(苦)가 새어나옴을 의미한다. 그러므로 '무루혜(無漏慧)'는 번뇌를 다한 지혜를 말한다.

"보살에는 두 종류가 있는데 번뇌[結使]를 끊어 청정해진 이와 아직 번뇌를 끊지 못해 청정치 못한 이이다. 번뇌를 끊어 청정해진 보살은 능히 무루의 반야바라밀을 행한다."

또한 어떤 사람은 이렇게 말한다.

"이 반야바라밀은 얻을 수 없는 모습이니, 혹은 있는 듯, 혹은 없는 듯, 혹은 항상한 듯, 혹은 무상한 듯, 혹은 공한 듯, 혹은 실한 듯하다. 이 반야바라밀은 음(陰)·계(界)·입(入)에 속하지 않는다. 유위도 아니고 무위도 아니며, 법도 아니고 법 아닌 것도 아니며, 취할 수도 없고 버릴 수도 없으며, 나지도 않고 멸하지도 않는다. 곧 유무(有無)의 사구(四句)를 벗어나 실로 집착할 바가 없다. 비유하건대 마치 불꽃이 사방 어디에서도 손을 댈 수 없는 것과 같다. 손을 태워버리기 때문이다. 반야바라밀의 모습도 역시 그와 같아서 만질 수 없으니, 삿된 소견의 불이 태우기 때문이다."

보살이 반야바라밀을 행하는 이유

【문】만일 보살이 번뇌를 끊어 청정하다면 어찌하여 반야바라밀을 행하는가?

【답】비록 번뇌를 다 끊었으나 10지(地)가 아직 완전하지 못하고, 아직 불국토를 장엄하지 못했으며, 아직 중생을 교화하지 못했기에 반야바라밀을 행하는 것이다.

또한 번뇌를 끊는 데 두 가지가 있다. 첫째는 3독을 끊어 그 마음이 인간과 하늘의 5욕(欲)에 집착되지 않음이요, 둘째는 비록 인간이나 하늘의 오욕에 집착되지는 않으나 보살의 공덕과 과보에 대하여는 아직 5욕을 버리지 못함이니, 이런 보살은 반야바라밀을 행해야 한다.

예를 들면, 장로 아니로두(阿泥盧豆)가 숲속에서 좌선할 때 정애천녀(淨愛天女) 등이 맑고 묘한 몸으로 찾아와서는 아니로두를 시험하려 했다. 이에 아니로두는 말하기를 "여인들이여, 푸른빛으로 오너라. 뒤섞인 빛은 필요 없다"라고 하고는 부정(不淨)을 관하려 하였으나 관을 이루지 못했다. 황색·적색·백색에 대해서도 역시 마찬가지였다.

이때 아니로두는 눈을 감은 채 쳐다보지 않으면서 말했다.

"여인들이여, 멀리 물러가라."

이에 즉시 천녀들이 사라져 나타나지 않았다. 하늘의 복덕으로 나타난 형상도 그러하거늘 하물며 보살의 한량없는 공덕의 과보로 닦는 5욕이겠는가.

또한 견다라(甄陀羅)174) 왕이 8만 4천의 견다라들과 함께 부처님께 와서 거문고를 튀기고 노래를 불러 부처님께 공양했다. 이때 수미산왕과 산

---

174) 걸달바(乾達婆, Gandharva)를 말한다. 건달바는 제석천의 음악을 관장하는 신이다.

과 나무와 인간과 금수에 이르기까지 모두가 춤을 추었으며, 부처님 곁의 대중들과 큰 가섭까지도 모두가 자리에서 안정을 찾지 못했다.

이때 천수(天須)보살이 대가섭에게 물었다.

"나이 많은 구숙(舊宿)께서는 12두타(頭陀)의 법을 행하심에 으뜸이거늘, 어찌하여 자리에서 스스로 안정을 찾지 못하십니까?"

대가섭이 대답했다.

"삼계의 5욕이 나를 요동시킬 수 없지만, 이는 보살의 신통한 공덕과 과보의 힘인 까닭에 나로 하여금 이렇게 하게 하는 것이다. 내게 마음이 있어서 스스로 안정치 못한 것이 아니다. 비유하건대 수미산은 사방에서 바람을 일으켜도 움직일 수 없으나 대겁이 다할 때가 이르러 비람풍(毘藍風)이 일어나면 마치 마른 풀이 날리듯 요동치는 것과 같다."

이런 일로 인하여 두 가지 번뇌 가운데 한 가지를 아직 끊지 못했다면 이러한 보살들은 응당 반야바라밀을 행해야 함을 알게 되는 것이다.

머무르지 않는 법으로 반야바라밀에 머문다

【經】 부처님께서 사리불에게 말씀하셨다.

"보살마하살은 머무르지 않는 법으로써 반야바라밀 가운데 머문다."

【문】 어떻게 머무르지 않는 법으로 반야바라밀에 머물러서 능히 육바라밀을 구족한다고 하는가?

【답】 보살은 온갖 법은 항상함이 아니요 무상함도 아니며, 괴로움이 아니요 즐거움도 아니며, 공도 아니요 실도 아니며, 나도 아니요 나 없음도 아니며, 생멸도 아니요 생멸치 않음도 아닌 줄로 관찰하며, 이처럼 매우 깊은 반야바라밀에 머무르되 반야바라밀의 모습에 집착되지도 않는다. 이것을 일컬어 '머무르지 않는 법으로 머무른다'고 한다. 만일 반야바라밀의 모습을 취한다면 이는 머무는 법으로 머무는 것이 된다.

【문】 만일 반야바라밀의 모습을 취하지 않아서 마음에 집착하는 바가 없다면, 부처님께서 말씀하셨듯이 '모든 법은 탐욕이 근본이 된다' 하셨는데 만일 취하지 않는다면 어떻게 6바라밀을 갖출 수 있겠는가?

【답】 보살은 중생을 가엾이 여기는 까닭에 먼저 서원을 세우기를 "내가 반드시 모든 중생을 제도하리라" 한다. 정진의 힘 때문에 비록 모든 법이 나지도 않고 멸하지도 않아서 열반의 모습 같은 줄 알지만 다시 모든 공덕을 행하여 6바라밀을 구족한다. 그것은 왜냐하면 머무르지 않는 법으로써 반야바라밀 가운데 머무르기 때문이다.

이것을 일컬어 '머무르지 않는 법으로 반야바라밀에 머문다'고 한다.

공(空)에 대한 열 가지 비유

【經】모든 법은 허깨비[幻] 같고, 아지랑이[焰] 같고, 물속의 달 같고, 허공 같고, 메아리 같고, 건달바의 성 같고, 꿈 같고, 그림자 같고, 거울 속의 형상 같고, 변화한 것[化] 같다고 알았다.

이 열 가지 비유는 공한 법을 풀이하기 위한 것이다.

(1) 환의 비유

【문】만일 모든 법이 공이어서 환 같다면 어째서 모든 법에는 볼 수 있고 들을 수 있고 맡을 수 있고 맛볼 수 있고 감촉할 수 있고 분별할 수 있는 것이 있는가? 만일에 진실로 없는 것이라면 볼 수 있거나 내지 분별 할 수 있는 것도 없어야 할 것이다.

만약에 없는 것인데 거짓으로 본다고 한다면 어째서 소리를 보지 못하고 빛을 듣지 못하는가? 만일 모두가 균등하게 공하여 없는 것이라면 어째서 볼 수 있는 것과 볼 수 없는 것이 있는가? 모든 법이 공하기 때문이라면 마치 한 손가락에 첫째 손톱도 없고 둘째 손톱도 없어야 할 터인데, 어째서 둘째 손톱은 보이지 않고 첫째 손톱만 보이는가? 그러므로 첫째 손톱은 실제로 있으므로 볼 수 있고, 둘째 손톱은 실제로 없으므로 보이지 않음을 알게 되는 것이다.

【답】비록 모든 법의 모습이 공하지만 볼 수 있는 것과 볼 수 없는 것으로 나눠진다. 마치 환술로 드러난 코끼리·말 및 갖가지 물건과 같으니, 실제로는 없는 것인 줄 알지만, 모양을 볼 수 있고 소리도 들을 수 있어서 6정(情)에 상대하여 서로 어긋남이 없다. 모든 법도 그와 같아서 비록 공하지만 볼 수 있고 들을 수도 있어 서로 어긋남이 없는 것이다.

『덕녀경(德女經)』에서는 다음과 같이 설한다.
덕녀가 부처님께 여쭈었다.
"세존이시여, 무명(無明)은 안에 있습니까?"

부처님께서 대답하셨다.
"아니다."
"밖에 있습니까?"
"아니다."
"안팎에 있습니까?"
"아니다."
"세존이시여, 이 무명은 전생으로부터 온 것입니까?"
"아니다."
"이생에서 후생으로 옮겨갑니까?"
"아니다."
"이 무명은 나기도 하고 멸하기도 합니까?"
"아니다."
"하나의 법으로 정해지는 실제의 성품이 있어 이를 무명이라 부릅니까?"
"아니다."

그때 덕녀가 부처님께 다시 여쭈었다.
"만약에 무명이 안에도 없고, 바깥에도 없고, 안팎에도 없고, 전생에서 금생으로 온 것도 아니고, 금생에서 내생으로 옮겨가는 것도 아니고, 진실한 성품도 없는 것이라면 어찌하여 무명으로부터 행이 인연 되며, 나아가서는 온갖 고가 모입니까? 세존이시여, 가령 나무에 뿌리가 없다면 어떻게 줄기와 마디와 가지와 잎과 꽃과 열매를 맺을 수 있겠습니까?"

부처님께서 말씀하셨다.
"모든 법의 모습이 비록 공하지만 범부는 들은 것도 없고 지혜도 없으므로 그 가운데서 갖가지 번뇌를 내고, 번뇌로 인연하여 몸과 입과 뜻의 업을 짓고, 업의 인연으로 후세의 몸을 짓고, 몸의 인연으로 괴로움과 즐거움을 받는다.

이 가운데 실로 번뇌를 짓는 일은 없다. 또한 몸과 뜻의 업도 없고, 괴로움과 즐거움을 받는 자도 없나니, **마치 환술사가 갖가지 일을 환술로 나투는 것과 같으니라.** 네 생각에는 어떠하냐? 이 환술로 만들어진 것은 안에 있더냐?"

덕녀가 대답했다.
"아니옵니다."
"밖에 있더냐?"
"아니옵니다."
"안팎에 있더냐?"
"아니옵니다."
"전생에서 금생으로 옮겨왔더냐?"
"아니옵니다."
"금생에서 후생으로 옮겨가더냐?"
"아니옵니다."
"이 환술로 이루어진 것이 생과 멸이 있더냐?"
"아니옵니다."
"진실로 어떤 법이 있어 환술로 이루어졌다 할 것이 있더냐?"
"아니옵니다."
"너는 이 환술로 만들어진 기악(伎樂)을 보거나 듣더냐?"
"저도 듣기도 하고 보기도 하나이다."
부처님께서 덕녀에게 물으셨다.
"만약에 환술이 공하고 거짓이고 진실치 않다면 어찌하여 환술에서 능히 기악이 만들어지겠느냐?"
덕녀가 세존께 말씀드렸다.
"세존이시여, 이 **환의 특징[相]이란** 그런 것이옵니다. **비록 근본이 없지만 볼 수도 있고, 들을 수도 있습니다.**"

부처님께서 말씀하셨다.
"무명도 그와 같아서 비록 안에도 있지 않고, 밖에도 있지 않고, 안팎에도 있지 않고, 전생에서 금생으로 오거나 금생으로부터 후생으로 가는 것도 아니고, 진실한 성품이 아니고, 나거나 멸하는 일도 없지만 무명을 인연하여 모든 행이 생겨나고 나아가서는 온갖 고가 일어난다. **마치 환이 쉬면 환이 짓는 바도 쉬듯이, 무명 역시 그와 같아서 무명이 다하면 행도 다하고 나아가서는 온갖 고가 모이는 일도 다하는 것이다.**"
또한 이 환술의 비유는 중생들에게 일체의 유위법은 공하여 견고하지 못함을 내 보인다. 마치 '일체의 행은 환술로 어린아이를 속이는 것과 같아서 인연에 속해 있으므로 자재롭지 못하고 오래 머무르지 못한다'고 설함과 같다.

그러므로 보살들은 모든 법이 환 같음을 안다고 하는 것이다.

(2) 아지랑이의 비유

"아지랑이 같다"고 했는데, 뜨거운 열기[炎]가 햇살이나 바람에 움직이는 먼지 때문에 마치 광야에서 아지랑이 같은 것을 보고는, 지혜 없는 사람은 그것을 처음 보고서는 물이라 여긴다.

남자의 모습, 여자의 모습 등도 그와 같아서 결사·번뇌라는 햇살과 행이라는 먼지와 삿된 생각이라는 바람이 생사라는 광야 가운데서 펼쳐지는 것이다. 지혜 없는 사람은 하나의 모습으로 삼아 남자라고 하기도 하고 여자라고 하기도 한다. 이를 아지랑이와 같다고 한다.

또한 멀리서 아지랑이를 보고는 물이란 생각을 하지만 가까이 가면 물이란 생각이 없어지니, 지혜 없는 사람도 그와 같아서 성스런 법을 멀리하면 무아를 모르고 모든 법의 공함을 몰라 음(陰)·계(界)·입(入)의 성품이 공한 가운데서 사람이란 생각·남자란 생각·여자란 생각을 일으키지만 성스런 법에 가까이 가서는 모든 법의 진실한 모습을 알게 된다. 이때 거짓된 갖가지 망상은 모두 제거된다. 그러므로 보살들은 '모든 법이 아지랑이 같은 줄 안다'고 말한 것이다.

(3) 물속 달의 비유

'물속의 달 같다' 했는데, 달은 실제로는 허공 가운데 있으면서 그림자를 물 위에 비춘다. 진실한 법상의 달이 법성(法性)과 같은 실제(實際)의 허공 가운데 있건만 범부들의 마음인 물에는 나와 내 것이라는 상(相)을 드러내는 것이다.

그러므로 '물속의 달 같다'고 한다.

또한 어린아이가 물속의 달을 보고는 좋아하며 집으려 하는 것과 같으니, 어른이 이것을 본다면 웃는다. 지혜 없는 사람도 그와 같아서 몸이란 소견[身見] 때문에 내[吾我]가 있다고 본다. 진실한 지혜가 없으므로 갖가지 법을 보고, 본 뒤에는 기뻐하면서 모든 모습, 즉 남자란 모습·여자란 모습 등을 취하려 한다. 도를 얻은 성인은 이를 보고 웃으니, 게송으로 말하리라.

물속의 달, 아지랑이 속의 물
꿈에서 얻는 재물, 죽어서 태어나는 일
이러한 것들을 진실로 얻고자 한다면
이는 우치한 자이니, 성인들이 웃으리.

또한 비유하건대, 고요한 물속에서 달 그림자를 보았으나 물을 저으면 보이지 않듯이 무명이라는 마음의 고요한 물에서 나와 교만 등 모든 결사의 그림자를 보았으나 진실한 지혜의 지팡이로 마음의 물을 저으면 나 등의 모든 결사의 그림자가 보이지 않는다.
이런 까닭에 '보살들은 모든 법이 물속의 달 같은 줄 안다'라고 말한 것이다.

(4) 허공의 비유

허공과 같다 함은 이름만 있고 실제의 법이 없기 때문에 허공은 볼 수 없는 법이지만 멀리서 보기 때문에 눈에 닿는 빛이 바뀌어 옥빛으로 보인다.
모든 법도 그와 같아서 공하여 있는 바가 없거늘, 사람들이 무루의 진실한 지혜를 멀리하는 까닭에 실상을 버리고 너와 나, 남자와 여자, 집과 성 등 갖가지 사물을 보고 마음으로 집착하되 마치 어린아이가 푸른 하늘을 우러러 보고 진실로 색깔이 있다고 여기는 것과 같다.
또한 어떤 사람이 허공을 아무리 멀리 날아 올라가도 보이는 것이 없지만 멀리서 보기 때문에 푸른빛이라고 여기듯이 모든 법도 그러하다. 그러므로 '허공과 같다'고 말한다.
또한 허공의 성품은 항상 청정하거늘 사람들이 흐리다거나 더럽다고 말하듯이 모든 법도 그와 같아서 성품이 항상 청정하거늘 음욕과 성냄 등에 가리어진 까닭에 사람들은 부정하다고 말하는 것이다.
게송으로 말하리라.

여름날이 천둥번개에 비 내리고
구름 덮여 흐리어 깨끗지 못하듯이
범부들의 어리석음도 이와 같아서
갖가지 번뇌가 항상 마음을 덮었도다.

겨울날은 때로 해가 나오지만
언제나 구름 가려 어둡듯이
첫 과위나 두 번째 도를 얻었더라도
여전히 욕염(欲染)에 가리어져 있도다.

혹은 봄날 아침 해가 돋으려 하나
때때로 구름에 가리어져 있듯이
욕염을 여의어 세 번째 도를 얻었으나
남은 우치와 교만이 여전히 마음을 가린다.

가을 날씨가 구름 한 점 없고
큰 바다의 물이 청정하듯이
할 일을 이미 다한 무루심의 나한은
이렇듯 청정함을 얻는다.

또한 허공이 처음도 중간도 뒤도 없듯이 모든 법도 역시 그러하다.
또한 마하연에서 부처님께서 수보리에게 말씀하시되 "허공은 앞 세상도 없고, 중간 세상도 없고 뒷세상도 없으니, 모든 법도 그러하다"고 하신 것과 같다. 그 경에서는 이 뜻을 자세히 말씀하고 계시다.
그러므로 '모든 법이 허공 같다' 말한다.

(5) 메아리의 비유

'메아리 같다' 했는데, 깊은 산골이나 협곡 및 깊은 계곡, 혹은 빈집에서 이야기를 하거나 두드리면 소리를 따라 소리가 나니, 이를 메아리라 한다. 어리석은 사람은 누군가가 말하는 소리라 하지만 지혜 있는 사람은 "이 소리는 사람이 내는 것이 아니라 다만 소리가 부딪치는 까닭에 다시 소리가 나는 것으로 메아리라 부른다"고 생각한다.

메아리는 속이 빈[空] 것이어서 사람의 귀를 속인다. 사람이 말을 하려 할 때에 입 안의 바람을 우타나(憂陀那)라 부르는데, 공기를 마셔들여 배꼽에 이르러 배꼽에 닿아 소리가 울린다. 소리가 나올 때는 일곱 곳에 닿았다가 반사되는데, 이를 말[言語]이라 한다.

게송으로 말하리라.

바람을 우단나(憂檀那)라 하는데
배꼽에 닿았다가 올라가면
이 바람, 일곱 곳에 닿나니
목과 잇몸과 치아와 입술과

그리고 혀와 목구멍과 폐이니,
여기에서 말이 이루어지거늘
우치한 이는 이를 모르고 미혹한 채
집착하여 성냄과 어리석음을 일으킨다.

그중에 지혜로운 사람 있으면
성내지도 않고 집착하지도 않으며
어리석음도 일으키지 않고서
그저 모든 법의 모습만 따르니

굽거나 곧거나 구부리거나 펴거나

과거·미래·현재에 관한 말이란
짓는 이 도무지 없는 것이거늘
이 일이 곧 환술인가 한다.

나무로 만든 허수아비 놀음인가
아니면 꿈속에서 생긴 일인가
스스로 열을 내어 번민하면서
유무(有無)를 분주히 따진다.

이 일을 누가 능히 알리오.
뼈에 힘줄만 얽힌 사람들이
능히 이처럼 말하고 소리 내니
마치 금을 녹여 물에 넣는 것 같도다.

그렇기 때문에 말하기를 "보살들은 모든 법이 메아리 같은 줄 안다"고 하는 것이다.

(6) 건달바성의 비유

'건달바의 성(城) 같다' 했는데, 해가 처음 뜰 때 성의 문루나 궁전에 행인들의 오감이 보이다가 해가 차츰 높아짐에 보이지 않는다.
이 성은 눈으로만 볼 수 있을 뿐 실체가 없으니, 이것을 건달바의 성이라 한다.

어떤 사람이 처음에는 건달바의 성을 보지 못하다가 이른 아침에 동쪽을 향했다가 이를 보고는 실제라고 여기면서 즐거워하며 달려가 그리로 향하지만 가까이 가면 갈수록 더욱 멀어지고 해가 높이 솟으면 아주 사라진다.
마치 기갈에 지친 사람이 더운 기운에 아지랑이 같은 것을 보고는 물이라 생각하여 그리로 향해 달려가나 가까이 갈수록 사라져서 피로만 극도에 이르는 것과 같다.

또한 깊은 산골짜기에 이르러 큰소리로 외치면 메아리가 반응함을 듣고는 "누군가가 살고 있다"고 여겨 그를 찾아다니지만, 찾지 못하고 피로만 극도에 달할 뿐 보이는 것이 없는 것과 같다. 그러면 생각이 저절로 깨달아지고, 목마르다는 생각과 물을 원하는 마음이 저절로 쉬게 되는 것이다.

어리석은 사람도 이와 같아서 공허한 5음·18계·12입에 대해서 나와 법을 보고 음욕과 성내는 마음으로 집착되어 사방으로 미친 듯이 달리면서 즐거움을 채우려 구하지만, 뒤바뀌고 속아서 마침내는 괴로워하고 번민하기에 이른다.

만일 지혜로써 나도 없고 진실한 법도 없는 줄 안다면 이 순간 뒤바뀐 생각이 멈추게 된다.

또한 건달바의 성은 성이 아니거늘 사람이 성이라고 생각할 뿐이다. 범부도 그와 같아서 몸이 아닌데 몸이라 생각하고, 마음이 아닌데 마음이라 생각한다.

【문】한 가지 일만으로도 알 수 있거늘 어찌하여 여러 가지 비유를 드는가?

【답】내가 이미 말했듯이 이 마하연은 마치 큰 바닷물과 같아서 모든 법을 다 포섭한다. 마하연은 인연이 많은 까닭에 많은 비유를 들어도 허물이 없다.

또한 이 보살은 매우 깊고 날카로운 지혜를 가졌으므로 갖가지 법문과 갖가지 인연과 갖가지 비유로 모든 법을 남에게 이해시키려는 까닭에 많은 비유를 인용하는 것이다.

또한 일체 성문의 법에는 건달바성의 비유가 없다. 그 밖에 갖가지 무상(無常)의 비유가 있으니, "물질[色]은 물방울 같고, 느낌[受]은 물거품 같고, 생각[想]은 아지랑이 같고, 행[行]은 파초와 같고, 허깨비[幻]와 같다고 하였다." 아울러 『환망경(幻網經)』에서는 허공으로써 비유했으나 이 건달바의 성과는 다르기 때문에 여기서 말한 것이다.

【문】성문의 법에는 몸을 성으로 비유했는데 여기서는 어찌하여 건달바

성의 비유를 말하는가?

【답】 성문의 법에서 성의 비유란, 뭇 인연[衆緣]은 실제로 있지만 단지 성만이 거짓 이름일 뿐임을 비유한 것이다. 건달바의 성은 뭇 인연조차도 없는 것으로, 마치 불바퀴와 같아서 사람의 눈을 홀릴 뿐이다. 성문의 법에서는 나라는 집착을 깨뜨리기 위하여 성으로써 비유했으며, 여기에서는 보살은 근기가 날카로워 모든 법의 공한 경지에 깊이 들기 때문에 건달바의 성으로 비유를 드신 것이다.

이런 까닭에 '건달바의 성으로 비유를 드셨다'고 말한 것이다.

(7) 꿈의 비유

'꿈과 같다' 했는데, 꿈속에서는 실제로 일이 없거늘 이것을 실제라고 여기다가 깨어난 뒤에 없는 것임을 알고 혼자 웃는다.

사람도 그와 같아서 모든 번뇌[結使]의 꿈속에서는 실제로 아무것도 없지만 집착하다가 도를 얻어 깨어난 뒤에는 비로소 실제로는 없는 것임을 알고 혼자 웃는다.

이런 까닭에 '꿈과 같다'고 말한다.

또한 꿈은 잠의 힘 때문에 아무런 법도 없는데 있다고 보는 것이다.

사람도 그와 같아서 무명이라는 잠의 힘 때문에 아무것도 없는 가운데서 있다고 보나니, 이른바 나·내 것·남자·여자 등이다.

또한 꿈속에는 기쁠 것이 없는데 기뻐하고, 성낼 것이 없는데 성내고, 두려울 것이 없는데 두려워한다.

삼계의 중생도 그와 같아서 무명의 잠 때문에 성내지 않을 일에 성내고, 기뻐하지 않을 일에 기뻐하고, 두려워 않을 일에 두려워한다.

또한 꿈에는 다섯 가지가 있다. 몸이 고르지 못하거나 열기가 많으면 꿈에 불을 보거나 노란빛과 붉은빛을 보는 일이 많고, 냉기가 많으면 물을 보거나 흰빛을 보는 일이 많으며, 풍기가 많으면 꿈에 날아다니거나 검은빛을 보는 일이 많다. 또한 듣거나 본 일을 많이 생각하면 곧 꿈에서 보게 되며, 혹은 신[天]이 꿈을 통해 미래의 일을 알게 해 주기 때문이기도 하다.

이러한 다섯 가지 꿈은 모두가 실제의 일이 없거늘 거짓으로 보게 되는 것이다. 사람도 그와 같아서 다섯 갈래[五道]175)의 중생은 신견(身見)176)의 힘을 인연하는 까닭에 네 가지 나를 보게 되니, 이른바 '색음(色陰)이 곧 나인가,' '색이 곧 내 것인가,' '나 가운데 색인가,' '색 가운데 나인가' 한다. 색과 마찬가지로 수·상·행·식에 대해서도 그와 같으니, 결국 넷에 다섯을 곱해 모두 스무 가지가 된다.

그러나 도를 얻은 진실한 지혜로 깨달으면 실체란 없음을 알게 된다.

(8) 그림자의 비유

'그림자 같다' 했는데, 그림자는 단지 볼 수만 있지 잡을 수가 없다. 모든 법도 그와 같아서 눈과 감정 등으로 보거나 듣거나 느껴 알 수 있으나 실제로는 얻을 수 없다.

게송으로 말하리라.

이 진실한 지혜는
사방에서 잡을 수 없나니
마치 큰 불덩어리같이
만질 수 없는 것 같다.
법은 받아들일 수도 없고
받아들여서도 안 된다.

또한 그림자는 빛이 비추면 나타나고 비추지 않으면 없어지듯이 모든 결(結)과 번뇌가 정견(正見)의 빛을 가리면 곧 나라는 모습·법이라는 모습의 그림자가 나타난다.

또한 그림자는 사람이 가면 곧 가고, 사람이 움직이면 곧 움직이고, 사

---

175) 오온(五蘊)을 말한다.
176) 유신견을 말한다. 5온이 화합해 이루어진 몸에 대해 나 혹은 내 것이라는 관념에 집착하는 견해.

람이 머무르면 곧 머무른다. 선업과 악업의 그림자도 그와 같아서 뒷세상으로 갈 때에는 같이 가고, 금생에 머무를 때는 같이 머무른다. 과보가 단절되지 않는 까닭이니, 죄와 복이 익어지면 곧 나타난다.

게송으로 말하리라.

허공 가운데라도 따라가고
산중 바위 속이라도 따라가고
땅 밑이라도 따라가고
바닷속이라도 따라 들어간다.
어디라도 항상 따라다니니
업의 그림자는 떨어질 줄 모른다.

이런 까닭에 '모든 법이 그림자 같다'고 한다.
또한 그림자는 공하고 없는 것이어서 실체를 구하여도 얻을 수 없으니, 일체의 법도 그와 같아서 공하여 실체가 없다.

(9) 거울의 비유

'거울 속의 형상과 같다'고 했는데, 거울 속의 형상은 거울이 지은 것이 아니요, 얼굴이 지은 것도 아니요, 거울을 잡은 이가 지은 것도 아니요, 자연히 지은 것도 아니요, 인연 없이 된 것도 아니다.

어째서 거울이 지은 것이 아닌가? 얼굴이 거울에 다가가기 전에는 형상이 없으니, 그러므로 거울이 지은 것이 아니다.
어째서 얼굴이 지은 것이 아닌가? 거울이 없으면 형상이 없기 때문이다.
어째서 거울을 잡은 이가 지은 것이 아닌가? 거울도 없고 얼굴도 없으면 형상이 없기 때문이다.
어째서 자연히 지은 것이 아닌가? 거울이 없고 얼굴도 없으면 형상이 없다. 형상은 거울과 얼굴을 기다린 뒤에야 있게 된다. 그러므로 자연히 지은 것이 아니다.

어째서 인연 없이 이루어진 것도 아닌가? 인연이 없이 이루진다면 항상 형상이 있어야 할 것이요, 항상 있다면 거울이나 얼굴을 제하고도 스스로 나와야 될 것이다. 그런 까닭에 인연 없이 이루어진 것이 아니다.

모든 법도 그와 같아서 스스로 지은 것도 아니요, 남이 지은 것도 아니요, 함께 지은 것이 아니요, 인연이 없이 지은 것도 아니다.

어째서 스스로 지은 것이 아닌가? 나를 얻을 수 없기 때문이며, 원인으로부터 생긴 일체의 법은 자재(自在)가 없기 때문이며, 모든 법은 인연에 속해 있기 때문이다. 그러므로 스스로가 지은 것이 아니다.

어째서 남이 지은 것도 아닌가? 스스로가 없기 때문에 남도 없다. 만일 남이 지었다면 죄와 복의 힘을 잃는다. 남이 짓는 데에는 두 가지가 있으니, 착함과 착하지 못함이다. 착하다면 모두에게 쾌락을 주어야 할 것이요, 착하지 못하다면 모두에게 고통을 주어야 할 것이다. 만약에 고락이 섞여 있다면, 무슨 인연으로 쾌락을 주며, 무슨 인연으로 고통을 주는가?

함께 짓는다면 두 가지 허물이 있으니, 스스로가 짓는 허물과 남이 짓는 허물이다.

만일 인연이 없이 괴로움과 즐거움이 생긴다면 사람들은 항상 즐거워서 모든 괴로움을 여읠 것이다.

만일 인연이 없다면 사람들은 즐거움의 원인을 짓게 되니, 괴로움의 원인을 제할 필요가 없을 것이다.

일체의 법에는 반드시 인연이 있거늘 어리석기 때문에 알지 못한다. 비유하건대 사람이 나무에서 불을 구하고, 땅에서 물을 구하고, 부채에서 바람을 구하는 것과 같으니, 이러한 갖가지 일은 각각 인연이 있는 것이다.

이러한 괴로움과 즐거움이 화합한 인연은 전생의 업인(業因)과 금생의 좋은 행이나 삿된 행의 인연으로부터 생겨난다.

이로부터 괴로움과 즐거움을 얻는다. **이 괴로움과 즐거움의 갖가지 인연은 실제로 이를 구하려면 짓는 사람도 없고 받는 사람도 없으니, 공한 5중(衆)이 짓고 공한 5중이 받는 것이다.**

어리석은 사람은 즐거움을 얻으면 음심으로 애착하고, 괴로움을 만나면 성을 내며, 이 즐거움이 사라지면 다시 얻으려고 애를 쓴다.

마치 어린애가 거울 속의 형상을 보고는 즐거운 마음으로 애착하며, 애착하던 것을 잃으면 거울을 부수어 찾아 구하는 것과 같다. 지혜로운 사람은 이를 보고 웃는다. 즐거움을 잃었다고 다시 구하는 일도 이와 같으니, 역시 도를 얻은 성인은 이 때문에 웃고 마는 것이다.

그러므로 '모든 법이 거울 속의 형상과 같다'고 말한다.

(10) 변화(化)의 비유

'변화한 것[化]과 같다' 했는데, 열네 가지로 변화하는 마음이 있다. 곧 초선(初禪)에서는 욕계(欲界)와 초선천의 둘이며, 2선에서는 욕계와 초선천과 2선천의 셋이요, 3선에서는 욕계와 초선천과 2선천과 3선천의 넷이요, 4선에서는 욕계와 초선천과 2선천과 3선천과 4선천의 다섯이다.

이 14종의 변화심으로 여덟 가지 변화를 일으키니, 첫째는 작아져서 먼지같이 되는 것이요, 둘째는 커져서 허공에 가득해지는 것이요, 셋째는 가벼워져서 기러기 털같이 되는 것이요, 넷째는 자재롭게 큰 것을 작게 하고 긴 것을 작게 만드는 등의 것이요, 다섯째는 주인의 큰 힘이 있어서 아무도 그를 이길 이가 없으므로 주인의 힘이 있다고 한다. 여섯째는 능히 멀리 이르는 것이요, 일곱째는 능히 땅을 움직이는 것이다. 여덟째는 뜻하는 대로 능히 모두 이루니, 한 몸이 여러 몸이 되기도 하고, 여러 몸이 한 몸이 되기도 하며, 석벽(石壁)을 모두 통과하고, 물을 밟고 허공을 디디고 해와 달을 만지며, 4대를 바꾸어 땅을 물로 만들고 물을 땅으로 만들며, 불을 바람으로 만들고 바람을 불로 만들며, 돌을 금으로 만들고 금을 돌로 만든다.

이러한 변화에 다시 네 가지가 있으니, 욕계의 약초와 보물을 환술로 능히 여러 가지 물건으로 변화시키며, 신통을 얻은 사람들의 신통력으로 여러 가지 물건을 변화시키며, 하늘·용·귀신들이 태어나면서 얻은 과보의 힘으로 모든 물건으로 변화시키며, 색계에 태어나면서 얻은 과보로 선정의 힘을 닦는 까닭에 모든 물건을 변화시킨다.

　변화한 사람에게 생·노·병·사가 없으며, 괴로움도 없고 즐거움도 없어 보통 사람과는 다르다. 그러므로 공하여 진실이 없다.
　일체법도 역시 그와 같아서 모두 생·주·멸이 없다. 그러므로 '모든 법이 변화한 것 같다'고 말한다.
　또한 변화로 생긴 물건은 일정한 것이 없이 다만 마음이 생겨남으로써 만들어진 것으로 모두 진실함이 없다.
　사람의 몸도 그와 같아서 본래 원인이 없고, 다만 전생의 마음을 좇아 금생의 몸이 생겨난 것으로 모두 진실함이 없다. 그러므로 '모든 법이 변화한 것과 같다'고 말한다.
　변화된 마음이 사라지면 곧 변화도 사라진다. 모든 법도 그와 같아서 인연이 사라지면 결과도 사라져 스스로 존재하지 않는 것이다.

　변화된 일이 비록 실제로는 공하나 능히 중생들로 하여금 근심·괴로움·성냄·기쁨·즐거움·어리석음·미혹 등을 일으키게 한다. 모든 법도 그와 같아서 비록 공하여 진실 되지 않으나, 능히 중생들로 하여금 기쁨·성냄·근심·두려움 등을 일으키게 한다. 그러므로 '모든 법이 변화한 것과 같다'고 말한다.
　또한 변화하여 생겨난 법이 처음도 없고 중간도 없고 뒤도 없듯이 모든 법도 그와 같다. 변화된 것이 생길 때에는 온 곳이 없고 사라질 때도 가는 곳이 없듯이 모든 법도 그와 같은 것이다.
　또한 변화된 것은 형상이 청정하기가 마치 허공과 같아서 물들지 않으며 죄와 복에 더럽혀지지도 않는다. 모든 법도 그와 같아서 법성(法性)이 여여(如如)한 것 같고, 진리[眞諦]가 자연히 청정한 것과 같다.
　비유하건대 염부제의 네 개의 큰 강은 각각 5백 갈래의 작은 강이 속해 있는데, 이 물들이 갖가지로 오염되어 있어도 대해로 들어가면 모두 맑아지는 것과 같다.

반야바라밀은 모든 지혜를 포섭한다

【문】무엇을 지혜라 하는가?

【답】반야바라밀이 모든 지혜를 포섭한다. 그것은 왜냐하면 보살이 불도를 구하건대 마땅히 일체법을 배워 일체의 지혜를 포섭해야 하기 때문이다. 이른바 성문·벽지불·부처의 지혜이다.

이 지혜에는 세 종류가 있나니, 유학[學]과 무학(無學)과 비학비무학(非學非無學)이다.

비학비무학의 지혜라 함은 건혜지(乾慧地)·부정(不淨)·안나반나(安那般那), 욕계계(欲界繫)·4념처(念處)·난법(煖法)·정법(頂法)·인법(忍法)·세간제일법(世間第一法) 등과 같은 것이다.

유학의 지혜라 함은 고법지인(苦法智忍)의 지혜 내지 아라한의 아홉 번째 무애도(無礙道) 가운데 금강삼매(金剛三昧)의 지혜이다.

무학의 지혜라 함은 아라한의 아홉 번째 해탈도(解脫道)의 지혜이니, 이로부터는 일체의 무학의 지혜는 마치 진지(盡智)·무생지(無生智) 등과 같은 것이다. 이것이 무학의 지혜이다.

벽지불의 도를 구하는 지혜 역시 이와 같다.

【문】벽지불의 도 역시 같은 것이라면 어찌하여 성문과 벽지불을 나누는가?

【답】도는 비록 한 종류이지만 지혜를 쓰는 일이 다르다.

부처님이 아직 나타나시기 전이나 불법이 이미 사라졌다면, 이 사람은 전생의 인연 때문에 혼자서 지혜를 내어 남에게 듣지 않고 스스로의 지혜로 도를 얻는다.

예컨대 어떤 국왕이 동산에서 노니는데, 이른 아침에 숲의 꽃과 열매가 무성하여 매우 사랑스러웠다. 그런데 왕이 밥을 먹고 누운 사이에 왕의 부인과 궁녀들이 모두 가서 꽃을 따느라 숲의 나무를 마구 꺾어 훼손했다.

왕이 깨어나서 숲이 훼손된 것을 보자 생각했다.

'일체의 세상이 무상하게 변하고 무너지는 것도 모두 이와 같으리라.'

이렇게 사유하고 나자 무루도(無漏道)의 마음이 생기니, 보는 결사를 끊고 벽지불의 도를 얻었으며, 6신통을 얻어 고요한 숲으로 날아갔다.

이러한 인연은 전생의 복덕과 원행(願行)의 과보로서 금생에 조그마한 인연을 보고서 벽지불의 도를 이룬 것이다. 이것이 다른 점이다.

또한 벽지불에 두 종류가 있으니, 첫째는 독각(獨覺)이요, 둘째는 인연각(因緣覺)이다.

인연각이란 앞에서 말한 바와 같다.

독각이라 함은 그 사람이 금생에 도를 이루되 스스로 깨닫고 남에게 듣지 않으니, 이것을 독각의 벽지불이라 한다.

독각의 벽지불에 두 종류가 있으니, 첫째는 본래 학인으로서 인간 가운데 태어났지만 이때 부처님도 없고 불법도 사라진 뒤로서 이 수다원은 이미 일곱 생(生)을 채우고 여덟 번째 생에서 스스로 성도할 수 없다면, 이러한 사람을 부처라 할 수도 없고 아라한이라고도 할 수 없다. 일컬어 **작은 벽지불**[小辟支迦佛]이라 하는데, 아라한과 다름이 없기도 하고, 혹은 사리불 등의 큰 아라한만 못하기도 하다.

둘째는 **대벽지불**로서 일백 겁 동안 공덕을 짓고 지혜를 길러 32상 가운데 일부를 얻는데, 그것이 혹은 31상, 혹은 30상, 혹은 29상 내지 1상이기도 하다. 아홉 가지 아라한 가운데서 지혜가 날카롭고 수승해져서 모든 깊은 법 가운데서 총상(總相)과 별상(別相)으로 능히 들어가며, 오랫동안 정을 닦고 항상 혼자 있기를 좋아한다. 이 같은 특징을 일컬어 대벽지불이라 하나니, 이것이 다른 점이다.

불도를 구하는 이는 처음 발심할 때부터 서원을 세우되 "원컨대 제가 부처가 되어 중생을 구제하고 일체의 불법을 얻으며, 6바라밀을 행하고 마군들과 모든 번뇌를 무찔러 일체지를 얻고 불도를 이루며, 나아가서는 무여열반에 들겠습니다" 한다.

이러한 본원을 좇아 행하니, 이로부터 있게 되는 지혜로써 총상·별상과 일체를 모두 다 아나니, 이것을 불도의 지혜라 한다.

이 세 가지 지혜를 끝까지 잘 알고 그 궁극에 이르나니, 이런 까닭에 '지혜의 궁극에 이른다' 한다.

매 순간이 반야바라밀

【문】다섯 가지 바라밀을 행한 뒤에야 반야바라밀을 행하는가? 아니면 한두 가지 바라밀을 행하여도 반야바라밀을 얻을 수 있는가?

【답】모든 바라밀에는 두 종류가 있으니, 하나는 한 바라밀에서 서로 응함에 따라 행하면 모든 바라밀을 구족하는 것이요, 또한 하나는 때에 따라 바라밀을 행하는 것이다.
 서로 응함에 따라 행하면 다섯 가지 바라밀이 구족하다 함은 다섯 가지 바라밀을 여의지 않고서 반야바라밀을 얻는 것이요,
 때에 따라 이름을 얻는다 함은 한 원인으로 인하여 한꺼번에 반야바라밀을 얻는 것이다.

 어떤 사람이 아뇩다라삼먁삼보리의 마음을 내어 보시하면, 이럴 때에 보시의 모습을 구하여도 같지도 않고 다르지도 않으며, 항상함도 아니요 무상함도 아니며, 있음도 아니요 없음도 아니니, 마치 보시를 깨뜨리는 대목에서 말한 것과 같다.
 보시의 실상으로 인하여 모든 법도 그러한 줄을 아나니, 이것이 보시로 인하여 반야바라밀을 얻는다 한다.
 혹 계행을 지니어 중생을 괴롭히지 않으면 마음에 후회가 없거니와 만일 상을 취하여 집착하는 생각을 내면 다툼을 일으킨다. 이 사람이 전에는 중생을 괴롭히지 않았지만 법에 대하여 미워하거나 사랑하려는 생각이 있으므로 중생에게 화를 낸다.
 그러므로 중생들을 괴롭히지 않으려면 모든 법의 평등함을 행하여야 한다.

 만일 죄와 죄 아님을 분별하면 지계바라밀을 행하는 것이 아니다. 그것은 왜냐하면 죄를 미워하고 죄 아님을 사랑하면 마음이 저절로 교만해져 다시 중생의 길에 떨어지기 때문이다. 그러므로 보살은 죄 있는 자가 죄 없는 자를 보되 마음에 미움도 사랑도 없나니, 이렇게 관하는 이는 지계

바라밀을 행하여도 반야바라밀을 얻는 것이라 한다.

보살은 이렇게 생각한다.
'법인(法忍)을 얻지 못하면 영원히 참는 법이 아니다. 중생들은 핍박이 없으면 능히 참지만 고통이 절실하게 닥쳐오면 참지 못한다. 비유하건대 매를 견디지 못해 죽음으로 뛰어드는 것과도 같다. 이런 까닭에 법인을 내어야 한다. 때리는 이도 없고, 꾸짖는 이도 없고, 받는 이도 없다. 다만 전생으로부터의 뒤바뀐 과보의 인연 때문에 받는다 할 뿐이다.'
이럴 때에는 참는 일·참는 법을 분별하지 않은 채 끝까지 공함[畢竟空]에 깊이 들어가나니, 이런 까닭에 법인이라 한다. 이 법인을 얻으면 영원히 중생들을 꾸짖거나 괴롭히지 않나니, 법인과 서로 맞는 지혜를 반야바라밀이라 한다.

정진은 항상 모든 좋은 법 안에서 모든 좋은 법을 성취케 한다. 만일 지혜로써 모든 법을 분별하고 대중하면 법성을 통달하나니, 이럴 때에 정진이 지혜를 도와서 성취케 한다. 또한 정진의 실상은 몸과 마음을 여읜 것이어서 여실히 동요치 않는 것임을 알면 이런 정진은 능히 반야바라밀을 내거니와 다른 정진은 환(幻) 같고 꿈과 같아서 거짓되어 진실치 않다. 그러므로 말하지 않는다.

만일 깊은 마음으로 생각을 거두면 모든 법의 진실한 모습을 여실하게 보나니, 모든 법의 진실한 모습이란 보거나 듣거나 생각하는 알음알이[知]로는 얻을 수 없기 때문이다.
그것은 왜냐하면 6정(情)과 6진(塵)은 모두가 거짓된 인연의 과보이며, 여기에서 알아진 것, 보여진 것 역시 모두가 허망하기 때문이다. 이런 허망한 알음알이는 도무지 믿을 수 없나니, 믿을 수 있는 것은 오직 부처님께서 아승기겁에 얻으신 실상의 지혜뿐이다.
이러한 지혜로써 선정에 의하여 한결같은 마음으로 모든 법의 실상을 관하면 이것이 선정에서 반야바라밀이 생기는 것이라 한다.

혹은 다섯 가지 바라밀을 여의고 다만 듣고 읽고 외우고 생각하고 헤아리기만 하여도 모든 법의 실상을 통달하나니, 이러한 방편지혜에서 반야바라밀이 나기도 한다.

둘 또는 셋 또는 네 가지 바라밀에서 반야바라밀이 생기기도 한다. 이는 마치 하나의 진리[一諦]만을 듣고도 도과(道果)를 이루는 이가 있고, 혹은 둘이나 셋이나 네 가지 진리를 듣고 도과를 이루는 이가 있는 것과 같다.
 어떤 사람은 고제에 대하여 미혹이 많으므로, 고제를 말해 주면 도를 얻는다. 나머지 3제도 그러하여 어떤 이는 4제에 모두 미혹하므로 4제를 다 말해 주어 도를 얻게 한다.

부처님께서 비구들에게 말씀하시기를, "그대들이 탐욕을 끊는다면 나는 그대들이 아나함(阿那含)을 얻으리라고 보증한다" 하셨으니, 만일 탐욕을 끊으면 성냄과 어리석음도 모두 끊어짐을 아는 것이다.
 6바라밀도 그와 같아서 간탐(慳貪)이 많은 것을 깨뜨리기 위하여 보시의 법을 말하면 나머지 악도 끊어짐을 알게 된다. 갖가지 악을 깨뜨리기 위한 까닭에 6바라밀을 갖추어 말하는 것이다.
 그러므로 혹은 하나씩 행하기도 하고 혹은 합해서 행하기도 하나니, 모든 사람들을 두루 위하기 때문에 6바라밀을 말하는 것이요, 어느 한 사람만을 위하는 것이 아니다.

또한 보살은 온갖 법을 행하지 않고 온갖 법을 얻지 못함으로써 반야바라밀을 얻는다. 그것은 왜냐하면 모든 행(行)은 모두가 허망하여 진실치 않기 때문이다. 혹은 가깝게 허물이 있기도 하고, 혹은 멀리 허물이 있기도 하나니, 착하지 못한 법은 가깝게 허물이 있고, 착한 법은 오랜 뒤에 다르게 친해졌을 때 집착하면 근심과 고통이 생긴다. 이것이 멀리 허물이 있다는 것이다.
 비유하건대 좋은 음식과 나쁜 음식에 똑같이 독약이 섞이면, 나쁜 음식은 먹는 즉시에 기분이 나쁘고 좋은 음식은 먹을 때에는 좋지만 나중에는 모두 생명을 빼앗기 때문에 두 가지를 모두 먹지 말아야 한다.
 착한 법과 나쁜 법 등 모든 행도 이와 같다.

6바라밀은 반야바라밀과 한 법이다

6바라밀과 반야바라밀은 한 법이어서 다르지 않다. 이 다섯 바라밀은 반야바라밀을 얻지 못하면 바라밀이라 부르지 않는다.

예컨대 단(보시)바라밀은 반야바라밀을 만나지 못하면 세간의 유루법 가운데 빠지게 된다. 혹은 아라한이나 벽지불도의 반열반을 얻은 이가 반야바라밀을 얻게 되면 이것을 바라밀이라 부르니, 능히 불도에 이른다. 이런 까닭에 반야바라밀은 6바라밀과 한 법이어서 다름이 없다.

반야바라밀에는 두 가지가 있으니, 첫째는 장엄(莊嚴)이요, 둘째는 장엄치 않은 것[未莊嚴]이다. 이는 마치 어떤 사람이 좋은 영락을 붙여 그 몸을 장엄하는 것과 같으니, 어떤 사람이 영락을 붙이지 않았으면 미장엄이라 한다.

또한 국왕이 모든 관속을 거느리면 이는 왕이 왔다고 하지만 관속을 거느리지 않으면 홀몸이라 하는 것과도 같다. 이와 같이 동쪽으로 항하의 모래수같이 많은 세계와 나아가서는 시방세계에 이르기까지 모두 그러하다.

【문】만약에 부처님에게 이와 같이 큰 신통력이 있고, 무수한 천만억의 변화한 부처님이 시방세계에서 6바라밀을 말씀하여 일체를 제도하신다면 모두가 해탈을 얻어 남는 자가 없어야 할 것이다.

【답】세 가지 장애가 있거나 3악도(惡道)에 빠진 중생은 알지 못한다. 또한 인간·천상에 태어났어도 너무 어리거나 너무 늙었거나 큰 병이 들었거나 또는 위로 무색(無色) 무상천(無想天)은 모두가 듣지도 못하고 알지도 못한다.

【문】능히 듣거나 능히 아는 이들이 어찌하여 모두 도를 얻지 못하는가?

【답】그들 역시 모두가 도를 얻을 수는 없다. 왜냐하면 결사(結使: 번

뇌)의 업장 때문이다. 어떤 사람이 결과 사가 무거워서 항상 결과 사 때문에 마음이 가리어지면 이 때문에 남김없이 도를 얻지 못한다.

【문】 시방에 계신 부처님들께서 변화한 부처님을 보내어 6바라밀을 설하게 하셔야 하리라. 우리들도 세 가지 장애가 없거늘 어찌하여 듣지 못하겠는가?

【답】 지금의 중생들은 악세(惡世)에 태어나 세 가지 장애 가운데 들어가 있다. 부처님 뒤에 태어나면 착하지 못한 업보가 있게 되나니, 어떤 세계에는 나쁜 죄의 업장이 있거나 혹은 두텁고 무거운 결사의 업장이 있다.

부처님 다녀가신 뒤에 태어난 사람들은 흔히 두텁고 무거운 결사에 가리어져 있다. 음욕은 얇으나 성냄[瞋恚]이 두텁거나 혹은 성냄은 얇으나 음욕이 두텁거나 혹은 음욕은 얇으나 우치가 두텁거나 혹은 우치는 얇으나 진에가 두텁다. 이와 같이 전전해서 서로 얇고 두터운 결사의 장애가 있기 때문에 변화된 부처의 설법을 듣지도 못하고 알지도 못한다. 부처님의 광명도 보지 못하거늘 하물며 도를 얻겠는가.

비유하건대 해가 떠도 소경은 보지 못한 채 "세상에 해나 달은 없다"고 하는 것과 같다. 해에게 무슨 허물이 있으랴.

또는 우레가 쳐서 땅을 흔들어도 벙어리는 소리를 듣지 못하니, 소리에게 무슨 허물이 있으랴.

지금 시방세계의 부처님들이 항상 경법을 말씀하시고 항상 변화한 부처님을 시방세계에 보내어 6바라밀을 말씀하시게 하건만 죄업에 눈멀고 귀먹은 탓으로 법의 소리를 듣지 못한다. 이런 까닭에 남김없이 보지 못하고 남김없이 듣지 못한다.

비록 성인의 크신 자비일지라도 모두로 하여금 듣거나 보게 할 수는 없다. 만약에 죄가 사라지려 하거나 복이 생기려 한다면, 이때는 곧 부처님을 뵙고 법을 들을 수 있다.

반야바라밀의 게송

반야바라밀은 진실한 법이어서
뒤바뀌지 않나니
기억하고 생각하는 관찰은 이미 제했고
언어의 법도 역시 멸했네.

한량없는 죄를 제하고
청정하여 마음이 항상 하나 되면
이처럼 존귀하고 묘한 사람만이
능히 반야를 볼 수 있으리.

허공과 같아서 물듦 없고
희론(戲論) 없고 문자 없나니
이렇게 능히 관찰한다면
곧 부처를 보게 되리라.

법답게 관찰한다면
부처와 반야와 열반
이 셋은 곧 하나의 모습이어서
실로 다를 바 없네.

부처님과 보살들은
능히 일체를 이롭게 하나니
반야란 그의 어머니가 되어
능히 낳아주고 길러준다네.

부처님은
중생의 아버지이고
반야는 능히 부처를 낳으니

이는 곧 일체 중생의 조모가 되네.

반야는 곧 한 법이나
부처님은 갖가지 이름을 말씀하시어
중생들의 힘을 좇아
그들을 위해 다른 말[字]을 세우시네.

어떤 이가 반야를 얻는다면
따지려는 마음 모두 멸하니
마치 해가 나오면
아침 이슬 일시에 없어지는 듯하네.

반야의 위덕은
능히 두 종류의 사람을 움직이니
무지한 자는 두렵게 하고
지혜 있는 자는 환희롭게 한다네.

어떤 이가 반야를 얻으면
반야의 주인이면서
반야조차 집착하지 않으니
하물며 다른 법이랴.

반야는 오는 바 없고
또한 가는 바도 없으니
지혜로운 이 온갖 곳에서
이를 구하나 얻을 수 없다네.

반야를 보지 못한다면
이는 곧 얽매이게 됨이며
만약에 사람이 반야를 본다면
이 역시 얽매인다 이르네.

어떤 사람이 반야를 보면
이는 해탈을 얻는 것이요
반야를 보지 못한다 해도
이 또한 해탈을 얻는 것이네.

이 일은 희유하여서
심히 깊고 거룩한 명예가 있나니
마치 환(幻)으로 만들어진 물건이
보이지만 볼 수 없는 것 같네.

부처님과 보살들과
성문과 벽지불들의
해탈과 열반의 도는 모두
반야를 좇아 얻어진다네.

언설은 세속을 위한 것이나
일체를 가엾이 여기시는 까닭에
거짓 이름으로 법을 말씀하시니
비록 말하나 말한 것이 아니네.

예컨대 반야바라밀은
마치 큰 불더미와 같아서
네 귀퉁이 어디서도 취할 수 없으니
취함도 취하지 않음도 없어라.

일체의 취함을 이미 버리면
이를 취할 수 없다 하나니
취할 수 없는 것을 취하는 것
이것을 곧 취한다 하네.

반야는 무너지는 모습 없고
일체의 언어를 넘어서
전혀 의지한 곳이 없나니
뉘라서 그 공덕을 찬탄하리오.

반야는 찬탄하기 어려우나
내 이제 능히 찬탄하노니
비록 죽음의 경지 못 벗어났으나
이미 나갈 곳을 만났다네.

출판 자금을 내거나
독송 · 수지하는 사람과
여러 사람 여러 장소에
유통시키는 사람들을 위해
두루 회향하는 게송

경을 인쇄한 공덕과 수승한 행과
가없는 수승한 복을 모두 회향하옵나니,

원하옵건대 전생 현생의 업이 다 소멸되고,
업과 미혹이 사라지고 선근이 증장되며,

현생의 권속이 안락하고, 선망 조상들이 극락왕생하며,
시방찰토 미진수 법계, 공존공영하고 화해원만하며,
비바람이 항상 순조롭게 불고 세계가 모두 화평하며,

일체 재난이 없어지고 사람들이 건강 평안하며,
일체 법계 중생들이 함께 정토에 왕생하게 하소서.

대지도론으로 닦는 보살의 6바라밀

1판 1쇄 펴낸 날 2024년 7월 5일

지음 용수보살 **한역** 구마라집 **편저** 제안용하
발행인 김재경 **편집·디자인** 김성우 **마케팅** 권태형 **제작** 현진기획인쇄
펴낸곳 도서출판 비움과소통
　　　　서울 금천구 가산디지털2로 43-14, 가산한화비즈메트로2차 702호
　　　　전화 010-6790-0856 팩스 0505-115-2068
　　　　이메일 buddhapia5@daum.net

© 용하스님, 2024
ISBN 979-11-6016-094-9 03220

* 이 책은 저작권법에 따라 보호받는 저작물이므로 무단전재와 복제를 금지하며,
　이 책 내용의 일부를 이용할 때는 반드시 지은이의 서면동의를 받아야 합니다.
* 전법을 위한 법보시용 불서는 저렴하게 보급 또는 제작해 드립니다.
　다량 주문시에는 표지·본문 등에 원하시는 문구(文句)를 넣어드립니다.